普通高校"十三五"规划教材·物流学系列

现代物流学

李松庆 ◎ 主编

清华大学出版社
北 京

本书封面贴有清华大学出版社防伪标签，无标签者不得销售。
版权所有，侵权必究。举报：010-62782989，beiqinquan@tup.tsinghua.edu.cn。

图书在版编目（CIP）数据

现代物流学 / 李松庆主编. —北京：清华大学出版社，2018（2024.7重印）
（普通高校"十三五"规划教材·物流学系列）
ISBN 978-7-302-51642-2

Ⅰ.①现… Ⅱ.①李… Ⅲ.①物流－高等学校－教材 Ⅳ.①F252

中国版本图书馆CIP数据核字（2018）第257355号

责任编辑：贺　岩
封面设计：汉风唐韵
责任校对：宋玉莲
责任印制：曹婉颖

出版发行：清华大学出版社
网　　址：https://www.tup.com.cn，https://www.wqxuetang.com
地　　址：北京清华大学学研大厦A座　　邮　编：100084
社 总 机：010-83470000　　邮　购：010-62786544
投稿与读者服务：010-62776969，c-service@tup.tsinghua.edu.cn
质量反馈：010-62772015，zhiliang@tup.tsinghua.edu.cn
课件下载：https://www.tup.com.cn，010-83470332

印 装 者：北京同文印刷有限责任公司
经　　销：全国新华书店
开　　本：185mm×260mm　　印　张：26.5　　字　数：630千字
版　　次：2018年12月第1版　　印　次：2024年7月第13次印刷
定　　价：68.00元

产品编号：082083-02

前言

德国经济学家曾提出,未来世界只有三种人:生产者、物流者与消费者。中国经济学家则认为,今后世界只有三个系统,即生产系统、物流系统、技术系统,其他系统都是从这三个系统分离出来的。这些学者的论述,充分强调了物流的重要性。

随着市场竞争的日益加剧,企业需要不断探索降低费用、增加利润的有效途径,才能保持持续的竞争优势。但在后工业经济时代,企业降低物化劳动成本和活劳动成本方面的潜力已十分有限。在这种情况下,作为经济领域"黑大陆"和"第三利润源泉"的物流,开始受到人们的普遍重视,出现了全球范围内蓬勃发展的局面。

21世纪是物流大发展的时代。物流发展的水平是一个国家、一个地区、一个企业核心竞争力的重要标志之一。与国际上物流发展水平相比,中国物流无论理论研究还是实践探索都存在着较大差距。在理论研究方面,尽管中国近年来物流研究成为热点,涌现出一些研究成果,但数量少,对实践的指导作用弱。在实践探索方面,尽管随着"物流热"的兴起,中国物流业得到长足发展,涌现出一批优秀的物流企业,但在物流人才、网络、技术、装备、服务、效率等方面与国际先进水平比较还存在诸多不足。

高素质人才是现代物流发展的关键因素。随着我国物流业的快速发展,现代物流人才的匮乏日益凸显。高校作为培养人才的主战场,必须以市场为导向,针对社会物流人才需求,完善物流人才培养体系,大力培养多层次的现代物流人才。

作为物流学的一门基础课或入门课,应该讲授哪些知识,可谓仁者见仁、智者见智,这从出版的物流学教材可以看出来。根据多年教学体会,作者认为,作为一门基础课、入门课,要内容全面、浅显易懂,不应涉及过多深奥的理论,也不应研究太多的物流技术(尤其是物流硬技术)问题。基于这种考虑,本书对物流学基本理论体系进行了重新梳理,将物流和物流系统及物流管理的基本概念,物流的七大基本职能和相关的电子商务物流、供应链物流、第三方物流等作为核心内容,讲述它们的概念、特点、分类、运作方法、不合理表现及其合理化措施,但所用到的机械设备及其性能、操作基本上不涉及。同时,物流管理用到的一些过于复杂的理论应该在物流专业课里讲,在此也不涉及。例如,库存控制方法仅介绍基本的经济批量订货模型,价格上涨、延期购买、多品种等特殊条件下的经济批量模型没有涉及。

本书是作者基于社会物流人才需求和物流教学改革需要,在十多年物流教学及参阅相关专家物流论著和研究成果的基础上编写而成的。本书坚持"实用、够用"的编写原则,注重理论和实践有机地结合,由浅入深、循序渐进地展开,突出实用性和易用性,全面系统地阐释物流学的基本理论知识。各章都列出了本章的学习目标和核心概念,附有本章小结、案例分析及练习与思考题，便于学生把握各章节的主要内容、知识点和实践技能及相关背景。同时，又突出了前瞻性和前沿性，把物流理论研究的前沿理论融入了相关章节，进行了详细介绍和应用分析。为了给授课教师和学生提供教学及学习支持，本书还提供了电子课件和相关资料，并将逐步完善习题库、案例库及相关参考答案。

本书作者均为从事物流教学和科研的专业教师。由李松庆博士进行总体策划，负责全书的选题、构思准备、大纲拟定、学术规范和最终定稿。其中，第四章由高莉硕士撰写，第五章、第六章由赵习频硕士撰写，第十章由李松庆博士、赵习频硕士撰写，第三章第二节由廖诺博士撰写，第三章第三节由陈颜硕士撰写，其余章节由李松庆博士撰写。

本书在写作过程中，翻阅、借鉴和引用了大量同行在物流方面的相关著作、教材、案例、报刊文章以及互联网上的大量资料，已尽可能在参考文献中列出，在此对这些文献资料的作者表示真诚的感谢；也有可能由于种种原因而有遗漏，若有这种情况发生，在此表示万分歉意并衷心地感谢这些作者。总之，在此一并向所有使我们受益的著作和文章的作者表示感谢。

由于水平有限，加之物流学的理论和方法仍在不断发展、充实和完善之中，本书难免有不足之处，真心希望广大专家、学者和读者不吝赐教。

李松庆
2018 年 9 月

目 录

第一篇　物流基础篇

第一章　物流概述...2
第一节　物流概念..3
第二节　物流与流通、商流、资金流、信息流..9
第三节　物流基本职能..12
第四节　物流分类...14
第五节　物流学及其主要观点..19
本章小结..24
练习与思考...28

第二章　物流系统...30
第一节　系统概述...30
第二节　物流系统概述...35
第三节　物流系统分析...40
本章小结..42
练习与思考...46

第三章　物流管理...47
第一节　物流管理概述...48
第二节　物流战略管理...51
第三节　物流成本管理...61
第四节　物流服务管理...69
本章小结..77
练习与思考...80

第二篇　物流职能篇

第四章　包装..84
第一节　包装概述...85
第二节　包装材料...90

第三节　包装技术 ··· 94
　　第四节　集装化与集合包装 ··· 97
　　第五节　包装合理化 ··· 105
　　本章小结 ··· 108
　　练习与思考 ··· 110

第五章　装卸搬运 ··· 112
　　第一节　装卸搬运概述 ··· 113
　　第二节　装卸搬运作业 ··· 118
　　第三节　装卸搬运合理化 ··· 123
　　本章小结 ··· 128
　　练习与思考 ··· 129

第六章　仓储保管 ··· 131
　　第一节　仓储保管概述 ··· 132
　　第二节　仓库 ·· 137
　　第三节　库存及其控制方法 ··· 147
　　第四节　储存合理化 ··· 156
　　本章小结 ··· 162
　　练习与思考 ··· 164

第七章　运输 ·· 166
　　第一节　运输概述 ··· 167
　　第二节　现代运输方式 ··· 172
　　第三节　综合运输 ··· 183
　　第四节　运输合理化 ··· 186
　　本章小结 ··· 192
　　练习与思考 ··· 195

第八章　配送 ·· 197
　　第一节　配送的概念、要素及分类 ··· 198
　　第二节　配送中心及其分类 ··· 204
　　第三节　配送合理化 ··· 213
　　本章小结 ··· 217
　　练习与思考 ··· 219

第九章　流通加工 ··· 221
　　第一节　流通加工概述 ··· 221
　　第二节　流通加工类型和方式 ··· 226
　　第三节　流通加工合理化 ··· 234

本章小结 238
　　练习与思考 242

第十章　物流信息 244
　　第一节　信息与物流信息 245
　　第二节　物流信息技术 250
　　第三节　物流信息系统 261
　　本章小结 265
　　练习与思考 268

第三篇　物流综合篇

第十一章　电子商务物流管理 272
　　第一节　电子商务概述 273
　　第二节　电子商务与物流的关系 277
　　第三节　电子商务下的物流管理 282
　　本章小结 287
　　练习与思考 291

第十二章　供应链物流管理 292
　　第一节　供应链与供应链管理概述 293
　　第二节　供应链管理与物流管理 304
　　第三节　供应链管理下的物流管理 308
　　本章小结 317
　　练习与思考 320

第十三章　第三方物流 322
　　第一节　第三方物流的内涵 323
　　第二节　第三方物流的优势与风险 334
　　第三节　第三方物流决策 340
　　第四节　第三方物流实施 344
　　本章小结 351
　　练习与思考 353

第十四章　物流产业 355
　　第一节　物流产业概述 356
　　第二节　我国物流产业发展现状 359
　　第三节　制造业与物流业的联动发展 363
　　本章小结 367

练习与思考 371

第十五章　物流发展新理念 373
　　第一节　精益物流 374
　　第二节　绿色物流 380
　　第三节　逆向物流 388
　　第四节　物流金融 399
　　第五节　智慧物流 404
　　本章小结 409
　　练习与思考 412

参考文献 414

第一篇
物流基础篇

第一章

物 流 概 述

本章学习目标：

1. 了解物流概念产生的两种观点及其与相关概念的区别；
2. 掌握物流概念及 physical distribution 与 logistics 的区别；
3. 了解物流与流通、商流、信息流、资金流之间的区别与联系；
4. 掌握物流的七大基本职能；
5. 了解物流活动的主要分类；
6. 了解物流学的内涵及其学科性质；
7. 掌握物流学的主要观点。

本章核心概念：

物流　　物流职能　　物流分类　　物流学

关于物流的争论

日前，在记者赴山东采访的旅途中，与几位邻座旅客朋友发生了"什么是物流"的争论。一位来自水电物资系统的张先生说，顾名思义，"物流"就是物资流通的简称；据我所知，"物流"这个词还是物资流通系统从国外引进的呢！来自铁路工程系统的方先生说，"物流"就是货物运输，公路、铁路、水路、航空、管道运输都包括在内，把货物从一地运到另一地，这就是物流。来自高等院校信息研究所的宁先生则说，"物流"是在正确信息指引下，物质材料有价值的空间位移。来自解放军某部的秦少校说，在军队，物流就是后勤，人员调动、武器装备运输、各种给养调配都属于物流……一路上，大家各执己见、各陈其理，角度不同、理解各异，一个"物流"被赋予了形形色色的内涵。

资料来源：（有删改）物流沙龙. http://www.logclub.com/redirect.php?tid=4587&goto=lastpost

思考

案例中各人对物流的理解正确吗？你自己对物流的看法是什么？

第一节 物流概念

如许多看似新鲜的经济概念一样，所谓的物流活动其实古已有之，只是未有专业说法而已，并非现代社会的发明创造。自从人类社会有了商品交换，就有了运输、仓储、装卸搬运等物流活动。美国物流学者伯纳德·拉·隆德（Bernard J. La Londe）就认为，物流活动源于由地区产品剩余导致的地区间产品交换，而生产力在工业革命后的迅速发展，则推动着物流活动不断发展。但早期的物流活动只能称为物流"意识"，还不是明确的物流概念。美国唐纳德·J. 鲍尔索克斯（Donald J.Bowersox）说："在20世纪50年代以前，物流企业所进行的纯粹是建立在功能基础上的后勤工作，对所存在的综合物流根本没有什么概念或理论。"虽然从物体的流动来理解，物流是一种古老又平常的现象，但将物流作为一门科学来研究却仅有一百多年的历史。物流作为一门科学的诞生是社会生产力发展的结果。通过对物流这一概念的起源和发展进行探索，可以认识到物流的发展历程。

一、物流概念的产生

关于谁最先认识到物流并提出了物流这个名词，国内外文献存在不同看法。

一种观点认为，物流概念是因为经济原因而产生，即起源于人们对协调经济活动中物流及其相关活动的追求，美国经济学家阿奇·萧（Arch W. Shaw）在1915年哈佛大学出版社出版的《市场流通中的若干问题》（Some Problems in Marketing Distribution）一书中最早提出了物流（physical distribution）概念。他在该书中研究了市场流通中存在的一些问题，明确地将企业的流通活动分为创造需求的活动和物流活动，并指出："创造需求与实物供给的各种活动之间的关系……说明（这些活动之间）存在平衡性和相互依赖性两个原则。""物流（the physical distribution of goods）是与创造需求不同的一个问题……流通活动中的重大失误都是因为创造需求与物流之间缺乏协调造成的。"英国克兰菲尔德物流与运输中心（Cranfield Centre for Logistics and Transportation，CCLT）主任、资深物流与市场营销专家马丁·克里斯托弗（Martin Christopher）支持这一观点，认为阿奇·萧是最早提出物流概念并进行实际探讨的学者。他在1994年出版的《物流与供应链管理》（Logistics and Supply Chain Management）一书中说，自从阿奇·萧的物流概念提出以后，"又经过了70年左右的时间才对物流管理的基本原则有了明确的定义。"

另一种观点认为，物流概念是因为军事原因而产生，并且第一次在军事中明确地解释物流这个概念的年代是1905年。詹姆士·约翰逊（James C. Johnson）和唐纳德·伍德（Donald F.Wood）认为："物流一词首先用于军事。"1905年，美国少校琼西·贝克（Chauncey B. Baker）称："那个与军备的移动与供应相关的战争的艺术的分支就叫'物流'。"在第二次世界大战中，美军及其盟军的军事人员的调配，物资、装备的制造、供应、战前配置与调运，战中补给与养护等军事后勤活动使得物流方法和系统分析方法得到有效应用，并在战后被很多国家运用到了民用领域，促进了20世纪六七十年代世界经济的发展，也促使现代"物流学"（logistics）理论的形成与发展。

对于以上两种认识，人们倾向于认为物流源于军事领域，即在1905年就有人明确地提出并解释物流这个概念，在第二次世界大战中物流理论和方法得到完善。无论是经济原因，还是军事原因促使物流概念的产生，都反映了人们在实践中对系统、合理组织和管理物流活动的一致追求。

二、物流概念的辨析

（一）物的概念

1. 物

物流中的"物"的概念，指一切可以进行物理性位置移动的物质资料。物流中所指"物"的一个重要特点，是其必须可以发生物理性位移，而这一位移的参照系是地球。因此，固定了的设施等不是物流要研究的对象。

2. 物资

物资在我国专指生产资料，有时也泛指全部物质资料，较多指工业品生产资料。其与物流中的"物"区别在于，"物资"中包含相当一部分不能发生物理性位移的生产资料，这一部分不属于物流学研究的范畴，如建筑设施、土地等。另外，属于物流对象的各种生活资料，又不能包含在作为生产资料理解的"物资"概念之中。

3. 物料

物料是我国生产领域中的一个专门概念。生产企业习惯将最终产品之外的、在生产领域流转的一切材料（不论其来自生产资料还是生活资料），如燃料、零部件、半成品、外协件以及生产过程中必然产生的边、角、余料、废料及各种废物统称为"物料"。

4. 货物

货物是我国交通运输领域中的一个专门概念。交通运输领域将其经营的对象分为两大类：一类是人，一类是物。除人之外，"物"的这一类统称为货物。

5. 商品

商品和物流学的"物"的概念是互相包含的。商品中的一切可发生物理性位移的物质实体，也即商品中凡具有可运动要素及物质实体要素的，都是物流研究的"物"，有一部分商品则不属于此。因此，物流学的"物"有可能是商品，也有可能是非商品。商品实体仅是物流中"物"的一部分。

6. 物品

物品是生产、办公、生活领域常用的一个概念。在生产领域中，物品一般指不参加生产过程、不进入产品实体，而仅在管理、行政、后勤、教育等领域使用的与生产相关的或有时完全无关的物质实体。在办公生产领域，物品则泛指与办公、生活消费有关的所有物件。在这些领域中，物流学中所指之"物"，就是通常所称之物品。

总之，物流中所称之物，是物质资料世界中同时具备物质实体特点和可以进行物理性位移的那一部分物质资料。

（二）流的概念

1. 流

物流中之"流"，指的是物理性运动。这种物理性运动也有其限定的含义，即是以地球为参照系的,相对于地球而发生的物理性运动,这种运动也称之为"位移"。很明显,诸如建筑物、未砍伐的森林、矿体等由于不会发生物理性运动,尽管其所有权会发生转移,也不在物流的研究范畴之中。只有当建筑物整体移位或拆除、森林砍伐成木材、矿体开采出矿石,木材、矿石发生了物理性移动,才可归纳到物流的"流"之中。

2. 流通

物流的"流"经常被人误解为"流通"。"流"的要领和流通概念是既有联系又有区别的。

"流"和"流通"的联系在于,流通过程中,物的物理性位移常伴随交换而发生,这种物的物理性位移是最终实现流通不可缺少的物的转移过程。物流中"流"的一个重点领域是流通领域,不少人甚至只研究流通领域,因而干脆将"流"与"流通"混淆起来。

"流"和"流通"的区别,主要在两点:一是涵盖的领域不同,"流"不但涵盖流通领域也涵盖生产、生活等领域,凡是有物发生物流的领域,都是"流"的领域。流通中的"流"从范畴来看只是全部"流"的一个局部;另一个区别是"流通"并不以其整体作为"流"的一部分,而是以其实物物理性运动的局部构成"流"的一部分。流通领域中商业活动中的交易、谈判、契约、分配、结算等所谓"商流"活动和贯穿于之间的信息流等都不能纳入物理性运动之中。

3. 流程

生产领域中物流的"流"可以理解为生产的"流程"。生产领域中的物料是按工艺流程要求进行运动的,这个流程水平高低、合理与否对生产的成本和效益以及生产规模影响颇大,因而生产领域"流"的问题是非常重要的。

三、物流概念的演变

物流是一个发展中的概念,其定义不是永恒不变的。物流概念产生以后,随着物流管理理论和物流实践活动的飞速发展,物流概念的内涵和外延也在不断地变化,各种物流定义层出不穷。在不同经济发展阶段,适应不同的经济活动目的,物流定义在不断地进化和完善。即便在同一历史时期、同一经济发展阶段,物流定义也因不同的团体组织和学派所站的角度和出发点及认识的不同而有所差别。物流目前在英文中比较流行的翻译为 logistics,但物流最初的翻译却为 physical distribution。

(一)由 physical distribution 到 logistics

物流的概念最早在美国形成,当时被称为"physical distribution"(简称 PD),译成汉语是"实物分配"或"实体分销"。1915 年,阿奇·萧在《市场流通中的若干问题》(*Some Problems in Marketing Distribution*)一书中提出物流是与创造需求不同的一个问题,并提到物资经过时间或空间的转移,会产生附加价值。这里,Marketing Distribution 指的是商流;时间和空间的转移指的是销售过程的物流。

1918 年,英国犹尼利弗的哈姆勋爵成立了"即时送货股份有限公司",公司宗旨是在全国范围内把商品及时送达到批发商、零售商以及用户手中。这一举动被一些物流学者誉为有关"物流活动的最早文献记载"。

第二次世界大战期间,美国及其盟国为了战争的目的,需要在横跨欧洲、美洲、大西洋的广大空间范围内进行军需物品的补充调运。美国及其盟国围绕战争期间军需物资的生产、采购、运输、配给等建立了军事后勤理论,开始使用后勤管理(logistics management)这一术语对战时物资进行全面管理。军事后勤管理的成效为人们对综合物流的认识以及战后物流的发展提供了重要的实证依据,使得战后实业界对物流活动极为重视。

"二战"以后,西方经济进一步发展,生产力水平进一步提高,市场竞争进一步加剧,进入大量生产、大量销售时期。为了进一步扩大市场占有率,降低流通成本,企业界和理论界更加关注"物流",军事后勤管理的方法被引入到商业活动(生产、流通)中,应用于流通领域和生产经营管理全过程中所有与物品获取、运输、库存控制、储存、分销等有关的活动,取得了很好的效果。特别是 20 世纪 50 年代的日本,面对经济的高速发展带来的大量生产、大量流通局面,发现美国人讲的"physical distribution"涉及大量的流通技术,对提高流通的劳动生产率很有好处。日本随后把"physical distribution"译为"物的流通",1965 年更进一步简化为"物流"。例如,1965 年,日本行政管理厅统计审议会议指出,物的流通是与商品的物理性流动相关联的经济活动,包括物资流通和情报流通。物资流通由运输、保管、装卸、包装、流通加工以及运输基础设施活动组成。同年,日本财团法人机械振兴协会也指出,所谓物的流通,就是把制品从生产者手里物理性地转移到最终需要者手里所必要的诸种活动。具体讲,即包装、装卸、运输、通信等诸种活动。1981 年日本日通综合研究所出版的《物流手册》指出,物流是物质资料从供给者向需要者的物理性移动,是创造时间性、场所性价值的经济活动。从物流的范畴来看,包括:包装、装卸、保管、库存管理、流通加工、运输、配送等诸种活动。如果不经过这些过程,物就不能移动。在"物流"理论的指导下,日本加强道路、港口等物流基础设施建设,实现运输手段的大型化、专用化和高速化。建设物流中心、配送中心,提高了货物的处理能力和商品供应效率,降低了商品的流通成本,扩大了市场,提高了服务水平,取得了显著效果。

20 世纪 50 年代到 70 年代期间,人们研究的对象主要是狭义的物流,是与商品销售有关的物流活动,是流通过程中的商品实体运动。因此,这一时期通常采用的是 physical distribution 一词。

到了 20 世纪 80 年代末,人们对"物流"概念逐步有了较全面深刻的认识,认为原来的"physical distribution"作为"物流"概念已经不够确切。因为,physical distribution 的领域较窄,只能描述分销物流,而实际上物流不仅包括分销物流,而且包括购进物流、生产物流、回收物流、废弃物流、再生物流等。物流应该是一个闭环的全过程,就像军事后勤管理所包含的内容一样广泛,用"logistics"作为物流的概念更加合适一些。最具代表性的是 1985 年美国物流管理协会的更名,即由 National Council of Physical Distribution Management,NCPDM 改名为 The Council of Logistics Management,CLM,它标志着现代物流(logistics)观念的确立。20 世纪 80 年代末 90 年代初,人们逐渐正式把"logistics"作为物流的概念。此后,logistics 逐渐取代 PD,成为"物流"的概念和英文名词,这是物流科学走向成熟的标志。

1985年,加拿大物流管理协会(Canadian Association of Logistics Management,CALM)将"物流"概念界定为:物流是对原材料、在制品、产成品及相关信息从起源地向消费地的高效率、高效益的流动和储存进行计划、执行和控制,以满足顾客需求的过程。该过程包括进向(inbound)、去向(outbound)和内部流动。

1997年,美国EXEL公司把"物流"概念界定为:物流是与计划和执行供应链中商品及物料的搬运、储存及运输相关的所有活动,包括废弃物品及旧品的回收复用。

2000年,美国物流管理协会将"物流"概念定义为:物流是供应链流程的一部分,是为了满足客户需求而对商品、服务及相关信息从起源地到消费地的高效率、高效益的正向和反向流动及储存进行的计划、实施与控制过程。

(二) logistics 与 physical distribution 的区别

logistics 一词的出现,是世界经济和科学技术发展的必然结果。可以说,进入20世纪80年代后,传统物流已向现代物流转变。logistics 与 physical distribution 的不同,在于 logistics 已经突破了商品流通的范围,把物流活动扩大到生产领域。物流已不仅仅从产品出厂开始,而是包括从原材料采购、加工生产到产品销售、售后服务直到废旧物品回收等整个物理性的流通过程。这是因为,随着生产的发展,社会分工越来越细,大型的制造商往往把成品零部件的生产任务外包给其他专业性制造商,自己只是把这些零部件进行组装,而这些专业性制造商可能位于世界上劳动力比较便宜的地方。在这种情况下,物流不但与流通系统维持密切的关系,同时与生产系统也产生了密切的关系。这样,将物流、商流和生产三个方面结合在一起,就能产生更高的效率和效益。近年来,日、美的进口批发及连锁零售业等运用这种观念积累了不少成功的经验。

四、我国物流概念的引入

中国的"物流实践"源远流长。京杭大运河就是中国古代劳动人民创造的一项伟大的"物流工程",其全长1794公里,通达黄河、淮河、长江、钱塘江和海河五大水系,打通了中国东南沿海和华北大平原的水上运输通道,形成了一个南北东西全方位的水上物流网,是中国古代南北交通的大动脉。驿运与八百里快递则是中国古代快递高度发展的生动写照,其所具备的职能的完备性、业务服务的多样性、运作的合理性和组织的严密性充分体现出现代物流的系统思想。而丝绸之路是中国冲出国门走向世界,进行世界范围内物流活动的见证,可以说是世界上最远古的供应链雏形。它在中国境内实际上是一个交通网,包括草原森林丝路、高山峡谷丝路、沙漠绿洲丝路(丝路的主干道)以及海上丝绸之路,从海陆全方位构成了世界上最早、最长的物流通道和范围最广的物流网络,推动了以东方中国为中心的世界经济的交融和发展。其他如万里长城、故宫等大型古建筑所用的巨石、巨木等大量建筑材料的采集、装卸、运输和安装所采用的先进的物料搬运技术及组织管理,都充分体现出中国先人们的聪明才智和恒书千载的物流实践。

然而,这些伟大成就虽然一一闪耀着中国早期关于物流的智慧,并且为中国及世界范围内物流理论的形成和发展提供了深厚的基础和良好的借鉴,但中国当时并没有明确提出物流或类似的概念。近代中国革命的先行者孙中山先生提出的"人尽其才，地尽其力，物尽其用，货畅其流"，被认为是中国近现代最早关于物流的著名论述，但还是没有明确提出物流概念。

中国的物流概念是从国外引入的，主要通过两条途径：一是"physical distribution"从欧美传入日本，日本人将其译为日文"物流"，而中国于20世纪70年代末从日本直接引入"物流"这一概念，这是对日文汉字的直接引用。1979年6月，中国物资经济学会派代表团参加了在日本举行的第三届国际物流会议，并首次对日本的物流进行了考察。在代表团回国后撰写的考察报告中，首次出现了"物流"一词。由于该考察报告由中国物资经济学会以简报形式发往全国物资系统，"物流"一词也首次以文字形式在中国流传。1979年10月，赴日代表团秘书长——原国家物资总局储运局副局长桓玉栅向在京的1700名物资工作者作了题为《国外重视物流研究》的学术报告，第一次在公开场所介绍了日本物流现状。同年11月20日出版的中国物资经济学会筹备组刊物《物资经济研究通讯》，刊载了该学术报告全文，这是中国内部专业刊物上第一次出现的"物流"用语。尔后，随着国内外物流交流的增多，"物流"用语和知识进一步在中国传播开来。二是20世纪80年代初随欧美"市场营销"理论的引入而传入中国。在欧美"市场营销"理论中，都要介绍"physical distribution"。这两个单词直译为中文是"实体分配""实物流通"的意思。所谓"实体分配"，指商品实体从供给者向需要者进行的物理性移动。

需要指出的是，我国最早从国外接受的物流概念也是"physical distribution"，因此我国许多文献中也是按PD的概念来阐述物流的，一直沿用到20世纪90年代初。我国90年代初以来，虽然中文仍然叫"物流"没变，但译成英文时都用"logistics"，一般不再使用"physical distribution"了。

《中华人民共和国国家标准物流术语》（GB/T 18354—2006 3.2）对物流的定义是："物流是物品从供应地向接收地的实体流动过程。根据实际需要，将运输、储存、装卸、搬运、包装、流通加工、配送、回收、信息处理等基本功能实施有机结合。"

北京物资学院崔介何教授在其出版的物流学教材中，一直将"物流"概念界定为：物流是物质资料从供应者到需要者的物理性（实物性）流动，是创造时间和空间价值的经济活动。

当然，物流概念传入我国之前，我国实际上一直存在着运输、保管、包装、装卸、流通加工等物流活动，其中主要是存储运输即储运活动。但要认识到，国外的物流业与我国的储运业并不完全相同，主要差别在于：一是物流比储运所包含的内容更广泛。一般认为，物流包括运输、保管、配送、包装、装卸、流通加工及相关信息活动，而储运仅指储存和运输两个环节。虽然储运其中也涉及包装、装卸、流通加工及信息活动，但这些活动并不包含在储运概念之中；二是物流强调诸活动的系统化，从而达到整个物流活动的整体最优化，储运概念则不涉及存储与运输及其他活动整体的系统化和最优化问题；三是物流是一个现代的概念，在第二次世界大战后才在各国兴起，而我国的储运则是一个十分古老、传统的概念。

第二节 物流与流通、商流、资金流、信息流

一、物流与流通

关于"物流",应首先从"流通"谈起,而流通又离不开经济活动。所谓经济活动是一个生产和消费的总的体系,基本上由生产和消费两种功能构成。而将其制造产品、创造价值的生产和使用产品的消费连接起来的即是"流通"。流通是社会再生产中生产一方与消费一方之间的中介环节。在商品的生产和消费之间存在各种间隔,需要通过"流通"将商品的生产和商品的消费加以衔接,如图 1-1 所示。

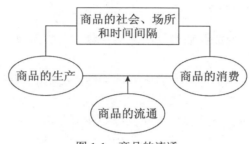

图 1-1 商品的流通

原始社会是自给自足经济,这些间隔很小。随着社会分工越来越细,这种间隔也逐渐增大。正是流通将生产和消费之间的这些社会的、场所的和时间的间隔联系起来。

流通解决商品生产和消费之间存在的这些间隔的方法如下:

1. **社会间隔**

即商品的生产者和商品的消费者有所不同,需要通过买卖等商品交易活动完成商品的社会实体由供给者向需求者的转移,表现为商品与其等价物(货币或其他等价物)的交换和商品所有权的转移运动,即商品价值的流通,创造商品的所有权效用,这称为商业流通,简称"商流"。

2. **场所间隔**

即商品的生产场所和消费场所不在同一地方,需要通过商品运输克服生产地和消费地之间的空间距离加以衔接,创造商品的场所效用(或空间效用)。

3. **时间间隔**

即商品的生产日期与商品的消费日期不尽相同,需要通过商品保管加以衔接以最终满足用户需要,创造商品的时间效用。

通过"商流"消除了商品的社会间隔,通过"物流"消除了商品的场所和时间间隔,二者共同实施的结果完成了商品的所有权和商品实体的转移,即商品的流通。商品流通的 G-W(货币—商品)和 W′-G′(商品—货币)两个流通阶段,都要通过物流才能最后实现。

当然,流通形态包含物质产品流通、服务产品流通、劳动力流通、资本流通等多种形式,其中只有物质产品流通才存在物质实体的移动,即物流,其他流通形态并不伴生物流。然而,马克思将商品买卖这个流通过程称做"大流通",并将之明确为"真正的流通"。他认为:"真正的流通,只是表现为周期更新的和通过更新而连续进行的再生产的媒介。"

所以，尽管物质产品流通只是若干流通形态之一，但它的重要性是高于其他流通形态的，而物流便是这种"真正的流通"的物质基础。可见，物流在流通过程中独具重要性。

所以，物流与流通的关系可以归纳为三点认识，即：物流是流通的基本要素之一；物流是流通的重要物质基础；物流对流通有最后实现的决定作用。

二、物流与商流

物流与商流是商品流通活动的两个方面。它们互相联系，又互相区别；互相结合，又互相分离。

（一）物流与商流的联系

（1）物流与商流都是商品流通必要的组成部分，二者结合才能有效实现商品由供方向需方的转移过程。

（2）物流与商流都是从供应者向需求者的运动，它们有相同的流向、相同的起点和终点，运动的路线和经过的环节大致相同。

（3）在商品流通的情况下，物流与商流在功能上是相互补充的，既分工又合作，共同完成流通的功能。

（4）正常情况下，先有商流，然后才有物流，商流是物流的前提、先导，而物流是以商流的后续者和服务者的姿态出现的，是商流的依托和物质保证。因此，两者之间是相辅相成、相互促进的。

（二）物流与商流的区别

（1）在商品流通中，物流是商品物质实体的流动，克服的是供需间的空间和时间距离，体现为商品空间、时间位置的变化运动，创造商品的空间和时间效用；商流是商品社会实体的流动，克服的是供需间的社会距离，体现为商品与货币等的等价交换和商品所有权的转移运动，创造商品的所有权效用。

（2）物流和商流本身又是互相独立的，各自可以独立进行，流动的具体途径也可能不一致，流动的次序也没有固定的模式。在具体情况下，没有商流的物流和没有物流的商流都是可能的。

（3）物流和商流有其不同的物质基础和不同的社会形态。从马克思主义政治经济学角度看，在流通这个统一体中，物流明显偏重于工具、装备、设施及技术，因而属于生产力范畴；而商流明显偏重于经济关系、分配关系、权力关系，因而属于生产关系范畴。

（4）物流的概念具有广泛和普遍的意义，不仅指在流通领域的流动，也包括任何非流通领域的流动，如生产领域、消费领域等。而商流的概念仅限于流通过程，它是流通过程中的一种运动形式。

三、物流、商流、资金流、信息流

资金流是指买、卖双方之间伴随着交易发生而产生的资金从买方向卖方的流动过程，包括付款、转账等过程。

　　信息流广泛存在于生产领域、流通领域及经济生活各个领域。广义的信息流指信息的产生、加工、储存和传递等过程。在现代信息社会里，信息流有企业内部和企业外部的信息流，有商流、物流、生产、消费、科学技术、交通运输等不同领域的信息流，以及纵向信息流和横向信息流。它们是纵横交错、包罗万象、相互交织的信息流的综合。此处的信息流主要是指流通信息流，即流通过程中一切流通信息的产生、加工、储存和传递，包括物流信息流、商流信息流和资金流信息流。它产生于物流、商流和资金流活动中，是物流、商流和资金流活动的描述和记录，反映物流、商流和资金流的运动过程。它对物流、商流和资金流起指导和控制作用，并为物流、商流和资金流活动提供经济决策的依据。

　　近年来，人们提到物流的话题时，常常与商流、资金流和信息流联系在一起，这种说法有一定道理。因为总体来看，物流、商流、资金流和信息流四者都是商品流通过程内在的经济范畴，都是商品流通的必要组成部分，是商品流通的不同运动形式。它们合则形成一个完整的流通过程，分则具有彼此独立的运动形式和客观规律。将商流、物流、资金流和信息流做为一个整体来考虑和对待，会产生更大的能量，创造更大的经济效益。一方面，信息流既制约物流又制约商流和资金流，并且将物流、商流和资金流联系起来，共同完成商品流通全过程；另一方面，物流、商流、资金流和信息流四者相辅相成、互相促进，推动流通过程不断向前发展。在这个过程中，以信息流为媒介，通过物流实现商品的使用价值，通过商流实现商品的价值，通过资金流实现资金的转移。

　　在物流、商流、资金流和信息流四者之间，商流是物流、资金流和信息流的起点，也可以说是后"三流"的前提，没有商流一般不可能发生物流、资金流和信息流。反过来，没有物流、资金流和信息流的匹配和支撑，商流也不可能达到目的。"四流"之间有时是互为因果的关系。例如，A企业与B企业经过商谈，达成了一笔供货协议，确定了商品价格、品种、数量、供货时间、交货地点、运输方式等，并签订了合同，也可以说商流活动开始了。要认真履行这份合同，自然要进入物流过程，将货物进行包装、装卸、保管和运输。如果商流和物流都顺利进行了，接下来是付款和结算，即进入资金流的过程。同时，伴随着信息传递活动。无论是买卖交易，还是物流和资金流，这三大过程中都离不开信息的传递和交换。没有及时的信息流，就没有顺畅的商流、物流和资金流。没有资金支付，商流不会成立，物流也不会发生。

　　可以讲，商流是动机和目的，资金流是条件，信息流是手段，物流是终结和归宿。就是说由于需要或产生购买欲望，才决定购买，购买的原因和理由就是商流的动机和目的；因为想购买或决定购买某种商品，才考虑购买资金的来源或筹措资金问题。不付款，商品的所有权就不归你，这就是条件；又因为决定购买，也有了资金，然后才付之行动，这就是买主要向卖主传递一个信息，或去商店向售货员传递购买信息，或电话购物、网上购物，这些都是信息传递的过程，但这种过程只是一种手段；然而，商流、资金流和信息流产生后，必须有一个物流的过程，否则商流、资金流和信息流都没有意义。例如，一个单位搬进新办公地点后要购买几台空调，这个单位可能直接去商店选购，也可能打电话或网上采购，就产生了商流活动。由此也伴生出资金流（如现金支付、支票付款或银行转账）和信息流。可是只完成这"三流"，并不是事物的完结，还必须将空调送至买主，最终还是少不了运输、装卸等物流过程。

商流和资金流是传统性的经济活动，规则性强，已经比较成熟和定型，进一步的科学化管理受时代和经济发展水平限制。信息流主要依赖互联网，由计算机支持，是电子化传输和软件开发问题。这方面的竞争会不断加剧和复杂化，各企业的技术水平将来也会彼此接近。前几年兴起的电子商务热之所以急剧降温，是因为"物流瓶颈"造成的，而不是信息技术自身的问题。而且，商流、资金流和信息流将来都可能由计算机和网络通信部分替代，只有物流难以做到这一点。而且，物流又最落后，物流发展的空间比商流、资金流和信息流要大，合理化、科学化管理的余地要大，节约费用的潜力要大。所以，在竞争激烈的市场经济社会里，要加强对物流问题的研究。

第三节 物流基本职能

物流的基本职能是指物流活动应该具有的基本能力以及通过对物流活动最佳的有效组合，形成物流的总体功能，以达到物流的最终经济目的。一般认为，物流的基本职能由包装、装卸搬运、运输、储存保管、流通加工、配送以及与上述职能相关的信息服务七项职能所构成。物流目的是通过实现上述职能来完成的。

一、运输职能

运输职能主要是实现物质实体由供应方向需求方的空间移动，克服产需之间的空间距离，创造商品的空间效用。运输在物流活动中处于中心地位，是物流的核心业务之一，也是物流的一个重要职能。对运输问题进行研究的内容主要有：运输方式及其运输工具的选择、运输线路的确定以及为了实现运输安全、迅速、准时、价廉的目的所实行的各种技术措施和合理化问题的研究等。运输工具包括车、船、飞机、管道等，相应的运输方式有铁路、公路、航空、水路和管道等。选择何种运输手段对于物流效率具有十分重要的意义，在决定运输手段时，必须权衡运输系统要求的运输服务和运输成本，可以从运输机具的服务特性作判断的基准：运费、运输时间、频度、运输能力、货物的安全性、时间的准确性、适用性和信息等。

二、仓储职能

物质资料的储存，是社会再生产过程中客观存在的现象，也是保证社会再生产连续不断运行的基本条件之一。有物质资料的储存，就必然产生如何保持储存物质资料的使用价值和价值不至于发生损害的问题，为此就需要对储存物品进行以保养、维护为主要内容的一系列技术活动和保管作业活动，以及为了进行有效的保管需要对保管设施的配置、构造、用途及合理使用、保管方法和保养技术的选择等作适当处理。

在物流系统中，仓储和运输是同样重要的职能。仓储职能包括对进入物流系统的货物进行堆存、管理、保管、保养、维护等一系列活动，起着缓冲和调节作用，克服产需之间的时间距离，创造商品的时间效用。

仓储的作用主要表现在两个方面：一是完好地保证货物的使用价值和价值；二是为将货物配送给用户，在物流中心进行必要的加工活动而进行的保存。

随着经济的发展，物流由少品种、大批量物流进入到多品种、小批量或多批次、小批量物流时代，仓储职能从重视保管效率逐渐变为重视如何才能顺利地进行发货和配送作业。流通仓库作为物流仓储职能的服务据点，在流通作业中发挥着重要的作用，它将不再以储存保管为其主要目的。流通仓库包括拣选、配货、检验、分类等作业，并具有多品种、小批量、多批次、小批量等收货配送功能，以及附加标签、重新包装等流通加工功能。

三、包装职能

为使物流过程中的货物完好地运送到用户手中，并满足用户和服务对象的要求，需要对大多数商品进行不同方式、不同程度的包装。包装具有保护物品、便利储存运输、促进销售的基本功能。它存在于物流过程的各环节，包括产品的出厂包装和生产过程中在制品、半成品的换装及物流过程中的包装、分装、再包装等。

一般来讲，包装分为工业包装和商业包装两种。工业包装的作用是便于运输并保护在途货物。商业包装是把商品分装成方便顾客购买和消费的商品单位，目的是便于商品销售。因此，工业包装属物流研究的内容，商业包装属营销研究的内容。

四、装卸搬运职能

装卸搬运指在一定的区域内，以改变物品存放状态和位置为主要内容的活动。装卸搬运是随运输和保管而产生的必要物流活动，是对运输、保管、包装、流通加工等物流活动进行衔接的中间环节，以及在保管等活动中为进行检验、维护、保养所进行的装卸活动，如货物的装上卸下、移送、拣选、分类等。在物流活动的全过程中，装卸搬运活动是频繁发生的，因而是产品损坏的重要原因之一。

对装卸搬运的管理，主要是通过对装卸搬运方式、装卸搬运机械设备的选择和合理配置与使用，以及对装卸搬运物品灵活性和可运性的研究，实现装卸搬运合理化，尽可能减少装卸搬运次数，以节约物流费用，获得较好的经济效益。

五、流通加工职能

流通加工功能是在物品从生产领域向消费领域流动的过程中，为了促进产品销售、维护产品质量和实现物流效率化，对物品进行加工处理，使物品发生物理或化学性变化的功能。这种在流通过程中对商品进一步的辅助性加工，可以弥补商品生产过程中加工程度的不足，更有效地满足用户的需求，更好地衔接生产和需求环节，使流通过程更加合理化，是物流活动中的一项重要增值服务，也是现代物流发展的一个重要趋势。

流通加工的内容非常丰富，诸如装袋、定量化小包装、拴牌子、贴标签、配货、拣选、混装、刷标记、剪断、打孔、拉拔、组装、改装、配套等。流通加工职能作用主要表现在：进行初级加工，方便用户；提高原材料利用率；提高加工效率及设备利用率；

充分发挥各种运输手段的最高效率；改变品质，提高收益。

六、配送职能

配送是物流的一种特殊的、综合的活动形式，它几乎包括了物流的所有职能，是物流的一个缩影或在某一范围内物流全部活动的体现。一般来讲，配送集包装、装卸搬运、保管、运输于一体，并通过这些活动完成将物品送达的目的。

配送问题的研究包括配送方式的合理选择、不同物品配送模式的研究以及围绕配送中心建设相关的配送中心地址的确定、设施的构造、内部布置和配送作业及管理等问题的研究。配送是现代物流的一个最重要的特征。

七、信息服务职能

物流整体职能的发挥，是通过物流各种职能之间的相互联系、相互依赖和相互作用来实现的。各种职能的作用不是孤立存在的，需要及时交换信息。信息服务的基本职能在于合理地收集、加工、传递、存储、检索、使用信息，保证信息的可靠性和及时性，以达到促进物流整体职能的发挥。对物流信息活动的管理，要求建立信息系统，合理确定信息的收集、汇总、统计、使用方式，以保证其可靠性和及时性。现代物流是需要依靠信息技术来保证物流体系正常运作的。物流系统的信息包括与上述各项职能有关的计划、预测、动态（运量、收、发、存数）的信息及有关的费用信息、生产信息、市场信息。

从信息的载体及服务对象看，该职能还可分成物流信息服务职能和商流信息服务职能。商流信息主要包括进行交易的有关信息，如货源信息、物价信息、市场信息、资金信息、合同信息、付款结算信息等。商流中交易、合同等信息，不但提供了交易的结果，也提供了物流的依据，是两种信息流主要的交汇处。物流信息主要是物流数量、物流地区、物流费用等信息。物流信息中库存量信息不但是物流的结果，也是商流的依据。

物流系统的信息服务职能必须建立在计算机网络技术和国际通用的 EDI 信息技术基础之上，才能高效地实现物流活动一系列环节的准确对接，真正创造"场所效用"及"时间效用"。可以说，信息服务是物流活动的中枢神经，该职能在物流系统中处于不可或缺的重要地位。信息服务职能的作用主要表现为：缩短从接受订货到发货的时间；库存适量化；提高搬运作业效率；提高运输效率；使接受订货和发出订货更为省力；提高订单处理的精度；防止发货、配送出现差错；调整需求和供给；提供信息咨询等。

第四节 物流分类

社会经济领域中的物流活动是普遍存在的，但在不同的领域和条件下，物流的表现形态、基本结构、技术特征和运作方式等都存在诸多差异。构建合理、高效的物流系统，强化物流管理，必须从不同的角度研究物流的分类，探讨各种类型物流的特点和差异，以便对症下药、有的放矢。由于物流对象、目的、范围、范畴不同，形成了不同类型的物流。

一、按照物流系统的性质分类

按照物流系统的性质，物流活动可以划分为社会物流、行业物流和企业物流。

（一）社会物流

社会物流一般是指流通领域发生的物流，是全社会物流的整体，带有宏观性和广泛性，所以也称之为大物流或宏观物流。社会物流的一个标志是，它是伴随商业活动发生的，也就是说社会物流的过程与所有权的更迭有关。

就物流学的整体而言，可以认为其研究对象主要就是社会物流。社会物流的流通网络是国民经济发展的命脉，流通网络分布的合理性、渠道是否畅通等对国民经济的运行有至关重要的影响。所以，宏观规划和管理部门应该对社会物流进行科学的管理和有效的控制，采用先进的物流技术和手段，以保证社会物流的高效能和低成本运行。社会物流的优化不仅可以带来良好的经济效益，更重要的是可以产生巨大的社会效益。

（二）行业物流

在一个行业内部发生的物流活动被称为是行业物流。同一行业中的企业虽然在产品市场上是竞争对手，但在物流领域中却可以互相协作，共同促进行业物流的合理化。行业物流系统化的结果是使行业内的各个企业都得到相应的利益，实现真正意义上的"共赢"。

例如，在日本的建筑机械行业内，行业物流系统化的具体内容有：各种运输工具的有效利用；建设共同的零部件仓库，实行共同集配送；建立新旧车辆、设备及零部件的共同流通中心；建立技术中心，共同培训操作人员和维修人员；统一建设机械设计标准和规格等。在大量消费品方面，他们还倡导采用统一的发票、统一的商品规格、统一的法规政策、统一的托盘规格、统一的陈列柜和包装模数等，也有利于行业物流活动的系统化。目前，我国许多行业协会也正在根据本行业特点，提出自己的行业物流系统化标准。

（三）企业物流

在一个企业的范围内，由于生产经营活动的需要而发生的物流称为企业物流。《中华人民共和国国家标准物流术语》(GB/T 18354—2001)对企业物流的定义是：企业内部的物品实体流动。

企业物流系统主要有两种结构形式：水平结构和垂直结构。

根据企业物流活动发生的先后次序，从水平的方向上可以将企业物流活动划分为供应物流、生产物流、销售物流、回收物流和废弃物流。

企业物流的垂直结构主要可以分为管理层、控制层和作业层三个层次。企业物流系统通过这三个层次的协调配合实现其总体功能。

管理层：管理层的任务是对整个物流系统进行统一的计划、实施和控制，包括物流系统战略规划，系统控制和成绩评定，以形成有效的反馈约束和激励机制。

控制层：控制层的任务是控制物料流动过程，主要包括订货处理与顾客服务、库存计划与控制、生产计划与控制、用料管理和采购等。

作业层：作业层的任务是完成物料的时间转移和空间转移，主要包括发货与进货运输、厂内装卸搬运、包装、保管和流通加工等。

二、按照物流活动的空间范围分类

按照物流活动的空间范围，物流活动可以划分为地区物流、国内物流和国际物流。

（一）地区物流

地区有不同的划分原则。例如，按省区划分，可划分为北京、天津等三十多个省、直辖市和自治区；按地理位置划分，可划分为长江三角洲地区、珠江三角洲地区、环渤海地区等。

地区物流指一个地区内进行的物流活动。地区物流系统对提高该地区内企业物流活动的效率、保障当地居民的生活环境具有重要作用。研究地区物流应根据地区的特点，从本地区的利益出发组织好物流活动。例如，某城市建设一个大型物流中心，显然对提高当地物流效率、降低物流成本、稳定物价是很有作用的。但是这也会引起由于供应点集中、货车来往频繁而产生废气、噪音、交通事故等问题。所以，物流中心的建设不单是物流问题，还要从城市建设规划，地区开发计划等方面统一考虑、妥善安排。

（二）国内物流

国内物流指在一个国家或相当于国家的政治经济实体内进行的物流活动。国家或相当于国家的拥有自己的领土和领空权力的政治经济实体，所制定的各项计划、法令和政策都应该是为其自身的整体利益服务的。所以，物流作为国民经济的一个重要方面，应该纳入国家的总体规划。全国物流系统的发展必须从全局着眼，对于部门分割、地区分割造成的物流障碍应该清除。在物流系统的建设投资方面也要从全局考虑，使一些大型物流项目能尽早建成，为经济建设服务。

国家整体物流系统的推进，必须发挥政府的宏观调控作用。一是加强物流基础设施的建设，如公路、港口、机场、铁路的建设及大型物流基地的配置等。二是制定各种交通政策法规，如铁路运输、卡车运输、海运、空运的价格规定以及税收标准等。三是遵照先进的"物流模数"——物流系统各个要素的基准尺寸，将与物流活动有关的各种设施、装置、机械及相关票据标准化、规格化。四是开发引进新的物流技术，培养物流技术专门人才。

（三）国际物流

国际物流是指当生产和消费在两个或两个以上的国家（或地区）独立进行的情况下，为了克服生产和消费之间的空间距离和时间距离，而对物资（货物）所进行的物理性移动的一项国际经济贸易活动。国际物流是不同国家之间的物流。它是伴随和支撑国际间经济交往、贸易活动和其他国际交流所发生的物流活动，是国际间贸易的一个必然组成部分。各国之间的相互贸易最终通过国际物流来实现。

国际物流是现代物流系统中重要的物流领域，近十几年有很大发展，也是一种新的物流形态。

东西方冷战结束后，贸易国际化的势头越来越盛。随着国际贸易壁垒的拆除、新的国际贸易组织的建立，欧洲等若干地区已突破国界的限制形成统一市场，这又使国际物流出现了新的情况，国际物流形式也随之不断变化。所以，近年来，各国学者非常关注并研究国际物流问题，物流的观念及方法随物流的国际化步伐不断扩展。

从企业角度看，近十几年跨国企业发展很快，不仅是已经国际化的跨国企业，即便是一般有实力的企业也在推行国际化战略。企业在全世界寻找贸易机会，寻找最理想的市场，寻找最好的生产基地，这就将企业的经济活动领域必然地由地区、由一个国家扩展到国际之间。这样一来，企业的国际物流也提到议事日程上来，企业必须为支持这种国际贸易战略，更新自己的物流观念，扩展物流设施，按国际物流要求对原来的物流系统进行改造。

对跨国公司来讲，国际物流不仅是由商贸活动决定，而且是本身生产活动的必然产物。企业的国际化战略的实施，使企业分别在不同国度中生产零件、配件，又在另外一些国家组装或装配整机，企业的这种生产环节之间的衔接也需要依靠国际物流。

三、按照物流的作用分类

企业物流活动几乎渗透到制造企业的所有生产活动和管理工作中，对企业的影响甚为重要。根据物流活动在企业整个生产制造过程中的作用，物流活动可以划分为供应物流、生产物流、销售物流、回收物流和废弃物物流，如图1-2所示。

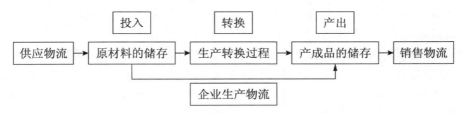

图1-2　企业的供应、生产和销售物流活动

（一）供应物流

供应物流指企业生产所需的一切生产资料的采购、进货运输、仓储、库存管理、用料管理和供料运输，也称为原材料采购物流。供应物流不仅是企业组织生产的先决条件，而且是降低成本、获取利润的重要源泉。

企业为保证本身生产的节奏，不断组织原材料、零部件、燃料、辅助材料供应的物流活动，这种物流活动对企业生产的正常、高效进行起着重大作用。企业供应物流不仅是一个保证供应的目标，而且还是在以最低成本、最少消耗、最大保证来组织供应物流活动的限定条件下，因此就带来了很大的难度。现代物流学是基于非短缺商品市场这样一个宏观环境来研究物流活动的，在这种市场环境下，供应数量保证上是容易做到的，企业的竞争关键在于：如何降低这一物流过程的成本，这可以说是企业物流的最大难点。

为此，企业供应物流就必须解决有效的供应网络问题、供应方式问题、零库存问题等。

（二）生产物流

生产物流是生产过程中原材料、在制品、半成品、产成品等在企业内部的实体流动。

生产物流是与整个生产工艺过程伴生的，实际上已构成了生产工艺过程的一部分。企业生产物流的过程大体为：原料、零部件、燃料等辅助材料从企业仓库或企业的"门口"开始，进入生产线的开始端，再进一步随生产加工过程一个一个环节地"流"，在"流"的过程中，本身被加工，同时产生一些废料余料，直到生产加工终结，再"流"至制品仓库便终结了企业生产物流过程。

过去，人们在研究生产活动时，主要注重一个一个的生产加工过程，而忽视了将每一个生产加工过程串在一起的，并且又和每一个生产加工过程同时出现的物流活动。例如，不断地离开上一工序，进入下一工序，便会不断发生搬上搬下、向前运动、暂时停滞等物流活动。实际上，一个生产周期，物流活动所用的时间远多于实际加工的时间。所以，企业生产物流研究的潜力、时间节约的潜力、劳动节约的潜力也是非常大的。

（三）销售物流

销售物流，又叫作分销物流（physical distribution），是销售过程中的物流活动，是伴随销售而进行的物流活动，具体是指将产品从下生产线进入流通领域开始，经过包装、装卸搬运、储存、流通加工、运输、配送，一直到最后送到用户手中的整个产品实体流动过程。

企业销售物流是企业为保证本身的经营利益，不断伴随销售活动，将产品所有权转给用户的物流活动。如上所述，在现代社会中，市场环境是一个完全的买方市场。因此，销售物流活动便带有极强的服务性，以满足买方的要求，最终实现销售。在这种市场前提下，销售往往以送达用户并经过售后服务才算终止。因此，销售物流的空间范围很大，这便是销售物流的难度所在。在这种前提下，企业销售物流的特点，便是通过包装、送货、配送等一系列物流实现销售，这就需要研究送货方式、包装水平、运输路线等，并采取各种诸如少批量、多批次、定时、定量配送等特殊的物流方式达到目的，因而，其研究领域是很宽的。

（四）回收物流

企业在生产、供应、销售的活动中总会产生各种边角余料和废料，这些东西回收是需要伴随物流活动的。而且，企业回收物品处理不当，往往会影响整个生产环境，甚至影响产品质量，也会占用很大空间，造成浪费。

（五）废弃物物流

企业对排放的无用物（如污水、废气、垃圾等）进行运输、装卸、处理等的物流活动。企业对这类废弃物如不及时进行合理的物流处理，便会造成公害并直接损害企业的形象和声誉。

第五节　物流学及其主要观点

随着经济全球化和信息技术的发展，被称为"第三利润源"的现代物流的理论研究和实践活动正在世界范围内蓬勃兴起。竞争的国际化、需求的多样化、市场的一体化使现代物流的发展进入了一个高级阶段。许多专家指出，现代经济的发展水平，很大程度上取决于物流的水平。物流实践的发展，需要对物流学理论更深入、更规范的研究，需要更多的适应现代社会发展需要的新型物流人才，这就迫切需要建立和完善物流学理论体系，以适应经济发展的要求、适应物流发展的要求、适应物流学理论研究和物流人才培养的要求。

一、物流学的概念

一般认为，物流学是关于物流的科学，即研究物质实体流动的概念、理论、规律、技术和方法的科学。物流学是一门综合性、应用性、系统性和拓展性很强的科学。20 世纪 70 年代以来，物流学在世界范围内受到广泛重视并获得迅速发展。

德国的尤尼曼提出："物流学（logistics）是研究对系统（企业、地区、国家、国际）的物料流（material flow）及有关的信息流（information flow）进行规划与管理的科学理论。"我国有学者认为，物流学是研究物质资料在生产、流通和消费领域中的流转过程及其规律，寻求创造最大的时间和空间效益的科学。

物流学的研究对象是"物的动态流转过程"，是"物流系统"，是贯穿流通领域和生产领域的一切物料流及其有关的信息流。

二、物流学的学科性质

（一）物流学是一门综合性的交叉学科

这主要反映在两个方面：

第一，物流学是融汇了自然科学、社会科学和工程技术科学的综合科学，其包括的内容相当广泛，如系统科学、管理科学、环境科学、流通科学、运输科学、仓储科学、营销科学、再生科学以及机械、电子等方面专门技术，其理论和方法是在综合多学科的基本理论上形成的。例如，研究物流的目的是要有效地管理控制物流的全过程，在保证服务质量的前提下，使其消耗的总费用最小。因此，经济指标是衡量物流系统的基本尺度，研究物流学必然涉及经济学的有关内容，特别是近代兴起的技术经济学和数量经济学都和物流研究有密切关系。在对作为物流要素的对象物的研究中，以及对对象物产生时间维和空间维物理性变化的方法、手段的研究中，又涉及工程技术科学的许多领域。在运输技术、仓储技术、搬运和包装技术中融合了机械、电气自动化等学科的成果。对物流系统进行定性和定量的分析，必须以数学特别是应用数学、运筹学等为基础，也要以电子计算机作为手段来实现分析和控制的目的，这些都是物流学的研究范畴。综上所述，物流学可以说是社会科学和自然科学之间的交叉学科，或是管理科学和工程技术科学之间的交叉学科。

第二，物流科学涉及生产领域、流通领域、交通运输邮电等服务领域甚至消费领域，涉及国民经济的许多部门。

（二）物流学是一门应用性科学

这主要反映在物流学的实践性和应用性比较强，其研究大多数是相关学科的研究成果在物流领域中的应用，要从实际出发，为经济发展服务。

（三）物流学是一门进行系统分析的科学

系统性是物流学的最基本特征。物流科学产生的基础就是发现了各物流环节存在着相互关联、相互制约的关系，证明它们是作为统一的有机整体的一部分存在的，这个体系就是物流系统。物流系统本身是一个复杂的系统，但同时又处在国民经济、世界经济等比它更大、更复杂的大系统之中。系统观点、全局观念、系统分析方法、系统综合方法等是物流研究中极其重要的观点和方法。

三、物流学的主要观点

（一）商物分离（商物分流）

商物分离是物流科学赖以生存的先决条件。所谓商物分离，是指流通中两个组成部分——商业流通和实物流通各自按照自己的规律和渠道独立运动。

社会进步使流通从生产中分离出来之后，并没有结束分化及分工的深入和继续。现代大生产的分工和专业化是向一切经济领域中延伸的。列宁在谈到这个问题时，提出："分工""不仅把每一种产品的生产，甚至把产品的每一部分的生产都变成专门的工业部门——不仅把产品的生产，甚至把产品制成消费品的各个工序都变成专门的工业部门。"（《列宁选集》第一卷，第161页）这种分化、分工的深入也表现在流通领域。在流通领域，比专业化流通这种分工形式更重要的分工是流通职能的细分。第二次世界大战以后，流通过程中上述两种不同形式出现了更明显的分离，从不同形式逐渐变成了两个有一定独立运动能力的不同运动过程，这就是所称的"商物分离"。

本来，商流、物流是紧密地结合在一起的。进行一次交易，商品便易手一次，商品实体便发生一次运动。物流和商流是相伴而生并形影相随的，两者共同运动，取同样过程，只是运动形式不同而已。在现代社会诞生之前，流通大多采取这种形式，甚至今日，这种情况仍不少见。

然而，商流和物流也有其不同的物质基础和不同的社会形态。从马克思主义政治经济学角度看，在流通这一统一体中，商流明显偏重于经济关系、分配关系、权力关系，因而属于生产关系范畴。而物流明显偏重于工具、装备、设施及技术，因而属于生产力范畴。所以，商物分离实际是流通总体中的专业分工、职能分工，是通过这种分工实现大生产式的社会再生产的产物。这是物流科学中重要的新观念。物流科学正是在商物分离基础上才得以对物流进行独立的考察，进而形成的科学。但是，商物分离也并非绝对的，在现代科学技术有了飞跃发展的今天，优势可以通过分工获得，优势也可以通过趋同获得,"一体化"的动向在原来许多分工领域中变得越来越明显。在流通领域中,发展也是多形式的,绝对不是单一的"分离"。

(二) 黑大陆说

美国著名的管理学权威彼得·德鲁克(Peter F. Drucker)在 1962 年的《财富》杂志发表了题为《经济的黑大陆》一文(参见:Peter F. Drucker, *The Economy's Dark Continent*, FORTUNE, April 1962, pp.103, 265-266, 268, 270.),他将流通比作"一块未开垦的处女地",强调应高度重视流通,指出"流通是经济领域里的黑暗大陆"。德鲁克泛指的是流通。但是,由于流通领域中物流活动的模糊性尤其突出,是流通领域中人们更认识不清的领域,所以"黑大陆"说法现在转向主要针对物流而言。

"黑大陆"说法主要是指尚未认识、尚未了解。在"黑大陆"中,如果理论研究和实践探索照亮了这块"黑大陆",那么摆在人们面前的可能是一片不毛之地,也可能是一片宝藏之地。"黑大陆"说是对 20 世纪中在经济界存在的愚昧的一种反对和批判,指出在当时资本主义繁荣和发达的状况下,科学技术也好,经济发展也好,都远未有止境。同时,"黑大陆"说法也是对物流本身的正确评价:这个领域未知的东西还很多,理论和实践皆不成熟。从某种意义上来看,"黑大陆"说是一种未来学的研究结论,是战略分析的结论,带有很强的哲学的抽象性,这一学说对于研究物流领域起到了启迪和动员作用。

(三) "物流冰山"说

"物流冰山"说是由日本早稻田大学的西泽修教授提出的,指当人们读财务报表时,只注意到企业公布的财务统计数据中的物流费用,而这只能反映企业实际物流成本的一部分,有相当数量的物流费用是不可见的。基于这个现实,日本物流成本计算的权威早稻田大学教授西泽修先生提出了"物流冰山"说,如图 1-3 所示。

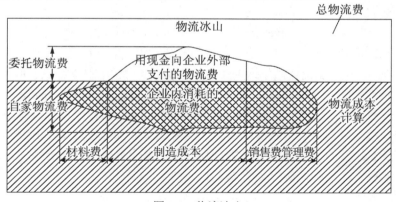

图 1-3 物流冰山

资料来源:西泽修著《物流会计知识》

因此,航行在市场之流上的企业巨轮如果看不到海面下的物流成本的庞大躯体的话,那么最终很可能会得到与"泰坦尼克号"同样的厄运。而一旦物流所发挥的巨大作用被企业开发出来,它给企业所带来的丰厚利润则是相当可观的。

"物流冰山"说之所以成立，有三个方面的原因：

（1）物流成本的计算范围太大，包括：原材料物流、工厂内物流、从工厂到仓库、配送中心的物流、从配送中心到商店的物流等。这么大的范围，涉及的单位非常多，牵涉的面也特别广，很容易漏掉其中的某一部分。漏掉哪部分，计算哪部分，物流费用的大小相距甚远。

（2）运输、保管、包装、装卸、流通加工以及信息等各物流环节中，以哪几个环节作为物流成本的计算对象问题。如果只计算运输和保管费用不计算其他费用，与运输、保管、装卸、包装、流通加工以及信息等全部费用都计算，两者的费用计算结果差别相当大。

（3）把哪种费用列入物流成本中的问题。例如，向外部支付的运输费、保管费、装卸费等费用一般都容易列入物流成本；可是本企业内部发生的物流费用，如与物流相关的人工费、物流设施建设费、设备购置费，以及折旧费、维修费、电费、燃料费等是否也列入物流成本中等都与物流费用的大小直接相关。因此，物流费用确实犹如一座海里的冰山，露出水面的仅是冰山一角。

西泽修教授用物流成本的具体分析论证了德鲁克的"黑大陆"说。事实证明，物流领域的方方面面对我们而言还是不清楚的。在黑大陆中和冰山的水下部分正是物流尚待开发的领域，正是物流的潜力所在。

（四）"第三利润源"说

"第三利润源"说来自日本学者西泽修的著作，是对物流潜力及效益的描述。

1970年，日本早稻田大学教授、权威物流成本研究学者西泽修教授在他的著作《物流——降低成本的关键》中谈到，企业的利润源泉随着时代的发展和企业经营重点的转移而变化。日本1950年因朝鲜战争受到美国的经济援助和技术支持，很快实现了企业机械化、自动化生产。当时日本正处于工业化大生产时期，企业经营重点放在了降低制造成本上，这便是日本二次世界大战后企业经营的第一利润源。然而，依靠自动化生产手段制造出来的大量产品，引起了市场泛滥，产生了对大量销售的需求。于是，日本1955年从美国引进了市场营销技术，日本迎来了市场营销时代。这一时期，企业顺应日本政府经济高速增长政策，把增加销售额作为企业的经营重点。这便是日本第二次世界大战后企业经营的第二个利润源。1965年起，日本政府开始重视物流。1970年开始，产业界大举向物流进军，日本又进入了物流发展时代。这一时期，降低制造成本已经有限，增加销售额也已经走到尽头，渴望寻求新的利润源，物流成本的降低使"第三利润源"的提法恰恰符合当时企业经营的需要，因而"第三利润源"说一提出，就备受关注，广为流传。

西泽修教授"第三利润源"说见表1-1。

表1-1　西泽修教授"第三利润源"说

时代	经营的重点	利润源
工业时代	制造原价的低减	第一利润源
市场营销时代	销售额的增大	第二利润源
物流时代	物流费的低减	第三利润源

西泽修教授在书中还谈到，当时他提出"第三利润源"时，是受一个再度公演的著名电影《第三个男人》的启示，因为"第三"隐有"未知"的含义，所以才把降低物流成本说成"未知的第三利润源"。西泽修教授的"第三利润源"说，不仅推动了当时日本物流的发展，也对我国和亚太地区的物流发展产生了重要影响。

经过半个世纪的探索，人们已肯定物流"黑大陆"虽不清楚，但绝不是不毛之地，而是一片富饶之源。尤其是经受了1973年石油危机的考验，物流已牢牢树立了自己的地位，今后的问题便是进一步开发了。

从历史发展来看，人类历史上曾经有过两个大量提供利润的领域：第一个是资源领域，第二个是人力领域。资源领域起初是依靠对廉价原材料、燃料的掠夺而获得利润，其后则是依靠科技进步节约消耗、节约代用、综合利用、回收利用乃至大量人工合成资源而获取高额利润，也就是通过降低原材料成本即物化劳动成本来获取利润，习惯称之为"第一利润源"。人力领域最初是依靠廉价劳动，其后则是依靠科技进步提高劳动生产率、降低人力消耗或采用机械化、自动化设备来降低劳动耗用从而降低成本、增加利润，也就是通过降低劳动力成本即活劳动成本来获取利润，习惯称之为"第二利润源"。

在前两个利润潜力越来越小、利润开拓越来越困难的情况下，物流领域的潜力被人所重视，按时间序列排为"第三利润源"。这三个利润源泉注目于生产力的不同要素："第一利润源"的挖掘对象是生产力中的劳动对象；"第二利润源"的挖掘对象是生产力中的劳动者；"第三利润源"则主要挖掘生产力要素中劳动工具的潜力，同时又挖掘劳动对象和劳动者的潜力，因而更具有全面性。

（五）效益背反说和物流的整体观念

"效益背反"又称为"二律背反"，是物流领域中很经常、很普遍的现象，是物流领域中内部矛盾的反映和表现。《中华人民共和国国家标准物流术语》（GB/T 18354—2006 7.43）采用的是"效益背反"（trade off），对其定义是："一种活动的高成本，会因另一种物流活动成本的降低或效益的提高而抵消的相互作用关系。"

本书认为，"效益背反"指物流的若干功能要素之间存在着损益的矛盾，即某一功能要素的优化和利益发生的同时，通常会存在另一个或几个功能要素的利益损失，反之也如此。这是一种此长彼消、此盈彼亏的现象，往往导致整个物流系统效率的低下，最终会损害物流系统的整体利益。

物流的各项活动（运输、保管、搬运、包装、流通加工等）处于这样一个相互矛盾的系统中，活动之间存在广泛的"效益背反"现象——想要较多地达到某个方面的目的，通常会使另一方面的目的受到一定的损失。例如：减少物流网络中仓库的数目并减少库存，必然会使库存补充变得频繁而增加运输的次数；简化包装，虽可降低包装成本，但却由于包装强度的降低，在运输和装卸中的破损率会增加，且在仓库中摆放时亦不可堆放过高，降低了保管效率；将铁路运输改为航空运输，虽然增加了运费，却提高了运输速度，不但可以减少库存，还降低了库存费用。所有这些都表明，在设计物流系统时，要综合考虑各方面因素的影响，使整个物流系统达到最优，任何片面强调某种物流功能都将会蒙受不必要的损失。

单纯认识物流可以具有与商流不同特性而独立运动这一点，是物流科学走出的第一步。在认识效益背反的规律之后，物流科学也就迈出了认识物流功能要素这一步，而寻求解决和克服各功能要素效益背反现象。当然，或许也曾有过追求各个功能要素全面优化的企图，但在系统科学已在其他领域形成和普及的时代，科学的思维必将导致人们寻求物流的总体最优化。不但将物流这一黑大陆细分成若干功能要素来认识，而且将包装、运输、保管等功能要素的有机联系寻找出来，成为一个整体来认识物流，进而有效解决"效益背反"，追求总体的效果，这是物流科学的一大发展。这种思想在不同国家、不同学者中的表述方法是不同的。例如，美国学者用"物流森林"的结构概念来表述物流的整体观点，指出物流是一种"结构"，对物流的认识不能只见功能要素而不见结构，即不能只见树木不见森林，物流的总体效果是森林的效果。即使是和森林一样多的树木，如果各个孤立存在，那也不是物流的总体效果，这可以归纳成一句话："物流是一片森林，而非一棵棵树木。"

对物流总体观念的描述还有许多提法，如物流系统观念、物流一体化观念、综合物流观念、物流的供应链管理等，都是这种思想的另一种提法或同一思想的延伸和发展。

本 章 小 结

1. 关于物流概念的产生有两种观点：一种观点认为物流概念是因为经济原因而产生，即起源于人们对协调经济活动中物流及其相关活动的追求；另一种观点认为物流概念是因为军事原因而产生。人们倾向于认为物流源于军事领域，即在 1905 年就有人明确地提出并解释物流这个概念，在第二次世界大战中物流理论和方法得到完善。

2. 物流中所称之"物"，是物质资料世界中同时具备物质实体特点和可以进行物理性位移的那一部分物质资料。物流中之"流"，指的是物理性运动。这种物理性运动有其限定的含义，即是以地球为参照系的，相对于地球而发生的物理性运动，这种运动也称之为"位移"。物流是物品从供应地向接收地的实体流动中，根据实际需要，将运输、储存、装卸、搬运、包装、流通加工、配送、信息处理等功能有机结合来实现用户要求的过程。

3. 中国的物流概念是从国外引入的，主要通过两条途径：一是在 20 世纪 80 年代初随欧美"市场营销"理论的引入而传入中国；二是 20 世纪 80 年代初从日本直接引入"物流"这一概念。

4. 物流与流通的关系：物流是流通的基本要素之一；物流是流通的重要物质基础；物流对流通有最后实现的决定作用。物流与商流是商品流通活动的两个方面。它们互相联系，又互相区别；互相结合，又互相分离。

5. 物流、商流、资金流和信息流四者都是商品流通过程内在的经济范畴，都是商品流通的必要组成部分，是商品流通的不同运动形式。它们合则形成一个完整的流通过程，分则具有彼此独立的运动形式和客观规律。在这个过程中，以信息流为媒介，通过物流实现商品的使用价值，通过商流实现商品的价值，通过资金流实现资金的转移。

6. 物流的基本职能是指物流活动应该具有的基本能力以及通过对物流活动最佳的

有效组合，形成物流的总体功能，以达到物流的最终经济目的。一般认为，物流的基本职能由包装、装卸搬运、运输、储存保管、流通加工、配送以及与上述职能相关的信息服务七项职能所构成。

7. 物流活动按照物流系统的性质，可以划分为社会物流、行业物流和企业物流；按照物流活动的空间范围，可以划分为地区物流、国内物流和国际物流；根据物流活动在企业生产制造过程中的作用，可以划分为供应物流、生产物流、销售物流、回收物流和废弃物物流。

8. 物流学是研究物质资料在生产、流通和消费领域中的流转过程及其规律，寻求创造最大的时间和空间效益的科学。物流学的研究对象是"物的动态流转过程"，是"物流系统"，是贯穿生产领域、流通领域和消费领域的一切物料流及其有关的信息流。物流学是一门综合性的交叉学科，是一门应用性科学，是一门进行系统分析的科学。物流学的主要观点有商物分离、黑大陆说、物流冰山说、第三利润源说、效益背反说和物流的整体观念。

案例分析

中国的物流发展与理论研究

960 万平方公里上 13 亿人民的社会再生产、流通与消费所构成的物流实践是中国物流思想发展和理论研究最深广的基础。中国的物流学在社会主义市场经济中得到了迅猛发展，在改革开放和世界经济一体化的浪潮中不断创新与丰富。

一、中国早期的"物流实践"与"物流思想"

物流概念由来不久，深深扎根于神州沃土的"物流实践"却源远流长。中华民族 5000 年的文明史无处不闪现出"物流思想"的灵光，世界上工程量最大、修建时间最长的工程——万里长城、世界上最早最长的物流和军事通道——京杭大运河、现代快递的鼻祖——驿运与八百里快递、神奇的物流输送技术——木牛流马等一项项绝无仅有的伟大的"物流工程"充分展现出我们先人的智慧，并为世界范围内的物流理论和物流技术的发展奠定了深厚的基础，提供了良好的借鉴。从以上中国古代的物流实践可以看出，虽然我们的祖先并没有明确地提出物流或者类似的概念，但是这些伟大的成就却一一闪耀着早期关于物流的智慧。可见，在中国丰富的历史内涵中，积累了丰富的早期物流实践经验和潜在的物流思想，这也为中国现代物流理论的形成和发展提供了有益的基础和借鉴。

二、中国现代物流的发展历程

中国物流事业的发展是与我国不同经济发展阶段相联系的，国富民强必然导致物流业的蓬勃发展。我国物流事业大致在下述几个阶段中得到不同程度的发展。

1. 中国现代物流发展的萌芽期

1949—1965 年，国民经济尚处在恢复性发展时期，工农业生产水平较低，经济基础较薄弱。由于我国借鉴了苏联的经济管理体制模式，物流功能按行业、按部门形成条块分割局面。在生产单位里虽然设立了相应的采购供应、销售和生产组织部门，但其完全是被动地服从于各级的计划而已，企业物流的各环节还处于各自为政而无系统可言；在流通部门开始建立数量不多的储运公司和功能单一的仓库；交通运输业处在恢复和初步发展时期，虽然修建了武汉长江大桥、一些公路国道、部分铁路线路等交通基础设施，但整体运输能力和水平等仍很落后，成为经济发展的"瓶颈"；物料搬运和仓储环节比较落后，物流业远远不能适应工农业生产和人民生活水平发展的需要。随着生产的发展，初步建立了物资流通网络系统，在物流管理方面也采取了一些新的措施，如组织定点供应、试行按经济区域统一组织市场供应等，初步形成了单项物流功能。

在该阶段，国家按行业组建成立众多的科学研究院，如铁道科学院、交通科学院等进行本行业的总体规划设计，而新建工厂时也只是进行总图设计，缺乏物流系统理论思想的指导，因而为现今企业的物流流程重组和企业物流现代化增加了难度。起重运输机械、机电自动化、冶金自动化等一些技术开发与应用研究所进行的各种物流技术与装备的开发及应用研究，如物料输送技术、装卸技术、存储技术基本能满足企业基本物流活动的需要。

在上海交大、北京科技大学、大连理工大学、太原机械学院等高等院校中设置了起重运输机械、港口机械、工程机械、包装机械等与物流技术装备相关的专业，进行服务于某一行业单项物流活动的理论和技术研究与开发。

此阶段中，"物流"还是一种潜意识，"物流功能"被动地服务于工商企业，还没有形成真正的物流理念，系统的物流理论还属空白。

2. 物流发展的蠕动期

1966—1977年，持续十年的动乱给国家在经济上各方面都造成了严重的损害和制约。物流业的发展基本处于停滞状态，流通渠道单一化，从整体上看物流基础设施还是取得了一定的发展。这期间修建了迄今还足以引为自豪的一些物流基础设施项目建设，如南京长江大桥、铁路、公路、港口等。此外，还修建了大批"小三线"仓储设施。在这期间，物流理论的研究和应用基本处于停顿状态。

3. 物流学作为一门独立学科确立，现代物流启动期

1978—1990年，在此期间我国实行了改革开放政策，国民经济特别是物流业随着国内商品流通和国际贸易的不断扩大而得到了较快发展，取得了显著成绩。尤其是运输业、仓储业、包装业的发展较快，不仅新建了大量的铁路、公路、港口、码头、仓库、机场等物流基础设施，而且提高了物流技术装备水平，同时开展了水泥、粮食的散装运输、集装箱运输和联合运输等，开始建设立体自动仓库。部分生产企业也开始注重物流问题，设置物流管理和技术部门。

1984年我国成立了第一个专业物流学术团体——中国物流研究会，并于1987年召开第一届年会，揭开了中国物流研究的序幕。之后，其他物流学术团体相继成立，积极有效地组织开展国内国际物流学术交流活动，了解和学习国外先进的物流管理经验。物流学作为一门独立的学科在国内理论界和学术界逐步形成共识并被正式确立，《物流学及其应用》《物流手册》《物流数量化方法》《库存控制》等物流学的专著和译著也相继出版发行，物流学研究悄然开始。

1988年我国召开了第一次物流配送研讨会，结合城市生产资料（如钢材、水泥等）配送，对配送理论及模式进行了探讨；1987年，国内专家组团对美国及日本物流进行了考察，将国际的先进物流理念、物流体系、企业物流和生产物流运作模式介绍到了国内；

1986—1990年，北京科技大学邀请日、美、德、澳等国物流专家来华讲学，并组织八届物流研讨班，对企业物流、生产物流、物流技术装备等进行了较深入探讨，并率先对冶金企业进行物流系统诊断，对宣传物流理念、传播物流思想都收到很好的效果；《中国物资流通》《中国物资再生》《商业科技》《物流科技》《物流技术》《仓储管理》《起重运输机械》等物流专业杂志相继创刊或增加物流方面的内容，在研究宣传物流理念、探讨物流理论、研究物流管理模式、建立我国物流体系及各种物流技术的研究和应用等方面取得了很好效果。

经济管理部门和经济学界逐渐重视流通问题，突破了生产资料不是商品的禁区，开始把生产资料和生活资料流通都看作商品流通，并从整体上进行研究。

在此阶段，我国经济界、产业界和学术界结合我国国情和长期广泛的物流实践，借鉴国外先进的物流理论和经验，研究和探索我国物流学的发展，我国物流学框架已基本初步形成。

4. 物流的系统化研究与发展时期

1991—2000年，实施"八五""九五"建设，我国国民经济进入高速发展时期，我国物流理论体系初步形成。在此期间，国家为高速发展物流业而采取了一系列重要措施。在"八五"规划中明确地把发展第三产业特别是物流业作为重点，在此期间动工兴建的10项特大型工程中，物流业就占据了5项。我国物流加快了向标准化和国际化方向发展的步伐。由于引进不少家用电器生产线和汽车生产线，国外先进的物流技术得到传播，有力地推动了物流技术水平的提高。各种物流机械新产品不断涌现，成为制造业中引人注目的领域，这一切都为我国物流实现现代化奠定了良好的基础。

北京科技大学、北京交通大学、北京工商大学、北京物资学院等高等院校相继设立物流专业，组建物流研究所，开展了国内外广泛的、大规模的、开放性的物流学术交流、政策研讨、专项研究活动；诸多媒体纷纷开辟物流专栏报道物流动向和开展物流研讨；电子商务、区域经济、第三方物流、配送中心和物流园区的蓬勃发展推动和加速了相关物流理论的研究和应用。

中国物流与采购联合会、中国仓储协会、中国连锁经营协会、中国电子商务协会等物流专业学术组织相继成立，有效地进行了本行业的物流研究和物流现代化的推进工作。《物流学》《物流学导论》《现代物流学》《供应链管理》《高级物流学》《军事物流》等一大批物流著作或译著出版，对普及宣传物流理念、发展物流理论和物流科学的建设发展起到极大的作用。

5. 融入经济全球化，物流现代化全面启动，我国物流进入快速发展时期

2001年之后，预计5至10年的时期。中国加入WTO，融入经济全球化，现代物流已迅速影响和扩展到国民经济各个领域。第十个五年计划将物流列为要大力发展的新型服务业，并于2001年制定了未来5年物流配送发展规划。同年3月，国务院六部委联合下发"关于我国现代物流发展的若干意见"的通知。同年6月和8月，在上海召开"现代物流工作座谈会"及国家经贸委建立"现代物流工作重点企业联系制度"。2002年1月，国务院批准召开的"推进物流现代化"现场会等。一系列国家最高级的物流活动表明我国加快发展物流业的决心，标志我国物流现代化全面启动。

连续几届的"中国国际电子商务大会"和"中国国际物流高峰会"及各种物流论坛、物流研讨会、物流技术展示会等在物流理论探讨、物流体系建立、物流运作模式、物流管理等方面取得了长足进展。

北京、上海、广州、天津、安徽等一大批省市结合区域经济发展进行物流系统规划，并投巨资建设物流基础设施、筹建大型物流港和物流园区，建设物流中心城市等；深圳等地区将物流作为21世纪经济发展的支柱产业；各行业中，铁路第四次大面积提速、中国邮政形成全国最大的快递服务网络、中远以航运为依托作为全球物流经营人而提供第三方物流超值服务；我国首家由政府（外经贸部）、企业（大田集团）和高校（对外经济贸易大学）三方联手建立"物流研究中心"；海尔、红塔、通用和神龙等明星企业都开始进行物流系统重组或再造，构建具有中国特色的现代物流管理模式；以30万km的电信网络光缆、62万个端口容量的四大骨干网络和覆盖率达到90%为标志的迅速发展的信息技术，与我国物流信息交流、管理和控制形成互动发展的趋势。

2001年8月，国家标准"物流术语"付诸实施，输送、存储、搬运、编码与识别等各种物流技术或装备的标准也不断进行修改和完善。这些物流的标准化的基础工作都极大地推进我国现代化物流的发展，并为与国际接轨和交流奠定了基础。

国营、集体及个体物流企业的重组、改制和蓬勃兴起，形成了我国现代物流全面发展的局面。Maersk、UPS、Exel、APL、佐川急便等世界知名物流业巨头纷纷以独资或合作的方式抢滩中国物流市场。这种国内外物流业的相互合作、竞争、渗透和融合，极大地促进了我国现代物流的发展，极大地丰富了我国社会主义市场经济特色的物流理论。以《物流系统论》为代表的一大批物流新作，更加系统、深入地归纳总结了我国物流学及物流技术的发展、研究成果和实践经验，是我国物流理论与应用逐步趋向成熟的标志。

中国物流发展到今天的水平，从物流学的角度来看具有如下的特点：中国物流学的发展具有经济体制改革和国民经济不同发展阶段的印痕，时至今日已具有社会主义商品经济的特点。我国物流学是在大规模全方位的企业转型、改制、重组和技术创新中形成、发展和丰富的，具有鲜明的、跳跃式发展的中国特色；我国物流学的发展是经济界、产业界、学术界、各级政府和全社会的共同参与并互相影响和促进的，各种物流论著、译著、杂志、报刊呈现出"百花齐放，百家争鸣"的良好学术氛围。

资料来源：（注：稍有删改）《2005年中国物流年鉴》

思考：
1. 我国古代著名的物流实践有哪些？
2. 中华人民共和国成立后我国物流发展过程分为哪几个阶段？各具有什么特点？

练习与思考

一、填空

1. 物流的核心职能是_____和_____。
2. 商品保管活动和运输活动分别创造商品的_____效用和_____效用。
3. 企业物流活动根据其在企业整个生产制造过程中的作用，通常可以划分为供应物流、_____、_____、_____和废弃物物流。
4. 商品流通活动的两大支柱是_____和_____。
5. 商品流通过程中发生着_____、_____、_____和_____四种基本"流",它们是商品流通的必要组成部分,是商品流通的不同运动形式。
6. 企业物流系统主要有两种结构形式:_____和_____。
7. 企业物流的垂直结构主要可以分为_____、_____、_____三个层次。
8. 按照物流活动的空间范围,物流活动划分为_____、_____、_____。

二、单项选择

1. 物流思想起源于( )。
   A. 美国　　　　　B. 英国　　　　　C. 日本　　　　　D. 中国
2. 日本早稻田大学西泽修教授将物流成本的隐蔽性描述为( )。
   A. 物流死海说　　B. 物流冰山说　　C. 物流陆地说　　D. 物流暗箱说
3. 物流服务质量与成本两者之间的关系适用( )规律。
   A. 收益递增　　　B. 收益递减　　　C. 收益平衡　　　D. 二律背反
4. ( )是物流科学赖以生存的先决条件。
   A. 效益背反说　　B. 物流冰山说　　C. 商物分离说　　D. 第三利润源说
5. ( )提出了物流学上的黑大陆学说。
   A. 彼得·德鲁克　　　　　　　　　B. 阿奇·萧
   C. 琼西·贝克　　　　　　　　　　D. 唐纳德·J. 鲍尔索克斯

三、判断

1. 人类的物流活动古已有之,所以物流概念伴随物流活动很早就已存在。（ ）
2. 关于物流概念的产生,人们倾向于认为物流源于经济原因。（ ）
3. 物流的"流",指的就是"流通"。（ ）
4. 正常情况下物流是商流的前提、先导,商流是物流的依托和物质保证。（ ）
5. 配送是物流的一种特殊的、综合的活动形式,是物流的一个缩影或在某一范围内物流全部活动的体现。（ ）
6. Logistics 取代 PD,成为物流科学代名词,是物流科学走向成熟的标志。（ ）

四、名词解释

物流　商流　物流学　物流冰山说　商物分离　效益背反

五、简答

1. physical distribution 与 logistics 有何区别?
2. 物流与流通之间是什么关系?
3. 物流与商流有何区别与联系?
4. 举例说明商物分离的形式。
5. 谈谈物流冰山说在现实中的主要表现。
6. 举例说明物流系统中的"效益背反"现象。

第二章

物 流 系 统

> **本章学习目标：**
> 1. 了解系统的概念、类型、内涵、特性和系统思想；
> 2. 掌握物流系统的概念和特征；
> 3. 了解物流系统的要素和模式；
> 4. 掌握物流系统分析的概念、原则和步骤；
> 5. 了解物流系统分析的内容和常用方法。
>
> **本章核心概念：**
>
> 系统　物流系统　物流系统分析

系统思想由来已久，系统论是一种应用广泛的科学方法论。它为解决复杂的社会经济问题和提高系统的工作效率，提供了科学的分析方法。现代物流是一个系统。物流科学的研究采用系统分析的方法，已成为物流研究发展的必然，而且也是物流战略管理的首要问题。

第一节　系统概述

人类在漫长的实践活动中，基于对事物的整体性认识或全局性认识形成了系统论的概念。系统的整体具有其组成部分在孤立状态中所没有的性质，如新的特性、新的功能、新的行为等。通常人们所说的"1+1≠2"就是这个道理。系统的规模越大，结构越复杂，它所具有的超过个体性能之和的性能就越多。因而，人们注意到在分析和解决问题时，仅仅重视个体或局部的作用和功能是不够的，还必须从整体功能出发，把重点放在整体效应上。

一、系统的概念

所谓"系统"是相对于环境而言的，它要求把所研究的对象或过程理解和作为一个由各部分组成的相互联系和相互作用的有机整体。

"系统"一词最早出现于古希腊语中，来源于拉丁文的"systema"，原意是指事物中共性部分和每一事物应占据的位置，也就是部分组成整体的意思。从中文字面看，"系"

是指关系、联系;"统"是指有机统一,"系统"则是指有机联系和统一。但将"系统"作为一个重要的科学概念予以研究,则是由美籍奥地利理论生物学家冯·贝塔郎菲（Ludwing Von Bertalanffy）于 1937 年第一次提出来的,他认为系统是"相互作用的诸要素的综合体"。

系统的确切定义依照学科的不同、使用方法的不同和解决问题的不同而有所区别。按照系统论的观点,"系统"是指由相互作用和相互依赖的若干组成部分（要素）结合而成的、具有特定功能的有机整体。这也是我国系统科学界对系统通用的定义。

任何事物都具有系统性,每一个系统都有从属于自己的一些小系统,而这个系统又是从属于更大的系统之中。例如,在社会领域中,整个人类社会是由经济系统、政治系统、文化系统、军事系统等构成的大系统,而经济系统又是由农业、工业、商业、运输业等系统构成。

二、系统的类型

系统是以不同的形态存在的。根据生成的原因和反映的属性不同,系统可以进行各种各样的分类。具体来说,系统可以划分为:

（一）自然系统和人造系统

自然系统是由自然物（如矿物、动物、植物、海洋等）形成的系统,其特点是自然形成的,一般表现为环境系统,如海洋系统、矿藏系统、大气系统等。

人造系统亦称人工系统、社会经济系统,是为了达到人类所需要的目的,由人类设计和建造的系统,如工程技术系统、经营管理系统、科学技术系统等。

（二）实物系统和概念系统

实物系统亦称实体系统,是以矿物、生物、能源、机械等实体组成的系统,其组成要素是具有实体的物质,如人—机系统、机械系统、电力系统等。

概念系统是由概念、原理、原则、方法、制度、程序等观念性的非物质实体组成的系统,如科技体制、教育体系、法律系统等。

（三）封闭系统和开放系统

封闭系统是指与外界环境不发生任何形式交换的系统,它不向环境输出也不从环境输入,如封存的设备、仪器以及其他尚未使用的技术系统等。

开放系统是指系统内部与外部环境有相互关系,能进行能量、物质和信息交换的系统,它从环境得到输入并向环境输出,系统状态直接受环境变化的影响,大部分人造系统如社会系统、经营管理系统等属于此类系统。

（四）静态系统和动态系统

静态系统是指其固有状态参数不随时间改变的系统,即模型中的变量不随时间而变化,如车间平面布置系统、城市规划布局等。

动态系统是指系统状态变量随时间改变的系统,即系统的状态变量作为时间的函数而表现出来的系统,如生产系统、社会系统、开发系统等。

三、系统的内涵

(一) 系统的要素

任何系统都必须由两个以上的不同要素构成。要素是构成系统的最基本单位,是系统存在的基础和实际载体,系统离开了要素就不成其为系统。不同的要素或不同的组合构成了不同级别的系统。高级系统称为大系统或系统,低级系统称为分系统或子系统。子系统又是大系统的组成部分。它与要素的区别在于子系统已具备了系统的基本特性,而一般的要素则不具备系统的基本特性。但系统和要素的区别是相对的,由要素组成的系统,又是较高一级系统的组成部分,它在这个更大系统中的地位是一个要素,而它本身同时又是较低一级组成要素的系统。例如,某企业是以几个分厂的要素组成的系统,而此企业又是更大系统企业集团的一个组成要素。

组成系统的各个要素(或子系统)的地位和作用不是平等的,但都可以分成三类要素:必要要素、一般要素和多余要素。必要要素是构成系统必不可少的部分,缺少了它(或它们),也就破坏了该系统的存在。一般要素对系统功能有一定的作用,但不起关键作用,有所缺少还不至于破坏系统的存在。多余要素存在于系统之中,但对系统的功能不起任何作用,甚至有危害作用。管理欲有成效,就必须把握住必要要素,兼顾到一般要素,摒弃掉多余要素。

(二) 系统的功能

系统的功能指系统在一定的内部条件和外部环境下具有的达到既定目标的能力。系统的功能必然超过要素(子系统)的功能之和。系统的功能取决于三种因素,即各要素的质量,若要素质量均很低劣,则系统功能无从发挥;系统各要素组成的合理性,尽管要素质量合格,但若组成是盲目、混乱或数量比例不合理,则系统也不可能发挥特定功能;各要素之间的特定关系,即使前两种因素均已具备,但若要素之间的关系不适宜,也会削弱或丧失系统的功能。例如,同是碳元素,既可组成金刚石,也可组成石墨。

系统功能的具体表现就是,系统具有有效地把投入转换为产出的作用。以生产系统为例,在输入给系统一定的物质、能量和信息后,经过生产过程的转换,生产出质量高、品种全、数量多的产品。系统功能的有效发挥,并尽可能地放大与创新,有赖于各要素之间以及与外部环境之间物质、能量、信息的流通与交换,这就涉及系统的结构与系统的环境。

(三) 系统的结构

系统的结构指系统内部各个要素(或子系统)之间相互联系、相互作用而形成的结合方式、排列秩序和比例关系。结构是系统的普遍属性。没有无结构的系统,也没有离开系统的结构。系统的结构体现着系统的存在方式,它决定了系统的特征和功能。

结构的作用表现为三个方面:限制,即限制要素不得任意自由活动,而是按系统的统一规则来运行;筛选,即限制的范围并非是所有的活动,而是有所选择、有所保留,选择和保留那些有助于系统功能发挥的活动;协调,即协调各要素及其活动,形成协调一致的合力。

(四)系统的环境

系统时刻处于环境之中,环境是一种更复杂、更高级的系统。系统的环境就是指系统外部的能够影响系统功能的各种因素之总和。根据这些外部因素的特点的不同,可以分为物理、技术环境,经济、管理环境,社会、人际环境等。显然,系统的环境是不断变化的,这就必然对系统的输入,亦即系统与环境之间物质、能量、信息的流通与交换产生影响,从而影响系统的功能。反之,系统的运行状态和活动也会影响到系统环境中某些因素,从而产生属性与状态的变化。系统与环境之间总存在一个边界。边界之内的东西就是系统的要素,边界之外的东西就是系统的环境。

四、系统的特性

明确系统的特性,是认识系统、研究系统、掌握系统思路的关键。

系统具有五个鲜明的特性:

(一)目的性

"目的"是指人们在行动中所要达到的结果和意愿。系统的目的性是人们根据实践的需要而确定的。人造系统是具有目的性的,而且通常不是单一的目的。例如,企业的经营管理系统,在限定的资源和现有职能机构的配合下,它的目的就是为了完成或超额完成生产经营计划,实现规定的质量、品种、成本、利润等指标。系统的目的性原则要求人们正确地确定系统的目标,从而运用各种调节手段把系统导向预定的目标,达到系统整体最优的目的。现代化管理的目标管理(management by objectives,MBO),就是在系统目的性原则指导下,将企业适应市场变化、实现经营目标的各项管理工作协调起来,完善经济责任制,体现现代企业管理的系统化、科学化、标准化和制度化。需要说明的是,系统既要有明确的目的,但在一个时期内又只能有一个总目的。多目的只能分散系统的力量,最终一事无成。当然,在一个总目的之下,系统可以有若干层次的分目的,但分目的必须服从系统的总目的。分目的是实现总目的的手段,必须为实现总目的服务。

(二)整体性

系统是由若干从属于它的要素构成的整体,每个要素都具有独立的功能,它们只能是逻辑地统一和协调于系统的整体之中,才能发挥系统的整体功能。这就是说,系统的各要素均不能离开整体而孤立存在。反之,整体失去某些要素后也将难以完整的形态发挥作用。系统的整体性主要表现为系统的整体功能。系统的整体功能不是各组成要素功能的简单迭加,也不是由组成要素简单地拼凑,而是呈现出各组成要素所没有的新功能,并且超过各要素功能的总和。"三个臭皮匠,凑成一个诸葛亮"就是系统整体性效果的体现,而"三个和尚没水吃"的状况则是破坏了系统整体性的恶果。系统的整体性原则要求必须有全局观点,追求整个系统的功能和效益。管理中必须防止本位主义、分散主义、自由主义,对管理中产生的问题也要从整体来"诊断"。要依据确定的管理目标,从管理的整体出发,把管理要素组成为一个有机的系统,协调并统一管理诸要素的功能,使系统功能产生放大效应,发挥出管理系统的整体优化功能。

(三) 相关性

系统的相关性指系统内各要素之间是相互联系、相互作用、相互影响和相互制约的,任一要素的变化会引起其他要素的变化以至整个系统的变化。而且,不仅系统内部各要素相互关联,系统与环境之间也相互关联。例如,某些企业固然为社会提供了物质产品和劳务,但也造成了"三废"和噪声等环境污染。整体性确定系统的组成要素,相关性则说明这些组成要素之间的关系。系统的相关性提醒我们,要达到管理的目标,必须对管理的诸要素,如人、财、物等有形资源和时间、信息等无形资源进行统筹协调。在实际管理工作中,在想改变某些不合要求的要素时,必须注意考察与之相关要素的影响,使这些相关要素得以相应的变化。通过各要素发展变化的同步性,可以使各要素之间相互协调与匹配,从而增强协同效应以提高管理系统的整体功能。

(四) 层次性

任何系统都有一定的层次结构。一般来说,这种层次结构呈金字塔的形状。系统效率的高低很大程度上取决于层次的清晰。层次不清,就不能提高系统的效率。企业管理是有层次的,各个层次都应有明确的任务、职责、权力和利益,各层次之间的关系都应有明确的规定。管理必须发挥各层(各职能部门)的作用,各司其职、各负其责。这样,才能促进各个层次的人员协调而积极地发挥作用,从而形成有效的管理。上一层次的职责只有两条,即一是根据系统的目的向下一层次发出指令并检查其执行情况,二是解决下一层次彼此之间的不协调,而不可干涉下一层次的具体工作、越级指挥。"面对面的领导""一竿子插到底"的领导方式破坏了管理系统的层次性,丧失了领导的功能。下一层次只对上一层次负责,也不可放弃职责而"矛盾上交"。

(五) 适应性

任何一个系统都存在于一定的环境之中。环境是一种更高级的、复杂的系统,其变化对系统有很大的影响。系统与环境是相互依存的,系统必然要与外部环境产生物质的、能量的和信息的交换。因此,系统必须适应外部环境的变化。能够经常与外部环境保持最佳适用状态的系统,才是理想的系统。不能适应环境变化的系统是难以存在的。一个企业必须经常了解国家的宏观经济政策、同行业企业的动向、用户和外贸的要求、市场需求等环境信息,及时、准确把握环境动态,根据实际需要及时调整经营策略和经营方向,以增强企业活力,否则它就不能生存。

五、系统的思想

所谓系统的思想是体现系统整体和相互联系性的思想。它的特点是：全面地而不是局部地看问题、连贯地而不是孤立地看问题、发展地而不是静止地看问题、灵活地而不是呆板地看问题。

（1）在复杂的多变的环境中搞好经济工作，提高各项工作的经济效益，必须善于运用系统思想和分析方法来充分认识、综合考虑、统筹安排。

（2）系统的思想提醒人们在研究问题时，以至于对重大问题进行决策时，如果忽视了整体优化，那么，对这个系统就不能进行全面的处理和控制。

（3）利用系统的思想、系统工程的理论与分析方法，可以不断提高工作的计划性和准确性，而减少盲目的行为，提高管理效果。

（4）掌握和运用系统的思想、系统工程的理论与方法，可不断提高工作的经济效益，尤其是全社会的经济效益。

第二节　物流系统概述

一、物流系统的概念

所谓物流系统（logistics system），是指在一定的时间和空间里，由所需位移的物资与包装设备、装卸搬运机械、运输工具、仓储设施、人员和通信联系等若干相互制约、互相依赖的动态要素所构成的具有特定功能的有机整体。

物流系统的目的是实现物资的空间和时间效益，在保证社会再生产顺利进行的前提条件下，实现各种物流环节的合理衔接，并取得最佳的经济效益。

关于物流系统，也有学者给出了这样一些定义：

物流系统是指为了实现系统的高效化和降低物流总成本而使多种相关要素（运输、保管、装卸搬运、包装以及信息等）相结合的复合体。

物流系统是指经济活动中包装、运输、储存、装卸搬运、流通加工、配送等诸多要素相互联系、相互制约、相互结合、共同组成的一个有机整体。

物流系统是指按准确的时间，将准确的物料，以准确的质量要求，运送到准确的地点所组成的统一整体。

物流系统就是"为了有效达到物流目的的一种机制"，而物流的目的是"追求以最低的物流成本向客户提供优质的物流服务"。

二、物流系统的组成

物流系统由物流作业系统和支持物流系统的信息流动系统即物流信息系统两个分系统组成。

物流作业系统包括包装系统、装卸搬运系统、运输系统、仓储系统、流通加工系统、配送系统等子系统。各个子系统又包括下一级的更小的子系统。例如，运输系统又可分成铁路运输系统、公路运输系统、空运系统、水路运输系统、管道运输系统。物流作业系统通过在运输、保管、搬运、包装、流通加工等作业中使用种种先进技能和技术，并使生产据点、物流据点、输配送路线、运输手段等资源实现网络化，可以大幅度提高物流活动的效率。

物流信息系统包括情报系统、管理系统等子系统。物流信息系统在保证订货、进货、库存、出货、配送等信息通畅的基础上，使通讯据点、通讯线路、通讯手段实现网络化，也可以大大提高物流作业系统的效率。

三、物流系统的特征

物流系统是一个复杂而庞大的系统。它具有一般系统共有的性质，即目的性、整体性、层次性、相关性和适应性。同时，物流系统作为现代科技和现代观念的产物，还具有一些自身的特点。

（一）物流系统是一个动态系统

物流系统与生产系统的一个重大区别在于，生产系统按固定的产品、固定的生产方式，连续或不连续地生产，很少发生变化，系统稳定时间较长。而物流系统是连接多个生产企业和用户的系统，是受到社会生产和社会需求的广泛制约的。需求、供应、价格、渠道的变动，都随时随地影响着物流。所以，物流系统是一个稳定性较差而动态性较强的系统。为使物流系统更好地运行以适应不断变化的社会环境，必须对其进行不断的修改和完善，有时甚至需要重新设计整个物流系统。

（二）物流系统是一个可分系统

在整个社会再生产中，物流系统是流通系统的一个子系统。而物流系统本身又可以再细分为若干个相互联系的子系统，系统与子系统之间、各个子系统之间都存在着总的目标、总的费用、总的效果以及时间空间、资源利用等方面的相互联系。对特定物流系统所分子系统的多少和层次的阶数，是随着人们对物流系统的认识和研究的深入而不断扩充的。

（三）物流系统是一个大跨度的系统

物流系统是一个大跨度系统反映在两个方面：一是地域跨度大；二是时间跨度大，即时空的跨度大。随着国际分工的不断发展，国际间企业的交往越来越频繁，提供大时空跨度的物流活动将会成为物流企业的主要任务。物流系统的大跨度使管理难度加大。

（四）物流系统是一个具有复杂性的系统

物流系统构成要素的复杂性带来了物流系统的复杂性。首先，物流系统的对象是物质产品，品种繁多、数量庞大。既包括生产资料、生活资料，也包括废旧废弃物品，涵盖了全社会的物质资源。其次，物流系统的主体是人，就从事物流活动的人来看，需要数以百万计的庞大队伍。最后，物流系统各个子系统之间存在着普遍的复杂联系，各要素关系也较为复杂，存在明显的"效益背反"现象。物流系统中许多要素在按新观念建立系统之前，早就是其他系统的组成部分，因此往往较多地受原系统的影响和制约，而不能完全按物流系统的要求运行，对要素的处理稍有不慎，就会出现系统总体恶化的结果。

（五）物流系统是一个多目标函数系统

物流系统的总目标是通过物资空间位置的转移，为整个社会经济的发展和国民经济的运行创造顺畅的、有效的、低成本的物流条件。然而，围绕这个总目标会出现各种矛盾：对于物流资源，人们希望最大；对于物流时间，人们希望最短；对于物流成本，人们希望最低；对于物流质量，人们希望最高。显然，上述的所有要求无法同时满足。这些相互矛盾的问题，在物流系统中广泛存在。物流系统要在诸方面满足人们的要求，显然要建立物流多目标函数，并在这些多目标中选择一个最佳方案，求得物流系统的最佳效果。

（六）物流系统内广泛存在"效益背反"现象

如第一章所述，"效益背反"又称为"二律背反"，是物流领域中很经常、很普遍的现象，是物流领域中内部矛盾的反映和表现。

由于各物流活动之间存在着"效益背反"，因而就必须研究总体效益，使物流系统化。也就是说，物流系统就是要调整各个分系统之间的矛盾，把它们有机联系起来使之成为一个整体，使整个物流系统优化。

四、物流系统的模式

一般地，物流系统具有输入、处理（转化）、输出、限制（制约）和反馈等功能，其具体内容因物流系统的性质不同而有所区别，如图 2-1 所示。

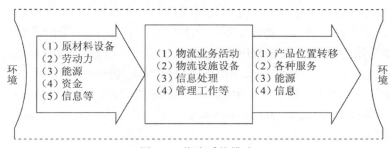

图 2-1 物流系统模式

资料来源：丁立言.物流基础[M].北京：清华大学出版社，2000 年版，第 36 页。

（一）输入

输入包括原材料、设备、劳力、能源等。就是通过提供资源、能源、设备、劳力等手段对某一系统发生作用，统称为外部环境对物流系统的输入。

（二）处理（转化）

处理（转化）是指物流本身的转化过程。从输入到输出之间所进行的生产、供应、销售、服务等活动中的物流业务活动称为物流系统的处理或转化。具体内容有：物流设施设备的建设；物流业务活动，如运输、储存、包装、装卸、搬运等；信息处理及管理工作。

（三）输出

物流系统的输出指物流系统与其本身所具有的各种手段和功能，对环境的输入进行各种处理后所提供的物流服务。具体内容有：产品位置与场所的转移；各种劳务，如合同的履行及其他服务等；信息收集、处理和传递。

（四）限制或制约

外部环境对物流系统施加一定的约束称之为外部环境对物流系统的限制和干扰。具体有：资源条件，能源限制，资金与生产能力的限制；价格影响，需求变化；仓库容量；装卸与运输的能力；政策的变化等。

（五）反馈

物流系统在把输入转化为输出的过程中，由于受系统各种因素的限制，不能按原计划实现，需要把输出结果返回给输入，进行调整；即使按原计划实现，也要把信息返回，以对工作做出评价，这称为信息反馈。信息反馈的活动包括：各种物流活动分析报告、各种统计报告数据、典型调查、国内外市场信息与有关动态等。

五、物流系统的目标

物流系统可以被认为是"有效达成物流目的的一种机制"，而物流的目的是"追求以低物流成本向顾客提供优质物流服务"，即：在恰当的时间，将恰当数量、恰当质量的恰当商品送到恰当的地点（to deliver the right goods in right number and right quality to right place at right time）。密西根大学的斯麦基教授认为物流系统的目的是：优良的质量（right quality）、合适的数量（right quantity）、适当的时间（right time）、恰当的场所（right place）、良好的印象（right impression）、适宜的价格（right price）、适宜的商品（right commodity）。

也有人认为，物流系统就是将运输、储存、包装、装卸搬运、流通加工、物流信息和配送等功能结合起来，以实现服务目标、节约目标、快速及时目标、规模适当化目标和库存调节目标的综合体。由于这些目标的英文单词首字母都为"S"，所以人们也将其简称为"5S"目标。在这五个目标中，服务和节约是主要目标。

（一）服务目标（service）

物流业是后勤、供应、服务性的行业，起着桥梁和纽带作用，连接着生产与消费，有着很强的服务性。无论运输、储存还是包装、装卸搬运、流通加工等，都必须以顾客满意为第一目标。因此，物流企业必须不断开发新技术，开发新的服务项目，随着顾客需求的不断升级而不断创新服务方式。

（二）节约目标（save）

节约是经济领域的重要规律。物流系统的各个作业环节都要产生成本，其中主要是运输成本和仓储成本。在激烈的市场竞争环境下，所有的物流业务活动都必须注意节约费用。物流活动中采取的节支、省力、降耗等措施都是为了实现节约这一目标。

（三）快速及时目标（speed）

快速及时性不仅是服务性的延伸，也是商品流通对物流提出的要求。快速及时不仅是一个传统目标，更是一个现代目标。从社会再生产角度看，整个社会再生产循环的效率，取决于每一个环节。社会再生产循环的速度决定了社会经济发展的速度。因此，物流速度不仅是顾客的需要，更是社会发展进步的要求。而且随着社会生产的不断发展，这种要求会更加强烈。物流领域采取的直达物流、联合一贯运输、高速公路等，就是这一目标的体现。现代信息技术在物流领域的广泛应用，为实现物流系统的快速及时目标起到了重要作用。

（四）规模适当化目标（scale optimization）

生产领域的规模生产是早已为社会所承认的，在流通领域同样也要讲求规模效益。因此，在对物流系统进行设计时，首先要考虑其规模的大小，对市场的物流量、服务对象等因素进行分析，使系统的规模与市场的需求相适应。因为物流系统的规模过小，就不能满足市场需求；规模过大则会浪费资源，影响整个系统的经济效益。物流领域以分散或集中等方式建立物流系统，研究物流的集约化程度，就是追求规模优化这一目标的体现。

（五）库存调节目标（stock control）

物流系统是通过本身的库存来实现对各企业和消费者的需求保证。但如果库存过多，则需要更多的保管场所，且还会因库存积压而浪费资金。因此，在物流过程中，必须合理确定库存的方式、数量、结构及地区分布等。当然，这也是物流系统本身效益的要求。

在实践中，如果依照以上五个目标来建立物流系统，且全部或部分地达到了这五个目标，就可以说物流系统实现了合理化。

第三节　物流系统分析

一、物流系统分析的概念

物流系统分析是从物流的整体出发，根据物流系统的目标要求，运用科学的分析工具和计算方法，对物流系统的功能、环境、费用和效益等因素进行充分调研，收集、比较、分析和处理有关数据、资料，建立若干拟定方案，比较和评价结果，选择出最优方案的过程。

系统分析不同于一般的技术经济分析，要求把构成物流系统的各项因素看作一个整体，确定它们之间的相互联系，从而确定明确目标，选择出最优决策。

二、物流系统分析的原则

任何系统都是由多个因素构成一定的结构，完成一定的功能，既受外部环境的影响，也受内部因素的制约。在对物流系统进行分析时，注意坚持以下几个原则：

（一）外部条件与内部条件相结合

物流系统是流通领域的一个子系统，它不是一个孤立、封闭的系统，而是与社会环境紧密联系的一个开放性系统。它受到外部社会经济、政策以及科学技术等多方面的制约，并随需求、供应、价格等因素的变化而变化。就物流系统内部而言，也会受到各物流功能间的影响和制约。因此，进行物流系统分析，既要注意对外部环境进行分析，也要注意物流系统内部各功能的协调发展，将系统内外的关联因素综合考虑，才能使物流系统在一定的环境中正常运行。

（二）当前利益与长远利益、局部利益与整体利益相结合

进行物流系统分析时，不仅要考虑当前利益和局部利益，也要考虑长远利益和整体利益。从当前和长远利益的角度考虑，如果物流系统对当前和长远利益都是最优的，那么这个方案肯定是理想的方案；如果物流系统对当前不十分有利，但从长远来看却是非常有利的，那么方案也是一个比较可取的方案。从整体和局部利益的角度考虑，如果物流系统能保证整体利益和各子系统的局部利益都最大，那么这个方案肯定也是一个很理想的方案。但在实际情况中，这是很难达到的。因为物流系统各环节间的相互影响、相互制约以及系统结构要素间的效益背反现象，使得整体利益和局部利益很难都达到最优。因此，在进行物流系统分析时，只能在保证整体利益最大的前提下，尽可能使每一个子系统获得最大利益。

（三）定量分析与定性分析相结合

系统分析常运用计量经济分析和其他科学分析方法，强调定量分析，物流系统分析也不例外。物流活动中的很多问题可以定量化，如成本、费用、运输能力、仓储容量等。随着现代应用数学和计算机、网络等高科技手段的广泛应用，物流系统分析将越来越精

确化。然而，物流系统内也有很多问题难以定量化或无法进行计量的，如制度、政策和管理活动中人的因素等。因此，在进行物流系统分析时，要注意将定量分析和定性分析结合起来。

三、物流系统分析的内容

物流系统处于社会经济大环境中，不仅受到外部环境的影响和制约，内部各环节、各要素间也是互相影响的。所以，在对物流系统进行分析时，既要分析物流系统的外部环境，也要分析系统内部各环节、各要素间的关系。

物流系统的外部分析包括对物资的生产状况、消费状况、财政信贷状况及国家方针、政策、制度等的分析。物流是社会流通领域的一部分，与生产、消费等活动交织在一起，是一个不稳定的动态系统。宏观环境的任何变化都会影响到物流系统的变化。

物流系统的内部分析包括对运输、储存、包装、装卸搬运及信息处理等环节的分析，以及对物资的供货渠道、销售状况、运输能力等数据资料的收集和分析。物流系统内部各环节都有各自的目标任务。要完成各个环节的目标任务，使其达到最佳效率，就要对各个环节的数据和资料进行比较、分析、评价，以便确定最优方案。

四、物流系统分析的步骤

物流系统分析必须回答以下六个问题，简言之"5W1H"，即目的（why，为什么）、对象（what，是什么）、地点（where，何处做）、时间（when，何时做）、人（who，谁来做）、方法（how，怎么做）。通过对这六个问题的回答，可以归纳出物流系统分析的如下步骤，如图 2-2 所示：提出问题、收集资料、建立模型、对比可行性方案的经济效果、判断方案的优劣、建立可行性方案。这是一次分析过程的几个必要环节。在实际分析过程中，有可能一次分析的结果并不令人满意，那么就要按照以上步骤进行二次分析，即重新提出问题，再次收集资料，分析认证，建立可行方案，如此循环往复，直至得到满意的方案为止。

图 2-2 物流系统分析步骤

五、物流系统分析常用的理论及方法

（一）数学规划法（运筹学）

这是一种对系统进行统筹规划，寻求最优方案的数学方法，其具体理论与方法包括线性规划、动态规划、整数规划、排队论和库存论等。这些理论和方法常用于解决物流系统中物流设施选址、物流作业的资源配置、货物配载、物料储存的时间与数量的问题。

（二）统筹法（网络计划技术）

统筹法是运用网络来统筹安排、合理规划系统的各个环节。它用网络图来描述活动流程的线路，把事件作为结点，在保证关键线路的前提下安排其他活动，调整相互关系，以保证按期完成整个计划。该项技术可用于物流作业的合理安排。

（三）系统优化法

在一定约束条件下，求出使目标函数最优的解。物流系统包括许多参数，这些参数相互制约、互为条件，同时受外界环境的影响。系统优化研究，就是在不可控参数变化时，根据系统的目标，如何来确定可控参数的值，以使系统达到最优状况。

（四）系统仿真

利用模型的实际系统进行仿真实验研究。

上述不同方法各有特点，在实际中都得到广泛的应用。其中，系统仿真技术近年来应用最为普遍。系统仿真技术的发展及应用依赖于计算机软件技术的飞速发展。今天，随着计算机科学与技术的巨大发展，系统仿真技术的研究也不断完善，应用不断扩大。

本 章 小 结

1. 系统是相对于环境而言的，它要求把所研究的对象或过程理解和作为一个由各部分组成的相互联系和相互作用的有机整体。按照系统论的观点，"系统"是指由相互作用和相互依赖的若干组成部分（要素）结合而成的、具有特定功能的有机整体。系统可以划分为自然系统和人造系统、实物系统和概念系统、封闭系统和开放系统、静态系统和动态系统。系统具有目的性、整体性、相关性、层次性、适应性的特性。

2. 系统的各个要素（或子系统）可以分成三类要素：必要要素、一般要素和多余要素。系统的功能指系统在一定的内部条件和外部环境下具有的达到既定目标的能力。系统的功能取决于三种因素，即各要素的质量、各要素组成的合理性、各要素之间的特定关系。系统的结构指系统内部各个要素（或子系统）之间相互联系、相互作用而形成的结合方式、排列秩序和比例关系。结构的作用表现为三个方面：限制、筛选、协调。

3. 物流系统指在一定的时间和空间里，由所需位移的物资与包装设备、装卸搬运机械、运输工具、仓储设施、人员和通讯联系等若干相互制约、互相依赖的动态要素所构成的具有特定功能的有机整体。物流系统由物流作业系统和支持物流系统的信息流动系

统即物流信息系统两个分系统组成。

4. 物流系统具有自身特点：是一个动态系统、是一个可分系统、是一个大跨度的系统、是一个具有复杂性的系统、是一个多目标函数系统，广泛存在"效益背反"现象。物流系统目标是服务目标、节约目标、快速及时目标、规模适当化目标、库存调节目标。在这五个目标中，服务和节约是主要目标。

5. 物流系统分析是从物流的整体出发，根据物流系统的目标要求，运用科学的分析工具和计算方法，对物流系统的功能、环境、费用和效益等因素进行充分调研、收集、比较、分析和处理有关数据、资料，建立若干拟定方案，比较和评价结果，选择出最优方案的过程。在对物流系统进行分析时，注意坚持以下原则：外部条件与内部条件相结合、当前利益与长远利益、局部利益与整体利益相结合、定量分析与定性分析相结合。

6. 物流系统分析步骤可归纳为：提出问题、收集资料、建立模型、对比可行性方案的经济效果、判断方案的优劣、建立可行方案。物流系统分析常用的理论及方法有数学规划法（运筹学）、统筹法（网络计划技术）、系统优化法、系统仿真。

案例分析

企业生产物流系统现状分析及整合策略

一、企业生产物流的主要因素分析

无论是制造业还是流程式企业，生产物流管理都是整个供应链管理工作的重要组成部分。它主要考虑的是在优化资源、能力的基础上，以最低的成本和最快的速度生产出最好的产品，快速地满足用户对产品品种、质量、数量、交货期的要求，以提高企业反应能力和效率，减少不增值的业务。具体从企业接受订货开始，包括合同处理、组织原材料申请、生产作业计划编制、制造命令的制定与下达、生产过程的控制与调整、生产实绩的收集与整理，直至组织产品出厂为止等过程。

影响生产物流的主要因素有：

1. 生产的类型

不同的生产类型，它的产品品种、结构的复杂程度、精度等级、工艺要求以及原料准备不尽相同。这些特点影响着生产物流的构成以及相互间的比例关系。

2. 生产规模

生产规模是指单位时间内的产品产量，通常以年产量来表示。生产规模越大，生产过程的构成越齐全，物流量愈大。反之生产规模小，生产过程的构成就没有条件划分得很细，物流量也较小。

3. 企业的专业化与协作水平

社会专业化和协作水平提高，企业内部生产过程就趋于简化，物流流程缩短。某些基本的工艺阶段的半成品，如毛坯、零件、部件等，就可由厂外其他专业工厂提供。

二、企业生产物流管理应满足的要求

为了保证生产稳定、协调地进行，缩短生产周期、提高产品质量、降低产品消耗，生产物流管理应满足如下要求：

1. 连续性生产

产品按其固有工艺流程连续通过各环节，不发生或很少发生不必要的中断。

2. 生产能力匹配性

生产过程各阶段、各工序之间，在生产能力上保持适当的比例关系，当能力出现不平衡时，要采取措施予以调整或协调。

3. 均衡生产

即生产的各个环节在相同时间内生产出大体相等或逐步递增数量的产品，保持各工作环节负荷相对稳定。

4. 生产过程的平行性

即物料在各工序之间平行地作业，以充分利用设备，提高劳动生产率。

生产物流管理应该从规范企业基础管理数据入手，建立和完善生产和物流优化指标体系，以基础数据为基础，合理制定生产经营计划，优化生产作业计划，强化生产和物流控制，同时加强在制品库存和厂内运输的管理，才能实现上述生产物流管理的目标。

三、生产企业物流现状分析

在普遍意义上讲，我国大部分企业的生产物流管理状况存在很大的问题，具体表现在如下几个方面：

1. 设施布局

从工厂整体布局上，我国部分早期建成的厂矿本身从生产工艺上布局不大合理，工序间的衔接性差，厂内交叉物流现象比较严重，这无疑增加了生产的复杂性和生产物流成本。合理的厂区布置可使企业能从其提供的服务中获得最大的效益，具体有：在满足生产工艺过程的要求下，达到最短的运输路线，尽可能减少或没有交叉物流；有最大的灵活性，以使企业能对将来的发展变化有快速响应能力；最有效的面积利用；最良好的工作环境；最合理的发展余地，对一个企业来说，生存和发展是它的两大目标。因此，合理的厂区平面布置应能为企业的发展提供适当的余地。上述物流问题的改善耗时长、投入大，但改进后会对整体物流的改善起到重要的作用。

2. 生产物流管理

从生产物流计划管理上，生产物流计划制定缺乏基础数据和预测信息，计划的执行率偏低。企业生产计划是企业生产管理的依据，也是生产物流管理的核心内容。生产计划工作的内容就是要在企业生产计划策略的指导下，根据生产预测和优化决策来确定企业的生产任务，将企业的生产任务同各生产要素进行反复的综合平衡，从时间上和空间上对生产任务做出总体安排，并进一步对生产任务进行层层分解，落实到车间、班组，以保证计划任务的实现。编制一个科学的生产计划，除了要掌握国家宏观经济政策和企业经营的环境外，还要使用有关企业生产活动的许多基础资料，如生产工序能力、工序的作业率、生产效率、主要原燃料和能源单耗、副产品的发生量等。充分而准确的信息资料是编制生产计划的基础。因此，编制生产计划前收集和整理各方面的资料是一项必做的工作。这些资料可分为两大类：一类是反映企业外部环境和需求的，如宏观经济形势、国家方针政策、竞争者情况、原材料及其他物资的供应情况、国家计划及订货合同协议、市场需求等；另一类是反映企业内部条件和可能的，如企业发展战略、生产经营目标、劳动力及技术力量水平、生产能力水平、各种物资的库存水平、流动资金和成本水平、服务销售水平及上期计划完成情况等。在这些资料中，尤其重要的是反映外部需要的市场需求量和反映内部可能的生产能力两方面的资料，而它们必须通过生产预测和生产能力核算取得。

库存管理方面，大部分企业在制品和产成品库存没有合理的定额依据，在制品和产成品库存较高。就生产过程的角度而言，库存可分为：原材料库存、在制品库存和产成品库存。库存管理的目的是在满足顾客服务要求的前提下通过对企业的库存水平进行控制，力求尽可能降低库存水平、提高物流系统的效率，以增强企业的竞争力。库存水平的高低，直接影响着企业的生产经营，必要的库存量是防止供应中断、交货误期、保证生产稳定和连续的重要条件，它有利于提高供货柔性、适应需求变动、减少产销矛盾。但库存同时也需要占用资金、支出库存费用，过量的库存会掩盖生产中的各种问题，因此，合理压缩库存已经引起各企业普遍重视。

在生产调度方面，调度机构设置比较臃肿，调度手段较为落后，信息反馈不实时等。

工序能力匹配方面，大部分生产企业生产过程中各工序生产能力不匹配现象较为严重，要么能力不足，要么能力过剩。

信息系统建设方面，我国大部分企业信息系统整体上比较滞后，企业内信息孤岛现象比较严重。物流和信息是密不可分的，物流是信息流的载体，而信息流反映着物流的运行，因此，利用以网络为依托的信息技术构建企业信息平台，实现物流领域及时、透明的信息传递和数据交换，这是企业生产和物流管理现代化的基本要求。

四、生产企业物流整合优化策略

根据我国部分企业生产物流现状，如何在现有客观条件下从全局高度对整个生产系统的资源进行合理配置，以达到均衡生产、降低库存、及时供给、降低成本的目的，是物流整合优化的核心所在。具体应从以下几个方面整合生产物流系统：

（1）通过建立和逐步完善生产物流优化指标体系和生产计划优化体系（包括规范生产计划编制流程、市场预测品种优化产量优化等），解决生产经营规划和生产作业计划中存在的问题。

（2）通过加强生产及物流过程控制，解决生产作业计划优化编制、物流跟踪、生产调度等方面的问题。生产及物流控制是指以生产作业计划为依据，对从原料进厂到产成品出厂整个生产和物流过程进行动态的控制与调整，保证按时、按质、按量的完成生产计划和合同规定的产品。要实现上述目标，优化的生产作业计划是基础、物流跟踪和合理的调度是手段、准确实时的信息是保障。物流跟踪是从原料开始到成品出厂，动态收集记录各工序的生产、库存、运输等实时数据，掌握生产物流的流量、流向及变化，物流跟踪既是生产及物流控制的主要内容之一，又是生产及物流控制的基础。

（3）建立一体化的物资供应管理体制，采用实用拉动式库存管理方法及原则，彻底改进传统企业库存管理模式。

（4）通过企业流程再造，改进物流管理体制，独立出专门的物流管理部门，以规范整个生产物流管理过程，同时也解决了调度机构臃肿现象。

（5）加快企业信息化建设步伐，建立企业物流管理信息系统。

资料来源：华宇物流网 http://www.huayu56.com/wuliuanli/qiyewuliuanli/20070814/5370_2.html

思考：

在此案例中，我国企业的生产物流系统存在的问题是什么？如何优化？

练习与思考

一、填空
1. 美籍奥地利理论生物学家_____于1937年第一次提出了科学的系统概念。
2. 物流系统由_____和_____两个分系统组成。
3. 物流系统一般具有输入、处理（转化）、_____、限制（制约）、_____等功能。
4. 物流系统的目标包括_____、_____、快速及时、_____和库存调节目标。
5. 系统通常具有的特性包括_____、_____、_____、层次性和适应性。

二、不定项选择
1. 物流系统的特征体现在（　　）、大跨度性、效益背反性。
   A. 动态性　　　　B. 可分性　　　　C. 复杂性　　　　D. 多目标性
2. 物流系统五个目标中主要目标是（　　）。
   A. 服务目标　　　　　　　　　　　B. 库存调节目标
   C. 节约目标　　　　　　　　　　　D. 服务目标和节约目标
3. 系统思想的特点体现在（　　）看问题。
   A. 全面地　　　　B. 发展地　　　　C. 灵活地　　　　D. 连贯地
4. 物流系统分析的常用方法有（　　）。
   A. 数学规划法　　B. 统筹法　　　　C. 系统优化法　　D. 系统仿真
5. 物流系统是一个大跨度系统，体现在（　　）。
   A. 地域跨度大　　B. 时间跨度大　　C. 成本范围大　　D. 人员队伍大

三、判断
1. 物流系统追求通常成本最低，效益最高，因此是一个单目标函数系统。（　　）
2. 任何系统都有一定的层次结构，这种层次结构一般呈金字塔形状。（　　）
3. 任何系统都存在于一定的环境中，必须适应外部环境的变化。（　　）
4. 物流系统的处理（转化）体现在所提供的物流服务上。（　　）
5. 由于各物流活动之间存在效益背反，因而必须研究整个物流系统优化。（　　）

四、名词解释
系统　系统思想　物流系统　物流系统分析

五、简答
1. 系统一般具有哪些特性？
2. 简述物流系统的模式。
3. 结合实际谈谈物流系统的目标。
4. 物流系统分析须坚持哪些原则？
5. 简述物流系统分析的内容及步骤。

第三章

物流管理

本章学习目标：

1. 掌握物流管理的概念及其原则；
2. 了解物流管理的发展历史和阶段；
3. 掌握物流战略的内涵、功能、战略制定方法和评价技术；
4. 了解战略、战略管理的内涵及战略实施、控制过程；
5. 掌握物流成本概念及特点、物流成本管理概念及管理要点；
6. 了解物流成本管理的意义和管理内容；
7. 掌握物流服务的内涵、管理目的和原则、物流服务评价三要素；
8. 了解物流服务的特殊性和评价原则。

本章核心概念：

物流管理　　物流战略管理　　物流成本管理　　物流服务管理

大华医药集团公司的物流活动

大华医药集团公司是一家从事药品生产、销售的大型医药集团，集团内部的物流活动分别由供应总公司、储运总公司、内务部、办事处四大职能部门共同完成。各部门分工如下：供应总公司负责各生产厂原材料和包装的采购；储运总公司管理仓库及车辆，负责将各生产厂的产品统一运送至公司在重庆港口的仓库；内务部调度科负责统计、整理办事处的要货数量及各生产厂的生产计划下达，货运科负责将企业内部各仓库的货物通过火车、轮船、飞机调拨至全国25个办事处；各办事处负责货物的接收和储存，并根据市场需求及时将货物送达各客户仓库，同时将污染药品组织运送回重庆港口的仓库或生产厂。集团的成品仓库分三个层次：一是各生产厂的仓库（有近十个生产厂）；二是重庆港口的中转仓库；三是办事处仓库。各仓库随时保持着一定数量的库存。集团内部各生产厂都有自己的仓库和车队，从生产厂仓库转运至重庆港口的仓库及直接发往经销单位的货物大部分由各生产厂自备车完成。各办事处为了完成各自的收、发货等服务职能，皆配备有6~9名工作人员，两部自备车，在当地租赁仓库。

资料来源：https://zhidao.baidu.com/question/412714648.html

思考：
大华医药集团的物流活动安排存在什么问题？如何优化公司的物流系统？

第一节　物流管理概述

一、物流管理的概念

《中华人民共和国国家标准物流术语》（GB/T 18354—2006 3.4）对物流管理（logistics management）的定义是：物流管理是"为了以合适的物流成本达到用户满意的服务水平，对正向及反向的物流活动过程及相关信息进行的计划、组织、协调与控制。"

对物流管理这个概念，应从以下几个方面来理解。

（1）物流管理的目的是为了以合适的物流成本达到用户满意的服务水平。因此，物流管理既要确保顾客对物流服务满意，又要实现最低化的物流成本，物流服务与物流成本是物流管理的两个侧重点。

（2）物流管理的对象是正向及反向的物流活动过程及相关信息，这包括运输、储存、包装、装卸搬运、流通加工、配送、物流信息，是对物流职能构成要素的管理。因此，物流管理不仅是对物流职能单一职能要素的管理，也是对所有物流职能构成要素的动态的、全要素、全过程的管理。

（3）物流管理的手段是计划、组织、协调与控制等。物流职能要素之间存在着冲突，如短周期、多频度、多批次的交货虽然能够降低客户的库存成本和储存压力，但却会增加企业的运输成本。物流管理就是要通过计划、组织、协调与控制等管理手段，合理组织物流各种职能要素，最终实现物流系统整体最优。

从物流职能要素的角度，物流管理内容可以分为运输管理、仓储管理、包装管理、装卸搬运管理、配送管理、流通加工管理、物流信息管理。从物流系统要素的角度，物流管理内容可以分为人的管理、物的管理、财的管理、设备管理、信息管理等。

二、物流管理的发展历史

从发达国家物流管理发展的历史考察，物流管理大体经历了五个发展阶段。

（一）物流职能个别管理阶段

在这个阶段，真正意义上的物流管理意识还没有出现，降低成本不是以降低物流总成本为目标，而是停留在降低运输成本或储存成本等个别物流环节上。降低运输成本也局限于降低运价或寻找价格低的运输业者。物流在企业中的地位和企业内对物流的认识程度还很低。

（二）物流职能系统化管理阶段

在这个阶段，企业大多设立了物流管理部门，管理对象已不仅仅是现场物流作业活动，而是站在企业整体立场上整合物流活动，各种物流合理化对策开始出现并付诸实施。

（三）物流管理领域扩大阶段

在这个阶段，物流管理部门可以出于物流合理化的目的向生产和销售部门提出自己的建议。例如，对于生产部门，可能建议从产品的设计阶段就考虑物流效率、实现包装标准化、生产计划要具备柔性等。但物流管理部门对生产和销售部门的建议在具体实现上有一定难度，特别是在销售竞争非常激烈的情况下，物流服务一旦被当作竞争手段，仅仅以物流合理化观点要求销售部门提供协助往往不被对方所接受。因为，这时候考虑问题的先后次序首先是销售，然后才是物流。

（四）企业内物流一体化管理阶段

企业内物流一体化管理是根据商品的市场销售动向决定商品的生产和采购，从而保证生产、采购和销售的一致性。企业内物流一体化管理受到关注的背景来自于市场的不透明化，需要正确把握每一种商品的市场销售动向，尽可能根据销售动向来安排生产和采购，改变过去那种按预测进行生产和采购的方式。企业内物流一体化管理正是建立在这样一种思考之上的物流管理方式。

（五）供应链管理阶段

在这个阶段，基于供应链的顺利运行，将供应商、制造商、批发商、零售商和顾客等供应链上所有关联企业和消费者作为一个整体进行管理，物流管理进入供应链管理阶段。

三、物流管理的原则

（一）物流管理的总原则——物流合理化

物流管理的最根本原则是坚持物流合理化。所谓物流合理化，就是对物流系统的构成要素进行调整改进，实现物流系统整体优化的过程。它具体体现在兼顾物流成本与物流服务上，即以尽可能低的物流成本，获得可以接受的物流服务，或者以可以接受的物流成本达到尽可能高的物流服务水平。

（二）物流合理化的基本思想

由于物流活动各种成本之间往往存在着此消彼长的关系，物流合理化的一个基本思想就是"均衡"的思想。从物流总成本的角度权衡得失，不求极限，但求均衡，均衡造就合理。

（三）物流合理化的基本原则

物流合理化要坚持一些基本原则，这些原则如表 3-1 所示。

表 3-1　物流合理化的基本原则

基本原则	内容解释
系统化	第一原则，要把系统化和整体化放在第一位置来考虑
标准化	使用国际标准或国家标准，保持物流系统的开放性和可接入性
柔性化	与生产柔性化相对应，满足客户个性化需求，如柔性配送服务
共同化	配送共同化，物流资源利用共同化，物流设施与设备利用共同化等
优先化	物流规划设计上优先考虑将彼此之间物流量大的设施布置得近些
近距离	尽量缩短物料流动或运输距离，如企业生产布局等
零库存	通过合理的库存管理模式将企业库存降低到最低限度
集装化	使用标准化托盘等工位器具，提高物流作业机械化和自动化水平
信息化	提高自动化与计算机应用水平，建立并完善物流信息管理系统
环保化	物流系统规划与设计要符合可持续发展理念和绿色制造要求

（四）物流管理面临的新挑战

先进的信息技术、网络通信技术的出现和普遍应用，极大地推动了物流行业的变革。不能再以传统观念来认识信息时代的物流，物流也不再是物流功能的简单组合运作，已是一个网的概念。加强连通物流结点的效率，加强系统的管理效率已成为整个物流产业面临的关键问题。

四、物流管理的阶段

物流管理按照管理进行的顺序可以划分为计划、实施、评价三个阶段。

（一）物流计划阶段的管理

物流计划是为了实现物流预想达到的目标所做的准备性工作。物流计划首先要确定物流所要达到的目标，以及为了实现这个目标所进行的各项工作的先后次序。其次，要分析研究在物流目标实现过程中可能发生的任何外界影响，尤其是不利因素，并确定应对这些不利因素的对策。最后，要做出实现物流目标的人力、物力、财力的具体措施。

（二）物流实施阶段的管理

物流实施阶段的管理就是对正在进行的各项物流活动进行管理，在物流管理中具有最突出的地位。这是因为各项计划在这个阶段将通过具体执行实施而受到检验。同时，它也把物流管理和物流各项具体活动紧密结合起来。

1. 对物流活动的组织和指挥

物流的组织指在物流活动中把各个相互关联的环节合理地结合起来，而形成一个有机的整体，以便充分发挥物流中的每个部门、每个人员的作用。物流的指挥指在物流过程中对各个物流环节、部门、机构进行的统一调度。

2. 对物流活动的监督和检验

通过监督和检查可以了解物流的实施情况，揭露物流活动中的矛盾，找出存在的问题，分析问题发生的根源，提出解决问题的方法。

3. 对物流活动的调节

在执行物流计划过程中，物流的各部门、各环节总会出现不平衡的情况。这就需要根据物流的影响因素，对物流各部门、各环节的能力做出新的综合平衡，重新布置实现物流目标的各种资源。这就是对物流活动的调节。

（三）物流评价阶段的管理

物流评价指在一定时期内，对物流实施后的结果与原计划的物流目标进行对照、分析。通过对物流活动的全面剖析，可以确定物流计划的科学性、合理性如何，确认物流实施阶段的成果与不足，为今后制定新的计划、组织新的物流提供宝贵的经验和资料。按照评价范围的不同，物流评价可分为专门性评价和综合性评价。按照物流各部门之间的关系，物流评价又可分为物流纵向评价和横向评价。无论采取什么评价方法，其评价手段都要借助于具体的评价指标。所以，确定科学合理的评价指标，对物流评价非常重要。

第二节 物流战略管理

一、战略的内涵

无论国内国外，"战略"一词原来都是军事用语。毛泽东同志经常说："从战略上藐视敌人，战术上重视敌人。"我国古代，先是"战"与"略"分别使用，"战"指战斗、交通和战争，"略"指筹略、策略、计划，后来才合而为一，一起使用。在中国，"战略"起源于兵法，古称韬略，指将帅的智谋。例如，平时所说的《孙子兵法》用兵的战略，还有诸葛亮的"空城计"等。后来，战略指军事力量的运用。《中国大百科全书·军事卷》中对"战略"一词的解释是："战略是指导战争全局的方略，即战争指导者为达成战争的政治目的，依据战争规律所制定和采取的准备和实施战争的方针、政策和方法。"

西方的战略也起源于古代的战争，在英语中"战略"一词为 strategy，来源于希腊语的 strategos，意为"将军"。希腊语中的 strategos 是动词，意思是："对资源的有效使用加以规划以摧毁敌人。"在美国传统词典中，对战略一词的解释是："The science and art of military command as applied to the overall planning and conduct of large-scale combat operations." 指用于全局性策划与指挥大规模作战的军事指挥的科学与艺术。

现在，"战略"一词已经开始泛化。除军事领域外，战略的价值同样适用于政治、经济等领域。政治领域的战略，如我国提出的"三步走"战略和"可持续发展"战略；经济领域的战略，如我国 2001 年制定的新的"十五"发展规划。很多企业借鉴了战略思想，并广泛运用于企业领域，如海尔的名牌战略、多元化战略和国际化战略；TCL 的名牌化战略；跨国公司如 IBM、HP 的全球化战略等。目前，企业战略的确定与执行已经成为决定企业竞争成败的关键性要素。因此，可以用这样一句话描述战略：战略，是对企业长远发展的全局性谋划，往往是有竞争倾向的双方为达到某一目标而采取的计策或行动。

二、战略管理的内涵与过程

（一）战略管理的内涵

战略管理是由美国企业家安索夫在其 1976 年出版的《从战略计划趋向战略管理》一书中首先提出来的。1979 年，安索夫又出版了《战略管理论》一书。安索夫认为：战略管理，是指将企业日常营运决策同长期计划决策相结合而形成的一系列管理业务。美国学者斯坦纳认为：战略管理是确定企业使命，根据企业外部环境和内部条件认定企业组织目标，保证目标的正确落实并使企业使命最终得以实现的一个动态过程。此外，还有其他许多学者和企业家也提出了对战略管理的不同见解。

综观不同学者和企业家的不同见解，可以归纳为两种类型，即广义的战略管理和狭义的战略管理。广义的战略管理是指运用战略对整个企业进行管理，其代表人物是安索夫；狭义的战略管理是指对战略管理的制定、实施、控制和修正进行的管理，其代表人物是斯坦纳。目前，居主流地位的是狭义的战略管理。

综合国内外学者对企业战略的解释和理解，可以把战略管理定义为：战略管理是企业为实现战略目标、制定战略决策、实施战略方案、控制战略绩效的一个动态管理过程。

1. 战略管理是一种高层次性管理

战略管理必须与企业管理模式相适应，不应脱离现实可行的管理模式。同时，管理模式也必须应战略管理的要求而调整。虽然战略决策需要企业各层管理者和员工的参与和支持，但战略管理的主体是企业的高层管理人员，他们介入战略决策是非常重要的。这不仅是由于他们能够统观企业全局，了解企业的全面情况，更重要的是他们具有对战略实施所需资源进行分配的权力。

2. 战略管理是一项整体性管理

战略管理不仅涉及战略的制定和规划，而且包含着将制定出的战略付诸实施的管理，因此是一个全过程的管理。战略管理与战术、策略、方法、手段相适合。一个好的战略管理如果缺乏实施的力量和技巧，也不会取得好的成绩。战略管理绝不仅仅是企业领导和战略管理部门的事，在战略管理的全过程中，企业全体员工都应参与。当然，在战略管理的不同阶段，员工的参与程度是不一样的。在战略制定阶段，主要是最高层经营者的工作和责任。一旦进入战略实施的控制阶段，企业中基层经营者及全体职工的理解、支持和全心全意的投入是十分重要的。

3. 战略管理是一种动态性管理

战略管理不是静态的、一次性的管理，而是一种循环的、往复性的动态管理过程。任何外部环境的变化、企业内部条件的改变以及战略执行结果的反馈信息等，都将使其进入到新一轮战略管理中去，是不间断的管理。

同时，要想取得战略管理的成功，必须将战略管理作为一个完整过程来加以管理，忽视其中任何一个阶段都不可能取得成功。例如，许多企业也制定了发展战略，但忽视了战略实施，从而使战略管理成为纸上谈兵。

（二）战略管理的过程

战略管理是一个过程，包括三个关键环节：战略分析——了解组织所处的环境和相对竞争地位；战略选择——涉及对战略的选择与评价；战略实施——采取怎样的措施使战略发挥作用。

战略分析、战略选择和战略实施之间的关系，如图 3-1 所示。

图 3-1 战略管理过程

从图 3-1 中不难看出，战略管理过程的三个环节是相互联系、循环反复、不断完善的一个过程。所以，战略管理是一个动态的管理过程。

1. 战略分析

战略分析要了解企业所处的环境正在发生哪些变化，将要面对怎样的市场竞争。它包括确定企业的使命和战略意向，分析外部环境存在的机会和威胁，评价企业内部条件，特别是对企业优势和劣势进行分析。通过分析外部环境因素，可以明白企业面临的机会和挑战。通过分析内部环境，可以明白企业的优势和劣势。将内外因素结合起来，就为战略选择提供基础。

2. 战略选择

战略分析为战略选择提供了坚实的基础。根据战略分析阶段确定的战略目标，制定可供选择的几种发展战略方案；根据一定的评价标准和资源约束条件，对战略方案进行分析评价；对选定的方案进行资源分配，确定战略实施的政策和计划，并对战略目标进行层层分解，制定相应的策略和计划。战略选择主要包括三部分内容：公司战略、竞争战略及跨国战略的选择。

3. 战略实施

这一阶段包括战略的执行和执行过程中的控制。所谓战略实施，就是将战略转化为行动。一个企业确定方案之后能否取得预定的效果，还要看战略实施的过程。企业战略方案一经选定，管理者的工作重点就要转到战略实施上来。战略实施是贯彻执行既定战略规划所必需的各项活动的总称，也是战略管理过程的一个重要部分。战略实施是借助于实施体系和实施措施来实现战略管理目标的过程。这里的实施体系主要指战略实施的组织体系，包括内容有：中间计划，即介于长期战略和行动方案之间的计划；行动方案，即完成任务的活动和步骤；预算，即一定时期内的财务收支预计；程序，即具体的操作步骤。

显而易见，如果精心选择战略而不付诸实施，或不认真地组织实施，则以前的努力将付诸东流；反之，不但可以保证好的战略取得成功，而且可以克服原定战略的某些不足,使之趋于完善,同样获得成功。战略实施主要包括战略实施及战略控制两部分内容。如果在实施的过程中出现新的问题,可能还要重新进入新一轮的战略规划过程。这样,新一轮的战略管理过程就又开始了。

战略实施也包括战略控制和战略修正。战略控制就是将战略实施的实际结果与预定的战略目标进行比较,检查两者的偏差程度,并采取有效措施予以纠正,以保证战略目标的实现。当战略实施结果与预定确定的战略目标出现重大差距时,如果规划的结果是由于内外环境因素的变化而使战略目标不恰当,则必须修改原来确定的战略目标,这一过程就是战略修正。

三、物流战略及其功能

(一) 物流战略的内涵

物流战略(logistics strategy)是指为寻求物流的可持续发展,就物流体系的发展目标以及达成目标的途径与手段而制定的长远性、全局性的规划与谋略。

物流管理的概念被提升到战略的程度,主要有两个原因:一是任何一个可以有效实施的企业战略都不可避免地需要在微观层面和宏观层面寻找一个动态的均衡点,而由于物流管理活动涉及企业的所有核心部门,因此它在本质上就具有维持动态均衡的作用;二是一个好战略的精髓在于寻找一套行之有效的企业运行机制,而通过对这套运行机制的实施和维持,使得企业具有独特的竞争优势,而且这种竞争优势是难以模仿的。如果企业通过科学分析和认真实施,在物流管理活动方面确立了优势,就可以使得企业的成本大大降低,销售额提高,从而使企业具有竞争力。

如果把各种数量众多的物流活动整合到一起,形成一个完整的、可以有效管理的整体,并对这个整体进行具有创造性的、精确的、系统的管理,则物流管理可以在战略的层次上对保持企业核心竞争力和发展能力发挥很大的作用。

(二) 物流战略的功能

物流战略的功能主要体现在三个方面:降低成本、提高利润水平、改进服务。

1. 降低成本

战略实施的目标是将与运输和储存相关的可变成本降到最低。通常要评价各个备选方案,比如在不同的仓库选址中做出选择,或者在不同的运输方式、运输线路上做出选择,以形成最佳方案。但应该注意的是在选择的过程中,要保持客户服务水平不变。

2. 提高利润水平

提高利润水平体现在物流系统的投资最小化和利润的最大化两个方面。物流系统的投资最小化要考虑的是将物流业务外包还是自营,是自建仓库还是租用公用仓库,是大力提高客户服务水平扩大销售额,还是保持现有服务水平不变,降低物流活动成本等。利润最大化则是该战略的首要目标。

3. 改进服务

企业收入取决于所提供的物流服务水平。尽管提高物流服务水平将大幅度提高成本,但收入的增长可能会超过成本的上升。要使战略有效果,应该制定与竞争对手截然不同的服务战略。

四、物流战略管理

《中华人民共和国国家标准物流术语》(GB/T 18354—2006 7.17)对物流战略管理(logistics strategy management)的定义是:"通过物流战略设计、战略实施、战略评价与控制等环节,调节物流资源、组织结构等最终实现物流系统宗旨和战略目标的一系列动态过程的总和。"

(一)战略目标

企业的战略目标是在企业宗旨和战略分析结果的基础上形成的,对企业经营战略的制定和实施有直接的指导作用。

企业的战略目标应满足以下几个要求:可接受性、灵活性、可度量性、激励性和可实现性、适应性、易理解性。

企业的战略目标,根据其作用期限和意义大小,可分为长期目标和短期目标。

长期目标是指企业在追求其宗旨的过程中希望达到的结果,而其时间跨度,一般要超过企业当前的财务年度。一个企业的长期目标取决于其任务的特殊性质,但一般来说,有以下几类:盈利能力;对用户、顾客或其他群众提供的服务;雇员需要与福利;社会责任。长期目标必须有助于企业任务的实现。它们必须清晰无误、简明扼要;如有必要,则必须定量化,而且应当足够详尽,以便企业的每一个成员都能清楚地理解企业的意图。企业不同领域的目标可以相互制约,但彼此之间必须保持内在的一致性。最后,目标应当是动态的,若环境发生变化,它们也需要被重新评价。

短期目标是管理者用来达到长期目标的绩效目标,其时间跨度常常不到一年。短期目标应该建立在对企业长期目标的深入评估基础上,这种评估应该确定各目标之间轻重缓急的顺序和优先考虑的领域。只有确定这些优先领域,短期目标才能更好地为长期目标服务。企业内部各部门、各单位以及企业单位内部各部分的长期和短期目标应当以整个企业的总体目标为基础。企业任一层级的长期和短期目标必须与它高一层级的长期和短期目标相协调并服从于它。这样,一个目标体系才能够保证企业的所有目标之间相互一致。

(二)战略形成

在确定了企业的战略目标之后,下一步的工作就是制定企业的战略方案。常用的战略制定方法有:

1. 自上而下的方法

这种方法是先由企业总部的高层管理人员制定企业的总体战略,然后由下属各部门根据自身的实际情况将企业的总体战略具体化,形成系统的战略方案。

这一方式最显著的特点就是,企业的高层管理人员能够牢牢地把握住整个企业的经营方向,并能对下属各部门的各项行动实施有效的控制。它要求企业的高层管理人员制定战略时必须深思熟虑,战略方案务必完善,并且还要对下属各部门提供详尽的指导。

这一方法的缺点是，束缚了各部门的手脚，难以发挥中下层管理人员的积极性和创造性。

2. 自下而上的方法

这是一种先民主后集中的方法。在制定战略时，企业最高管理层对下属部门不做具体硬性的规定，而要求各部门积极提交战略方案，最高领导层在各部门提交的战略方案基础上，加以协调和平衡，对各部门的战略方案在进行必要的修改后加以确认。

这种方式的优点是，能充分发挥各个部门和各级管理人员的积极性和创造性，集思广益。同时，由于制定出的战略方案有着广泛的群众基础，在战略的实施过程中也容易贯彻和落实。

此方法的不足之处在于，各个部门的战略方案较难以协调，影响了企业整个战略计划的系统性和完整性。

3. 上下结合的方法

这种方法是在战略的制定过程中，企业最高领导层和下属各部门的管理人员共同参与，通过上下各层管理人员的沟通和磋商，制定出适宜的战略。

这种方法的主要优点是，可以产生良好的协调效果，制定出的战略更具有操作性。

4. 战略小组方法

这种方法是指企业的高层管理人员组成一个战略制定小组，共同处理企业所面临的问题。在战略制定小组中，一般由 CEO 任组长，其他人员构成由小组的工作内容决定，通常是吸收与所需要解决的问题关系最密切的人员参加。

这种战略制定方法目的性强、效率高，特别适合于产品开发战略、市场营销战略等特殊战略和处理紧急事件。

（三）战略选择

1. 战略评价

进行战略方案评价的理由是要选出可能使企业完成战略目标的方案，下面是两种比较流行的评价战略方案的技术。

（1）波士顿咨询公司："业务包"理论

波士顿咨询公司（BCG）认为，大多数公司经营的业务都不止一种，企业内部的这些业务称作它的"业务包"。"业务包"理论主张，对一个企业业务包内的每一种业务，都应该建立一个独立的战略。

BCG 提出，一个企业的相对竞争地位和业务增长率是决定它的整个业务包内某一特定业务单位应当采取某种战略的两个基本参数。相对竞争地位（市场份额）决定一项业务产生现金流量的速率。与竞争对手相比，占有较高市场份额的企业一般拥有较高的利润增长幅度并因而提供较高的现金流量。此外，业务增长率对一个企业的战略选择具有双重影响。首先，业务增长率影响获得市场份额的难易程度。在一个增长缓慢的业务领域，企业市场份额的增加通常来自于其竞争对手的市场份额的下降。其次，业务增长率决定了一个企业进行投资的机会水平。增长着的业务领域为企业把现金回投于该领域并获得较好的利润回报率提供了机会。BCG 把企业内部的业务单位划分为以下四种战略类型:"金牛"型、"瘦狗"型、"问题"型和"明星"型,如图 3-2 所示。

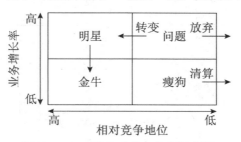

图 3-2　BCG 的企业业务单位组合图

"金牛"型业务单位具有低业务增长率和高市场份额。由于高市场份额,利润和现金产生量相当高。而较低的业务增长率则意味着对现金的需求量低。于是,大量的现金余额通常会由"金牛"创造出来。它们为全公司的现金需求提供来源,因而成为公司的主要基础。

"瘦狗"型是指那种具有低市场份额的低业务增长率的业务部门或单位。低市场份额通常暗示着较低的利润,而由于其业务的增长率也较低,故为提高其市场份额而进行投资通常是不明智的。不幸的是,该部门为维持现有的竞争地位所需要的现金往往超过它所能创造的现金量。因此,"瘦狗"型单位常常成为现金陷阱。一般来说,适用它的最合乎逻辑的战略方案是清算。

"问题"型业务部门或单位具有低市场份额和高业务增长率。由于其增长,它们的现金需求量很高;而又由于其具有较高的业务增长率,对"问题"采取的战略之一应当是进行必要的投资,以获取增长的市场份额,并促使其成为一颗"明星"。当其业务增长率慢下来以后,该单位于是就会变成另一头"金牛";另一种战略是对那些管理部门认为不可能发展成为"明星"的问题实施脱身战略。

"明星"型业务部门或单位具有高业务增长率和高市场份额。由于高增长率和高市场份额,"明星"运用和创造的现金数量都很巨大。"明星"一般为企业提供最好的利润增长和投资机会。很明显,对于"明星"最好的战略是进行必需的投资以维持其竞争地位。

对于物流企业来说,这个分类方法是同样适用的。例如,货代企业可以将空运、海运、陆运作为不同的业务,根据它们各自的增长率和市场份额来确定其分别属于哪种业务类型,从而制定不同的发展战略。

(2)荷兰皇家——壳牌石油公司:政策导向矩阵

进行战略评价的另一种方法是由荷兰皇家——壳牌石油公司发展的政策导向矩阵,如图 3-3 所示。和前面提到过的一些方法一样,这种政策矩阵用于考查业务单位由其前景和竞争能力所决定的业务发展状况。盈利能力、市场增长率、市场质量和政府管理措施等因素用来确定业务单位前景的优劣等级——有吸引力的、一般的或无吸引力的。市场地位、生产能力和产品研究与开发等因素则决定业务单位的竞争地位是强的、一般的还是弱的。

图 3-3 政策导向矩阵

各个矩阵位置所应该采取的战略简要概括如下：

① "战略者"区域：优先发展的产品，具有可以使企业保持其市场地位的能力；

② "再加把劲"区域：应当通过分配更多的资源努力使该区域产品向领导者区域迈进；

③ "加速或放弃"区域：该区产品应当成为企业未来发展的加速器。然而，企业应当选择少数最有希望加速发展的产品加以开发，其余的应当放弃；

④ "增长"区域：该区产品一般都有 2—4 个强大的对手。因此，没有一个公司能够处于领导者的地位，建议采取的战略是分配足够的资源以保持与市场同步增长；

⑤ "看管"区域：该区产品一般具有过多的竞争者。建议采取的战略是使其现金产生量最大化，但不给予进一步的资源支持；

⑥ "分阶段收缩"区域：本区使用的战略是缓慢地撤退以尽可能收回投资并在更能盈利的业务领域进行投资；

⑦ "现金增值"区域：建议采取的战略是，不在进一步扩展上花费现金，而把该产品作为满足其他较快增长的业务部门的现金需要的一个来源；

⑧与⑨ "抽回投资"区域：建议采取的战略是，尽可能快地变卖资产并在更能盈利的业务领域投资。

2. 战略选择过程

战略决策的制定者常常对未来进行再评估，随着事态的发展和不断发现的新情况，及时对企业的资源进行调整求得新的平衡。决策过程总的来说是动态的，没有真正的开始或结束。不过，一些研究表明，决策者在进行决策时，往往要受到以下几个因素的影响：企业过去所实施的战略；管理者对风险的态度；企业所处的环境（股东、竞争者、客户、政府、行业协会和社会影响）；企业文化；竞争行为和反应等。

（四）战略实施

在战略实施过程中，战略制定与战略实施配合越好，战略管理越容易获得成功。而企业战略计划系统则是两者之间的媒介，或者说，企业战略计划系统是战略实施的具体化。

1. 企业战略计划系统的内容

（1）对企业总体战略的说明

即说明什么是企业的总体经营战略、为什么做这些选择、实施此战略将会给企业带来什么样的重大发展机遇。这种说明还包括总体战略目标和实现总体战略的方针政策。被说明的战略目标是总体战略所预期的未来目的。对这些目的可以定量加以描述，同样也可以定性描述。

（2）企业分阶段目标

分阶段目标是企业向总目标前进时欲达到的有时间限制的里程碑。一般需要对分阶段目标加以尽可能具体与定量的阐述，这也是保障实现总目标的依据。企业的分阶段目标常常与具体的行动计划和项目捆在一起，而这些行动计划与项目均为达成总目标的具体工具。

（3）企业的行动计划和项目

行动计划是组织为实施其战略而进行的一系列资源重组活动的汇总。各种行动计划往往通过具体的项目（通过具体的活动来进行资源分配以实现企业总目标）来实施。

（4）企业的资源配置

战略计划的实施需要设备、资金、人力资源等。因此，对各种行动计划的资源配置的程度应在战略计划系统中得到明确规定。战略计划系统应指明在实施战略中需要的各种资源。并且，所有必要的资源在尽可能的情况下应该折算成货币价值，并以预算和财务计划的方式表达出来。预算及财务计划对理解战略计划系统来说具有重要意义。

（5）企业组织结构的战略调整及战略子系统的接口协调

为了实现企业的战略目标，必须以相应的组织结构来适应企业战略发展的要求。由于企业战略需要适应动态发展的环境，因此，组织结构必须具备相当的动态弹性。另外，企业战略计划系统往往包括若干子系统。如何协调、控制这些子系统，以及计划系统对这些子系统间接口处的管理、控制应相当明确。

（6）制定应变计划

有效的战略计划系统要求一个企业必须具备较强的适应环境的能力。要获得这种能力，就要有相应的应变计划作为保障。要看到各种可能条件在一定时间内可能发生的突如其来的变化，不能唐突应战。

2. 战略资源的配置

战略资源是战略实施的重要内容。在企业的战略实施过程中，必须对所属资源进行优化配置。

企业战略资源是指企业用于战略行为及其计划推行的人力、物力和财力等的总和。具体来讲，战略资源包括采购与供应实力、生产能力和产品实力、财务实力、人力资源实力、技术开发实力、经营管理实力、时间、信息等无形资源的把握能力。

企业战略资源的分配是指按战略资源配置的原则方案，对企业所属战略资源进行的具体分配。企业在推进战略过程中所需要的战略转换往往就是通过资源分配的变化来实现的。企业战略资源的分配一般可以分为人力资源的分配和资金的分配两种。

（1）人力资源的分配

人力资源的分配一般有三个内容：

①为各个战略岗位配备管理和技术人才，特别是关键岗位上关键人物的选择；

②为战略实施建立人才及技能的储备，不断为战略实施输送有效的人才；

③在战略实施过程中，注意整个队伍综合力量的搭配和权衡。

（2）资金的分配

企业中一般采取预算的方法来分配资金资源。而预算是一种通过财务指标或数量指标来显示企业目标的方法。常用的几种现代预算方法有：

①零基预算。即一切从零开始预算。它不是根据上年度的预算编制，而是将一切经营活动都从彻底的成本——效益分析开始，以防止预算无效；

②规划预算。它是按照规划项目而非职能来分配资源。规划预算的期限较长，常与项目规划期同步，以便直接考察一项规划的资源的需求和成效；

③灵活预算。它允许费用随产出指标而变动，因而有较好的弹性。

此外，企业组织结构是实施战略的一项重要工具，一个好的企业战略还需要通过与其相适应的组织结构去完成。还有一点在战略实施过程中也是很重要的，就是企业文化。它既可以成为战略的推动因素，又可能对战略的执行起抵触作用。

（五）战略控制

战略控制是指监督战略实施进程、及时纠正偏差、确保战略有效实施，使战略实施结果基本上符合预期计划的必要手段。战略控制是一个动态的过程，具有渐进性、交互性和系统性几个特征。战略控制主要有四种类型：回避控制问题、具体活动的控制、绩效控制和人员控制。

1. 回避控制问题

在许多情况下，管理人员可以采取一些适当的手段，避免不合适的情况发生，从而达到避免控制的目的。具体的手段有高效自动化、管理集中化、风险共担、转移或放弃某些经营活动等。

2. 具体活动的控制

具体活动的控制是保证企业职工能够按照企业的预期进行活动的一种控制手段，具体做法主要有以下三种方式：

（1）行为限制

这种方式可以通过两种途径来实现：一种是利用物质性的器械或设施来限制员工的行为；另一种是利用行政管理上的限制，使员工必须按照各自的职责进行工作。

（2）工作责任制

实行工作责任制，一般要求确定企业允许的行为界限，让职工按照一定的规章制度工作。

（3）事前审查

这种审查主要是指在职工工作完成前所做的审查，可以纠正潜在的有害行为，达到有效的控制。

3. 绩效控制

这种控制形式以企业的绩效为中心，通过绩效责任制来达到有效的控制。绩效控制系统一般要求确定预期绩效的范围；根据绩效范围衡量效益；根据效益对那些实现绩效的人员给予奖励，对没有完成绩效的人给予惩罚。

4. 人员控制

人员控制系统最重要的是建立具有内在凝聚力的目标和高效协作的工作团队，促成同事间的互相控制。

第三节 物流成本管理

一、物流成本的概念与特点

（一）物流成本的概念

成本管理是企业管理的重要内容，是企业适应现代社会竞争法则和求得生存发展的基本手段。在很多企业中，由于物流成本占很大比重，物流成本的高低直接关系到企业利润水平的高低和竞争力的强弱，所以物流成本管理成为企业物流管理的一项核心内容。人们对物流的关心首先应该从关心物流成本开始。有专家指出："物流既是主要成本的产生点，又是降低成本的关注点"，物流是"经济的黑暗大陆"。加强物流成本的研究与管理对提高物流活动的经济效益有非常重要的意义。

《中华人民共和国国家标准物流术语》（GB/T 18354—2001）对物流成本的定义是："物流活动中所消耗的物化劳动和活劳动的货币表现，即产品在实物运动过程中，如包装、搬运装卸、运输、储存、流通加工、物流信息等各个环节所支出的人力、物力和财力的总和。"新修订的《物流术语》国家标准（GB/T 18354—2006 3.21）对物流成本的定义也持这一认识。

物流成本由三部分构成：

（1）伴随着物资的物理性流通活动发生的费用以及从事这些活动所必需的设备、设施费用；

（2）完成物流信息的传送和处理活动所发生的费用以及从事这些活动所必需的设备和设施费用；

（3）对上述活动进行综合管理所发生的费用。

物流作为一种广泛存在的经济活动，普遍存在于企业生产经营中。从原材料采购开始，到顺利加工成零部件，把零部件组装成产成品，最后产成品出厂投入消费领域，自始至终都离不开物流活动。企业保证物流活动有秩序、高效率、低消耗地进行，需要耗费一定的人力、物力和财力，投入一定的劳动。一方面，物流劳动同其他生产劳动一样，也创造价值。物流成本在一定程度上，即在社会需要的限度内会增加商品价值，扩大生产耗费数量，成为生产一定种类及数量产品的社会必要劳动时间的一项内容，其总额必须在产品销售收入中得到补偿。另一方面，物流劳动又不完全等同于其他生产劳动，它并不增加产品使用价值总量，相反，产品总量往往在物流过程中因损坏、丢失而减少。因此，企业物流成本是"使商品变贵而不追加商品使用价值的费用"。科学地管理物流成本，成为现代企业提高经济效益的重要途径。

（二）物流成本的含义

人们可以从不同的角度来对物流成本进行观察和分析。观察分析的角度不同，对物流成本的认识也不同,物流成本的含义也不同。根据人们进行物流成本管理和控制的角度不同,可把物流成本分为社会物流成本、企业(制造型企业和流通型企业)物流成本和物流企业的物流成本三个方面。不同角度的物流成本有着不同的含义。

1. 社会物流成本

社会物流成本是宏观意义上的物流成本。站在社会物流的角度,进行社会物流的优化,就要考虑物流成本的多少。人们往往用物流成本占国内生产总值(GDP)的比重来衡量一个国家物流管理水平的高低,这种物流成本就是指社会物流成本。

社会物流成本是核算一个国家在一定时期内发生的物流总成本,是不同性质企业微观物流成本的总和。国家和地方政府可以通过制定物流相关政策、进行区域物流规划、建设物流园区等措施来推动物流及相关产业的发展,从而降低社会物流成本。

2. 企业物流成本

企业主要是指制造型企业和流通型企业。制造型企业物流是物流业发展的原动力,而流通型企业是连接制造业和最终客户的纽带,制造型企业和流通型企业是物流服务的需求主体。

制造型企业的生产目的是为了将生产出来的物品通过销售环节转换成货币,为了销售生产经营的需要,制造企业所组织的实物应包括原材料、零配件、半成品和产成品等,其物流过程具体包括从生产企业内部原材料和零配件的采购、供应开始,经过生产制造过程中的半成品存放、搬运、装卸、成品包装及运输到流通领域,进入仓库验收、分类、储存、保管、配送、运输,最后到消费者手中的全过程。这些过程发生的所有成本就是制造型企业物流成本。从现代物流活动的构成及其对企业经营的作用来看,应对物流进行全过程管理,对物流全过程的所有成本进行核定、分析、计划、控制与优化,以达到以合理的物流成本保证经营有效运行。

流通型企业的经营活动是对组织现有的商品进行销售来获得利润,其业务活动相对于制造型企业来说较为简单,以进、存、销活动为主,不涉及复杂的生产物料组织,实体物品也较为单一,多为产成品。流通型企业物流成本的基本构成有:企业员工工资及福利费;支付给有关部门的服务费,如水电费等;经营过程中合理消耗的费用,如运输费、物品的合理损耗、固定资产折旧等;支付的贷款利息;经营过程中的各种管理成本,如差旅费、办公管理费等。

3. 物流企业物流成本

制造型企业和流通型企业是物流服务的需求主体,同时也是物流运营管理的主体,许多企业的物流业务是由企业内部的相关部门或二级公司来完成的。但大部分企业的物流业务并不一定全部由自己来完成,或多或少总有外包的部分,这就出现了对专业性物流服务企业的需求。由专业的物流企业来参与物流的运营管理,可以提高物流效率,降低企业物流成本。

根据物流服务企业提供的服务类型,可以把物流企业分为两类。一类是提供功能性物流服务业务的物流企业,这类企业在整个物流服务过程中发挥着很大的作用,一般只提供某一项或者某几项主要的物流服务功能,如仓储服务企业、运输服务企业等。第二类是提供一体化物流服务的第三方物流企业,第三方物流企业一般是指综合性的物流服务公司，能为客户提供多种物流业务服务。尽管目前第三方物流和一体化物流的趋势十分明显，但功能性物流服务企业的存在还是必要的，它可以发挥专业化的优势，与第三方物流企业一起，共同完成客户的物流服务需求，达到降低成本，提高物流效率的目的。

物流企业在运营过程中发生的各项费用，都可以看成是物流成本。物流企业的物流成本包括了物流企业的所有各项成本和费用。实际上，从另一个角度看，当企业把物流业务外包给物流企业时，物流企业发生的各项支出构成了它的物流成本，而物流企业向经营企业的收费就构成了经营企业的物流成本。

流通型企业的物流可以看成是制造型企业物流的延伸，而物流企业主要是为流通型企业和制造型企业提供服务的。所以物流企业的物流成本可以看成是流通型企业和制造型企业物流成本的组成部分，而社会宏观物流成本则是流通型企业和制造型企业物流成本的综合。

在进行物流成本管理的时候，应首先明确分析的角度，理解不同角度下物流成本的含义，在此基础上再进行深入的分析。现在所说的物流成本主要是指制造型企业和流通型企业的物流成本。

（三）物流成本的特点

1. 以客户服务需求为基准

因为物流成本不是面向企业经营结果，而是面向客户服务过程的，所以物流成本的大小就具有了以客户服务需求为基准的相对性特点。这是物流成本与企业其他成本在性质上的最大区别。

2. 难以归纳性

虽然物流成本管理存在巨大的潜力，但物流成本管理的现实要求和现行会计制度之间存在着技术性冲突，物流成本在现行会计制度的框架内很难确认和分离。企业现有的会计核算制度是按照劳动力和产品来分摊企业成本的，所以在企业"损益表"中并无物流成本的直接记录。如物料搬运成本常常包含在货物的购入成本或产品销售成本之中；厂内运输成本常记入生产成本；订单处理成本可能包含在销售费用之中；部分存货持有成本又可能记入财务费用之中。这些方面造成企业物料成本的难以归纳性。

3. 分散性

由于物流管理运作具有跨边界（由普通的协同运作要求所决定）和开放性（由客户服务要求所决定）的特点，使得由一系列相互关联的物流活动产生的物流总成本既分布在企业内部的不同职能部门中，又分布在企业外部的不同合作伙伴那里。从企业产品的价值实现过程来看，物流成本既与企业的生产和营销管理有关，又与客户的物流服务要求直接相关。

4. 效益背反

物流成本之间存在效益背反规律，即物流成本中各功能间存在着此消彼长的关系，一种功能成本的削减会使另一种功能的成本增多。如物流成本与对顾客的服务水平间就存在着效益背反，即提高物流服务，物流成本就会上升。又如库存成本的降低就意味着运输成本的相对增加。从中可以看到，物流成本间各种费用是相互关联的，要想降低物流成本就必须考虑整体的最佳成本。

5. 难以比较性

对物流成本的计算和控制，各企业通常是分散进行的，即各企业根据自己不同的理解和认识来把握物流成本。这样就带来了一个管理上的问题，即企业间无法就物流成本进行比较分析，也无法得出产业平均物流成本。例如，不同的企业外部委托物流的程度是不一致的，由于缺乏相互比较的基础，因而无法真正衡量各企业相对的物流绩效。

6. 物流成本削减具有乘数效应

物流成本类似于物理学中的杠杆原理，物流成本的下降通过一定的支点，可以使销售额获得成倍的增长。例如，如果销售额为100万元，物流成本为10万元，那么物流成本削减1万元，不仅直接产生了1万元的利益，而且因为物流成本占销售额的10%，所以间接增加了10万元的利益，这就是物流成本削减的乘数效应。

综合以上物流成本的特点可以看出，对企业来讲，要实施现代化的物流管理，首要的是全面、正确地把握企业内外发生的所有整体物流成本。也就是说，要削减物流成本必须以企业整体物流为对象。另外，物流成本管理应注意不能因为降低物流成本而影响对用户的物流服务质量。特别是流通业中多频度、定时进货的要求越来越广泛，就要求物流企业能够应对流通发展的新趋势。例如，为了满足客户的要求，及时、迅速的配送发货，企业需要进行物流中心等设施的投资。显然，如果仅仅为了减少物流成本而放弃这种投资，会影响企业对顾客的物流服务水平。

二、物流成本管理的概念和意义

（一）物流成本管理的概念

物流成本管理就是对物流相关费用进行的计划、协调和控制。物流成本管理就是要通过成本去管理物流，即以成本为手段的物流管理方法。目前，由于物流还是一个比较新的行业，对物流成本管理的研究尤其是在我国还处于起步阶段，因此物流成本管理至今没有一个确切的定义。从物流成本管理的内容来看，物流成本管理是以物流成本信息的产生和利用为基础，按照物流成本最优化的要求有组织地进行预测、决策、计划、控制、分析和考核等一系列的科学管理活动。

在实际操作中，人们一提到"物流成本管理"就认为是"管理物流成本"，把成本作为管理的对象。在大多数情况下，人们把注意力单纯集中于物流成本的计算上，将物流成本的计算误以为是物流成本管理。实际上，物流成本管理不仅仅是管理物流成本，而是通过成本去管理物流，可以说是以成本为手段的物流管理方法。通过对物流活动的管理，从而在既定的服务水平上达到降低物流成本的目的。因此，物流成本管理不仅是简单的计算，而是利用各种管理工具对物流成本的预测、计划、控制等管理过程。物流成本管理可以从两个方面进行，一是从会计的角度考虑，通过建立物流管理会计系统，发挥会计职能来对物流成本进行计划、控制等；二是利用物流管理方法，通过对物流各种职能的优化，达到降低物流费用的目的。显然，这两个方面是相辅相成的。所以，企业在进行物流成本管理的过程中，需要从这两个方面同时进行。

（二）物流成本管理的意义

物流成本管理在物流管理中占有重要的位置。"物流是经济的黑暗大陆"，"物流是第三利润源"以及"物流成本冰山说"等观点都说明了物流成本问题是物流管理初期人们所关注的主要问题。所谓"物流是第三利润源"，是指通过物流合理化降低物流成本，成为继降低劳动力资源和物质资源（另一种观点是：降低制造成本和扩大销售）消耗之后企业获取利润的第三种途径。正是由于在物流领域存在着广阔的降低成本的空间，物流问题才引起企业经营管理者的重视，企业物流管理可以说是从对物流成本的关心开始的。

物流成本管理是物流管理的重要内容，降低物流成本与提高物流服务水平构成企业物流管理最基本的课题。物流成本管理的意义在于，通过对物流成本的有效把握，利用物流要素之间的效益背反关系，科学、合理地组织物流活动，加强对物流活动过程中费用支出的有效控制，降低物流活动中的物化劳动和活劳动的消耗，从而达到降低物流总成本，提高企业和社会经济效益的目的。

降低物流成本与提高企业和社会经济效益之间的关系可以体现在以下几个方面。

1. 微观角度

（1）由于降低了企业的生产经营总成本，从而扩大了企业的利润空间，提高了利润水平。在销售收入和其他成本及费用不变的情况下，企业的利润因此会得到增加。由经济学的基本原理可以知道，企业产品的市场价格是由市场的供求关系决定的，但价格背后体现的还是产品的价值量，即产品中所凝聚的人类抽象劳动的数量。商品价值并不取决于个别企业的劳动时间，而是由行业平均必要劳动时间所决定。当某个企业的物流活动效率高于所属行业的平均物流活动效率，物流费用低于所属行业平均的物流费用水平的时候，该企业就有可能因此获得超额利润，物流成本的降低部分就转化为企业的"第三利润"；反之，企业的利润空间就会下降。正是这种与降低物流成本相关的超额利润的存在，而且具有较大的空间，导致企业积极关注物流领域的成本管理，致力于降低物流成本的努力。

（2）降低物流成本后，企业具备了产品在价格方面的优势，可以利用相对低的价格销售自己的产品，从而提高产品在市场上的竞争力，扩大销售，并以此为企业带来更多的利润。

2. 宏观角度

（1）如果全行业的物流效率普遍提高，物流费用平均水平降低到一个新的水平，那么，该行业在国际上的竞争力将会得到增强。对于一个地区的行业来说，可以提高其在全国和全球的市场竞争力。

（2）全行业物流成本的普遍下降，将会对产品的价格产生影响，导致物价相对下降，这有利于保持消费物价的稳定，提高国民的购买力水平。

（3）物流成本的下降，对于全社会而言，意味着创造同等数量的财富，在物流领域所消耗的物化劳动和活劳动得到节约，资源得到节约。实现以尽可能少的资源投入，创造出尽可能多的物质财富，节约资源消耗的目的。

三、物流成本管理的内容

物流成本管理是以把握物流成本、分析物流成本为手段进行的物流管理。实质上,它兼有成本管理和物流管理的特性。具体包括:物流成本预测、物流成本决策、物流成本预算、物流成本控制、物流成本核算、物流成本分析等。

(一)物流成本预测

物流成本预测是指依据物流成本与各种技术经济因素的依存关系,结合发展前景及采取的各种措施,并利用一定的科学方法,对未来期间物流成本水平及其变化趋势做出科学的推测和估计。通俗地讲,成本预测就是回答诸如"如果……将怎样?"的问题。如果事先计划安排得好,那么企业就能对自己拥有的资源从总体上实现平衡,从而避免被动式的"计划调度"。

企业要在激烈的竞争中立于不败之地,就必须对未来的状况做出正确的估计,并以这种估计作为决策和计划的客观基础,正所谓"凡事预则立,不预则废",对于企业的物流成本管理工作来说尤其如此。在物流成本管理工作中,物流成本预测可以使企业对未来的物流成本水平及其变化趋势做到"心中有数",并能与物流成本分析一起为企业的物流成本决策提供科学的依据,以减少物流成本决策过程中的主观性和盲目性。

但目前企业中成本管理及成本预测的效果并不好。一方面是由于不同规模、行业及不同管理水平的企业间管理的内容与要求、成本预测的方法和成本预测模型都有所不同。而这些模型方法过于简单、理想,或约束条件太多,在实践中很难利用,使得不少企业尝试在不同背景和环境下使用不同的方法模型进行成本预测,而结果却常与实际相差甚远。另一方面,成本管理及成本预测需要使用整个企业的大量数据,这就需要有良好的数据基础以及企业部门间良好的数据沟通和迅速的信息反馈机制。这都使得成本预测成为成本管理中一个"瓶颈"。

(二)物流成本决策

物流成本决策是指根据物流成本分析与物流成本预测所得的相关数据、结论及其他资料运用定性与定量的方法,选择最佳成本方案的过程。具体说来,就是以物流成本分析和预测的结果等为基础建立适当目标,拟定几种可以达到该目标的方案,根据成本效益评价从这几个方案中选出最优方案的过程。

对大多数企业来说,物流成为经营的一项关键性成本因素;物流决策及管理水平的高低,对成本的影响越来越明显。特别是当今的市场,企业的经营视角已不再局限于某个地区,而转向全球贸易,原材料与零部件的供应、产品的分销及设施选址问题都需要企业审时度势,一些细微的差错就可能导致无法挽回的损失。许多成功与失败的经验让企业懂得,把物流成本决策作为一种负担或回避物流成本决策绝非明智之举。

物流成本决策不仅是物流成本管理的重要职能,也是企业生产经营决策体系中的重要组成部分。而且,由于物流成本决策所考虑的是价值问题,更具体地讲是资金耗费的经济合理性问题,因而物流成本决策具有较大的综合性,对其他生产经营决策起到指导和约束作用。

（三）物流成本预算

物流成本预算是根据物流成本决策所确定的方案、预算期的物流任务、降低物流成本的要求以及有关资料，通过一定的程序，运用一定的方法，以货币形式规定预算期物流各环节耗费水平和成本水平，并提出保证成本预算顺利实现所采取的措施。通过物流成本预算管理，可以在降低物流各环节方面给企业提出明确的目标，推动企业加强物流成本管理责任制，增强企业的物流成本意识，控制物流环节费用，挖掘降低物流成本的潜力，保证企业降低物流成本目标的实现。

（四）物流成本控制

物流成本控制是企业在物流活动中依据物流成本标准，对实际发生的物流成本进行严格的审核，进而采取不断降低物流成本的措施，实现预定的物流成本目标。进行物流成本控制，应根据物流成本的特性和类别，在物流成本的形成过程中，对其事先进行规划，事中进行指导、限制和监督，事后进行分析评价，总结经验教训，不断采取改进措施，使企业的物流成本不断降低。

现代物流成本控制是企业全员控制、全过程控制、全环节控制和全方位控制，是商品使用价值和价值结合的控制，是经济和技术相结合的控制。在现代企业管理中，物流成本控制占有十分重要的地位，它突破了传统物流成本管理把物流成本局限为"唯成本而成本"的研究领域，把重心转向企业整体战略这一更为广阔的研究领域。

（五）物流成本核算

物流成本核算是根据企业确定的成本计算对象，采用相适应的成本计算方法，按规定的成本项目，通过一系列的物流费用汇集与分配，从而计算出各物流活动成本计算对象的实际总成本和单位成本。通过物流成本计算，可以如实地反映生产经营过程中的实际耗费，同时也是对各种物流费用的实际支出的控制过程。

（六）物流成本分析

物流成本分析是指利用物流成本核算数据和其他相关资料，对照成本计划、同期成本指标、国内外同类企业的成本指标等，了解物流计划完成情况和变动趋势，查找影响物流成本变动的原因，测定其影响程度，为改进物流成本管理工作、降低产品成本提供依据与建议。

企业物流成本是反映企业物流经营管理工作质量和劳动耗费水平的综合指标。企业在物流过程中原材料、能源消耗的多少，劳动生产率的高低，产品质量的优劣，物流技术状况，设备和资金的利用效果及生产组织管理水平等，都会直接或间接地反映到企业物流成本中，因而加强物流成本分析，有利于揭示企业物流过程中存在的问题，总结经验，改善管理工作，为不断挖掘企业内部降低物流成本的潜力，为社会提供更多更好的产品，为企业积累更多资金，同时也为降低产品价格，增强企业竞争力创造条件。

需要注意的是，物流成本分析并不只是对过去成本管理工作的回顾、总结与评价，更重要的是通过对过去企业物流资金耗费活动规律的了解，正确评价企业物流成本计划的执行结果，揭示物流成本升降变动的原因，为编制物流成本决策提供重要依据，达到对未来成本管理工作展望和指导的目的。

上述物流成本管理活动的内容是相互配合、相互依存的一个有机整体。物流成本预测是物流成本决策的前提，物流成本预算是物流成本决策所确定目标的具体化，物流成本控制是对物流成本预算的实施进行监督，以保证目标的实现，物流成本核算和分析是对目标是否实现的检验。

四、物流成本管理的要点

加强物流成本管理，降低物流成本总水平，必须把以下几方面工作落到实处，发挥实效。

（一）确定成本管理对象

物流成本与生产成本相比较具有连续、不确定、难以分解等特点，这就为物流成本管理增加了一定的难度。因此，物流成本管理的前提是确定成本管理对象，使得成本管理与核算有据可依。每一企业可以根据本企业的性质和管理的需要来确定物流成本管理对象。但企业一旦选用一种物流成本为管理对象，就不要轻易改变，以保持前后各期的一致性和可比性。具体对象如下。

（1）以物流构成作为对象，可以计算供应物流成本、生产物流成本、回收物流成本及废品物流成本。

（2）以物品实体作为对象，可以计算每一种物品在物流过程中（包括运输、验收、保管、维护、修理等）所发生的成本。

（3）以物流功能作为对象，计算运输、保管、包装、流通加工等物流功能所发生的成本。

（4）以物流成本项目作为对象，计算各项物流项目的成本，如运输费、保管费、折旧费、修理费、材料费及管理费等。

（二）制定成本标准

确定物流成本管理对象，即把项目繁多的物流成本作了一个划分，在此基础上便可以进行物流成本预算管理。其标准的制定有以下几种。

1. 按成本项目制定成本标准

企业内部每一物流成本项目，按其与物流成本流转额的成本水平为依据，再结合本企业现在的状况和条件，确定合理的成本标准。而对于可变项目，则着重于考虑近期及长远条件和环境的变化（如运输能力、仓储能力、运输条件及国家的政策法令等），制定出成本标准。

2. 按物流功能制定成本标准

不论是运输、保管还是包装、装卸成本，其水平的高低均取决于物流技术条件、基础设施水平。因此，在制定物流成本标准时应结合当时的生产任务、流转流通数量及其他相关因素进行考虑。

3. 按物流过程制定成本标准

按物流过程制定成本标准，是一种综合性的技术，要求全面考虑物流的每个过程。既要以历史成本水平为依据，同时又要充分考虑企业内外部因素的变化。制定这种成本标准需要多种技能相结合。

（三）实行预算管理

成本标准确定后，企业应充分考虑其财力状况，制定出每一种成本的资金预算，以确保物流活动的正常进行。同时，按照成本标准，进行定期与不定期检查、评价与对比，以求控制物流活动和成本水平。

（四）实行责任成本管理制度

物流成本遍布社会再生产的每一个环节和过程。同样，企业的每一个环节和过程也都要发生物流成本。要想管理好物流成本，除了制定成本标准外，还需在物流部门、生产部门和销售、管理部门实行责任制，实行全过程、全人员成本管理，明确各自的权利和责任。具体方法和步骤如下：

1. 分解落实物流成本指标

不同的物流标准部门承担不同的物流成本。按成本发生的地点将成本分解到一定部门，落实其降低物流成本的责任，并按成本的可控性检查该部门物流成本降低情况，以作为其评价成绩的依据。

2. 编制记录、计算和积累有关成本及执行情况的报告

每一物流部门都应将其承担的物流成本进行记录、计算和积累，并定期编制出业绩报告，以形成企业内部完整的物流成本系统。对一些共同性的物流成本，则另行计算，最终由企业最高机构记入成本总额。

3. 建立成本反馈与评价系统

一定期间结束后，将每一部门发生的物流成本实际支付结果与预算（标准）进行对比，评价该部门在成本控制方面的成绩与不足，以确定奖励还是惩罚。

（五）合理进行技术改造

合理进行技术改造是指在进行技术及设备引进时要考虑其经济性，尽管现今的运输、包装、装卸技术必然能降低物流成本，但技术方法的运用也必然具有较高的成本。因此，以经济技术相结合来选择运输工具、包装材料及装卸工具，也是降低物流成本的一个重要方面。

第四节　物流服务管理

一、物流服务的内涵

企业的任何业务，其产生和发展的基础都是向顾客提供服务并尽力满足其需要。物流服务是任何物流管理系统的最重要的组成部分。事实上，所有其他物流管理活动必须

被加以构建，以便来支持物流服务的目标。从物流的角度看，物流服务是物流企业所有活动的产物，物流服务水平是衡量物流企业为顾客创造的时间、地点等效用能力的尺度。物流服务水平决定了物流企业能否留住现有顾客以及吸引新顾客的能力，直接影响其市场份额和物流总成本，并最终影响其盈利能力。而且，在众多物流企业都提供了在价格、特性和质量方面雷同的服务时，物流服务的差异性将为物流企业提供超越于竞争对手的竞争优势。因此，在物流设计和运作中，物流服务管理是至关重要的环节，是物流管理的主要内容。

物流服务是企业物流系统的产出。换句话说，从顾客角度看到的是企业提供的物流服务，而不是抽象的物流管理。物流服务是市场营销与物流管理两大职能的临界面，支撑市场组合的地点要素。物流活动从本质上说是一种服务，是对顾客的服务。现代物流管理的实质就是在顾客满意的前提下，在权衡服务成本的基础上，向物流需求方——顾客高效、迅速地提供物流服务。物流公司作为物流专业化、社会化的重要形式，在与物流需求方的合作过程中，物流服务的好坏直接影响到双方合作的效率和持久性。因此，物流服务可定义为：物流企业向客户提供的贯穿于双方合作过程中的各种活动。《中华人民共和国国家标准物流术语》（GB/T 18354—2006 3.8）对物流服务（logistics service）的定义是：物流服务是"为满足客户需求所实施的一系列物流活动产生的结果。"

二、物流服务的特殊性

国外对生产制造类企业的物流活动的分类，比较权威的方法是将其物流活动归纳为两类，即物流中的关键性活动和物流中的支持性活动，如图3-4所示。

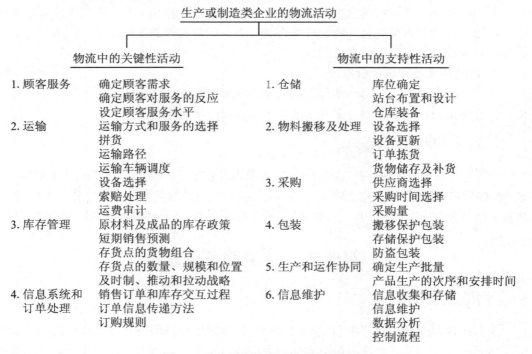

图 3-4 生产或制造类企业的物流活动

从图 3-4 中可以看出，在生产或制造类企业中，它们的物流活动是担负着其顾客服务职能的，而且顾客服务是其物流中的关键性活动。那么，当生产或制造类企业将其物流业务外包、采取第三方物流的合作形式时，就意味着生产或制造类企业通过物流企业完成它们的顾客服务工作。其实，对物流企业服务的其他类别的企业来说，也存在类似的情况，即通过物流企业完成它们的顾客服务工作。因此，物流企业的顾客服务包括两个方面，即代替客户企业为客户企业作顾客服务和针对客户企业的顾客服务。同时，由于物流企业在运作过程中，一般都有采用外协的情况，通过整合利用社会资源以及其他物流企业来满足客户企业的多样化、个性化物流服务需求。所以，物流企业的顾客服务又包括分供方代替物流企业所作的顾客服务。

物流企业顾客服务的这种特殊性，导致物流企业顾客服务具有以下两个特点：一是物流企业及其分供方需要深刻理解客户企业的顾客服务政策，在特殊情况下，甚至需要参与客户企业顾客服务政策的制定，以便能较好地代替客户企业为客户企业作顾客服务；二是物流企业顾客服务水平的高低，不仅取决于客户企业的评价，还取决于客户企业的客户的评价；不仅取决于客户企业和其客户对物流企业顾客服务水平的评价，还取决于客户企业和其客户对物流企业利用的分供方的顾客服务水平的评价。

三、物流服务管理的目的

物流服务管理的目的是以适当的物流成本实现高质量的物流服务。一般来讲，服务质量与成本是一种此消彼长的关系，服务质量提高，物流成本就会上升，两者之间的关系适用于收益递减法则，如图 3-5 所示。在服务水平较低阶段，如果追加 X 单位的服务成本，服务质量将提高 Y。而在服务水平较高阶段，同样追加 X 单位的成本，提高的服务质量只有 Y'，$Y' < Y$。所以，无限度提高顾客服务水平，会因为成本上升的速度加快，反而使顾客服务效率没有多大变化，甚至下降。具体来看，顾客服务与成本的关系有四种类型：

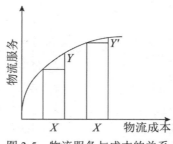

图 3-5　物流服务与成本的关系

（1）服务不变，成本下降。即在顾客服务水平一定的情况下，通过改变顾客服务系统来不断降低成本，进而追求顾客服务系统的改善，如图 3-6（a）所示。

（2）服务提高，成本增加。即为了提高顾客服务水平，不得不牺牲低水平的成本，听任其上升，这是大多数企业所认为的服务与成本的关系，是企业在其特定顾客或特定商品面临竞争时所采取的具有战略意义的方针，如图 3-6（b）所示。

（3）成本不变，服务提高。即在服务成本一定的情况下，实现顾客服务水平的提高，这是一种灵活、有效地利用服务成本性能、追求成本绩效的做法，如图3-6（c）所示。

（4）成本降低，服务提高。即在降低服务成本的同时，实现较高的顾客服务，如图3-6（d）所示。

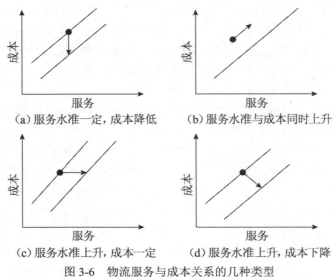

图3-6　物流服务与成本关系的几种类型

就上述顾客服务与成本的四种类型讲，第三方物流顾客服务管理的目的在于改变图3-6（b）中所反映的状况，经3-6（a）和3-6（c），最终向3-6（d）发展。要实现3-6（d）中所表现出的理想状态，必须在加强成本管理的同时，明确相应的顾客服务水平，强化顾客服务管理，从而保持成本与顾客服务之间的一种均衡关系。

四、物流服务管理的原则

（一）以市场为导向

物流顾客服务水平的确定，不能从供给方角度出发，而应该充分考虑物流需求方的物流服务要求，即从产品导向型顾客服务向市场导向型顾客服务转变。产品导向型的顾客服务由于是根据供给方自身所决定的，一方面，难以真正对应顾客需求，容易出现服务水平设定失误；另一方面，也无法根据市场环境的变化和竞争格局及时加以调整。而市场导向型的顾客服务正好相反。它是根据经营部门的信息和竞争企业的顾客服务水平相应制定的，既避免了过剩服务的出现，又能及时进行控制。在市场导向型的顾客服务中，通过与顾客面谈、顾客需求调查、第三方调查等方法寻求顾客最强烈的需求愿望，是决定顾客服务水平的基本方法。

（二）制定多种顾客服务组合

随着顾客业种和业态多样化的发展，顾客的需求不可能千篇一律，这就要求物流企业在顾客服务活动中需要制定多种顾客服务组合。如今，对顾客提供统一服务的企业很多，这不利于顾客服务的效率化。顾客服务对于物流企业来讲也要考虑有限经营资源的合理配置，也就是说，在决定顾客服务时，物流企业应根据顾客的不同类型采取相应的顾客服务策略，如表 3-2 所示。

表 3-2　按顾客类型开展的顾客服务

对本企业贡献度 顾客类型		本企业营业额大	本企业营业额小
全国型企业	专业型	积极支援型策略	现状维持型策略
	综合型		
地域型企业	专业型	准积极支援型策略	受动型策略
	综合型		

一般来讲，根据顾客经营规模、类型和对本企业的贡献度来划分，可以采用支援型、维持型、受动型的顾客服务战略。对本企业贡献度大的企业，由于具有直接的利益相关性，应当采取支援型策略；而对本企业贡献度小的企业，要根据其规模、类型再加以区分。经营规模小但属专业型的顾客，由于存在进一步发展的潜力，可以采取维持型策略，以维持现有的交易关系，为将来可能开展的战略调整打下基础。相反，经营规模小且属综合型的顾客，将来进一步发展的可能性较小，所以在服务上可以采取受动型策略，即在顾客要求服务的条件下才开展顾客服务活动。

（三）开发对比性顾客服务

物流企业在制定顾客服务要素和服务水平的同时，应当保证服务的差别化，即与其他企业相比有鲜明的特色，这是保证高服务质量的基础，也是顾客服务战略的重要特征。要实现这一点，就必须具有对比性的顾客服务观念，即重视收集和分析竞争对手的顾客服务信息。

（四）注重顾客服务的发展性

顾客服务的变化往往会产生新的顾客服务需求，所以在顾客服务管理中，应当充分重视研究顾客服务的发展方向和趋势。例如，虽然以前就已经开始实施在库、再订货、商品到达时间、断货信息、在途信息、货物追踪等管理活动，但随着交易对象如零售业业务的简单化、效率化革新，EDI 的导入、账单格式统一、商品订货统计表制定等信息提供服务就成为顾客服务的重要要素。

（五）重视顾客服务与社会系统的吻合

顾客服务不完全是一种企业独自的经营行为，它必须与整个社会系统相吻合。顾客服务除了要考虑满足顾客的调达物流、企业内物流、销售物流外，还要认真研究旨在保护环境、节省能源、资源的废弃物回收物流。所以，顾客服务的内容十分广泛。这是企业社会市场营销发展的必然结果，即企业行为和各个方面必须符合伦理和环境的要求。否则，经济发展的持续性难以实现。除此之外，为了缓和交通拥挤、道路建设不足等问题,如何实施有效的物流服务也是顾客服务在与社会系统的结合过程中必须考虑的重要问题。

(六) 建立能把握市场环境变化的顾客服务管理体制

顾客服务水平是根据市场形势、竞争企业的状况、商品特性和季节的变化而变化。所以,物流企业建立能把握市场环境变化的顾客服务管理体制十分必要。在欧美,由于顾客服务中包含了物流服务,因此相应的管理责任也是由顾客服务部门承担的。对于我国来讲,在物流企业中确立能收集物流服务的相关信息、提供顾客满意的物流服务并不断发展完善的管理组织与责任体制显得尤为迫切。

(七) 建设与完善物流中心

物流中心作为顾客服务的基础设施,其建立和完善对于保障高质量的顾客服务是必不可少的。这是因为物流中心的功能表现为通过集中管理订货频度较高的商品使进货时机正确化,提高在库服务率,同时由于缩短商品在库时间,提高了库存周转率,商品出入库次数增多。除此之外,物流中心在拥有对应多品种、小单位商品储存功能的同时,还具有备货、包装等流通加工功能,从而能够实施适当的流通在库管理和有效的配送等物流活动,这些都是高质量顾客服务的具体表现。

(八) 构筑信息系统

要实现高质量的顾客服务,必须建立完善的信息系统。这种信息系统的机能除了接受订货、迅速完好地向顾客递送商品外,更重要的是通过送货期回复、商品物流周转期缩短、备货保证、信息处理时间缩短、货物追踪等各种机能确保不劣于竞争对手的顾客服务。

五、物流服务评价的原则

有一句英文的谚语说:"No measure, no improvement."其意思是没有衡量,就不可能提高。有能力对完成的工作进行衡量和评价,才有可能实施相应的控制,进而改进工作。管理就是有效的控制。对物流企业的服务工作,同样应该及时进行衡量和评价,以便发现服务中的不足之处,及时改进服务。

物流顾客服务评价应遵循以下原则:

(一) 准确性原则

这包括三个方面:一要明确哪些要素需要评价。许多企业喜欢评价那些最易测定的要素,而不是评价那些顾客认为最重要的服务要素。如有的企业不评价整个订货和补充订货周期,而只评价订单处理和货物分拣时间,因为对企业来说这方面的考查较为容易。问题在于,这两个阶段的考查并不能完全表明企业订货周期其他阶段的情况,如订单传递和订单发送的情况,而这方面的服务是最难评价,也是顾客最为敏感的问题。二要明确评价的对象是什么,如是针对客户企业还是客户企业的客户,是针对内部顾客还是外部顾客,是客户企业或其客户对物流企业的评价还是对物流企业所利用的分供方的评价。三要明确评价的功能目标是什么,是检验改进方案的效果还是发现问题或者其他什么目标。评价的不是顾客认为重要的服务要素,评价的对象及目标不明确,肯定达不到评价应有的效果。

(二)过程化评价原则

把物流企业的顾客服务放在供应链运行过程中考察,并且把顾客服务本身作为一个过程来考察,从各环节、各要素上发现问题,评价考证。即使是某个环节、某个节点上的专项顾客服务评价,也应如此。

(三)连续性原则

把物流企业的顾客服务评价作为一个连续性工作来做,每次评价虽各有侧重,但整个过程、各次评价都应该相互关联。即使对于某一过程的某一环节的顾客服务进行评价时,也应该采用不同方式连续进行,避免结论失真。同时,还要将日常评价与专项评价结合起来,使评价连续地进行,减少随意性。

(四)内部评价与外部评价相结合原则

从方式上看,物流企业顾客服务可由企业内部评价,也可由专业服务机构评价,但最好是将两者结合起来。从角度上看,自评有利于不断自我提高,他评有利于发现自评不能发现的问题,因此应将二者结合起来进行。从众多优秀物流企业的经验来看,现场办公会、协调办公会和专家共评会是将内部与外部评价结合起来的好方式。它不仅能使合作双方开诚布公地探讨问题,研究解决方案,还能把问题放在未来的发展中去评价,有利于双方合作的健康、高效运行。

六、物流服务评价的三要素

评价物流企业服务最基本的是三个方面:可得性、作业绩效和可靠性。物流企业要形成一个基本的服务平台,在可得性、作业绩效和可靠性方面对顾客提供基本服务,明确所要承担的义务水平。

(一)可得性

可得性是当顾客需求时企业所具有的供应能力。它是通过各种方式来实现的,最普通的做法是按预期的顾客订货进行存货储备。于是,仓库的数目、地点和库存策略等便成了基本的设计任务之一。高水平的存货可得性是经过大量精心策划实现的,其关键是对首选客户或核心客户实现高水平的存货可得性,同时将库存和仓储设施维持在最低限度。可得性可用下述三个绩效指标进行衡量:

1. 缺货频率

缺货频率就是缺货发生的概率。当需求超过可得性时就会发生缺货，缺货频率就是衡量需求超过可得性的概率。将全部产品所发生的缺货次数汇总起来，就可以反映一个企业实现其基本服务承诺的状况。

2. 供应比率

供应比率衡量缺货的程度或影响大小。一种产品的缺货并不意味着客户需求得不到满足，在判断缺货是否影响服务绩效以前，先要弄清楚顾客的真实需求。例如，一位顾客订货 100 个单位，库存只有 95 个单位，那么订货供应比率为 95%。如果这 100 个单位的订货都是至关重要的，那么 95%的供应比率将导致缺货，使顾客产生严重不满。如果 100 个单位的商品转移速度相对比较缓慢，那么 95%的供应比率可以使顾客满意，顾客会接受另外 5%延期供货或重新订货。

3. 订货完成率

订货完成率是衡量供应商拥有顾客所预订的全部存货时间的指标。这是一种最严格的衡量，因为它把存货的充分可得性看作是一种可接受的完成标准。假定其他各方面的完成是零缺陷，则订货完成率就为顾客享受完美订货的服务提供了潜在时间。

（二）作业绩效

作业绩效可以通过速度、一致性、灵活性、故障与恢复等方面来具体进行衡量。

1. 速度

完成订发货周期速度是指从一开始订货到货物装运实际抵达时止这段时间。即使在当今高水平的通信和运输技术条件下，订发货周期也可以短至几个小时，长达几个星期。一般供应商的配送是建立在顾客各种期望的基础上来完成周期性作业。如果顾客有要求，供应商可以通过通宵作业的高度可靠的运输在几小时之内完成顾客所要求的顾客服务。但是并不是所有顾客都需要或希望最大限度地加速，因为这种加速会导致增加物流成本及提高价格。

2. 一致性

一致性指供应商在众多的订货中按时配送的能力。虽然服务速度至关重要，大多数物流企业更强调一致性，即必须随时按照对顾客的配送承诺加以履行的作业能力。一致性问题是顾客服务最基本的问题。

3. 灵活性

灵活性指处理异常的顾客服务需求的能力。供应商的物流能力直接关系到在始料不及的环境下如何妥善处理的问题。在很多情况下，物流优势的精华就存在于灵活能力之中。一般说来，供应商整体物流能力，取决于在适当满足关键客户的需求时所拥有的"随机应变"的能力。

4. 故障与恢复

无论供应商作业多么完美，故障总会发生，而在发生故障的作业条件下继续实现服务需求往往是十分困难的。为此，供应商要有能力预测服务过程中可能发生的故障或服务中断，并有适当的应急计划来完成恢复任务。

（三）可靠性

服务质量与服务的可靠性密切相关。供应商有无提供精确信息的能力是衡量其顾客服务能力最重要的一个方面。顾客最讨厌意外事件，如果他们能够事先得到信息的话，就能够对缺货或延迟配送等意外情况做出调整。对于第三方物流企业来说，最重要的是如何尽可能少发生故障，顺利完成作业目标。而顺利完成作业目标的重要措施是从故障中吸取教训，改善作业系统，以防再次发生故障。

本 章 小 结

1. 物流管理是为了以合适的物流成本达到用户满意的服务水平，对正向及反向的物流活动过程及相关信息进行的计划、组织、协调与控制。物流管理的目的是为了以合适的物流成本达到用户满意的服务水平。物流管理的对象是正向及反向的物流活动过程及相关信息。物流管理的手段是计划、组织、协调与控制等。

2. 物流管理大体经历了物流职能个别管理、物流职能系统化管理、物流管理领域扩大、企业内物流一体化管理、供应链管理五个发展阶段。物流管理的最根本原则是坚持物流合理化。物流合理化的一个基本思想就是"均衡"的思想。物流合理化要坚持系统化、标准化、柔性化、共同化、优先化、近距离、零库存、集装化、信息化、环保化等基本原则。物流管理按照管理进行的顺序可以划分为计划、实施、评价三个阶段。

3. 战略是对企业长远发展的全局性谋划，往往是有竞争倾向的双方为达到某一目标而采取的计策或行动。战略管理是企业为实现战略目标、制定战略决策、实施战略方案、控制战略绩效的一个动态管理过程，是一种高层次性管理、整体性管理、动态性管理。战略管理是一个过程，包括战略分析、战略选择和战略实施三个关键环节。

4. 物流战略（logistics strategy）是指为寻求物流的可持续发展，就物流发展目标以及达成目标的途径与手段而制定的长远性、全局性的规划与谋略。物流战略的功能主要体现在三个方面：降低成本、提高利润水平、改进服务。

5. 物流成本是物流活动中所消耗的物化劳动和活劳动的货币表现，即产品在实物运动过程中，如包装、搬运装卸、运输、储存、流通加工、物流信息等各个环节所支出的人力、物力和财力的总和。根据人们进行物流成本管理和控制的角度不同，可把物流成本分为社会物流成本、企业（制造型企业和流通型企业）物流成本和物流企业的物流成本三个方面。物流成本存在着以客户服务需求为基准、难以归纳性、分散性、效益背反、难以比较性、物流成本削减具有乘数效应的特点。

6. 物流成本管理就是对物流相关费用进行的计划、协调和控制。物流成本管理就是要通过成本去管理物流，即以成本为手段的物流管理方法。物流成本管理具体包括物流成本核算、物流成本分析、物流成本预测、物流成本决策、物流成本预算、物流成本控制等。物流成本管理的要点包括确定成本管理对象、制定成本标准、实行预算管理、实行责任成本管理制度、合理进行技术改造。

7. 物流服务可定义为物流企业向客户提供的贯穿于双方合作过程中的各种活动。生产制造类企业的物流活动可以归纳为物流中的关键性活动和物流中的支持性活动两类。物流企业的顾客服务既包括代替客户企业为客户企业做顾客服务和针对客户企业的顾客服务,又包括分供方代替物流企业所做的顾客服务。物流企业顾客服务水平的高低,不仅取决于客户企业评价,还取决于客户企业的客户评价;不仅取决于客户企业和其客户对物流企业顾客服务水平的评价,还取决于客户企业和其客户对物流企业利用的分供方的顾客服务水平的评价。

8. 物流服务管理的目的是以适当的物流成本实现高质量的物流服务。物流顾客服务管理的原则:以市场为导向、制定多种顾客服务组合、开发对比性顾客服务、注重顾客服务的发展性、重视顾客服务与社会系统的吻合、建立能把握市场环境变化的顾客服务管理体制、建设与完善物流中心、构筑信息系统。

9. 物流顾客服务评价应遵循以下原则:准确性原则、过程化评价原则、连续性原则、内部评价与外部评价相结合原则。评价物流企业顾客服务最基本的是三个方面:可得性、作业绩效和可靠性。可得性是当顾客需求时企业所具有的供应能力,可用缺货频率、供应比率、订货完成率三个绩效指标进行衡量。作业绩效可以通过速度、一致性、灵活性、故障与恢复等方面来具体进行衡量。服务质量与服务的可靠性密切相关。

案例分析

TNT 惠普物流服务

供应链管理是一项全球性的业务,但即使是在惠普这样一个业务运营和供应商遍布全球的大公司里,它的一切革新也只能从某一地开始。今天,在惠普 Unix 服务器总装厂里,惠普公司正在对其供应链管理方式进行革新。

一、TNT 成为沟通惠普和供应商的桥梁

1999 年开始,TNT 物流公司成为惠普的第三方物流(3PL)管理商,负责管理零部件仓库和来自世界各地供应商货品的进口运输。随着惠普开始减少直接开支,允许低成本服务商接管原来由惠普自己的员工管理的一些事务,TNT 的势力逐步增长。

现在 TNT 做的所有工作,过去都是惠普自己做的。与使用惠普自己的员工相比,TNT 的开支要节省 40%。而且,TNT 更多使用临时工和兼职人员,这样可以根据订单多少自如伸缩。

惠普在罗斯韦尔的物流合同是由具有 25 年物流经验的大卫·埃尔韦负责的。1994 年到 1999 年期间,埃尔韦代表 4 家 3PL 公司来管理惠普的物流业务,除了 TNT 物流公司外,另外 3 家分别是 Roadway 物流公司、Caliber 物流公司和联邦快递物流公司。这 3 家公司后来由于种种原因没能继续获得惠普的物流合同,其中最主要的一个原因是不能培育出与惠普公司合作的业务伙伴关系。尽管在外包合同中,减少成本、提高效率是最终目标,但另一方面,人际关系也是非常重要的。

TNT 管理着惠普的 11 座仓库,每年的营业额约 2600 万美元,罗斯韦尔在其中占大部分。位于罗斯韦尔的工厂占地 80 万平方英尺。由于仓库和生产线是在同一处,所以这种经营又称为"同址"运营。目前在其他许多公司,零部件还需要在仓库和工厂间运来运去,既耗时又费钱。而在罗斯韦尔,配送零件通常只需一辆叉车跑一趟来回。接到要求提取某一零部件的提货单后,一名 TNT 员工就会在排满了 8000 种库存产品的巨大货架上找到所要的零部件，然后更改库存记录，最后把零件送到组装线上，通常这只需要 30 分钟。但在过去，由于仓库和厂房遍布罗斯韦尔全城，运送一趟通常需要两到三个小时。节省的不仅是时间，而且是产品的损耗和破坏。

TNT 物流公司除了管理上千万美元的库存，还从惠普员工手中接过了运输管理业务，这在惠普公司历史上尚属首次。TNT 将过去众多的运输商减少为寥寥几家。其中 Eagle 物流公司负责重型产品的国内空运，Schneider 公司、US Freightways、Con-Way 公司和联邦快递货运公司负责惠普国内运输的 70%，Expeditors 公司承担亚洲地区的空运，并且是惠普在亚欧地区的货运代理，德迅公司（K&N）在欧洲空运中发挥作用。

在 TNT 管理运输之前，惠普产品的国际空运通常耗时 17 天，国内空运需要 7~8 天，供应商为了赶上配送时间，通常要加夜班。如今，TNT 保证在美国境内的运送时间是 1~4 天，国外的运送时间 4 天，99%的产品运送都能按时送达。如果中间出了岔子，惠普将和 TNT 一起来解决，保证零部件按时送达。

TNT 的运输经理就像是沟通惠普采购经理和公司供应商的桥梁。TNT 从惠普手中拿到订单后，联系供应商，确保零部件能及时送到惠普的工厂，中间具体的运输过程就是承运商的事了。每周，TNT 都对每一条产品线上的国内和国际运输费用开出清单，这在惠普历史上也是从未有过的。仅仅是在与惠普合作的头 6 个月，TNT 就通过减少加急运输，为惠普节省了 250 万美元。另外，TNT 还通过减少运输商的使用、改变运输方式，帮惠普省下了 400 万美元。同时，TNT 还利用旧垫板，而不是像原来租用带垫板的面包车，这又为惠普在半年内省下了 50 万美元。过去，惠普要租赁大量飞机保证及时运输，但现在 TNT 只在为了保证生产线继续运转的紧急情况下才使用空运，其余情况下都通过公路运输。

二、不断调整适应惠普的变革

惠普自身也在进行着变革，公司原来的物流经理都离开了原有岗位。惠普与康柏合并之后，新公司使用的 3PL 供应商有 30 多家，遍布全球。新公司希望在近期把这一数目减至 15 家。合并后，公司对所有的 3PL 公司都进行合同评估，公司内部对于运营的集中化程度分歧很大。过去惠普都是对每一地的物流单独管理，但现在人们对于本地化还是集中化持有不同的意见。对于 TNT 来说，必须让当地工厂经理和总部的决策者双方都满意。过去惠普是反对外包的。而在康柏，外包是企业文化的一部分。在合并过程中，TNT 必须加倍小心，因为他们通常是和那些在惠普有着二三十年工龄的老员工打交道。

现在惠普康柏已合二为一了，双方的物流业务正慢慢融合。如果康柏在物流方面占上风的话，那么对 3PL 来说，将会有更多的外包机会，而且业务会越来越集中到少数企业中。

TNT 物流公司还替康柏管理着 5 个卫星枢纽，这和惠普在罗斯韦尔的情况大不相同。这 5 个仓库的库存由供应商管理，TNT 并不掌控库存。而在罗斯韦尔，惠普掌握着所有的库存。

惠普之所以最后选定 TNT，并不是因为价格，而是 TNT 的作风。由于经济下滑、高科技企业受挫，惠普必须紧缩开支。惠普邻近罗斯韦尔的一个 80 万平方英尺的仓库关闭，一些生产线转移到罗斯韦尔，实际产量比 3 年前增加 20%，但开支增幅只有 6%。

TNT 物流公司和惠普之间签订了一个颇具激励性的合同。TNT 必须在不提价的前提下，达到一系列指标。当 TNT 成功地把成本减少了 12%时，其中的 4%作为奖励给予 TNT 的员工。成本得以缩减，很大程度上得益于 TNT 在 200 多名员工中进行的交叉培训。

资料来源：中国市场营销培训网。http://www.cmarn.org/ArticleShow.asp?ArticleID=612

思考：
1. TNT 物流公司为惠普提供了哪些物流服务？
2. TNT 物流公司为什么能成为惠普的物流服务供应商？

练习与思考

一、填空
1. 物流管理的总原则是_____，其基本思想是_____思想。
2. 物流管理按管理进行顺序划分为_____、_____、_____三个阶段。
3. 战略管理是一个过程，包括_____、_____、_____三个关键环节。
4. 物流战略的功能主要体现在_____、_____、_____三个方面。
5. 物流成本根据管理和控制角度不同，可分为_____、_____、_____。
6. 物流成本管理的内容包括_____、_____、_____、物流成本决策、物流成本预算、物流成本控制等。
7. 物流服务管理的目的是_____。
8. 评价物流企业服务最基本的三个方面：_____、_____、_____。
9. 可得性可用_____、_____、_____三个绩效指标进行衡量。
10. 物流成本标准可以按_____、_____、_____三种情况制定。

二、单项选择
1. 物流合理化要坚持一些基本原则，其中不包括（　　）。
   A. 标准化　　B. 系统化　　C. 个性化　　D. 共同化
2. 物流成本的特点不包括（　　）。
   A. 难以归纳性　　B. 分散性　　C. 效益背反　　D. 容易比较性
3. 物流作业绩效不可以用（　　）衡量。
   A. 速度　　B. 灵活性　　C. 订货完成率　　D. 一致性
4. 波士顿咨询公司企业业务单位组合中，问题型业务部门或单位是（　　）。
   A. 低市场份额和高业务增长率　　B. 低市场份额和低业务增长率
   C. 低业务增长率和高市场份额　　D. 高业务增长率和高市场份额
5. 波士顿咨询公司企业业务单位组合中，低业务增长率和低市场份额是（　　）。
   A. "金牛"型　　B. "瘦狗"型　　C. "问题"型　　D. "明星"型

三、判断
1. 战略管理不是静态、一次性管理，是一种循环、往复性的动态管理过程。（　　）
2. 无论国内国外，"战略"一词原来都是政治、经济用语。（　　）
3. 物流服务评价应放在供应链运行过程中，把服务本身作为一个过程考察。（　　）

4. 物流服务管理的目的在于最终向服务水准与成本同时下降发展。　　（　　）
5. 物流服务是物流企业向客户提供的贯穿于双方合作过程中的各种活动。（　　）

四、名词解释

战略管理　物流战略　物流成本　物流服务

五、简答

1. 战略管理的内涵和功能是什么？
2. 简述物流战略的内涵和功能。
3. 简述物流成本的概念和特点。
4. 简述物流成本管理的要点。
5. 物流服务管理的原则有哪些？

第二篇
物流职能篇

第四章

包　装

本章学习目标：

1. 掌握包装的概念、功能和分类；
2. 了解包装材料和包装技术；
3. 掌握集装化和集合包装；
4. 了解集装箱和托盘的种类、规格；
5. 掌握包装合理化的内涵及途径。

本章核心概念：

包装　运输包装　包装合理化

莫让运输包装毁了"钱途"

近日，某检验检疫部门前后收到两起出口退运的报检，这两起货物退运都是运输包装惹的祸。一起是从日本退回的价值 2.3 万美元的迷你风扇，由于外包装破损导致货物在运输途中受潮，引起电池盒垫片生锈而影响了产品的正常使用；另一起是从土耳其退回的纸尿裤，货值 2.8 万美元，退运原因是包装单薄，在搬运过程中受损，到达目的地时部分纸尿裤受潮发霉，已完全不能使用。

我国货物出口一般采用海运，但这种运输方式受自然条件影响较大，加上运输时间长，货物在运输过程中很容易受损。因此，外包装的稳定性成了货物能否完好无损地抵达进口国港口的关键。

为此，检验检疫部门提醒企业，第一，在装运货物时一定要小心谨慎，在装箱时务必要仔细查看包装，对可能影响货物包装的要及时更换；第二，还要注意货物包装的相关机械性能，特别是电器、机械和有卫生要求的产品，在保证包装没有损坏的同时还应注意防湿、防潮；第三，应加强对企业员工的培训，让员工高度重视出口货物从产品生产到包装出货过程；第四，要加强同国外客户进行联系沟通，确认产品包装等方面的细节，再投入生产，从而减少损失。

资料来源：中国质量新闻网 http://www.cqn.com.cn/news/zggmsb/dier/531035.html

思考：

是什么原因导致了出口货物被退运？

第一节 包 装 概 述

在现代物流观念形成以前,包装被看作是生产的终点,因而一直是生产领域的活动。由此带来的结果是,包装的设计往往主要从生产终点的要求出发,常常不能满足流通的要求。物流研究者认为,包装与物流的关系比之与生产的关系要密切得多。所以,包装不仅是生产的终点,更重要地,包装也是物流的起点。

包装作为物流的基本功能要素之一,与运输、储存、装卸搬运、流通加工等均有十分密切的关系,对物流的合理化有着极为重要的推动作用。

一、包装的产生与发展

包装是人类生产活动及生活消费对物资提出的客观要求,是为了完成物资的运输、保管等活动所采取的必然活动。随着人类社会的进步及生产技术的发展,包装从无到有、从简到繁,如今已经发展成为人们生产生活不可缺少的一部分。

原始社会末期,人们利用自然界的天然材料作为最早的包装物。例如,用藤蔓捆扎猎物,用树皮、竹皮、荷叶等包装农产品。随着生产的进步,人们发明并制作了一些简单的包装工具,如用葫芦作瓢、用兽皮作袋子、把木头挖空后制成容器。

到了奴隶社会,开始出现了用金属制造的容器。我国秦代以前就出现了用木材制作的木箱、木桶等容器。随着人类社会分工的不断细化,商业活动日益频繁,远距离的运输活动也逐渐发展起来,这对包装服务提出了旺盛的要求。在这个时期,密封不漏的桶或篓等容器类包装在商品运输中发挥了十分重要的作用。

包装工业开始于 19 世纪末 20 世纪初。工业革命使生产力水平得到大幅度的提高,企业需要大批量向外销售产品。同时生产的发展也使消费者对商品的质量和数量要求随之提高。为了保证流通领域的商品安全,使之在从生产者流向消费者的过程中保持卫生、无毒、不污染且保质保量,包装成了必不可少且行之有效的一种手段。大约在 20 世纪的 30~40 年代,包装由原来的单纯保护商品的作用逐渐发展到具有推销商品的作用,即销售包装。由此,商品包装发展成为独立于商品生产之外的一个新兴工业部门。

现在,新型包装材料、新型包装形式和新型包装技术的出现为包装工业拓展了新的发展空间。随着物流新技术的不断开发和应用,物流对包装又提出了更新更高的要求。

二、包装的概念

关于包装的定义,不同的国家有不同的解释。

美国对包装的定义为:"包装,是使用适当的材料、容器而施于技术,使其能将产品安全送达目的地——即在产品输送过程中的每一个阶段,不论遭到怎样的外来影响,均能保护内装物,不影响产品的价值。"

日本对包装的定义为:"包装是指物品在运输、保管等过程中,为保护其价值和状态而对物品施以适当的材料、容器等的技术以及实施的状态。"

我国《物流术语》国家标准(GB/T 18354—2006)对包装的定义为:"所谓包装是

指为了在流通中保护产品、方便储运、促进销售，按一定技术方法而采用的容器、材料及辅助物等的总体名称。也指为了达到上述目的而采用容器、材料和辅助物的过程中施加一定技术方法等的操作活动。"

理解商品包装的含义，包括两方面意思：一方面包装是指盛装商品的容器而言，通常称作包装物，如箱、袋、筐、桶、瓶等；另一方面是指包扎商品的过程，如装箱、打包等。而我国对包装所下的这个定义不仅明确指出包装是从产品生产、流通和消费过程中共有的一种通用器具，并且这种通用器具必须对产品在流通过程的各个环节中具有盛装、保护、便利和效益等属性；而且指明包装是具有劳动形态的技术操作活动过程，这在内容上全面、完整和确切地概括了包装的基本概念。

三、包装的功能

在市场经济条件下，商品要在激烈的市场竞争中脱颖而出，不仅要有良好的质量，还要有好的包装。良好的包装可以保护商品、便于流通、吸引顾客购买。大量实践证明，商品在流通中如无良好的包装，则会使商品受到损害，使用价值降低甚至完全丧失。包装的具体作用表现在以下几个方面。

（一）保护功能

据统计，商品有效期与流通期的比值为 2∶1，也就是说商品有效期的一半是消耗在流通过程中。商品在流通中要经受各种环境的影响和危害，如要经过多次的装卸、存取、运输，甚至拆卸和再包装，会受到各种各样外力冲击、碰撞、摩擦，也有可能在恶劣环境中受到有害物质的侵蚀。所以保护功能是包装的首要功能。

具体来说，包装的保护功能包括：
（1）防止商品的破损变形；
（2）防止商品发生化学变化；
（3）防止有害生物对商品的影响；
（4）防止异物混入、污物污染、丢失、散失。

（二）方便功能

合理的包装可以为物流全过程的所有环节提供操作上的方便，从而提高物流的效率和降低物流成本。

1. 方便物资的装卸搬运

适当的商品包装能够为商品的装卸搬运作业提供方便。包装的结构造型、辅助设施若能适合装卸搬运机械的使用，有利于提高装卸搬运机械的效率；包装的规格尺寸标准化为集合包装提供了条件，从而能极大提高装卸搬运的效率。

2. 方便物资的运输

包装的规格、形状、重量等与货物运输的效率密切相关。如果包装的尺寸与车辆、飞机、船舶等运输工具的载货空间相吻合，能极大地方便运输。

3. 方便商品的储存

因为包装能方便商品的装卸搬运，所以可以提高商品出入仓库的作业速度；包装的尺寸利于商品的堆码，提高商品的仓容利用率和储存效率；包装物的各种标识利于商品的识别和盘点。

（三）促销功能

优美的包装能美化商品、宣传商品、刺激消费者的购买欲望，起到促进销售的作用。美国最大的化学工业公司杜邦公司的一项调查表明：63%的消费者是根据商品的包装来选购商品的，这一发现就是著名的"杜邦定律"。另据英国市场调查公司报告，一般上超市购物的妇女，由于受精美包装的吸引，所购物品通常比进门时打算购物数多出45%。

从以上分析可以看出，除了促销功能是主要为了商流目的外，包装的保护功能和方便功能都是与物流密切相关的。

四、包装的分类

（一）按包装功能分类

1. 商业包装

商业包装又称销售包装，是以促进商品销售为主要目的的包装。这种包装外形美观，有必要的装潢，包装单位能适应顾客购买批量和商店设施的要求。

2. 运输包装

运输包装又称工业包装，是以方便运输、储存和保护商品为主要目的的包装。运输包装管理的目标是：在满足物流要求的基础上包装费用越低越好。

商业包装强调营销，是把商品分装成方便顾客购买和易于消费的商品单位，其目的是向消费者显示商品的内容，吸引消费者，但对于物流系统却并不适宜。运输包装强调物流，是作为把运输、装卸、保管等相关的物流过程有机、顺利地联系起来的一种手段，具有保护货物、便于运输和处置等作用。

（二）按包装层次分类

1. 个包装

个包装是指以一个商品为一个销售单位的包装形式。个包装直接与商品接触，随同商品一起销售给顾客。个包装上均有印贴商标，便于消费者识别、购买和使用，起到美化、宣传和促进销售的作用。

2. 中包装

中包装又称内包装，是指由若干个单体商品或包装组成一个小的整体包装。中包装是个包装的组合形式，以便在销售过程中起到保护商品、简化计量和利于销售的作用。中包装在销售中，一部分随同商品销售，一部分则在销售中被消耗掉，因而属于销售包装。

3. 外包装

外包装又称运输包装或大包装，是指商品的最外层包装。其目的是在流通过程中保护商品，方便运输、储存、装卸搬运等。

（三）按包装使用范围分类

1. 专用包装

专用包装是指专供某种或某类商品使用的一种或一系列的包装。采用专用包装是根据商品某些特殊的性质来决定的，这类包装都有专门的设计制造。如各种压缩和液化气体需要耐压和密封的钢制气瓶装运。

2. 通用包装

通用包装是指一种包装能盛装多种商品，被广泛使用的包装容器。通用包装一般不进行专门设计制造，是根据标准系列尺寸制造的，可包装各种无特殊要求的或标准规格的产品。如各种瓦楞纸箱、塑料箱、木箱、木桶等，既可装运各种日用百货，也可用来装运各种电器、食品、化妆品等。

（四）按包装容器质地分类

1. 硬包装

硬包装又称刚性包装，是指包装材料质地坚硬，充填或取出内装物之后，容器形状基本不发生变化的包装。

2. 半硬包装

半硬包装又称半刚性包装，是介于硬包装和软包装之间的包装。

3. 软包装

软包装又称挠性包装，是指包装内的充填物或内装物取出之后，容器形状会发生变化，且材质较软的包装。

（五）按包装使用的次数分类

1. 一次用包装

一次用包装是指只能使用一次，不再回收利用的包装。这种包装往往随商品一起销售或在销售过程中被消耗掉。大多数销售包装都属于一次用包装。

2. 多次用包装

多次用包装是指回收后经适当加工整理仍可重复使用的包装。大部分商品的运输包装和一部分中包装可多次使用。

3. 周转用包装

周转用包装是指工厂或商店固定地用于商品的周转活动，不经任何加工整理就可多次重复使用的包装容器。如装运啤酒的塑料包装箱。

（六）包装的其他分类方法

（1）按商业经营习惯分类，可分为内销包装、出口包装和特殊包装。

（2）按防护技术分类，可分为防潮包装、防锈包装、防霉包装、真空包装等。

（3）按操作方法分类，可分为压缩包装、捆扎包装、收缩包装和拉伸包装等。

五、包装标记和包装标志

（一）包装标记

包装标记是根据商品本身的特征用文字和阿拉伯数字等在包装上标明规定的记号。包装标记通常包括一般包装标记、运输标记和标牌标记。

1. 一般包装标记

说明商品实体的基本情况，如品名、规格、型号、单位、数量、重量、成分、保质期、质量等级等。

2. 运输标记

即唛头，这是贸易合同、发货单据中有关标志事项的基本部分。它一般由一个简单的几何图形以及字母、数字等组成。唛头的内容包括：目的地名称或代号，收货人或发货人的代用简字或代号、件号（即每件标明该批货物的总件数），体积（长×宽×高），重量（毛重、净重、皮重）以及生产国家或地区等。

3. 标牌标记

是指钉打在商品包装上，用金属或其他硬质材料制成的，用以说明商品性质、特征、规格、质量、产品批号、生产厂家等内容的标识形式。

（二）包装标志

包装标志是标明被包装商品的性质和物流作业安全提示、理货分运提示的文字和图像。包装标志主要包括指示性标志和警告性标志。

1. 指示性标志

按商品的特点，对于易碎、需防湿、防颠倒等商品，在包装上用醒目图形或文字，标明"小心轻放""防潮湿""此端向上""堆码极限"等，如图4-1所示。

图4-1　指示性标志

2. 警告性标志

对于危险物品，例如易燃品、有毒品或易爆炸物品等，常在外包装上以特殊的色彩醒目标明，并指出商品的危险等级，以示警告，如图 4-2 所示。

图 4-2　警告性标志

第二节　包　装　材　料

包装材料是指用于制造包装容器和构成产品包装的材料的总称。包装容器材料用于制作包装箱、包装罐、包装袋、包装盒、包装瓶，目前较常使用的包括纸、木材、塑料、金属、玻璃陶瓷、复合材料等。内包装材料用于隔断商品和防震，包括纸制品、泡沫塑料、防震用毛等。包装用辅助材料包括各类黏合剂、捆绑用细绳（带）等。由于包装材料的物理和化学性能千差万别，所以包装材料的选择对包装效果的好坏起着非常重要的作用。

一、纸和纸板

纸和纸板是使用最为广泛的包装材料。据一些工业发达国家统计，纸质包装在包装材料中占 40%～50%，我国的纸质包装约占 40%。纸和纸板可用于百货、纺织、五金、电讯器材、家用电器等商品的包装，还适用于食品、医药、军工产品等的包装。

凡是定量在 $200g/m^2$ 以下或厚度在 $0.1mm$ 以下的统称为纸；定量在 $200g/m^2$ 以上或厚度在 $0.1mm$ 以上的纸称为纸板或板纸。纸属于软性薄片材料，无法形成固定形状的容器，常用于直接包装商品、制作各种包装纸袋和印刷装潢商标。纸板属于刚性材料，能形成固定形状的容器，主要用于生产纸箱、纸桶等包装容器。

常用的包装用纸有普通纸张（如牛皮纸）、特种纸张（如防油脂纸）、装潢用纸（如胶版纸）和二次加工用纸（如防锈纸）。常用的包装用纸板包括普通纸板（如箱纸板）和二次加工纸板。瓦楞纸板是目前世界上最常用的一种包装纸板，具有重量轻、抗震性和缓冲性好、生产成本低等特点，瓦楞纸箱在现代货物运输中是一种重要的包装容器。

纸和纸板用于包装的优点：
（1）成型性和折叠性优异，便于加工。
（2）本身重量轻，能降低运输费用。
（3）耐摩擦，具有良好的缓冲防震功能，卫生、无毒、无污染。
（4）具有良好的印刷性能，便于介绍和美化商品。
（5）可以回收利用。

但是，纸和纸板也有一些缺点：易吸湿受潮，气密性、透明性差，机械强度差。

二、塑料

塑料作为包装材料，近几十年来发展很快。特别是工业发达国家，塑料包装材料在包装材料总量中已上升为第二、三位。我国的塑料包装材料的比重已上升至20%以上。

（一）常用的塑料包装材料种类

1. 聚乙烯（PE）

聚乙烯是在包装中用量最大的一种塑料材料，被广泛地用于制造各种瓶、软管、壶、薄膜和黏合剂等。聚乙烯按其密度可划分为高、中、低三种型号，其中低密度聚乙烯制成的薄膜，因透气性好、透明结实，适用于蔬菜、水果的保鲜包装。若加入适当的发泡剂，聚乙烯还可以加工成为聚乙烯泡沫塑料（EPE，俗称珍珠棉），适用包装任何形状货品，特别是电子产品的抗静电缓冲包装。

2. 聚氯乙烯（PVC）

聚氯乙烯是当前世界上产量最大的一种塑料，可塑性强，具有良好的装饰和印刷性能。聚氯乙烯可以制成各种软、硬的包装容器，如周转塑料箱，还可以加工成聚氯乙烯薄膜，用于各种薄膜包装制品的制作。

3. 聚丙烯（PP）

聚丙烯是通用塑料中最轻的一种，其耐热性是通用塑料中最高的。聚丙烯可通过吹塑和真空定型来制造各种瓶子、器皿和包装薄膜，也可以加工成各种打包带与纺织袋。将聚丙烯薄膜双向拉伸可以用来包装食品、医药品、香烟、纺织品等。

4. 聚苯乙烯（PS）

聚苯乙烯质轻、强度较高、尺寸稳定、收缩性小、印刷性较好、无毒、无味、耐化学腐蚀性强，常用作盛装食品以及酸碱类的容器。聚苯乙烯泡沫塑料常用作仪器、仪表、家用电器等产品的缓冲包装材料，具有良好的防震缓冲、隔音和保温性能。

5. 聚酯（PET）

聚酯是一种无色透明又有光泽的塑料，有较好的韧性和弹性，机械强度高，有良好的防潮性、防水性、气密性，适宜作各种饮料的包装容器。缺点是不耐碱、热封和防止紫外线透过性较差。

（二）塑料用于包装的主要优点

（1）物理机械性能好，如有一定的强度、弹性、耐折叠、耐摩擦、抗震动、防潮等，还有较好的气体阻漏性。

（2）化学稳定性较好。

（3）属于轻质材料。

（4）良好的加工适应性。

塑料包装的缺点主要有：强度不如钢铁、耐热度不及金属和玻璃、部分塑料含有毒，而且很重要的一点是塑料的废弃物处理困难，易产生公害。

三、木材及木制品

木材是一种优良的包装材料，长期用于制作大型的或较笨重的五金交电、机械以及怕压、怕摔的仪器、仪表等内装物的运输包装。但由于木材的过量使用已经对环境造成了一定的负面影响，所以木材包装正逐渐被其他包装材料所替代。虽然木材在包装材料中的比重正逐渐下降，但其适用范围仍然十分广泛。

包装用木材可分为天然木材和人造板材两大类。人造板材有胶合板、纤维板和竹胶板等。木质容器包括木箱、木桶、木匣、纤维板箱、胶合板箱以及木制托盘等。

木材用于包装的主要优点有：

（1）具有优良的强度重量比，有一定的弹性，能承受冲击和震动作用。

（2）易加工，不生锈，不易被腐蚀，有一定的防潮、防湿性。

（3）可回收利用。

但是，木材易受环境温度、湿度的影响而变形、开裂、翘曲和降低强度，易于腐朽、易燃、易被白蚁蛀蚀等。

四、金属材料

金属是近代四种主要包装材料之一，目前在世界各国的包装材料和包装容器的产量和工业产值中，金属包装材料和包装容器仍占有相当的比重。据统计，美国的金属包装占到第 2 位，西欧、日本则占到第 3 位。

包装用金属材料主要有钢材和铝材，前者为刚性材料，后者为软性材料。金属一般制作成薄板、金属箔、捆扎带、捆扎丝（绳）等包装形式。

钢材中包括薄钢板（又称黑铁皮）、镀锌薄钢板（又称白铁皮）、镀锡薄钢板（又称马口铁）和镀铬薄钢板。薄钢板主要制作桶形运输包装容器；镀锌薄钢板耐腐蚀，主要用来制作桶形包装容器，可盛装粉状、糊状和液体装的各种货物；镀锡薄钢板表面光泽好、美观、印刷型好，且基本无毒、无害，经常用作罐装的食品包装；镀铬薄钢板广泛用于制作各种罐装容器，装运各种饮料、啤酒以及各种液体货物。

铝材中包括纯铝板、铝合金薄板和铝箔。纯铝板强度低，实际运用较少，一般用于制作桶，盛装酒类等；铝合金薄板耐腐蚀性强，抛光性好，广泛用于制作金属包装容器；铝箔多用于复合软包装、硬包装及包装衬里等，也常用作食品、卷烟、化学品与化妆品的包装，特别是广泛地用于现代方便食品的包装。

金属用于包装的优点：

（1）强度高，有良好的综合保护性能。

（2）有独特的光泽，便于印刷、装饰。
（3）加工性能好。
（4）易于再生利用。

金属包装的缺点是成本高、流通中易变形、生锈，并且金属用作食品包装时，金属及焊料中的铅、砷等易渗入食品中，污染食品。

五、玻璃材料

玻璃是硅酸盐类材料，可用于制作运输包装和销售包装。用作运输包装时，玻璃材料主要盛装化工产品，如强酸类物质；其次是玻璃纤维复合袋，盛装化工产品和矿物粉料。用作销售包装时，主要是制成玻璃瓶和玻璃罐，盛装酒、饮料、药品、化学试剂、化妆品和文化用品等。

玻璃用于包装的优点是：
（1）保护性能良好，不透气、不透湿，有紫外线屏蔽性，不变形、耐热、耐酸，无毒无味，有一定强度，能有效保护内装物。
（2）透明性和折光性好，能真实地传达商品的效果。
（3）易于加工，可制成各种样式。
（4）易于回收、复用，不易造成公害。
（5）资源丰富，成本较低较稳定。

玻璃包装材料的缺点是耐冲击强度低、碰撞时易碎、自身重量大，运输成本高等。

六、复合材料

复合材料是指将两种或两种以上具有不同性能的材料，通过某种方法复合在一起而形成的一种特殊材料。复合材料具有多种材料的优点，因此在包装领域的应用越来越广泛。目前使用较多的复合材料是塑料与玻璃复合材料、塑料与金属箔复合材料、塑料与塑料复合材料等。

七、包装辅助材料

除了主要的包装材料外，各种辅助材料在包装过程中也发挥着重要作用。包装用的辅助材料主要有黏合剂、黏合带、捆扎材料等。

（一）黏合剂

黏合剂用于材料的制造、制袋、制箱及封口作业。黏合剂有水型、溶液性、热融型和压敏型几种。近年来由于普遍采用高速制箱及封口的自动包装机，所以大量使用短时间能够黏结的热融结合剂。

（二）黏合带

黏合带有橡胶带、热敏带、黏结带三种。橡胶带遇水可直接溶解，结合力强，黏结后完全固化,封口很结实;热敏带一经加热活化便产生黏结力,一旦结合,不好揭开且不易老化;黏结带是在带的一面涂上压敏性结合剂,如纸带、布带、玻璃纸带、聚乙烯树脂带等,也有两面涂胶的双面胶带,这种带子用手压便可结合,使用十分方便。

(三)捆扎材料

捆扎的作用是打捆、压缩、缠绕、保持形状、提高强度、封口防盗、便于处置和防止破损等。现在多用聚乙烯绳、聚丙烯绳、纸带、聚丙烯带、钢带、尼龙布等进行捆扎。

第三节 包装技术

包装技术是指对物资实施各种包装的技术方法,以发挥包装功能工作的总称。不同特性的商品、物流活动的不同环节对包装的要求各不相同,因而所采用的包装技术和方法也有差别。

一、一般包装技术

(一)对内装物进行合理的置放、固定和加固

产品的形状各不相同,因此在装入包装容器时要进行合理的置放、固定和加固。置放、固定、加固得巧妙,就能缩小体积、节省材料、减少损失。例如,外形规则的产品可以套装,薄弱的部件要加固,包装内重量要均衡,产品与产品之间要隔离和固定,等等。

(二)对松泡产品进行压缩

羽绒服、枕芯、棉被、毛线等松泡产品包装时占用包装容器的容积过大,会导致运输储存费用的增大,因此对于松泡产品要进行压缩体积。其中有效的方法是采用真空包装方法,这可以大大缩小松泡产品的体积,缩小率可达 50%~85%,平均可节省费用 15%~30%。

(三)合理选择外包装的形状尺寸

有些商品运输包装件运输时需装入集装箱,这就存在包装件与集装箱之间的尺寸配合问题。如果配合得好,就能在装箱时不留下空隙,有效地利用箱容,并能有效地保护商品。包装尺寸的配合主要指容器底面尺寸的配合,即都应采用包装模数系列。另外,外包装的形状尺寸要避免过高、过扁、过大、过重等,因为过高的包装重心不稳,不宜堆垛;过扁则不易印刷标志和辨认;过大不易流通和销售;过重包装容器易破损。

(四)合理选择内包装(盒)的形状尺寸

内包装(盒)一般属于销售包装。在选择其形状尺寸时,要与外包装(盒)形状尺寸配合,内包装(盒)的底面尺寸必须与包装模数相协调,而且其高度也应与外包装高度相匹配。当然内包装的形状尺寸还应考虑产品的置放和固定,但作为销售包装,更重

要的是应利于销售，包括利于展示、装潢、购买和携带等。

（五）包装外的捆扎

包装外捆扎对运输包装功能至关重要，将单个物件或数个物件捆扎可以方便运输、储存和装卸，并且能防止失窃、压缩容积、降低保管费和运费、加固容器，一般合理捆扎可使容器的强度增加 20%～40%。

对于体积不大的普通运输包装，捆扎一般在打包机上进行。而对于托盘这种集合包装，可以采用收缩薄膜包装技术和拉伸薄膜包装技术。收缩薄膜包装技术是用收缩薄膜裹包集装的物件，然后对薄膜进行适当的加热处理，使薄膜收缩从而紧贴于物件上。拉伸薄膜包装技术是依靠机械装置在常温下将弹性薄膜围绕被包装物拉伸、裹紧，最后在其末段进行封合而成。

二、特殊包装技术

（一）缓冲包装技法（防震包装技法）

缓冲包装技法又称为防震包装技法，是使被包装物免受外界的冲击、振动等作用，从而防止损伤的包装技术和方法。外界的冲击和振动使包装物品产生的损伤多数属于物理损伤。实践中，常采用发泡聚苯乙烯、海绵、木丝、绵纸等缓冲材料包衬内装物，或将内装物用弹簧悬吊在包装容器内进行缓冲。具体来说，缓冲包装技法包括全面缓冲、部分缓冲和悬浮式缓冲三种。

（1）全面缓冲是指将产品或内包装的整个表面都用缓冲衬垫的包装方法。如压缩包装法、浮动包装法、裹包包装法、模盒包装法和就地发泡包装法。

（2）部分缓冲是指仅在产品表面或内包装的拐角或局部地方使用缓冲材料衬垫的包装方法。这对于整体性好的产品或由内包装容器的产品特别适用，既能得到较好的效果，又能降低包装成本。部分缓冲包括天地盖、左右套、四棱衬垫、八角衬垫和侧衬垫几种。

（3）悬浮式缓冲是指先将产品置于纸盒中，产品与纸盒间各面均用柔软的泡沫塑料衬垫妥当，盒外用帆布包装装入胶合板箱，然后用弹簧张吊在外包装箱内，使其悬浮吊起的包装方法。弹簧和泡沫塑料同时起缓冲作用，可以保护极易受损且要求确保安全的产品，如精密机电设备、仪器、仪表等。

（二）防潮包装技法

商品在流通和使用中不可避免要受到大气中潮气及其变化的影响而变质或生锈。所谓防潮包装是采用防潮材料对产品进行包封，以隔绝外部空气相对湿度变化对产品的影响，使得包装内的相对湿度符合产品要求，从而保护产品质量的包装方法。

防潮包装主要是用防潮性能较好的密闭容器或薄膜包装材料将已干燥的物品密封起来，将被包装物与外界潮湿空气隔绝。常用的防潮包装材料有陶瓷、金属、玻璃、塑料薄膜和加工纸制品，陶瓷、玻璃、金属和一定厚度的金属箔是水汽完全不能透过的材料，而塑料薄膜和加工纸制品是在一定的条件下能透湿的防潮材料。防潮材料的选用取决于产品的性质、储运地区的气候条件和储运期限。

（三）防锈包装技法

金属被腐蚀是不可避免的，金属发生化学变化在其表面生成的有害化合物即是锈。据推测，由铁锈造成的直接损失，美国一年间大约超过 55 亿美元，日本一年可达 2000 亿日元以上。防锈包装的目的是消除和减少致锈的各种因素，降低经济损失。

防锈包装是指在运输储存金属制品与零部件时，为防止其生锈而降低价值或性能所采取的包装方法。金属防锈可以在金属表面涂敷防锈材料，或采用气相蚀剂、塑料封存等方法。在采用容器包装时，还可在容器内或周围放入适量吸潮剂，以吸收水汽达到防锈的目的。此外，还有充氮和干燥空气等封存法。

（四）防霉包装技法

包装产品的发霉变质是由霉菌引起的，有些产品发霉后可使牢度降低，机械、电工、仪器、仪表等产品发霉可引起故障，金属产品发霉后能引起腐蚀加快。据有关部门统计，仅在欧洲和北美，工业器材因发霉导致生物老化所造成的经济损失每年达 10 亿美元。

防霉包装是为了防止因霉菌侵袭内装物长霉影响质量所采取的一定防护措施的包装方法。防霉包装主要采用耐低温包装和防潮包装两类。耐低温包装一般用耐冷耐潮的包装材料制成，使包装件能较长时间地存放在低温条件下，包装材料也不会变质，以抑制包装中微生物的生理活动，保护内装物不发霉。例如，鲜蛋、鲜鱼、鲜肉、水果、蔬菜等的包装。防潮包装可以防止包装内水分的增加，也可以起到防霉作用。

防霉包装根据具体物品可采用密封包装和非密封包装。密封包装又可分为：抽真空置惰性气体密封包装、干燥空气封存包装、防氧封存、挥发性防霉剂防霉。非密封性包装可采用产品经有效处理和包装箱开通气窗两种方法。

三、包装操作技术

（一）充填技术

充填是将商品装入包装容器的操作过程，分为装放、填充、灌装三种形式。

1. 装放

装放是按一定的排列顺序将商品置于包装容器内的操作，装放有一次装放（将成件商品直接放入容器中）和多层装放（将小包装的单位商品再放入大的容器中）。

2. 填充

填充指将干燥的粉状、片状或颗粒状商品装入包装容器内的作业过程。由于填充的物品具有一定的流动性，所以在容器内的空间位置没有任何规律。实践中，填充过程多与产品的计量工作同步进行。

3. 罐装

罐装是将液体或半液体商品灌入包装容器内的作业过程。罐装的计量方法主要有定量和定位两种。灌装商品的流动性很强，因而要求其容器不能有任何渗漏，罐装作业经常采用的包装容器有桶、罐、瓶、软管等。

（二）封口和捆扎技术

1. 封口

包装的封口直接关系着包装作业的质量和包装的密封性能。不同的包装容器对包装的密封性能要求不同，所采用的封口方法也不同。封口方法主要包括：黏合封口、胶带封口、捆扎封口、交接封口、装订封口、热熔封口、盖塞封口、焊接封口、压接封口、缝合封口等。

2. 捆扎

捆扎是指将商品或包装件用适当的材料进行扎紧、固定或增强的操作，主要有直接捆扎、夹板捆扎、成件捆扎和密缠捆扎等形式。

（三）裹包

裹包是用一层或者多层挠性材料包覆商品或包装件的操作。

裹包作业结束后，被包物与包装物呈现的外形通常称为包裹。用于裹包的材料主要有纸张、织品、塑料薄膜等。裹包的方法主要有：直接裹包、多件裹包、压缩捆包等。

（四）加标和检重

加标是将标签粘贴或者拴挂在商品或包装件上。检重是检查包装内容物的重量，目前多采用电子检重机进行检测。

第四节　集装化与集合包装

一、集装化与集合包装

集装化也称之为组合化和单元化，它是将成件包装物、散裸装物品组合而形成一个便于装卸、搬运、储存和运输的单元体的工作过程。我国物流术语标准对集装化的定义是：用集装器具或采用捆扎方法，把物品组成标准规格的单元货件，以加快装卸、搬运、储存、运输等物流活动。

实行集装化的有形手段是集装工具。利用集装工具可以将一定数量的包装件或产品，组合成一个更大的、具有一定规格和强度的单元货件，即集合包装。集合包装既是一种包装形式，也是一种新型的运输单元形式。

集装箱和托盘是物流集装化最普遍、最重要的两种工具。除此之外，集装工具还包括集装袋、货捆、框架、滑板等。

二、物流模数（logistics modulus）

物流过程中各种商品运输包装件的大小并不相同，各种物流设备的规格也多种多样，为了提高设备的利用率和物流的效率，这就要求运输包装件的尺寸应与物流设备的尺寸之间相互配合。

模数是指在某种系统的设计、计算和布局中普遍重复应用的一种基准尺寸。模数确定了系统中各组成部分之间的尺寸数值增大或减小的变化关系,是协调系统内外尺寸组合关系的基础。模数概念在现代包装系统中得到了广泛的应用。包装模数是指在商品的销售包装、运输包装和集合包装系统的设计、计算和排列布局中普遍存在的重复应用的基准尺寸。包装模数是计算内外包装尺寸的共同基数。物流模数是指物流集装单元的基础尺寸。ISO(国际标准化组织)已经制定了有关物流的许多设施、设备等方面的技术标准,并且制定了国际物流基础尺寸的标准方案:

(1)物流基础模数尺寸:600×400mm。

(2)物流集装基础模数尺寸:1200×1000mm 为主,也允许 1200×800mm 及 1100×1100mm。

(3)物流基础模数尺寸与集装基础模数尺寸的配合关系,如图 4-3 所示。

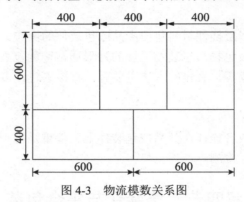

图 4-3　物流模数关系图

包装系统与物流系统两者之间各有其特殊性。因此,以物流模数为基础的物流模数尺寸和以包装模数为基础的包装模数尺寸之间相互沟通、相互适应,就必须选择集装单元、集装器具的模数尺寸为媒体,来过渡而达到整体物流系统的相关性和协调性。这就是说,物流模数要以集装单元尺寸为中心,来协调和适应包装、运输、存储、保管以及装卸搬运等环节的模数尺寸。这样才能使整个物流系统统一在集装运输的范围内进行正常的生产活动。

三、集装箱

(一)集装箱的定义

集装箱(container)是集装工具的最主要形式,亦称"货箱"或"货柜",如图 4-4 所示。根据国际标准化组织的规定,集装箱应具有以下特点和技术要求:

(1)具有足够的强度,能长期反复使用;

(2)适于一种或多种运输方式运送货物,途中无须倒装;

(3)设有快速装卸和搬运装置,便于从一种运输方式转到另一种运输方式;

(4)便于箱内货物装满和卸空;

（5）内容积等于或大于 1 m³。

图 4-4　集装箱

（二）集装箱的分类

1. 按集装箱的用途分类

（1）通用集装箱。通用集装箱也称杂货集装箱或干货集装箱，适用于装载运输条件无特殊要求的各种不同规格的干杂货。这类集装箱一般具有全密封的防水功能，是使用最广、数量最多的一类集装箱。国际标准化组织建议的标准集装箱系列指的都是这种集装箱。

（2）专用集装箱。专用集装箱是为了适应特定货物的要求而采用特殊结构或设置专门设备的各类集装箱的总称。常见的专用集装箱包括保温集装箱、通风集装箱、干散货集装箱、动物集装箱、汽车集装箱、挂式集装箱等。

2. 按集装箱的结构分类

（1）整体式集装箱。整体式集装箱为整体的刚性结构，一般具有完整的箱壁、箱顶和箱底。

（2）折叠式集装箱。折叠式集装箱是指集装箱的主要部件（侧壁、端壁、箱顶等）能简单地折叠或分解，再次使用时可以方便的再组合起来，如图 4-5 所示。可折叠式集装箱卸货后可收叠堆放，卡车、火车或货轮回程载运的空柜数量将因此增加三倍，使载运空集装箱的成本降低 75%。

（3）框架式集装箱。框架式集装箱呈框架结构，只有部分或完全没有侧板，可以方便装卸货物，如图 4-6 所示。

（4）罐式集装箱。罐式集装箱外部为刚性框架，内有罐体，适于装运液体、气体和粉状固体货物。

图 4-5　折叠式集装箱　　　　图 4-6　框架式集装箱

3. 按集装箱制作的材质分类

（1）钢质集装箱。

（2）铝合金集装箱。

（3）玻璃钢质集装箱。

4. 按集装箱的规格尺寸分类

为了方便集装箱的流通，国际标准化组织和我国的有关部门制定了一系列有关集装箱的技术标准。根据国际标准化组织集装箱技术委员会制定的国际标准和我国原有《货物集装箱外部尺寸和额定重量》国家标准，我国于 2008 年重新修订了集装箱的外部尺寸和最大总重量国家标准，如表 4-1 所示。

表 4-1 集装箱的外部尺寸和最大总质量

分类	型号	高度（mm）	宽度（mm）	长度（mm）	最大总质量（kg）	备注
ISO 箱系列 1	1AAA	2896	2438	12192	30480	GB 1413—2008
	1AA	2591	2438	12192	30480	ISO 668—1995
	1A	2438	2438	12192	30480	
	1AX	<2438	2438	12192	30480	
	1BBB	2896	2438	9125	25400	
	1BB	2591	2438	9125	25400	
	1B	2438	2438	9125	25400	
	1BX	<2438	2438	9125	25400	
	1CC	2591	2438	6058	24000	
	1C	2438	2438	6058	24000	
	1CX	2438	2438	6058	24000	
	1D	2438	2438	2991	10160	
	1DX	2438	2438	2991	10160	
ISO 箱系列 2	2AAA	2896	2595	14935	30480	
	2AA	2591	2595	14935	30480	
	2CCC	2896	2595	7430	30480	
	2CC	2591	2595	7430	30480	
我国铁路行业标准集装箱	10D	2650	2500	3070	10000	TB 2114—1990
	5D	2438	2438	1800	5000	GB 3218—1982
	1D	900	1300	1300	1000	

通用集装箱的最小内部尺寸见表 4-2。

表 4-2 通用集装箱的最小内部尺寸

分类	型号	高度（mm）	宽度（mm）	长度（mm）	门口高度（mm）	门口宽度（mm）
ISO 箱系列 1	1AAA	2655	2330	11988	2261	2286
	1AA	2340	2330	11988	2261	2286
	1A	2197	2330	11988	2134	2286
	1AX	<2197	2330	11988	—	2286
	1BBB	2655	2330	8931	2261	2286
	1BB	2430	2330	8931	2261	2286
	1B	2197	2330	8931	2134	2286
	1BX	<2197	2330	8931	—	2286
	1CC	2340	2330	5867	2261	2286
	1C	2197	2330	5867	2134	2286
	1CX	<2197	2330	5867	—	2286
	1D	2197	2330	2802	2134	2286
	1DX	<2197	2330	2802	—	2286
ISO 箱系列 2	2AAA	2655	2460	14765	Ho-330	≥2460
	2AA	2350	2460	14765	Ho-330	≥2460
	2CCC	2655	2460	7264	Ho-330	≥2460
	2CC	2350	2460	7264	Ho-330	≥2460
我国铁路行业标准集装箱	10D	2396	2400	2920	2266	2348
	5D	2213	2354	1826	2213	2354
	1D	830	1246	1144	1144	1246

（三）集装箱的换算单位和箱体标记

1. 集装箱的换算单位

国际标准集装箱的换算单位是 TEU，表示 1 个 20ft（英尺）的国际标准集装箱，即 1CC 型箱。1 个 20ft 的集装箱折合 1 个 TEU，两个 10ft 的集装箱折合 1 个 TEU，有时也用 FTU 表示 1 个 40ft 的国际标准集装箱。

铁道部规定的中国铁路集装箱箱数统计换算单位是 CTU。10 个 1t 箱=1 个 CTU；2 个 5t 箱=1 个 CTU；1 个 10t 箱=1 个 CTU；1 个 20ft 箱=2 个 CTU；1 个 40ft 箱=4 个 CTU。

2. 集装箱的标记

为了方便集装箱的识别、流通和管理，简化各物流环节的交接手续，中华人民共和国国家标准（GB/T 1836—1997）颁布了集装箱的识别系统、尺寸和箱型代码、作业标记的相应标准。

（1）识别系统

识别系统由以下几部分组成，它们必须同时使用：

箱主代码：集装箱的箱主代码由经国际集装局（BIC）注册的3个大写拉丁字母组成。

设备识别码：由1个大写拉丁字母表示，U表示所有的集装箱；J表示集装箱所配置的挂装设备；Z表示集装拖挂车和底盘挂车。

箱号：由6位阿拉伯数字组成，如果不足6位时，应在前面置0以补足6位。

校验码：也称核对数字，用于确定集装箱箱主代号和箱号在传输和记录时的准确性的手段，是通过一定方法计算出来的。校验码一般紧接于箱号之后，用1加方框的阿拉伯数字表示。

（2）尺寸代码和箱型代码

集装箱的尺寸（外部尺寸）代码必须用两位数字表示：第一位用数字或拉丁字母表示箱长；第二位用数字或拉丁字母表示箱宽和箱高。

集装的箱型及其特征由两位字母表示：第一位由1个拉丁字母表示箱型；第二位由1个数字表示该箱型的特征。

（3）作业标记

最大总重量和空箱重量。集装箱的最大总重量和空箱重量应标示于箱门上，两者均以kg和lb同时标示。

可选择性标记：除包括最大总重量和空箱重量外还有净货载。

标记的尺寸和颜色：箱主代码、设备识别码、箱号和校验码的字体高度不得小于100mm；最大总重量和空箱重量的字体高度不得小于50mm；所有字体的宽度和笔画粗细应均匀，其颜色应与箱体颜色有明显差别。

四、托盘

（一）托盘的概念

托盘是一种用于机械化装卸、搬运和堆存的集装单元工具。托盘可以把零星的成件包装件组成一定重量和体积的集装件，并且具有载货平面和插孔，便于叉车操作。

托盘的适用范围较广，是最早使用的一种集装器具。如今，托盘现已广泛应用于生产、运输、仓储和流通等领域，被认为是20世纪物流产业中两大关键性创新之一。托盘既可以看作是装卸工具、储存工具、运输工具，又可以看作是一种特殊的包装形式。同集装箱相比，托盘具有自重小、返空容易、装卸简单和装载量适中的优点。

（二）托盘的分类

1. 按托盘的结构分类

（1）平托盘。平托盘是使用最广泛的一种托盘（见图4-7）。

（2）箱式托盘。指在托盘上部有箱式容器的托盘（见图4-8）。

（3）立柱式托盘。这种托盘没有侧板，但设有四根立柱，有的在柱与柱之间有连接的横梁（见图4-9）。

图 4-7　平托盘　　　　　图 4-8　箱式托盘　　　　　图 4-9　柱式托盘

2. 按托盘的实际操作和运用分类

（1）双向插入型托盘（两个方向通路的托盘）。指叉车的货叉可以从前面和后面两个方向进出的托盘（见图 4-10）。此类托盘又分为单面用托盘和双面用托盘。

（2）四向插入型托盘（四个方向通路的托盘）。指叉车的货叉可以从托盘的前后左右四个方向进出的托盘（见图 4-11）。

现在企业使用的多为平面四向进叉双面使用托盘，约占托盘使用总数的 60%左右。其余的还有平面双向进叉双面使用托盘、单面使用平式托盘、箱式托盘和柱式托盘。特种托盘的使用数量比较少。箱式托盘现多用于企业生产过程中的物料搬运，基本上不进入流通。

图 4-10　双向插入型托盘　　　　　图 4-11　四向插入型托盘

3. 按托盘的材质分类

可分为木托盘、钢托盘、铝托盘、胶合板托盘、塑料托盘和复合材料托盘等。

4. 按托盘的负载重量来分

托盘在设计和使用中要考虑它的负载，故可根据负载重量分为 0.5 吨托盘、1 吨托盘、2 吨托盘等。

（三）托盘的规格

托盘的规格是指托盘的长与宽，通常用宽×长表示。托盘的长与宽及其乘积面积，会涉及货物在托盘上的堆码，也涉及与运输工具内容尺寸和内容面积的配合。

国际标准化组织对托盘的规格标准问题，先后三次提出建议规格。

1961 年提出采用 800×1200、800×1000、1000×1200 三个尺寸（单位均为毫米，下同）。

1963 年建议在上述基础上增加：1200×1600、1200×1800 两个规格尺寸。

1971 年提出：保留 1200 毫米系列的同时，增加 800×1100、900×1100 和 1100×1100 三种规格的托盘。

根据实际计算，825×1100、1100×1100 和 1000×1200 三种规格的托盘对集装箱的底面积的利用率最高。而国际上主要国家使用率最高的三种规格是：800×1100、900×1100 和 1100×1100。

据托盘专业委员会调查发现，目前流通中的托盘规格比较杂乱。其中塑料托盘的规格相对比较集中，主要是 1100mm×1100mm 和 1200mm×1000mm，约占塑料托盘的 50% 左右。木质托盘的规格比较混乱，目前的规格主要是使用单位根据自己产品的规格定制，这与木质托盘制造工艺相对比较简单有关。钢制托盘的规格不是很多，集中在二至三个规格，主要用于对托盘的承载重量要求比较高的港口码头等单位。

五、其他形式的集装工具

（一）集装袋

集装袋是一种使用韧性材料制成的软质袋形集装容器（见图 4-12），主要用于集装易于流动的粒状、粉状和块状货物，如粮食、盐、砂糖、水泥、化肥、石英砂、矿粉等。

集装袋一般在顶部有吊带、底部设有卸料口，卸料时打开卸料口绳索，货物借助重力很快便可卸出。按形状的不同，集装袋有圆形、方形和圆锥形等形式；按制作材料的不同，集装带有合成纤维集装袋、塑料涂布集装袋和橡胶集装袋等。

（二）货捆

货捆是采用各种材料的绳索，将货物进行多种形式的捆扎，使若干件货物汇集成一个单元的集装化方法。货捆主要用于装载木材、钢材、塑料管、毛竹等无包装、不捆扎的长型裸件货物。

图 4-13 所示的是长型圆钢捆扎成集装货件的情形。对于长度小于 6 米的货件，一般采用双捆方法，在离货件两端部 1.5 米处分别用绳索捆绑。长度大于 6 米的货件，则须用三根捆绑线，两端的捆绑线一般距离货件端部 0.3～0.5 米。

图 4-12　集装袋

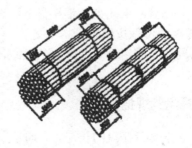

图 4-13　长型圆钢的捆扎

（三）框架

框架是一种可以根据货物的外形特征选择或特制各种形式的集装框和集装架，以适用于货物的集装方法。框架可以集装易变形的长件产品以及玻璃、陶瓷等易碎产品。

有些框架对货物的适应性较广,如门字型框架(见图 4-14)几乎可以适用于所有的长型材;而有些框架则专用性较强,只适用于某种形状的货物使用。对于一些外观特殊的货物要进行框架集装,往往需要专门设计框架,以适应其要求。

(四)滑板

滑板又称薄板托盘,是一种由载货平板和翼板组成的板式结构物,是托盘的一种简化形式(见图 4-15)。配置推拉系统和夹钳装置的叉车可以装卸滑板集装货件,作业时,操作推拉系统,使活动夹钳夹住翼板,然后把滑板集装件拉入或推出货叉,即可实现货物的装卸、搬运和堆码。

滑板具有托盘的优点,同时又具有用料省、成本低、占用空间少、便于回送和回收利用等优点。但与滑板匹配的带推拉器的叉车本身较笨重,机动性差,效率低,因而制约了滑板的应用。滑板主要适用于纸箱装食品、纺织品等包装一致且比重较小的货物。

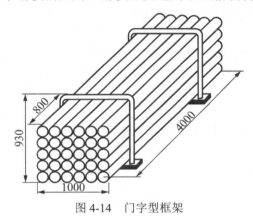
图 4-14 门字型框架

图 4-15 滑板

第五节 包装合理化

一、包装合理化

包装作为物流的起点,与物流各环节都有密切联系。包装设计的合理与否,直接影响到物流的效率。

所谓包装合理化,是指在包装过程中使用适当的材料和适当的技术,制成与物品相适应的容器,既满足保护商品、方便储运、有利销售的要求,又要提高包装的经济效益的包装综合管理活动。包装的合理化包括商业包装的合理化和运输包装的合理化,我们主要考虑运输包装的合理化。

包装的合理化要从产品的设计阶段开始。传统的工业企业在产品设计时,往往主要考虑产品的质量、性能、款式、原材料选用、成本等,却不太重视包装的合理性。这样的后果往往造成产品不利于包装和运输销售,从而增加了企业的费用。因此,产品设计人员在设计阶段就要充分考虑包装的合理化,如包装模具标准化、包装模具与集装工具尺寸的一致性、包装物回收以及资源再生利用等问题。

运输包装设计需要运用专门的设计技术，将物流、加工制造、市场营销及产品设计等要求结合起来综合考虑。具体来说，运输包装的设计主要考虑以下几个方面：

1. 保护性

商品从出厂到最终销售目的地要经过各种流通环境条件，如装卸条件、运输条件、储存条件、气候条件、机械条件、化学和生物条件等。要确保商品在流通过程中的安全，商品包装应具有一定的强度、坚实、牢固、耐用。对于不同运输方式和运输工具，还应有选择地利用相应的包装容器和技术处理。总之，整个包装应适应流通领域中的储存运输条件和强度要求。

2. 经济性

商品包装虽然从安全性方面来说是做得越完美越好，但是从商品整体的角度来说，包装设计不得不考虑其经济性，争取做到够用就好，尽量避免出现包装过度和包装不足。包装过度是指包装容器对产品的保护作用过分，以致包装容器过大、过重，最终造成包装成本过高。包装不足是指包装容器设计不够而不足以保护商品，致使商品在流通中损坏或丢失。

包装设计的经济性就是在包装的保护性能和包装费用之间找到一个平衡点，以较合理的费用起到较好的保护作用。

3. 便利性

商品包装设计的目的要能方便消费者更好地使用商品，因此包装要容易开启，而且包装物的处理要容易。商品包装还要求装卸、运输、储存的方便性。

二、包装合理化的途径

（一）包装的轻薄化

一般来说，包装只是起到附加作用，并不主要决定产品的使用价值，因此，包装在能起到保护作用的同时，在包装强度、寿命、成本相同的条件下，采用更轻、更薄、更短、更小的包装，可以提高装卸搬运的效率。而且，轻、薄、短、小的包装一般价格比较便宜，如果是一次性包装也可以减少包装材料的数量。

（二）符合集装单元化和标准化的要求

集装化可以提高物流系统的效率，包装要符合集装单元化，要求包装的规格尺寸相一致，要与托盘、集装箱相匹配，要与搬运机械相匹配。因为只有包装规格尺寸一致，才能实现集装化；有了集装化作业装卸搬运、保管和运输，才能提高物流效率，节约费用，物流才能实现机械化和自动化。

商品包装必须推行标准化，即对商品包装的包装容（重）量、包装材料、结构造型、规格尺寸、印刷标志、名词术语、封装方法等加以统一规定，逐步形成系列化和通用化，以便有利于包装容器的生产，提高包装生产效率，简化包装容器的规格，节约原材料，降低成本，易于识别和计量，有利于保证包装质量和商品安全。

（三）包装的机械化

为了提高作业效率和包装的现代化水平，各种包装机械的开发和应用是很必要的。由于被包装物品种繁多，包装材料和包装方法又各不相同，因而出现了各种各样的包装机械。包装机械化从逐个包装机械化开始，直到装箱、封口、捆扎等外包装作业完成。此外，还有使用托盘堆码机进行的自动单元化包装，以及用塑料薄膜加固托盘的包装等。

包装机械化对于节省劳力，货物单元化，提高销售效率，以及采取无人售货方式等均是必要的，不可缺少的。

（四）包装大型化

随着交易单位的大型化和物流过程中搬运的机械化，单个包装亦趋大型化。如作为工业原料的粉粒状货物，就使用以吨为单位的柔性容器进行包装。

大批量出售日用杂货或食品的商店因为销售量大，只要不是人力搬运，也无需用20千克的小单位包装。包装单位大型化可以节省劳力，降低包装成本。与包装大型化同步的是最近在有的批发商店里，直接将工业包装的货物摆在柜台上，可见对这种大型化包装应给予足够的重视，由此也可以看出包装的趋势。

（五）包装要有利于环保

包装环节是产生大量废弃物的环节，因为包装的寿命很短，多数到达目的地后便废弃了，如果处理不好极易造成环境污染。随着对"资源有限"认识的加深，人们越来越重视包装的绿色和环保。商品包装的绿色、环保要求具有两个方面的含义：首先，材料、容器、技术本身应是对商品、对消费者而言，是安全的和卫生的。其次，包装的技法、材料容器等对环境而言，是安全的和绿色的，在材料选择和制作上，遵循可持续发展原则，节能、低耗、高功能、防污染，可以持续性回收利用，或废弃之后能安全降解。

三、绿色包装

1987年，联合国环境与发展委员会发表了《我们共同的未来》宣言；1992年6月，联合国环境与发展大会又通过《里约环境与发展宣言》《21世纪议程》，在全世界范围内掀起了一场以保护环境和节约资源为中心的绿色浪潮。绿色包装作为有效解决包装与环境的一个新理念，在20世纪80年代末、90年代初涌现出来。

绿色包装是指可以回收利用的、不会对环境造成污染的包装，又被称作环境之友包装（environmental friendly package），生态包装（ecological package）。

绿色包装最重要的含义是保护环境，同时兼具资源再生的意义。具体而言，它应具备以下的涵义：

（1）实行包装减量化（reduce）。包装在满足保护、方便、销售等功能的条件下，应是用量最少。

（2）包装应易于重复利用（reuse），或易于回收再生（recycle）。通过生产再生制品、焚烧利用热能等措施，达到再利用的目的。

（3）包装废弃物可以降解腐化（degradable），不形成永久垃圾，进而达到改善土壤的目的。

reduce、reuse、recycle 和 degradable 即当今世界公认的发展绿色包装的 3R1D 原则。

（4）包装材料对人体和生物应无毒无害。包装材料中不应含有有毒性的元素、卤素、重金属或含有量应控制在有关标准以下。

（5）包装制品从原材料采集、材料加工、制造产品、产品使用、废弃物回收再生，直到最终处理的产品整个生命全过程均不应对人体及环境造成公害。前面四点应是绿色包装必须具备的要求。最后一点是对绿色包装提出的理想的最高要求。

本 章 小 结

1. 包装是指为了在流通中保护产品、方便储运、促进销售，按一定技术方法而采用的容器、材料及辅助物等的总体名称。包装也指为了达到上述目的而采用容器、材料和辅助物的过程中施加一定技术方法等的操作活动。包装具有保护功能、方便功能和促销功能。

2. 按功能不同，包装分为商业包装和工业包装；按层次不同，包装分为个包装、中包装、外包装；按使用范围，包装分为专用包装和通用包装；按包装容器质地不同，包装分为硬包装、半硬包装和软包装；按使用的次数，包装分为一次用包装、多次用包装和周转用包装。

3. 包装材料是指用于制造包装容器和构成产品包装的材料的总称。目前较常使用的包装材料包括纸、木材、塑料、金属、玻璃陶瓷、复合材料等。

4. 包装技术是指对物资实施各种包装的技术方法，以发挥包装功能工作的总称，包括一般包装技术、特殊包装技术和包装操作技术。

5. 集装化是指用集装器具或采用捆扎方法，把物品组成标准规格的单元货件，以加快装卸、搬运、储存、运输等物流活动。利用集装工具可以将一定数量的包装件或产品，组合成一个更大的、具有一定规格和强度的单元货件，即集合包装。集装箱和托盘是物流集装化最普遍、最重要的两种工具。

6. 包装合理化指在包装过程中使用适当的材料和适当的技术，制成与物品相适应的容器，既满足保护商品、方便储运、有利销售的要求，又要提高包装的经济效益的包装综合管理活动。包装合理化的途径包括：包装的轻薄化、符合集装单元化和标准化的要求、包装的机械化、包装大型化和包装要有利于环保。

案例分析

中国快递包装物回收率不足 20% 部分有害物超标

2016 年 8 月，国家邮政局出台了《推进快递业绿色包装工作实施方案》（以下简称《实施方案》），《实施方案》的推出将为快递业带来哪些改变？备受关注的过度包装和包装回收问题有哪些进展？

一、包装物总体回收率不到 20%，部分包装物料有害物超标

随着电子商务迅速发展及快递业与制造业、服务业的逐渐融合，2015 年全年，我国

快递企业业务量累计完成206.7亿件,稳居世界第一。2016年1—7月,我国快递企业又累计完成157.5亿件的业务量。

对此,《实施方案》调研组成员、北京印刷学院青岛研究院副院长朱磊指出,增长速度快、业务体量大是快递行业最明显的两个特点,而随之带来的问题是,包装物料使用量相当惊人。

通常,快递行业使用的包装物料分为运单、封套、纸箱、塑料袋、编织袋、胶带和缓冲物七大类。以纸箱和塑料袋为例,纸箱使用量占到快递总业务量50%左右、塑料袋占40%左右。按一个包裹的包装箱平均0.2公斤计算,去年快递业共产生了400多万吨的包装箱,可以堆满20万个足球场。在透明胶带方面,我国平均每件快递的用量是0.8米,透明胶带不仅本身为不可降解材料,还在客观上造成了纸箱与塑料难以分离,提高了回收成本。

朱磊介绍,"目前我国快递业中纸板和塑料实际回收率不到10%,这些包装大多被直接送进垃圾场填埋,给城市环境带来非常大的压力。可以说,我国包装物的总体回收率不到20%。在一些发达国家,纸板类包装物回收利用率达45%左右,塑料类包装物回收率则在25%左右。"

有毒有害物质超标包装物料的使用,也是一大问题。

据悉,由于价格竞争十分激烈,快递包装行业许多小型生产厂家为了降低成本,大量使用从化工垃圾、医疗垃圾和生活垃圾中回收的再生料生产快递包装塑料袋,而这种塑料袋一般含有超标的重金属、有毒有机物和细菌病毒等致病体。纸包装中,则往往使用过量的填充物以提高纸张克重,使用劣质油墨进行印刷,这导致纸包装上残留的有害有机物超标。

"《实施方案》就是针对这些问题提出的,希望引导快递业实现'绿色节能'的发展目标。"朱磊说,尽管包装物料成本仅占快递业收入的20%左右,但快递包装贯穿快递行业的全流程,以绿色包装为切入点,推动包装的标准化、减量化、可循环、可降解等工作,能够提升快递整个行业的标准化、自动化和智能化水平,对上游包装业、制造业、电商的绿色发展也有着积极推动作用。

二、"十三五"期间,快递业电子运单使用率年均提高5%

《实施方案》明确,要在绿色化、减量化、可循环方面取得明显效果,"十三五"期间,力争在重点企业、重点地区的快递业包装绿色发展上取得突破。

为实现上述目标,《实施方案》提出了推进快递业包装法治化管理、加快快递业包装绿色化发展、鼓励快递业包装减量化处理、探索快递业包装可循环使用、实施快递业绿色包装试点示范工程五大重点任务,并将其细化为强化快递业包装日常监管、制修订快递业包装国家标准和行业标准等12项具体任务。

具体而言,"十三五"期间,快递业电子运单使用率年均提高5%,希望2016年主要快递企业品牌协议客户电子运单使用率达50%,2020年超过90%,大幅降低面单纸张耗材用量。方案还提出具有较强指导作用的部分绿色包装标准2017年制定完成,到2020年基本淘汰有毒有害物质超标的包装物料、基本建成社会化的快件包装物回收体系。

操作性方面,《实施方案》对电商企业、快递企业和包装企业,以及政府、高校、科研究院所等快递绿色包装相关要素的各自定位和功能做了清晰界定。比如在推进包装物减量化方面，鼓励企业使用电子运单、中转箱和笼车等装备，利用大数据技术，优化运输、存储和配送的流程，从而减少包装物的使用量。

此外，方案提到，要实施快递业绿色包装试点示范工程，选取一定数量的快递企业在包装标准化、减量化、可循环方面开展试点，建立一批绿色快递网点，探索有效的技术实现路径和政策路径。目前，有些企业已经有了不错的案例。

在治理体系方面，《实施方案》提出在"十三五"期间基本建立快递业包装治理体系。健全快递业包装环保技术标准、统计监测、信用体系、用品用具管理制度和事中事后监管；完善绿色包装产学研体系；增强快递企业使用绿色包装、消费者参与包装分类回收再利用的环境保护意识。

三、2020年基本建成社会化快件包装物回收体系

针对用户反映较多的"过度包装"问题，《实施方案》提出通过增加培训力度、规范操作流程，避免不必要的过度包装。此外，充分发挥大数据作用，加强快递企业与电商、制造业和服务业的融合，在重点领域和关键环节大幅减少不必要的二次包装。

关于快递包装回收，《实施方案》从政策法规上将包装物回收和再利用等纳入《快递条例》和《循环经济促进法》中。实际操作上，将主要通过建立社会化的快递包装物回收体系，在源头上鼓励快递企业使用易于回收的包装物，推动包装物的生产方、使用方和终端消费者共同参与包装分类和回收。《实施方案》提出，到2020年要基本建成社会化的快件包装物回收体系。

朱磊表示，后续还将推出《实施方案》的具体实施细则和开展试点工作。由于绿色包装有利于各大企业降低成本，目前企业参与方案的实施积极性较高。

值得一提的是，《实施方案》对快递业科技创新提出了较高要求，要求快递业联合高校、科研院所开展绿色包装材料方面的研究。要成立快递业产学研协同创新基地，推动一批包括绿色包装新设计、新材料和新功能在内的科技创新成果向行业转化。

朱磊介绍，目前我国快递业的整体技术水平还比较低，特别是自动化和智能化水平不高。在物流行业中，具有较大发展前景的物联网技术、无人仓储、自动分拣等技术都与包装有着密切关系，"因此《实施方案》的推行，对提升行业整体科技创新水平有着很大的作用。"

资料来源：新华网 http://news.xinhuanet.com/local/2016-08/22/c_129246024.htm

思考：
1. 我国快递包装的现状是怎样的？
2. 你认为应如何实现快递业绿色包装？

练习与思考

一、填空

1. 包装不仅是生产的_____，更重要地，包装也是物流的_____。
2. 托盘既可看作_____工具、_____工具、_____工具，又可看作是一种特

殊的包装形式。

3. 运输包装的设计主要考虑_____、_____、_____。

4. 国际上主要国家使用率最高的三种托盘规格是_____、_____、_____。

5. _____技法，是使被包装物免受外界的冲击、振动等作用，从而防止损伤的包装技术和方法。

6. 物流集装化最普遍、最重要的两种工具是_____、_____，使用最广泛的一种托盘是_____。

7. 与物流密切相关的包装功能是_____、_____。

二、单项选择

1. 集装的基础模数尺寸是（　　　）。
   A. 600 mm×400mm   B. 1200mm×1000mm
   C. 1100 mm×1100mm   D. 900 mm×1100mm

2. 物流使用最广泛的一种托盘是（　　　）。
   A. 箱式托盘   B. 柱式托盘   C. 特种托盘   D. 平托盘

3. 使用最为广泛的包装材料是（　　　）。
   A. 纸和纸板   B. 塑料   C. 金属   D. 玻璃

4. 使被包装物免受外界冲击、振动等，从而防止损伤的包装技术和方法是（　　　）。
   A. 防潮包装   B. 防锈包装
   C. 防霉包装   D. 防震包装（缓冲包装）

5. 物流基础模数尺寸是（　　　）。
   A. 600 mm×400mm   B. 1200mm×1000mm
   C. 1100 mm×1100 mm   D. 900 mm×1100 mm

三、判断

1. 运输包装管理的目标是在满足物流要求的基础上包装费用越低越好。（　　）
2. 堆码层数极限是属于警告性标志。（　　）
3. 国际标准集装箱的换算单位是FEU,表示1个20英尺的国际标准集装箱。（　　）
4. 集装箱的容积一般是大于1立方米。（　　）
5. 包装的规格和托盘、集装箱关系密切，在制定包装尺寸标准时，只需与托盘、集装箱规格相符即可。（　　）

四、简答

1. 简述包装的定义。
2. 包装的一般技法有哪些？
3. 集装化的定义是什么？
4. 纸和纸板用于包装有哪些优点？
5. 包装如何实现合理化？

第五章

装 卸 搬 运

本章学习目标：

1. 掌握装卸搬运的内涵及其特点；
2. 了解装卸搬运在物流系统中的地位和作用；
3. 了解装卸搬运作业内容及考虑因素；
4. 掌握装卸搬运合理化的措施。

本章核心概念：

装卸搬运的概念　装卸搬运作用　装卸搬运合理化

装卸搬运："闸门"和"咽喉"

　　装卸搬运是物流过程中一个重要环节。它制约着物流过程中的其他各项活动，是提高物流速度的关键。无论是在生产领域还是在流通领域，装卸搬运功能发挥的程度都直接影响着生产和流通的正常进行，其工作质量的好坏关系到物品本身的价值和使用价值。由于装卸搬运是伴随着物流过程其他各环节的一项活动，因而往往引不起人们的足够重视。可是，一旦忽视了装卸搬运，生产和流通领域轻则发生混乱，重则造成停顿。例如，我国港口由于装卸设备、设施不足以及装卸搬运组织管理等原因，曾多次出现过压船、压港、港口堵塞的现象；我国铁路运输曾由于忽视装卸搬运，出现过"跑在中间，窝在两头"的现象。所以，在流通和生产领域具有"闸门"和"咽喉"特点的装卸搬运，制约着物流过程各环节的活动。

　　在军事物流中，弹药的装卸搬运是其中一个极其重要的环节。1991年海湾战争打响后，美军储备的弹药达29.4万吨；伊拉克战争中，美军共消耗各类导弹和炸弹29199枚。能否按部队要求，将弹药及时准确地运抵作战地域，直接关系到部队的作战效果，甚至决定部队的生死存亡。弹药生产后要经过初级包装，在装卸搬运中还需要特殊的包装，在集装化、单元化以到达部队准备使用之前，还需进行零散包装。总之，弹药要经过多次周转才能最终抵达部队，在每一次周转中都要经过装卸搬运。因此，装卸搬运成为整个军事物流系统的"闸门"和"咽喉"。

　　目前在我国部队弹药包装方面，绝大部分通用的是木箱，其次是铁笼和铁皮箱。这种传统的包装模式已不适应战时弹药快速保障需求。对于部队仓库，无论是10kg～30kg的枪弹包装箱，还是50kg以上的大口径弹包装箱，甚至上百公斤的122火箭弹，都是用部队官兵的双手来装卸搬运。这不仅使得工作的劳动强度加大，占用兵员问题突出，还使得作业效率低，保障速度慢，在规定的时间内很难完成弹药装载，严重影响部队的快速反应。另外，传统弹药包装单元重量较小，采用机械进行装卸时，无法发挥机械化作业的高效率。

目前，集装单元化技术已经在军队中得到了广泛应用。各国军队在军用物资运输中，集装箱运输所占比重在不断增加，并取得较好的军事、经济效益。例如，美军采用集装箱运输的物资已达到80%以上。在美伊战争中，美军很大一部分作战装备和后勤物资都是通过集装方式进行运输的。美军的弹药装卸搬运基本上是托盘组合弹药，由于托盘组合形式的标准和统一，既可以方便直接机械化装卸搬运进行供应，也可以用大型集装箱集装后供应。

资料来源：石红霞等.现行弹药包装对弹药装卸搬运的影响分析.军事物流，2009（12）：257-259

思考：
如何看待装卸搬运在物流系统中的作用？

物品由生产到消费的流动过程中，装卸搬运作业是不可缺少的。装卸搬运作业渗透到物流各环节、各领域，伴随着物流的始终。在第五届国际物流会议上，美国产业界人士明确指出，当前美国全部生产过程中只有5%的时间用于加工制造，95%的时间则用于装卸搬运、储存等物流过程。根据运输部门考察，在运输的全过程中，包括运输前后的装卸搬运，装卸搬运所占的时间为全部运输时间的50%。由此可见，装卸搬运是提高物流效率、降低物流成本、改善物流条件、保证物流质量最重要的物流环节之一。

第一节 装卸搬运概述

一、装卸搬运的概念

装卸搬运是物品装卸和物品搬运两项作业的统称。装卸（loading and unloading）指物品在指定地点进行的垂直移动为主的物流作业；搬运（handling/carrying）指物品在同一场所内进行的水平移动为主的物流作业。综上所述，装卸搬运是指在某一物流节点范围内进行的，以改变物品的存放状态和空间位置为主要内容和目的的活动。例如，对物料、产品、零部件或其他物品进行搬上、卸下、移动的活动，装卸、移动、分类、堆码、理货和取货等作业都属于物料搬运活动。

我国于2006年发布实施的《物流术语》国家标准（GB/T 18354—2006）对装卸搬运的定义是："装卸是指物品在指定地点以人力或机械装入运输设备或卸下；搬运是指在同一场所内，对物品进行水平移动为主的物流作业。"

在实际操作中，装卸与搬运是密不可分的，两者是伴随在一起发生的，且作业设备也难以区分，习惯上常以"装卸"或"搬运"代替"装卸搬运"的完整涵义。因此，在物流作业中并不过分强调两者差别而是作为一种活动来对待。

在习惯使用中，物流领域（如铁路运输）常将装卸搬运这一整体活动称做"货物装卸"；生产领域常将这一整体活动称做"物料搬运"。实际上，活动内容都是一样的，只是领域不同而已。

搬运的"运"与运输的"运"区别之处在于，搬运是在同一地域的小范围内发生的，而运输则是在较大范围内发生的，两者是量变到质变的关系，中间并无一个绝对的界限。

二、装卸搬运的特点

一般来说，装卸搬运具有以下特点：

（一）附属性、伴生性

装卸搬运与物流其他环节是密不可分的，是物流中每一项活动开始及结束时必然发生的活动，因而有时常被人们忽视。例如，一般而言的"汽车运输"，实际就包含了相随的装卸搬运；仓库中泛指的保管活动，也含有装卸搬运活动。

（二）支持保障性

装卸搬运保障了生产与流通其他环节活动的顺利进行，具有保障的性质。但装卸搬运的保障性不能理解成是被动的。实际上，装卸搬运对其他物流活动有一定决定性，表现在装卸搬运会影响其他物流活动的质量和速度。例如，装车不当，会引起运输过程中的损失；卸放不当，会引起物品转换成下一步运动的困难。许多物流活动在有效的装卸搬运支持下，才能实现高水平、高效率。

（三）衔接性

在任何其他物流活动相互过渡时，一般都以装卸搬运来衔接。因而，装卸搬运往往成为整个物流的"瓶颈"，是物流各环节之间能否形成有机联系的关键。建立一个有效的物流系统，关键看这一衔接是否有效。

（四）均衡与稳定性

在生产领域，生产活动的连续性、均衡性决定了生产领域的装卸搬运作业基本上是均衡、稳定、连续的。加之生产领域的装卸搬运作业对象是稳定的，或略有变化，但也有一定的规律，所以生产领域的装卸搬运作业具有稳定性。

三、装卸搬运的意义

（一）装卸搬运是衔接其他物流主要环节的桥梁

装卸搬运作为物流系统的构成要素之一，是连接其他物流主要环节的桥梁。例如，运输、保管、包装和流通加工等物流环节，都是靠货物的装上卸下、移送和分类等装卸搬运活动联结起来的。物流的各个活动之间或者同一活动的不同阶段之间，都必须有装卸搬运作业进行衔接。比如，货物进入配送中心之前，就必须进行装卸搬运。正是由于装卸搬运把物流的各个环节连接成为连续的流，才使物流过程真正浑然一体。

在我国的物流系统诸环节中，由于人为、自然、社会等因素的影响，每年运输装卸环节所造成的直接物资损失高达 470 亿元左右。因此，装卸搬运合理化是提高物流效率的重要手段之一。

（二）装卸搬运是生产或流通过程的重要组成部分

采掘行业的生产过程，实质上就是装卸搬运过程。在加工和流通行业，装卸搬运也成为生产过程中不可缺少的组成要素。据国外统计，在中等批量的生产车间里，零件在机床上的加工时间仅占生产时间的 5%，而 95%的时间消耗在原材料、工具、零件的搬运、等待上，物料搬运的费用占全部生产费用的 30%～40%。据调查，我国机械加工行业用于装卸搬运的成本约为加工总成本的 15.5%左右。因此，设计合理、高效、柔性的物料搬运系统，对压缩库存资金占用、缩短物流搬运所占时间是十分必要的。

（三）装卸搬运是影响物流效率的重要环节

装卸搬运是随运输和保管而产生的必要物流活动，是对运输、保管、包装、流通加工等物流活动进行衔接的中间环节，以及在保管等活动中为进行检验、维护、保养所进行的装卸活动，如货物的装上卸下、移送、拣选、分类等。在物流活动的全过程中，装卸搬运活动是频繁发生的，因而装卸搬运活动所占用的时间是影响物流效率的重要因素。当铁路运输低于 500 公里时，装卸搬运的时间则超过实际运输的时间。美国和日本之间的远洋船运，一个往返周期的 25 天中，在途时间为 1～3 天，而装卸搬运则需要 12 天。另外，从生产到消费的流通过程中，由于装卸搬运活动的频繁发生，装卸搬运的好坏对物流成本的影响很大，装卸搬运作业与物品被破坏、污损造成的损失密切相关，且对货物的包装费用也有一定的影响。对装卸搬运的管理，主要是对装卸搬运方式的选择运用，对装卸搬运机械设备的选择、合理配置与使用，以及装卸搬运合理化，做到尽可能减少装卸搬运次数，避免造成商品损失，以提高物流的效率。

（四）装卸搬运是影响物流成本的主要因素

随着工业生产规模的扩大和自动化程度的提高，物料搬运费用在工业生产成本中所占比例越来越大。据有关资料统计，每生产 1 吨的产品，往往需要 252 吨次的装卸搬运，其成本为加工成本的 15.5%。美国工业产品生产过程中装卸搬运费用占成本的 20%～30%，德国企业物料搬运费用占营业额的 1/3，日本物料搬运费用占国民生产总值的 10.73%。我国铁路运输的始发和到达的装卸作业费大致占运费的 20%左右，船运占 40%左右。

在物流过程中，装卸与搬运活动是不断出现和反复进行的。它出现的频率高于其他各项物流活动，每次装卸搬运活动都要花费很长时间，所以往往成为决定物流速度的关键。装卸搬运活动所消耗的人力也很多，所以装卸搬运费用在物流成本中所占的比重也较高。因此，为了提高物流效率，降低物流费用，装卸搬运是个重要环节。提高物料运输和存放过程的自动化程度，对改进物流管理、提高产品质量、降低生产成本、缩短生产周期、加速资金周转和提高整体效益有重要的意义。

四、装卸搬运的分类

（一）按装卸搬运施行的物流设施、设备对象分类

装卸搬运以此可分为仓库装卸、铁路装卸、港口装卸、汽车装卸、飞机装卸等。

1. 仓库装卸

仓库装卸配合出库、入库、维护保养等活动进行，并且以堆垛、上架、取货等操作为主。

2. 铁路装卸

铁路装卸是对火车车皮的装进及卸出，特点是一次作业就需实现一车皮货物的装进或卸出，很少有像仓库装卸时出现的整装零卸或零装整卸的情况。

3. 港口装卸

港口装卸包括码头前沿的装船，也包括后方的支持性装卸搬运。有的港口装卸还采用小船在码头与大船之间"过驳"的办法，因而其装卸的流程较为复杂，往往经过几次的装卸及搬运作业才能最后实现船与陆地之间货物过渡的目的。

4. 汽车装卸

汽车装卸一般一次装卸批量不大。由于汽车的灵活性，可以减少或根本减去搬运活动，而直接、单纯利用装卸作业达到车与物流设施之间货物过渡的目的。

（二）按装卸搬运的机械及机械作业方式分类

装卸搬运以此可分成使用吊车的"吊上吊下"方式、使用叉车的"叉上叉下"方式、使用半挂车或叉车的"滚上滚下"方式及散装散卸方式等。

1. 吊上吊下方式

采用各种起重机械从货物上部起吊，依靠起吊装置的垂直移动实现装卸，并在吊车运行的范围内或回转的范围内实现搬运或依靠搬运车辆实现小搬运。由于吊起及放下属于垂直运动，这种装卸方式属垂直装卸方式，如图 5-1 所示。

图 5-1　集装箱装卸桥进行吊上吊下操作

2. 叉上叉下方式

采用叉车从货物底部托起货物,并依靠叉车的运动进行货物位移,搬运完全靠叉车本身,货物可不经中途落地直接放置到目的处。这种方式垂直运动不大而主要是水平运动,属水平装卸方式,如图 5-2 所示。

图 5-2 集装箱轮式叉车进行叉上叉下操作

3. 滚上滚下方式

滚上滚下方式主要指在港口对船舶货物进行水平装卸搬运的一种作业方式。比如,在装货港,用拖车将半挂车或平车拖上船舶,完成装货作业;在卸货港,再用拖车将半挂车或平车拖下船舶,完成卸货作业,如图 5-3 所示。

图 5-3 川江 50 车载货汽车滚装船

4. 散装散卸方式

散装散卸方式指对散状货物不加包装直接进行装卸搬运的作业方式。

(三)按装卸搬运的作业特点分类

根据作业特点的不同,装卸搬运可分为连续装卸搬运和间歇装卸搬运两大类。

1. 连续装卸搬运

连续装卸搬运指采用皮带机、链斗装车机等连续作业机械,对大批量的同种散状货物或小型件杂货进行不间断输送(中间无停顿、货间无间隔)的作业方式。连续装卸搬运适用于批量较大、作业对象无固定形状或难以形成大包装的情形。

2. 间歇装卸搬运

间歇装卸搬运指作业过程包括重程和空程两个部分的作业方式。该方式有较强的机动性，广泛适用于批量不大的各类货物，尤其适合大件或包装货物。间歇装卸搬运主要使用起重机械、工业车辆、专用机械进行作业。

第二节　装卸搬运作业

一、装卸搬运作业的内容

装卸搬运作业有对输送设备（如车辆、辊道等）的装入、装上和取出、卸下作业，也有对固定设备（如保管货架等）的入库、出库作业。

装卸搬运的基本作业可以分为以下六个方面：

（1）装卸：将物品装上运输机具或由运输机具卸下。
（2）搬运：使物品在较短的距离内移动。
（3）堆码：将物品或包装货物进行码放、堆垛等有关作业。
（4）取出：从保管场所将物品取出。
（5）分类：将物品按品种、发货方向、顾客需求等进行分类。
（6）理货：将物品备齐，以便随时装货。

二、装卸搬运作业应考虑的因素

装卸搬运作业要考虑许多因素。这些因素若没有加以分析研究的话，往往无法达成预期效果。因此，装卸搬运作业必须对这些因素加以整理、分析，再决定采用的设备及方法。

通常，装卸搬运作业要考虑如下因素：

（一）搬运对象

（1）种类：固体、液体还是气体。
（2）形态：单独件、包装件还是散装物料。
（3）特性：软的、硬的、轻的、重的、容易污染的、容易破损的及高价的等。
（4）量：数量的大小。
（5）尺寸大小：长形物、大形物和小形物。

（二）移动

（1）移动的起点、终点。
（2）路径：水平的路径、倾斜的路径、垂直的路径、分歧的路径、合流的路径、贴标的路径或扫描的路径。
（3）距离：长距离还是短距离。

（4）频度：连续的、间断的、规则的或者不规则的。
（5）速度：速度高还是速度低。

（三）方法

（1）货物形态：单品、整箱或托盘。
（2）人：一人、数人、很多人或是无人。
（3）设备：手推车、油压拖板车、堆高机及输送机等。

（四）建筑物

（1）地板荷重。
（2）地板的表面。
（3）建筑物的高度。
（4）周边条件：温、湿度等。

（五）人体工学

搬运装卸作业依据自动化的水平可分为人工操作、半自动化和全自动化作业等三种。而采用全自动化搬运作业必须是数量多、品类较少的产品，而且设备回收年限必须符合经济效益。实际上，使用人工操作及半自动化作业的比例不在少数。在欧美日等发达国家，针对这些搬运作业，考虑到人体工学因素，也就是依照人体构造可以负担的荷重制订标准及方法，作为作业中的参考，这样使人在作业中不至于容易疲劳及受到伤害。

三、装卸作业方法

（一）单件装卸

单件装卸指的是非集装按件计的货物逐个进行装卸操作的作业方法。单件作业对机械、装备、装卸条件要求不高，机动性较强，可在很广泛的地域内进行而不受固定设施、设备的地域局限。

单件作业可采取人力装卸、半机械化装卸及机械装卸。由于逐件处理装卸速度慢，且装卸要逐件接触货体，因而容易出现货损，反复作业次数较多，也容易出现货差。单件作业的装卸对象主要是包装杂货、多种类、少批量货物及单件大型、笨重货物。

（二）集装作业

集装作业是对集装货载进行装卸搬运作业方法。每装卸一次是一个经组合之后的集装货载，在装卸时对集装体逐个进行装卸操作的作业方法。集装作业和单件装卸主要异同在于，都是按件处理，但集装作业"件"的单位大大高于单件作业每件的大小。

集装作业由于集装单元较大，不能进行人力手工装卸。虽然在不得已时，可用简单机械偶尔解决一次装卸，但对大量集装货载而言，只能采用机械进行装卸。同时，也必须在有条件的场所进行这种作业，不但受装卸机具的限制，也受集装货载存放条件的限制，因而机动性较差。

集装作业一次作业装卸量大，装卸速度快，且在装卸时并不逐个接触货体，而仅对集装体进行作业，因而货损较小，货差也小。

集装作业的对象范围较广，一般除特大、重、长的货物和粉、粒、液、气状货物外，都可进行集装。粉、粒、液、气状货物经一定包装后，也可集合成大的集装货载；特大、重、长的货物，经适当分解处置后，也可采用集装方式进行装卸。

集装作业有以下几种方法：

1. 托盘装卸

利用叉车对托盘货载进行装卸，属于"叉上叉下"方式，如图5-4所示。由于叉车本身有行走机构，在装卸同时可以完成小搬运而勿需落地过渡，因而有水平装卸的特点。托盘装卸常需叉车与其他设备、工具配合，以有效完成全部装卸过程。例如，叉上之后，由于叉的前伸距离有限，有时需要利用托盘搬运车或托盘移动器来解决托盘水平短距离移动。由于叉车叉的升高有限，有的又需与升降机、电梯、巷道起重机等设备配套，以解决托盘垂直位移的问题。

图5-4　仓库叉车进行托盘装卸操作

2. 集装箱装卸

集装箱装卸主要用港口岸壁吊车、龙门吊车、桁车等各种垂直起吊设备进行"吊上吊下"式的装卸，同时各种吊车还都可以做短距离水平运动，如图5-5（a）所示。因此，可以同时完成小范围的搬运。如需要一定距离的搬运，则还需与搬运车相配合。小型集装箱也可以和托盘一样采用叉车进行装卸，如图5-5（b）所示。

图5-5（a）　码头进行集装箱装卸操作　　图5-5（b）　堆场进行集装箱装卸操作

3. 货捆装卸

货捆装卸主要采用各种类型起重机进行装卸，货捆的捆具可与吊具、索具有效配套进行"吊上吊下"式装卸，如图5-6所示。短尺寸货捆还可采用一般叉车装卸，长尺寸货捆还可采用侧式叉车进行装卸。货捆装卸适于长尺寸货物、块条状货物、强度较高无须保护的货物。

图 5-6　货捆装卸操作

4. 集装网袋装卸

集装网袋装卸主要采用各种类型吊车进行"吊上吊下"作业，也可与各种搬运车配合进行吊车所不能及的搬运，如图 5-7 所示。

货捆装卸与集装网袋装卸有一个共同的突出优点，即货捆的捆具及集装袋、集装网本身重量轻，又可折叠，因而无效装卸少，装卸作业效率高。且相对货物而言，货捆的捆具与集装袋、网相比成本较低，装卸后又易返运，因而装卸上有优势。

图 5-7　集装网袋装卸操作

5. 挂车装卸

利用挂车的可行走机构，连同车上组合成的货物一起拖运到火车车皮上或船上的装卸方式，属水平装卸，是所谓"滚上滚下"的装卸方式，如图 5-8 所示。

其他集装装卸方式还有滑板装卸、无托盘集装装卸、集装罐装卸等。

图 5-8　挂车装卸操作

（三）散装作业

散装作业指对大批量粉状、粒状货物进行无包装散装、散卸的装卸方法。装卸可连续进行，也可采取间断的装卸方式，但是都需采用机械化设施、设备。在特定情况下，且批量不大时，也可采用人力装卸。散装作业方法主要有以下几种：

1. 气力输送装卸

气力输送装卸主要设备是管道及气力输送设备，以气力运动裹挟粉状、粒状物沿管道运动而达到装、搬、卸之目的，也可采用负压抽取方法，使散货沿管道运动。管道装卸密封性好，装卸能力高，容易实现机械化、自动化。

2. 重力装卸

重力装卸是利用散货本身重量进行装卸的方法，必须与其他方法配合。首先将散货提升到一定高度，具有一定势能之后，才能利用本身重力进行下一步装卸。

3. 机械装卸

机械装卸是利用能承载粉粒货物的各种机械进行装卸的方法，有两种主要方式：

（1）用吊车、叉车改换不同机具或用专用装载机，进行抓、铲、舀等形式作业，完成装卸及一定的搬运作业。

（2）用皮带、刮板等各种输送设备，进行一定距离的搬运卸货作业，并与其他设备配合实现装货。

五、装卸搬运作业设备选择

（一）以满足现场作业为前提

1. 装卸机械首先要符合现场作业的性质和物资特点、特性要求

例如，在有铁路专用线的车站、仓库等，可选择门式起重机；在库房内可选择桥式起重机；在使用托盘和集装箱作业的生产条件下，可尽量选择叉车、跨载起重机。

2. 机械的作业能力（吨位）与现场作业量之间要形成最佳的配合状态

装卸机械吨位的具体确定，应对现场要求进行周密的计算、分析。在能完成同样作业效能的前提下，应选择性能好、节省能源、便于维修、利于配套、成本较低的装卸机械。

3. 其他影响条件

影响物流现场装卸作业量的最基本因素是吞吐量。此外，还要考虑堆码、卸垛作业量、装卸作业的高峰量等因素的影响。

（二）控制作业费用

装卸机械作业发生的费用主要有设备投资额、运营费用和装卸作业成本等项。

1. 设备投资额

设备投资额是平均每年机械设备投资的总和（包括购置费用、安装费用和直接相关的附属设备费用）与相应的每台机械在一年内完成装卸作业量的比值。

2. 装卸机械的运营费用

装卸机械的运营费用是指某种机械一年运营总支出（包括维修费用、劳动工资、动力消耗、照明等项）和机械完成装卸量的比值。

3. 装卸作业成本

装卸作业成本是指在某一物流作业现场，机械每装卸一吨货物所支出的费用，即每年平均设备投资支出和运营支出的总和与每年装卸机械作业现场完成的装卸总吨数之比。

（三）装卸搬运机械的配套

1. 装卸搬运机械的配套含义

装卸搬运机械的配套是指根据现场作业性质、运送形式、速度、搬运距离等要求，合理选择不同类型的相关设备。

2. 装卸机械配套的方法

按装卸作业量和被装卸物资的种类进行机械配套，在确定各种机械生产能力的基础上，按每年装卸货物需要的机械台数和每台机械所担任装卸物资的种类与每年完成装卸货物的吨数进行配套。

此外，还可以采用线性规划方法来设计装卸作业机械的配套方案，即根据装卸作业现场的要求，列出数个线性不等式，并确定目标函数，然后求出最优的各种设备台数。

第三节 装卸搬运合理化

一、装卸搬运合理化的概念

装卸搬运必然要消耗物化劳动和活劳动。这种劳动消耗量要以价值形态追加到装卸搬运对象的价值中去，从而增加产品的物流成本。因此，要科学、合理地组织装卸搬运流程，尽量减少用于装卸搬运的劳动消耗，杜绝不合理的装卸搬运，促进装卸搬运的合理化。

装卸搬运合理化指科学、合理地组织装卸搬运流程，以尽可能少的人力和物力消耗，高质量、高效率地完成装卸搬运任务。装卸搬运合理化的标志：装卸搬运次数最少；装卸搬运距离最短；各作业环节衔接要好；物料的装卸搬运活性系数较高、可移动性强。

二、装卸搬运合理化的措施

（一）防止和消除无效作业

所谓无效作业是指在装卸作业活动中超出必要的装卸、搬运量的作业。显然，防止和消除无效作业对装卸作业的经济效益有重要作用。为了有效地防止和消除无效作业，可从以下几个方面入手：尽量减少装卸次数；包装要适宜，消除多余包装；提高被装卸物料的纯度，去除无效物质。

1. 减少装卸搬运次数

装卸搬运次数的减少意味着物流作业量的减少,也就意味着劳动消耗的节约和物流费用的节省。同时,在物流过程中,货损主要发生在装卸搬运环节。而在整个物流过程中,装卸搬运作业又是反复进行的。从发生的频数来讲,装卸搬运超过任何其他活动,所以过多的装卸搬运次数必然导致损失的增加。从发生的费用来看,一次装卸搬运的费用相当于几十公里的运输费用。因此,每增加一次装卸搬运,费用就会有较大比例地增加。此外,装卸搬运又会大大阻缓整个物流的速度,是降低物流速度的重要因素。

在工厂里,时常会有不太注意的搬运是不合理的。例如,操作小行车的步骤如下:
(1) 去取挂钩起吊用的挂兜索。
(2) 拿着挂兜索,直到行车的放置场所。
(3) 操作按钮使行车开到想要的操作地点。
(4) 挂好挂钩起吊。
(5) 把物料移到下一个位置去。
(6) 将物料卸下,解开挂兜索。
(7) 将解开的挂兜索还回规定的地点。
(8) 回到自己的工作岗位。

从以上操作可以看到,只有第(5)项行车搬运着物料,不是空载运。但第(3)项明显是空载运。在(1)、(2)、(7)、(8)项中,虽然行车处于停止状态,但工作人员中断了其他作业。此外,第(4)、(6)项行车处于运动状态,但不是简单平移,而是上下运动。所以可以得出除第(5)项外,其余全是不合理搬运,应当设法用取消、合并、重排和简化(ECRS)原则来改善。

2. 消除多余包装

包装本身的重量或体积都会消耗装卸搬运的劳动量。包装过大、过重,在装卸时实际上反复在包装上消耗较大的劳动,这一消耗不是必须的,因而形成无效劳动。因此,消除多余包装可以减少无效劳动的消耗,降低物流总成本。例如,日本索尼公司有的产品使用泡沫塑料材料,有的产品使用瓦楞纸板材料,并在外包装采用特殊形状的瓦楞纸板箱。由于这些材料相对有利于包装,从而有利于节约资源,而且这些材料体积不大、重量轻,也有利于产品的装卸搬运。

3. 去除无效物质

进入物流过程的货物,有时混杂着没有使用价值或对用户来讲使用价值不符的各种掺杂物,如煤炭中的矸石、矿石中的表面水分、石灰中的未烧熟石灰及过烧石灰等。在反复装卸时,实际上对这些无效物质反复涔耗劳动,从而形成无效装卸搬运。因此,要尽量减少物流过程中的无效物质,减少无效装卸搬运。

(二) 选择适宜的物料搬运路线

物料搬运路线分为直达型、渠道型和中心型。

1. 直达型

这种路线上各种物料从起点到终点经过的路线最短。当物流量大、距离短或距离中等时，一般采用这种形式是最经济的，尤其当物料有一定的特殊性而时间又较紧迫时更为有利。

2. 渠道型

一些物料在预定路线上移动，同来自不同地点的其他物料一起运到同一个终点。当物流量为中等或少量而距离为中等或较长时，采用这种形式是经济的。尤其当布置是不规则的分散布置时更为有利。

3. 中心型

各种物料从起点移动到一个中心分拣处或分拨地，然后再运往终点。当物流量小而距离中等或较远时，这种形式是非常经济的。尤其当厂区外形基本上是方整的且管理水平较高时更为有利。

图 5-9 所示为距离与物流量指示图，图 5-9（a）为物料搬运三种形式选择图。注意：若物流量大而距离又长，则说明这样的布置不合理。

物料搬运设备选择原则。这时要根据距离与物流量指示来确定设备的类别，如图 5-9（b）。一般把设备分成四类，综合距离和物流量两个指标来选择。

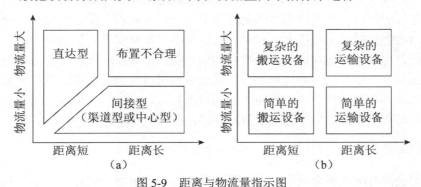

图 5-9　距离与物流量指示图

（三）提高物料装卸搬运的活性

物料装卸搬运的活性指物料搬运的难易程度，一般用活性指数来衡量。日本物流专家滕建民教授根据物料所处的状态，即物料装卸搬运的难易程度，把物料放置活性程度分为 0～4 共 5 个等级，如图 5-10 和表 5-1 所示。活性指数越高，物品越容易进入装卸搬运状态。

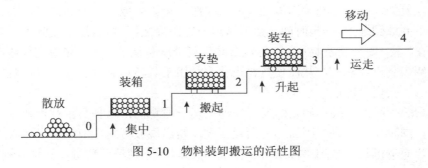

图 5-10　物料装卸搬运的活性图

表 5-1　货物的装卸搬运活性指数

装卸搬运活性指数	货物状态
0	货物杂乱地堆放于地面
1	货物已被捆扎或装箱
2	捆扎过的货物或箱子放在托盘内
3	被置于台车或起重机械上，可以移动
4	货物处于移动状态

从图 5-10 和表 5-1 可以看出，散放在地上的物料要运走，需要经过集中、搬起、升起和运走 4 次作业，所需的人工作业最多，即活性水平最低，活性指数定为 0，而放在容器中的物料活性指数为 1，放在传送带上的物料活性指数最高，为 4。

总之，活性指数越高，所需人工越少，但设备投入越多。根据活性指数理论，在实践中要重视放置方法。例如，搬运散乱放置的物体时，要绑上挂兜索，底部必须悬空，如果在卸下时就在其底下垫好垫木，就可以省去这道工序；搬运有一定数量的物体时，收集在一起搬运，可以提高效率，因此通常把它们装入袋内、箱子或捆在一起打包；如果把要搬运的物体摆放在托盘上，就可以方便地用叉车操作了。从理论上讲，活性指数越高越好，但也必须考虑实施的可能性。例如，物品在储存阶段，活性指数为 4 的输送带和活性指数为 3 的车辆，在一般的仓库里很少使用，因为大批量的物料不可能存放在输送带和车辆上，而放在活性指数为 2 的托盘上具有广泛的实用价值。所以，在设计搬运系统时，不应机械地认为活性指数越高越好，而应综合考虑。

（四）实现省力化

在装卸搬运时考虑重力因素，可以利用货物本身的重量，进行有一定落差的装卸搬运，以减少或根本不消耗装卸的动力，这是合理化装卸搬运的重要方式。例如，从卡车、铁路货车卸物时，利用卡车与地面或小搬运车之间的高度差，使用溜槽、溜板之类的简单工具，可以依靠货物本身重量，从高处自动滑到低处，这就勿需消耗动力。如果采用吊车、叉车将货物从高处卸到低处，其动力消耗虽比从低处装到高处小，但是仍需消耗动力。两者比较，利用重力进行无动力消耗的装卸显然是合理的。

在装卸搬运时尽量消除或削弱重力的影响，也会求得减轻体力劳动及其他劳动消耗的合理性。例如，在进行两种运输工具的换装时，可以采取落地装卸方式，即将货物从甲工具卸下并放到地上，一定时间之后或搬运一定距离之后，再从地上装到乙工具之上，这样起码在"装"时要将货物举高，这就必须消耗改变位能的动力。如果进行适当安排，将甲、乙两工具进行靠接，从而使货物平移，从甲工具转移到乙工具上，这就能有效消除重力影响，实现合理化。

在人力装卸时，一装一卸是爆发力。而搬运一段距离，这种负重行走要持续抵抗重力的影响，同时还要行进，因而体力消耗很大，是出现疲劳的环节。所以，人力装卸时如果能配合简单机具，做到"持物不步行"，则可以大大减轻劳动量，做到合理化。

（五）充分利用机械，实现规模装卸

在整个物流过程中，装卸搬运是实现机械化较为困难的环节。装卸搬运与其他物流环节相比机械化水平较低，在我国依靠人工的装卸搬运活动还占很大的比重。装卸搬运机械化可以把作业人员从繁重的体力劳动中解放出来，并提高劳动生产率。

在装卸时也存在规模效益问题，主要表现在一次装卸量或连续装卸量要达到充分发挥机械最优效率的水准。为了更多降低单位装卸工作量的成本，对装卸机械来讲，也有规模问题，装卸机械的能力达到一定规模，才会有最优效果。追求规模效益的方法，主要是通过各种集装实现一次操作的最合理装卸量，从而使单位装卸成本降低。

（六）推广组合化装卸搬运

在装卸搬运作业过程中，根据不同物料的种类、性质、形状、重量的不同来确定不同的装卸作业方式。处理物料装卸搬运的方法有三种形式：普通包装的物料逐个进行装卸，叫作"分块处理"；将颗粒状物资不加小包装而原样装卸，叫作"散装处理"；将物料以托盘、集装箱、集装袋为单位进行组合后进行装卸，叫作"集装处理"。对于包装的物料，尽可能进行"集装处理"，实现单元化装卸搬运，可以充分利用机械进行操作。组合化装卸搬运具有很多优点：

（1）装卸单位大、作业效率高，可大量节约装卸作业时间；
（2）能提高物料装卸搬运的灵活性；
（3）操作单元大小一致，易于实现标准化；
（4）不用手去接触各种物料，可达到保护物料的效果。

（七）重视搬运的连接点

物料搬运负责衔接各项不同的作业，即使是采用最高活性系数如传送带来搬运，两种不同搬运之间，仍存在"连接点上的转移"，这才是问题的所在。要尽量减少连接点，才能筹划在各输送场所的操作，使输送物料像流体一样不停地输送下去。因为在连接点的操作，是不会增值的，也对生产无益，而且还容易"使产品受损""呈不安全状态"，所以必须特别留意。

（八）创建物流"复合终端"

所谓"复合终端"，是对不同运输方式的终端装卸场所，集中建设不同的装卸设施。复合终端的优点在于：取消了各种运输工具之间的中转搬运，因而有利于物流速度的加快，减少装卸搬运活动所造成的物品损失；由于各种装卸场所集中到复合终端，这样就可以共同利用各种装卸搬运设备，提高设备的利用率；在复合终端内，可以利用大生产的优势进行技术改造，大大提高转运效率；减少了装卸搬运的次数，有利于物流系统功能的提高。

（九）重视改善物流系统的总效果

装卸搬运在某种意义上是运输、保管活动的辅助活动。因此，要特别重视从物流全过程来考虑装卸搬运的最优效果。如果单独从装卸搬运的角度考虑问题，不但限制了装

卸搬运活动的改善，而且还容易与其他物流环节发生矛盾，影响物流系统功能的提高。

本 章 小 结

1. 装卸搬运指在某一物流节点范围内进行的，以改变物品的存放状态和空间位置为主要内容和目的的活动。如对物料、产品、零部件或其他物品进行搬上、卸下、移动的活动，如装卸、移动、分类、堆码、理货和取货等作业都属于物料搬运活动。

2. 装卸搬运具有附属性、伴生性；支持、保障性；衔接性；均衡与稳定性的特点。

3. 装卸搬运作为物流系统的构成要素之一，具有重大意义，表现在以下几个方面：装卸搬运是连接其他物流主要环节的桥梁；是生产或流通过程的重要组成部分；是影响物流效率的重要环节；是影响物流成本的主要因素。

4. 装卸搬运作业指在物流过程中对货物进行装卸、搬运、堆垛、取货、理货分类等，或与之相关的作业。装卸搬运作业应考虑的因素有：搬运对象、移动、方法、建筑物、人体工学。装卸作业方法主要有：单件装卸、集装作业、散装作业。装卸搬运设备选择考虑因素：以满足现场作业为前提、控制作业费用、装卸搬运机械的配套。

5. 装卸搬运合理化是提高物流效率的重要手段之一，具体措施有：防止和消除无效作业；选择适宜的物料搬运路线；提高物料装卸搬运的活性；实现省力化；充分利用机械，实现规模装卸；推广组合化装卸搬运；重视搬运的连接点；创建物流"复合终端"；重视改善物流系统的总效果。

案例分析

中外改善装卸作业的方法

在汽车运输方面，采用集装箱专业挂车和底盘车。当集装箱由集装箱装卸桥从船舱吊起后，直接卸在专用挂车上，汽车就可以直接接走；又如散装粮食专用车在装卸时，采取汽车的载货部位自动倾翻的办法，不用装卸即可完成卸货任务。

在船舶运输方面，采用滚装船的办法。滚装船是在海上航行的专门用于装运汽车和集装箱的专用船。它是从火车、汽车渡轮的基础上发展而来的一种新型运输船舶。在船尾有一类似登陆艇的巨大跳板和两根收放跳板的起重柱。世界上第一艘滚装船是美国于1958年建成并投入使用的。近年来，世界各国相继建设了一定数量的滚装船，成为远洋船队中一支现代化的新生力量。我国实现滚装化也已有多年，在运载汽车作业上，效果十分显著。如上海江南造船厂建造的24000吨级滚装船，可载4000辆汽车或350个集装箱。在装卸时，集装箱挂车用牵引车拉进拉出船舱；汽车则可直接开进开出。这种船的装卸速度比一般集装箱船快30%，装卸费用比集装箱低三分之二左右；也无需在港口安装大型超重装卸设备。在船舶运输方面，国外又开始使用载驳船。载驳船又称子母船，是将已载货的驳船装在母船上，从事远洋运输的新船型。当到达目的港后，卸下的驳船再顶入或拖入内河，同时母船又装载等候的满载驳船返航。

资料来源：李山赓.现代物流概论[M].北京：北京理工大学出版社，2012，p.122.

思考：

根据案例材料，如何理解装卸搬运的意义与作用？

联华公司先进实用的装卸搬运系统

联华公司创建于 1991 年 5 月，是上海首家发展连锁经营的商业公司。经过 11 年的发展，已成为中国最大的连锁商业企业。2001 年销售额突破 140 亿元，连续 3 年位居全国零售业第一。联华公司的快速发展，离不开高效便捷的物流配送中心的大力支持。目前，联华共有 4 个配送中心，分别是 2 个常温配送中心、1 个便利物流中心、1 个生鲜加工配送中心，总面积 7 万余平方米。

联华便利物流中心总面积 8000 平方米，由 4 层楼的复式结构组成。为了实现货物的装卸搬运，配置的主要装卸搬运机械设备主要为：电动叉车 8 辆、手动托盘搬运车 20 辆、垂直升降机 2 台、笼车 1000 辆、辊道输送机 5 条、数字拣选设备 2400 套。在装卸搬运时，操作过程如下：对来货卸下后，把其装在托盘上，由手动叉车将货物搬运至入库运载处，入库运载装置上升，将货物送上入库输送带。当接到向第一层搬送指示的托盘在经过升降机平台时，不再需要上下搬运，将直接从当前位置经过一层的入库输送带自动分配到一层入库区等待入库；接到向二至四层搬送指示的托盘，将由托盘垂直升降机自动传输到所需楼层。当升降机到达指定楼层时，由各层的入库输送带自动搬送货物至入库区。货物下平台时，由叉车从输送带上取下托盘入库。出库时，根据订单进行拣选配货，拣选后的出库货物用笼车装载，由各层平台通过笼车垂直输送机送至一层的出货区，装入相应的运输车上。

先进实用的装卸搬运系统，为联华便利店的发展提供了强大的支持，使联华便利物流运作能力和效率大大提高。

资料来源：百度文库 wenku.baidu.com/view/8a5be079bd64783e08122b4f.html

思考：
1. 该物流中心装卸搬运系统设计对各平台间的搬送自动化做了哪方面的考虑？
2. 你认为该物流中心装卸搬运系统有改进的余地吗？假如有，如何改进？

练习与思考

一、填空

1. 装卸搬运具有附属性、伴生性、_____、_____、_____的特点。
2. 装卸指物品在指定地点进行的_____为主的物流作业；搬运指物品在同一场所内进行的_____为主的物流作业。
3. 装卸搬运按装卸搬运机械及机械作业方式可分为_____、_____、_____和散装散卸方式。
4. 有效防止和消除无效作业，可从减少装卸搬运次数、_____、_____三个方面入手。
5. 装卸搬运指数的取值范围是_____。

二、单项选择

1. （　　）是物流系统中最基本的功能要素之一。它存在于物流各环节之中，其工作的好坏会直接影响物流系统的效率。

　　A. 运输　　　　　　B. 装卸搬运　　　　　　C. 配送　　　　　　D. 包装

2. 集装放在车上的物料其活性指数为（　　　）。
   A. 1　　　　　　B. 2　　　　　　C. 0　　　　　　D. 3
3. 当物流量大、距离短或距离中等时，可采取（　　　）物流搬运路线。
   A. 直达型　　　　B. 渠道型　　　　C. 中心型　　　　D. 上述都不是
4. 为减少物料装卸搬运工作量，常用（　　　）方法分析装卸搬运状态，作为物料改善装卸搬运的简要提示。
   A. EIQ 分析　　　B. 活性分析　　　C. EQ 分析　　　D. IQ 分析
5. 集装装备的最大优点在于（　　　）。
   A. 集少量货为大量货　　　　　　　B. 单元化
   C. 标准化　　　　　　　　　　　　D. 减少装卸次数
6. 物品放置时要有利于下次搬运、在装上时要考虑便于卸下，这体现了搬运装卸作业的（　　　）原则。
   A. 利用重力的影响和作用　　　　　B. 消除无效搬运
   C. 提高搬运活性　　　　　　　　　D. 合理利用机械
7. 以悬吊方式装卸搬运货物的设备是（　　　）。
   A. 起重机　　　　B. 牵引车　　　　C. 跨车　　　　　D. 堆垛机
8. 装卸搬运标准化原则不包括（　　　）。
   A. 包装尺寸标准化　　　　　　　　B. 包装重量标准化
   C. 作业方法标准化　　　　　　　　D. 设备标准化
9. 选择搬运设备时一般不考虑（　　　）。
   A. 备件及维修因素　　　　　　　　B. 搬运活性和灵活性
   C. 物料的运动方式　　　　　　　　D. 可操作性和使用性
10. 下列选项中属于手动托盘搬运车特点的是（　　　）。
    A. 适合于短距离水平搬运　　　　　B. 适合于短距离垂直搬运
    C. 适合于重大物品搬运　　　　　　D. 适合于重心不稳物品的搬运

三、判断

1. 物料的搬运路线的选择主要考虑物流量的大小。（　　　）
2. 放在传送带上的物料，其装卸搬运活性系数为3。（　　　）
3. 装卸搬运作业指在物流过程中对货物进行装卸、搬运、堆垛、取货、理货分类等，或与之相关的作业。（　　　）
4. 去除煤炭中矸石后装卸，是通过去除无效物质实现装卸搬运合理化。（　　　）
5. 在设计搬运系统时，物料的装卸搬运活性指数越高越好。（　　　）

四、简答

1. 简述装卸搬运的概念与作用。
2. 集装作业方法主要有哪几种？
3. 简述组合化装卸搬运的优点。
4. 如何选择物料装卸搬运的活性指数？
5. 如何选择装卸搬运路线？

第六章

仓储保管

本章学习目标：

1. 掌握仓储保管的内涵；
2. 理解仓储保管在物流系统中的作用与功能；
3. 了解仓库的分类和自动化仓库的分类、优点；
4. 掌握 ABC 分类法及经济订货批量法；
5. 掌握储存合理化的措施。

本章核心概念：

仓储　库存　ABC 分类法　经济订货批量　储存合理化

自动化仓库的困惑

20 世纪 70 年代，北京某汽车制造厂建造了一座高层货架仓库（即自动化仓库）作为中间仓库，存放装配汽车所需的各种零配件。此厂所需的零配件大多数是由其协作单位生产，然后运至其自动化仓库。该厂是我国第一批建造自动化仓库的企业之一。

该仓库结构分高库和整理室两部分，高库采用固定式高层货架与巷道堆垛机结构，从整理室到高库之间设有辊式输送机。当入库的物资包装规格不符合托盘或标准货箱时，则还需要对物资的包装进行重新整理，这项工作是在整理室进行的。由于当时各种物品的包装没有标准化，因此，整理工作的工作量相当大。

物资的出入库是运用电脑操纵与人工操作相结合的人机系统。这套设备在当时来讲是相当先进的。该库建在该厂的东南角，距离装配车间较远，因此，在仓库与装配车间之间需要进行二次运输，即所需的零配件先出库，装车运输到装配车间，然后才能进行组装。

自动化仓库建成后，这个先进设施在企业的生产经营中所起的作用并不理想，其利用率也逐年下降，最后不得不拆除。

资料来源：百度文库 https://wenku.baidu.com/view

思考：
为何该企业的自动化仓库没有发挥其应有作用？

在物流过程中，没有仓储保管就不能解决生产的集中性与消费的分散性的矛盾，也不能解决生产的季节性与消费的常年性的矛盾。因此，仓储保管在物流过程中占有重要地位。马克思在《资本论》中说过："没有商品的储存就没有商品的流通。"有了商品的储存，社会再生产过程中物品的流通过程才能正常进行。然而，随着社会的不断发展，仓储模式也要不断创新。

第一节　仓储保管概述

一、仓储保管的概念

（一）仓储的概念

"仓"也称为仓库（warehouse），为存放、保管、储存物品的建筑物和场地的总称，可以是房屋建筑、大型容器、洞穴或者特定的场地等，具有存放和保护物品的功能。

"储"表示将储存对象收存以备使用，具有收存、保护、管理、储藏物品、交付使用的意思，也称为储存（storing）。

"仓储"则是利用仓库存放、储存未即时使用的物品的行为。

仓储是通过仓库对物资进行储存和保管。它是指在原产地、消费地或者在这两地之间存储商品（原材料、部件、在制品、产成品），并向管理者提供有关存储商品的状态、条件和处理情况等信息。也就是说，仓储是商品离开生产过程尚未进入消费过程的间隔时间内的暂时停滞。

仓储具有静态和动态两种，当产品不能被及时消耗掉，需要专门场所存放时，就产生了静态的仓储；而将物品存入仓库以及对于存放在仓库里的物品进行保管、控制、提供使用等的管理，则形成了动态的仓储。可以说仓储是对有形物品提供存放场所，并在这期间对存放物品进行保管、控制的过程。

仓储包括以下几个要点：仓储是物质产品的生产持续过程，物质的仓储也创造产品的价值；仓储既有静态的物品储存，也包括动态的物品存取、保管、控制的过程；仓储活动发生在仓库等特定的场所；仓储的对象既可以是生产资料，也可以是生活资料，但必须是实物动产。

（二）库存、储备、储存的区别

在物流学中，经常涉及库存、储备及储存这几个概念，而且经常被混淆。其实，三个概念虽有共同之处，但仍有区别，认识这个区别有助于理解物流中"储存"的含义和以后要遇到的零库存概念。

1. 库存

库存有广义和狭义之分。狭义的库存指的是仓库中处于暂时停滞状态的物资。这里要明确两点：其一，物资所停滞的位置，不是在生产线上，不是在车间里，也不是在非仓库中的任何位置，如汽车站、火车站等类型的流通节点上，而是在仓库中；其二，物资的停滞状态可能由任何原因引起，而不一定是某种特殊的停滞。这些原因大体有：①能动的各种形态的储备；②被动的各种形态的超储；③完全的积压。广义的库存指处于储存状态的物品，其停滞的位置不局限于仓库，而可能是加工制造或物流领域的任何地点，如车站、码头等。

由于库存不能马上为企业产生经济效益，同时企业为库存物资承担资金、场地、人员占用而产生的库存成本存在需要控制的一面。另一方面，由于运作中存在着不可避免的不确定因素，库存同时也是企业经营中所必备的，具有积极的一面。因此，控制库存量是企业管理工作中的经常性工作。

2. 储备

物资储备是一种有目的的储存物资的行动，也是这种有目的的行动和其对象总体的称谓。物资储备的目的是保证社会再生产连续不断地、有效地进行。所以，物资储备是一种能动的储存形式，或者说，是有目的的、能动的生产领域和流通领域中物资的暂时停滞，尤其是指在生产与再生产、生产与消费之间的那种暂时停滞。马克思讲的"任何商品，只要它不是从生产领域直接进入消费或个人消费，因而在这个间歇期间处在市场上它就是商品储备的要素"（《马克思恩格斯全集》第24卷，第161页），指的就是这种情况。

储备和库存的本质区别在于：第一，库存明确了停滞的位置，而储备这种停滞所处的地理位置远比库存广泛得多，储备的位置可能在生产及流通中的任何结点上，可能是仓库中的储备，也可能是其他形式的储备；第二，储备是有目的的、能动的、主动的行动，而库存有可能不是有目的的，有可能完全是盲目的。

3. 储存

储存是包含库存和储备在内的一种广泛的经济现象，是一切社会形态都存在的经济现象。马克思指出："产品储存是一切社会所共有的，即使它不具有商品储备形式这种属于流通过程的产品储备形式，情况也是如此。"（《资本论》第2卷，第140页）在任何社会形态中，对于不论什么原因形成停滞的物资，也不论是什么种类的物资在没有进入生产加工、消费、运输等活动之前或在这些活动结束之后，总是要存放起来，这就是储存。这种储存不一定在仓库中也不一定是有储备的要素，而是在任何位置，也有可能永远进入不了再生产和消费领域。但在一般情况下，储存、储备两个概念是不做区分的。

上述几方面的问题，是抽象地对于库存、储备、储存的描述。我们所以予以辩证的目的，是为了使读者认识物流中"储存"是一个非常广泛的概念。物流学要研究的就是包括储备、库存在内的广义的储存概念。和运输的概念相对应，储存是以改变"物"的时间状态为目的的活动，从克服产需之间的时间差异中获得更好的效用。

二、仓储保管的作用

仓储系统是企业物流系统中不可缺少的子系统。物流系统的整体目标是以最低成本提供令客户满意的服务，而仓储系统在其中发挥着重要作用。由于仓储在时间上协调原材料、产成品的供需，起着缓冲和平衡调节的作用，可以为客户在需要的时间和需要的地点提供适当的产品，从而提高产品的时间效用。因此，仓储活动能够促进企业提高客户服务的水平，增强企业的竞争力，但仓储的作用有两面性的特点。

（一）仓储的正作用

1. 仓储是物流的主要功能要素之一

在物流体系中，运输和仓储被称为两大支柱。运输承担着改变物品空间状态的重任；仓储则承担着改变物品时间状态的重任。

2. 仓储是整个物流业务活动的必要环节之一

仓储作为物品在生产过程中各间隔时间内的物流停滞，是保证生产正常进行的必要条件，它使上一步生产活动顺利进行到下一步生产活动。

3. 仓储是保持物资原有使用价值和物资使用合理化的重要手段

生产和消费的供需在时间上的不均衡、不同步，造成物资使用价值在数量上减少，质量上降低。只有通过仓储才能减小物资损害程度，防止产品一时过剩浪费，使物品在效用最大的时间发挥作用，充分发挥物品的潜力，实现物品的最大效益。

4. 仓储是加快资金周转、节约流通费用、降低物流成本、提高经济效益的有效途径

有了仓储的保证，就可以免除加班赶工的费用，免除紧急采购的成本增加。同时，仓储也必然会消耗一定的物化劳动和活劳动，还大量地占用资金，这些都说明仓储节约的潜力是巨大的。通过仓储的合理化，就可以加速物资的流通和资金的周转，从而节省费用支出，降低物流成本，开拓"第三利润源泉"。

（二）仓储的逆作用

仓储是物流系统中一种必要的活动，但也经常存在冲减物流系统效益、恶化物流系统运行的趋势。甚至有人明确提出，仓储中的库存是企业的"癌症"，因为仓储会使企业付出巨大代价。这些代价主要包括：

1. 固定费用和可变费用支出

仓储要求企业在仓库建设、仓库管理、仓库工作人员工资、福利等方面支出大量的成本，费用开支增高。

2. 机会损失

储存物资占用资金以及资金利息，如果用于另外项目可能会有更高的收益。

3. 陈旧损失与跌价损失

随着储存时间增加，存货时刻都在发生陈旧变质，严重的更会完全丧失价值及使用价值。同时，一旦错过有利销售期，又会因为必须低价贱卖，不可避免地出现跌价损失。

4. 保险费支出

为了分担风险,很多企业对储存物采取投保缴纳保险费方法。保险费支出在仓储物资总值中占了相当大的比例。在信息经济时代,社会保障体系和安全体系日益完善,这个费用支出的比例还会呈上升的趋势。

上述各项费用支出都是降低企业效益的因素。再加上在企业全部运营中,仓储对流动资金的占用达到 40%～70%的高比例,有的企业库存在某段时间甚至占用了全部流动资金,使企业无法正常运转。由此可见,仓储既有积极的一面,也有消极的一面。只有考虑到仓储作用的两面性,尽量使仓储合理化,才能有利于物流业务活动的顺利开展。

三、仓储的功能

(一)储存功能

现代社会生产的一个重要特征就是专业化和规模化生产,劳动生产率极高,产量巨大,绝大多数产品都不能被及时消费,需要经过仓储手段进行储存,这样才能避免生产过程堵塞,保证生产过程能够继续进行。另一方面,对于生产过程来说,适当的原材料、半成品的储存,可以防止因缺货造成的生产停顿。而对于销售过程来说,储存尤其是季节性储存可以为企业的市场营销创造良机。适当的储存是市场营销的一种战略,它为市场营销中特别的商品需求提供了缓冲和有力的支持。

(二)保管功能

生产出的产品在消费之前必须保持其使用价值,否则将会被废弃。这项任务就需要由仓储来承担,在仓储过程中对产品进行保护、管理,防止损坏而丧失价值。如水泥受潮易结块,使其使用价值降低,因此在保管过程中就要选择合适的储存场所,采取合适的养护措施。

(三)加工功能

保管物在保管期间,保管人根据存货人或客户的要求对保管物的外观、形状、成分构成、尺度等进行加工,使仓储物发生所期望的变化。加工主要包括:

(1)为保护产品进行的加工,如对保鲜、保质要求较高的水产品、肉产品、蛋产品等食品,可进行冷冻加工、防腐加工、保鲜加工等;对金属材料可进行喷漆、涂防锈油等防锈蚀的加工。

(2)为适应多样化进行的加工,如对钢材卷板的舒展、剪切加工;对平板玻璃的开片加工;以及将木材改制成方材、板材等。

(3)为使消费者方便、省力的加工,如将木材直接加工成各种型材,可使消费者直接使用;将水泥制成混凝土拌和料,只需稍加搅拌即可使用等。

(4)为提高产品利用率的加工,如对钢材、木材的集中下料,搭配套材,减少边角余料,可节省原材料成本和加工费用。

(5)为便于衔接不同的运输方式,使物流更加合理的加工,如散装水泥的中转仓库担负起散装水泥装袋的流通加工及将大规模散装转化为小规模散装的任务,就属于这种形式。

(6)为实现配送进行的流通加工,仓储中心为实现配送活动,满足客户对物品的供应数量、供应构成的要求,可对配送的物品进行各种加工活动,如拆整化零,定量备货,把沙子、水泥、石子、水等各种材料按比例要求转入水泥搅拌车可旋转的罐中,在配送的途中进行搅拌,到达施工现场后,混凝土已经搅拌好,可直接投入使用。

(四)整合功能

整合是仓储活动的一个经济功能。通过这种安排,仓库可以将来自多个制造企业的产品或原材料整合成一个单元,进行一票装运。其好处是有可能实现最低的运输成本,也可以减少由多个供应商向同一客户进行供货带来的拥挤和不便。

为了能有效地发挥仓储整合功能,每一个制造企业都必须把仓库作为货运储备地点,或用作产品分类和组装的设施。这是因为,整合装运的最大好处就是能够把来自不同制造商的小批量货物集中起来形成规模运输,使每一个客户都能享受到低于其单独运输的成本的服务。

(五)分类和转运功能

分类就是将来自制造商的组合订货分类或分割成个别订货,然后安排适当的运力运送到制造商指定的个别客户。

仓库从多个制造商处运来整车的货物,在收到货物后,如果货物有标签,就按客户要求进行分类;如果没有标签,就按地点分类,然后货物不在仓库停留直接装到运输车辆上,装满后运往指定的零售店。同时,由于货物不需要在仓库内进行储存,因而,降低了仓库的搬运费用,最大限度地发挥了仓库装卸设施的功能。

(六)支持企业市场形象的功能

尽管市场形象的功能所带来的利益不像前面几个功能带来的利益那样明显,但对于一个企业的营销主管来说,仓储活动依然能被其重视起来。

因为从满足需求的角度看,从一个距离较近的仓库供货远比从生产厂商处供货方便得多,同时,仓库也能提供更为快捷的递送服务。这样会在供货的方便性、快捷性以及对市场需求的快速反应性方面,为企业树立一个良好的市场形象。

(七)市场信息的传感器

任何产品的生产都必须满足社会的需要,生产者都需要把握市场需求的动向。社会仓储产品的变化是了解市场需求极为重要的途径。仓储量减少,周转量加大,表明社会需求旺盛;反之则为需求不足。厂家存货增加,表明其产品需求减少或者竞争力降低,或者生产规模不合适。仓储环节所获得的市场信息虽然比销售信息滞后,但更为准确和集中,且信息成本较低。现代企业生产特别重视仓储环节的信息反馈,将仓储量的变化作为决定生产的依据之一。现代物流管理特别重视仓储信息的收集和反应。

(八)提供信用的保证

在大批量货物的实物交易中,购买方必须检验货物、确定货物的存在和货物的品质,方可成交。购买方可以到仓库查验货物。由仓库保管人出具的货物仓单是实物交易的凭证,可以作为对购买方提供的保证。仓单本身就可以作为融资工具,可以直接使用仓单进行质押。

(九)现货交易的场所

存货人要转让已在仓库存放的商品时,购买人可以到仓库查验商品取样化验,双方可以在仓库进行转让交割。在国内众多的批发交易市场,就既是有商品存储功能的交易场所,又是有商品交易功能的仓储场所。众多具有便利交易条件的仓储都提供交易活动服务,甚至部分形成有影响力的交易市场。近年来我国大量发展的阁楼式仓储商店,就是仓储功能高度发展、仓储与商业密切结合的结果。

第二节 仓 库

一、仓库的概念

(一)对仓库的认识

一方面,将仓库看作是"必不可少的邪恶",认为仓库仅仅担负着存贮产品的功能,但却增加了整个物品的配送成本,并产生了额外的仓库作业成本。另一方面,仓库作为企业物流系统中一个必不可少的环节,在生产和消费之间架起了沟通的纽带。

第二次世界大战以后,人们越来越关注仓库的使用效率和使用成本,一些企业对是否应该拥有如此之多的仓库提出了疑问。

在 20 世纪 60 年代和 70 年代,仓库管理主要专注于新技术的应用,以便寻求更好的方法来代替传统的手工操作。在这期间,仓库管理技术水平的提高已经影响了仓库作业过程的每一个环节。

在 80 年代,仓库管理的焦点是对仓库系统的设备配置和搬运技术进行合理的整合集成,人们越来越注重仓库的整体效益。

在 90 年代,仓库管理集中在增强仓库的灵活性和信息技术的有效利用上,以适应顾客需求的个性化特征和市场需求的不确定性。

(二)仓库的定义

《中华人民共和国国家标准物流术语》(GB/T 18354—2006)对仓库的定义是:保管、存储物品的建筑物和场所的总称。仓库在生产和销售环节的流通过程中担负着存储物品(包括原材料、零部件、在制品和产成品等)的职能,并提供有关存储物品的信息以供管理决策之用。

二、仓库的分类

仓库按不同的标准可进行不同的分类。按用途、结构、保管方式、仓库功能及仓库选址等方面的情况，可将仓库分类如下：

（一）按用途分类

1. 自有仓库

自有仓库指各企业为了保管本公司的物品（原料、半成品、产成品）而建设的仓库。

2. 营业仓库

按照仓库业管理条例取得营业许可，保管他人物品的仓库称营业仓库。营业仓库是社会化的一种仓库，面向社会，以经营为手段、以营利为目的。与自有仓库相比，营业仓库的使用效率要高。

3. 公共仓库

国家或企业向社会提供的仓库，专门向客户提供相对标准的仓库服务。公共仓库在企业物流系统中扮演着极其重要的角色。

4. 保税仓库及保税堆货场

根据有关法律和进出口贸易的规定取得许可，专门保管国外进口而暂未纳税的进出口货物的仓库，称保税仓库。堆货场是指为了销货、中继作业等临时放置货物的设施。保税堆货场是为了搬运进出口货物、通关，进行临时保管货物的建筑物。

（二）按结构和构造分类

1. 平房仓库

平房仓库是指仓库建筑物是平房，结构很简单，有效高度一般不超过 5～6 米的仓库，如图 6-1 所示。这种仓库建筑费用很便宜，可以广泛采用。

图 6-1　平房仓库

2. 多层仓库（或楼房仓库）

多层仓库（或楼房仓库）指仓库为两层以上的建筑物，是钢筋混凝土建造的仓库，如图 6-2 所示。建造多层仓库可以扩大仓库实际使用面积。

图 6-2　楼房仓库

3. 高层货架仓库（或立体仓库）

高层货架仓库（或立体仓库）指利用高层货架配以货箱或托盘储存货物，利用巷道堆垛机及其他机械进行作业的仓库，如图 6-3 所示。

图 6-3　高层立体仓库

4. 散装仓库

散装仓库是指专门保管散粒状或粉状物资的容器式仓库。

5. 罐式仓库

罐式仓库以各种罐体为储存库的大型容器型仓库，如球罐库、柱罐库等，如图 6-4 所示。

图 6-4　罐式仓库

（三）按仓库功能分类

1. 生产仓库

为企业生产或经营储存原材料、燃料及产品的仓库，称生产仓库，也有的称为原料仓库或成品仓库。

2. 储备仓库

专门长期存放各种储备物资，以保证完成各项储备任务的仓库，称储备仓库。例如，为完成战略物资储备、季节物资储备、备荒物资储备、流通调节储备等的仓库。

3. 集配型仓库

以组织物资集货配送为主要目的的仓库，称集配型仓库。

4. 中转分货型仓库

配送型仓库中的单品种、大批量型仓库，其储备作用又类似储备型仓库。

5. 加工型仓库

以流通加工为主要目的的仓库称为加工型仓库。一般的加工型仓库是集加工厂和仓库的两种职能，将商品的加工仓储业务结合在一起。

6. 流通仓库（类似配送中心）

专门从事中转、代存等流通业务的仓库，称为流通仓库。这种仓库主要以物流中转为主要职能。在运输网点中，也以换载为主要职能。

三、自动化仓库

自动化仓库的产生和发展是第二次世界大战之后生产和技术发展的结果。50 年代初，美国出现了采用桥式堆垛起重机的立体仓库；50 年代末 60 年代初出现了司机操作的巷道式堆垛起重机立体仓库；1963 年美国率先在高架仓库中采用计算机控制技术，建立了第一座计算机控制的立体仓库。此后，自动化立体仓库在美国和欧洲得到迅速发展，并形成了专门的学科。60 年代中期，日本开始兴建立体仓库，并且发展速度越来越快，成为当今世界上拥有自动化立体仓库最多的国家之一。

我国对自动化仓库及其物料搬运设备的研制开始并不晚，1963 年研制成第一台桥式堆垛起重机（机械部北京起重运输机械研究所），1973 年开始研制我国第一座由计算机控制的自动化立体仓库（高 15 米，机械部起重所负责），该库 1980 年投入运行。到 2003 年为止，我国自动化立体仓库数量已超过 200 座。这些仓库使用在机器制造业、电器制造业、航空港、轻工和化工企业、商储业、军需部门等。自动化立体仓库由于具有很高的空间利用率、很强的入出库能力、采用计算机进行控制管理而利于企业实施现代化管理等特点，已成为企业物流和生产管理不可缺少的仓储技术，越来越受到企业的重视。

（一）自动化仓库的定义

自动化仓库又称立体仓库或高架仓库、自动存取系统（automatic storage & retrieval system，AS/RS），它一般指采用几层、十几层甚至几十层高的货架，用自动化物料搬运设备进行货物出库和入库作业的仓库。由于这类仓库能充分利用空间进行储存，故形象地称为立体仓库。《中华人民共和国国家标准物流术语》（GB/T 18354—2006）对立体仓库的定义是：采用高层货架配以货箱或托盘存储货物，用巷道堆垛起重机及其他机械进行作业的仓库。在立体仓库中，货架的高度一般大于单层库房高度。

自动化仓库一般由货架、巷道堆垛机、物料出入库输送设备、仓储管理与控制系统等部分组成，如图 6-5 所示。自动化立体仓库不仅是过去那种只有建筑物的仓库，还具有在分拣、理货的同时不需直接人工处理就能自动地存储和取出物料的仓库。它使用多层货架、能在巷道内的任何货位存储并取出货物的搬运车，以及计算机控制和通信系统，有的系统可以直接与其他生产控制系统相联。

自动化仓库是一个复杂的综合自动化系统，也是生产物流的重要组成部分。

随着现代工业生产的发展，柔性制造系统、计算机集成制造系统和工厂自动化对自动化提出了更高的要求，搬运仓储技术要具有更可靠、更实时的信息。工厂和仓库中的物流必须伴随着并行的信息流，信息技术深刻地影响着自动化仓库的发展进步。

搬运设备是自动化仓库中的重要设备。它们一般是由电力来驱动的，通过自动或手动控制，实现把货物从一处搬到另一处，如自动导引小车和有轨台车等。图 6-6 为叉车式 AGV。

图 6-5　高层货架和巷道堆垛机　　　　图 6-6　叉车式 AGV

输送设备也是立体仓库中不可缺少的设备，具有把各物流站点衔接起来的作用。常见输送设备有辊式、链式、轮式、带式、滑板式输送机等多种形式。辊式输送机，如图 6-7 所示。

图 6-7　辊式输送机

（二）自动化仓库的优点

历史和现实已充分证明，使用自动化仓库能够产生巨大的社会效益和经济效益。自动化仓库的优点主要有以下几个方面：

（1）立体仓库能大幅度增加仓库高度，充分利用仓库面积与空间，减少占地面积。

（2）便于实现仓库的机械化、自动化，从而提高出、入库效率，降低物流成本。

（3）提高仓库管理水平。借助于计算机管理能有效地利用仓库储存能力，便于清点盘存，合理减少库存，节约流动资金。自动化仓库的信息系统可以方便地融入整个企业资源管理系统中，使企业物流更为合理化，减少了非增值物流过程。

（4）由于采用货架储存，并结合计算机管理，可以容易地实现先进先出的出入库原则，防止储存原因造成的货物损失。

（5）采用自动化技术后，立体仓库能适应黑暗、有毒、低温等特殊场合的需要。

（6）自动化仓库有仓储信息管理系统 WMS，数据及时准确，便于企业领导随时掌握库存情况，根据生产及市场状况及时对企业规划做出调整，提高了生产的应变能力和决策能力。

总之,自动化立体仓库的出现,使传统的仓储观念发生了根本性的变化。原来那种固定货位、人工搬运和码放、人工管理、以储存为主的仓储作业已改变为自由选择货位、按需要实现先进先出的机械化、自动化仓储作业。

在提高储存效率的同时,借助自动化仓库系统,还可以实现对货物进行自动拣选、组配。自动化立体仓库的出货管理可以实现按实际需求,将库存货物按指定的数量和时间要求自动送到合适的地点,满足均衡生产的需要。可以说,立体仓库的出现,使"静态仓库"变成了"动态仓库"。

(三) 自动化仓库的分类

1. 按货架高度分

根据货架高度不同,可细分为高层立体仓库(15米以上)、中层立体仓库(5~15米)及低层立体仓库(5米以下)等。

由于高层立体仓库造价过高,对机械装备要求特殊,且安装难度较大,因而相对建造较少;低层立体仓库主要用于老库改造,是提高老库技术水平和库容的可行之路;目前较多的是中层立体仓库。

2. 按货架构造分类

(1) 单元货格式立体仓库

单元货格式立体仓库是一种标准格式的通用性较强的立体仓库,其特点是每层货架都是由同一尺寸的货格组成,货格开口面向货架之间的通道,装取货机械在通道中行驶并能对左、右两边的货架进行装、取作业。每个货格中存放一个货物单元或组合货物单元。

货架以两排为一组,组间留有通道。所以这种仓库需留有较多的通道,面积利用率不太高(约为60%),空间利用率较高。

单元货格式立体仓库可用多种起重装卸机械进行作业。一般而言,中、高层主要采用沿轨道行驶的巷道起重机,以保证能在狭窄的巷道内进行作业,低层立体仓库和中层立体仓库中高度较低者,也采用一般叉车或高架叉车进行作业,为减少叉车转弯所需的通道宽度,叉车不从正面进行作业,而采取侧叉式叉车作业。

(2) 贯通式立体仓库

贯通式立体仓库又称流动型货架仓库,贯通式立体仓库是一种密集型的仓库,这种仓库货架之间没有间隔,不留通道,货架紧靠在一起,实际上成了一个货架组合整体。这种货架独特之处在于,每层货架的每一列纵向贯通,像一条条隧道,隧道中能依次放入货物单元,使货物单元排成一列。货架结构一端高一端低,使贯通的通道成一定坡度。在每层货架底部安装滑道、辊道或在货物单元装备(如货箱、托盘)底部安装轮子,则货物单元便可在其自身重力作用下沿坡道高端自动向低端运动。如果单元货物容器有自行运行机构,或货架中安装相应机构,货架也可水平安装而不需坡度。

这种货架运行方式是从货架高端送入单元货物(进货),单元货物自动向低端运动,从低端出库。或一端送入,在行走机构推动下运动到另一端。这种立体仓库主要优点是:

①这种货架全部紧密排列,因而仓库平面利用率和容积利用率可大幅度提高,可达90%。

②只在高低两端进行作业,也大大节省了设备和机械运行消耗。

③这种仓库严格实行货物的先进先出,有效防止呆滞货存在。

④这种仓库的货架两端是独立的进库和出库操作区域,有利于规划仓库作业区,防止进出库作业互相干扰及管理混乱的问题,有利于文明管理和提高工作效率。

⑤这种货架储存单元货物,每单元货物又有各自的托盘或货箱保护,又不需堆码,所以可减少货物的损失。

⑥各条货格通道中分别存放不同物资,所以不会发生一般仓库不同货格混存时常见的混杂、混乱等差错事故。

⑦有利于多品种、多规格、小批量、多批次商品储存和规划,有利于有秩序地进货和出货。

⑧规划整齐,有利于无人自动操作和电子计算机管理。

这种货架主要缺点是:

① 每一通道中只能存入同种物资,所以存货种类有限,也很难灵活进行存储。

②由于通道大小、长度一样,每一种货物存储容量大致相同,或成倍相差,因此,往往出现某些通道货位不够、某些通道有多余货位的不平衡,也会降低利用率。

③这种仓库技术要求较高,设备制造及仓库建筑的精密度要求较高,对托盘、货箱等单元载体要求也较高,要防止重力滑动中的卡死,一旦卡死,故障排除难度较大。

④这种仓库结构是钢结构,造价较高也是其缺点。

这种仓库的适用领域:

①在拥挤地区的工厂或流通仓库的储备库,主要用于减少占地面积而提高储存量。

②用做配送中心的拣选仓库,尤其是成单元件的自动拣选。

③用于站台发货仓库,发货端于站台之上,有利于提高装车速度,减少装车距离。

(3)自动化柜式立体仓库

自动化柜式立体仓库是小型可移动的封闭式立体仓库,由柜外壳、控制装置、操作盘、储物箱及传动机构组成。其主要特点是小型化、轻量化、智能化,尤其是封闭性强,有很强的保密性。适合于贵重的电子元件、贵金属、首饰、资料文献、档案材料、音像制品、证券票据等的储存。

(4)条型货架立体仓库

货架每层都伸出支臂,专门利用侧式叉车进出货,用于存放条型、筒型货物的立体仓库。

3. 按建筑物构造分类

(1)整体式立体仓库

高层货架与建筑物是一体,高层货架不能单独拆装。这种仓库,高层货架兼仓库的支撑结构,仓库不再单设柱、梁。货架顶部铺设屋面,货架也起屋架作用,是一种永久性设施,这种仓库造价可获一定程度的节约。

(2)分离式立体仓库

建筑物与高层货架不是联结为一体,而是分别建造。一般是在建筑物完成之后,按设计及规划在建筑物内部安装高层货架及相关的机械装备。分离型立体仓库可以不形成永久性设施，可按需要进行重新安装和技术改造，因此比较机动。一般说来，由于是分别建造，造价较高。分离型立库仓库也适合旧车改造时采用。

目前，国外自动化立体仓库的发展趋势之一是由整体式向分离式发展，因为整体式自动化立体仓库的建筑物与货架是固定的，一经建成便很难更改，应变能力差，而且投资高、施工周期长。

四、按仓储运作方式划分的仓储模式选择

按仓储活动运作方式划分，仓储模式分为自有仓库仓储、公共仓库仓储、第三方仓储。

1. 自有仓库仓储

自有仓库仓储指企业通常自己建设、管理仓库，为自身经营提供仓储服务。自有仓库仓储的优缺点，如表 6-1 所示。

表 6-1　自有仓库仓储的特点

	自有仓库仓储
优点	1. 可以根据企业特点加强仓储管理。 2. 可以依照企业的需要选择地址和修建特需的设施。 3. 长期仓储时成本低。 4. 可以为企业树立良好形象。
缺点	1. 存在位置和结构的局限性。 2. 企业的部分资金被长期占用。

2. 公共仓库仓储

公共仓库仓储指企业通常租赁为一般公众提供营业性服务的公共仓库进行储存。公共仓库仓储的优缺点，如表 6-2 所示。

表 6-2　公共仓库仓储的特点

	公共仓库仓储
优点	1. 需要保管时，保证有场所；不需要保管时，不用承担仓库场地空闲的无形损失。 2. 有专家进行保管和进出货物的工作，管理安全。 3. 不需仓库建设资金。 4. 可以根据市场需求变化选择仓库的租月面积与地点。
缺点	1. 当货物流通量大时，仓库保管费与自家仓库相比较高。 2. 所保管的货物需遵守营业仓库的各种限制规则。

3. 第三方仓储

第三方仓储（third-party warehousing）或称合同仓储（contract warehousing），指企

业将仓储物流活动转包给外部公司，由外部公司为企业提供仓储物流服务。第三方仓储的优缺点，如表 6-3 所示。第三方仓储不同于一般的租赁仓库仓储，它能够提供专业化的高效、经济和准确的分销服务。第三方仓储公司与传统仓储公司相比，能为货主提供特殊要求的空间、人力、设备和特殊服务。

表 6-3　第三方仓储的特点

	第三方仓储
优点	1.有利于企业有效利用资源。
	2.有利于企业扩大市场。
	3.有利于企业进行新市场的测试。
	4.有利于企业降低运输成本。
缺点	对物流活动失去直接控制。

自建仓库仓储和租赁公共仓库仓储各有其优点，企业决策的依据是物流的总成本最低。

租赁公共仓库的成本只包含可变成本。随着存储总量的增加，租赁的空间就会增加。由于公共仓库一般按所占用空间来收费，这样成本就与总周转量成正比，其成本函数是线性的。而自有仓储的成本结构中存在固定成本。由于公共仓库的经营具有盈利性质，因此自有仓储的可变成本的增长速率通常低于公共仓储成本的增长速率。当总周转量达到一定规模时，两条成本线相交，即成本相等。这表明在周转量较低时，公共仓储是最佳选择。随着周转量的增加，由于可以把固定成本均摊到大量存货中，使用自有仓库更经济，如图 6-8 所示。

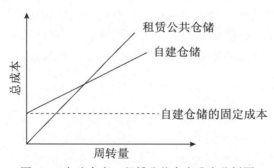

图 6-8　自建仓库、租赁公共仓库成本分析图

一个企业采取哪种仓储模式需要考虑以下因素：

1. 周转总量

由于自有仓库的固定成本相对较高，而且与使用程度无关，因此必须有大量存货来分摊这些成本，使自有仓储的平均成本低于公共仓储的平均成本。因此，如果存货周转量较高，自有仓储更经济。相反，当周转量相对较低时，选择租赁公共仓储或第三方仓储更为明智。

2. 需求稳定性

需求稳定性是自建仓库的一个关键因素。许多厂商具有多种产品线，使仓库具有稳定的周转量，因此自有仓储的运作更为经济。

3. 市场密度

市场密度较大或供应商相对集中，有利于修建自有仓库。这是因为零担运输费率相对较高，经自有仓库拼箱后，整车装运的运费率会大大降低。相反，市场密度较低，则在不同地方使用几个公共仓库或采用第三方仓储要比一个自有仓库服务一个很大地区更经济。

表6-4　不同仓储模式影响因素的比较

仓储模式	周转总量		需求的稳定性		市场密度	
	大	小	是	否	集中	分散
自建仓库仓储	√	×	√	×	√	×
租赁仓库仓储	√	√	√	√	√	√
第三方仓储	√	√	√	√	√	√

五、按仓储集中程度划分的仓储模式选择

按仓储集中程度划分，仓储模式可分为集中仓储和分散仓储。

（一）集中仓储

以一定的较大批量集中于一个场所之中的仓储活动称为集中仓储。集中仓储是一种大规模储存的方式，可以利用"规模效益"，有利于仓储作业机械化、自动化，有利于应用先进仓储技术。集中仓储从储存的调节作用来看，有比较强的调节能力及对需求的更大的保证能力，集中仓储的单位仓储费用较低，经济效果较好。

（二）分散仓储

分散仓储是较小规模的储存方式，往往和生产企业、消费者、流通企业相结合，不是面向社会而是面向某一企业的仓储活动。因此，仓储量取决于企业生产或消费要求的经营规模。分散仓储的主要特点是容易和需求直接密切结合，仓储位置离需求地很近，但是由于数量有限，保证供应的能力一般较小。同样的供应保证能力，集中仓储总量远低于分散仓储总量之和，周转速度也高于分散仓储，资金占用量也低于分散仓储占用之和。

企业的库存是集中仓储还是分散仓储，也是企业仓储管理的一项重要内容。只有单一市场的中小规模的企业通常只需一个仓库，而产品市场遍及全国各地的大规模企业通常需要多个仓库，需要经过仔细分析和慎重考虑才能作出正确选择。

仓库数量的决策要与运输方式的决策相协调。例如，一个或两个具有战略性选址的仓库结合空运就能在全国范围内提供快速服务，尽管空运的成本相对较高，但却降低了

仓储和库存成本。由于运输方式的多样性，尤其需要与其他仓储决策结合考虑，使得仓库数量决策变得非常复杂。与仓库数量决策密切相关的是仓库的规模与选址。如果企业租赁公共仓库，那么仓库规模问题相对重要，但通常租赁的仓储空间可以根据不同地点的需求及时扩大或缩小，选址决策的重要性就相对小一些。尽管企业需要决定在何地租赁公共仓库，但仓库的位置是确定的，而且决策是暂时的，可以根据需要随时改变。如果企业自建仓库，尤其对于市场遍及全国甚至全球的大型企业来说，仓库的规模与选址就变得极为重要。

第三节　库存及其控制方法

一、库存的作用

（一）库存的积极作用

1. 维持销售产品的稳定

销售预测型企业对最终销售产品必须保持一定数量的库存，其目的是应付市场的销售变化。这种方式下，企业并不预先知道市场真正需要什么，只是按对市场需求的预测进行生产，因而产生一定数量的库存是必需的。但随着供应链管理的形成，这种库存也在减少或消失。

2. 维持生产的稳定

企业按销售订单与销售预测安排生产计划，并制订采购计划，下达采购订单。由于采购的物品需要一定的提前期，这个提前期是根据统计数据或者是在供应商生产稳定的前提下制订的，但存在一定的风险，有可能会拖后而延迟交货，最终影响企业的正常生产，造成生产的不稳定。为了降低这种风险，企业就会增加材料的库存量。

3. 平衡企业物流

企业在采购材料、生产用料、在制品及销售物品的物流环节中，库存起着重要的平衡作用。采购的材料会根据库存能力（资金占用等），协调来料收货入库。同时对生产部门的领料应考虑库存能力、生产线物流情况（场地、人力等）平衡物料发放，并协调在制品的库存管理。另外，对销售产品的物品库存也要视情况进行协调（各个分支仓库的调度与出货速度等）。

4. 平衡流通资金的占用

库存的材料、在制品及成品是企业流通资金的主要占用部分，因而库存量的控制实际上也是进行流通资金的平衡。例如，加大订货批量会降低企业的订货费用，保持一定量的在制品库存与材料会节省生产交换次数，提高工作效率，但这两方面都要寻找最佳控制点。

（二）库存的消极作用

库存的消极作用主要表现在以下几个方面。

1. 占用企业大量资金
2. 增加了企业的产品成本与管理成本

库存材料的成本增加直接增加了产品成本,而相关库存设备、管理人员的增加也加大了企业的管理成本。

3. 掩盖了企业众多管理问题

例如,过量的库存掩盖了经常性的产品或零部件的制造质量问题。当废品率和返修率很高时,一种很自然的做法就是加大生产批量和在制品、产成品库存,从而掩盖了供应商的供应质量、交货不及时问题等。

二、库存的分类

库存有不同的形式,从不同的角度可以对库存进行多种不同的分类。

(一)按其在生产过程和配送过程中所处的状态分类

按其在生产过程和配送过程中所处的状态进行分类,库存可分为原材料库存、在制品库存、维修库存和产成品库存,如图6-9所示。

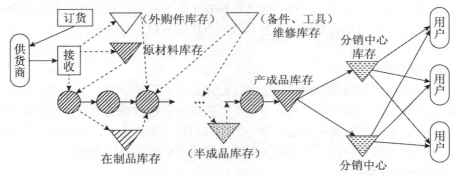

图6-9 库存的分类

原材料库存(production inventory)包括原材料、零件和部件。这部分库存可能是符合生产者自己标准的特殊商品。

在制品库存(in-process inventory)包括在产品生产的不同阶段的半成品。

维修库存(maintenance/repair/operating inventory)包括用于维修与养护的经常消耗的物品或部件,如石油润滑脂和机器零件,不包括产成品的维护活动所用的物品或部件。

产成品库存(finished goods inventory)是准备运送给消费者的完整的或最终的产品,这种库存通常由不同于原材料库存的职能部门来控制,如市场或物流部门。

这几种库存可以存放在一条供应链上的不同位置。原材料库存可以放在两个位置:供应商或生产商之处。原材料进入生产企业后,依次通过不同的工序,每经过一道工序,附加价值都有所增加,从而成为不同水准的在制品库存。当在制品库存在最后一道工序被加工完后,变成完成品。完成品也可以放在不同的储存点:生产企业内、配送中心、零售点直至转移到最终消费者手中。

（二）按库存的作用分类

库存可分为周转库存、安全库存、调节库存和在途库存四种。

周转库存的产生是基于这样的思想：采购批量或生产批量越大，单位采购成本或生产成本就越低（节省订货费用或作业交换费用得到数量折扣），因而采用批量购入或批量生产。这种由批量周期性地形成的库存就称为周转库存。这里有两个概念，一个是订货周期，即两次订货之间的间隔时间；再一个是订货批量，即每次订货的数量。这二者之间的关系是显而易见的，每次订货批量越大，两次订货之间的间隔也越长，周转库存量也越大。由于周转库存的大小与订货的频率成反比，因此，如何在订货成本和库存成本之间进行权衡选择是决策时主要考虑的因素。

安全库存是为了防止由于不确定因素（如大量突发性订货、交货期突然等）而准备的缓冲库存。例如，供货商没能按预订的时间供货、生产过程中发生意外的设备故障导致停工等。

调节库存是用于调节需求或供应的不均衡、生产速度与供应速度不均衡、各个生产阶段的产出不均衡而设置的。例如，季节性需求产品（如空调等一些家用电器），为了保持生产能力的均衡，在淡季生产的产品置于调节库存，以备满足旺季的需求。有些季节性较强的原材料或供应商的供应能力不均衡时，也需设置调节库存。

在途库存指正处于运输以及停放在相邻两个工作地之间或相邻两个组织之间的库存。这种库存是一种客观存在，而不是有意设置的。在途库存的大小取决于运输时间以及该期间内的平均需求。

（三）按用户对库存的需求特性分类

库存可分为独立需求库存与相关需求库存。独立需求库存是指用户对某种库存物品的需求与其他种类的库存无关，表现出对这种库存需求的独立性。从库存管理的角度来说，独立需求库存是指那些随机的、企业自身不能控制而是由市场所决定的需求，这种需求与企业对其他库存产品所做的生产决策没有关系，如用户对企业最终完成品、维修备件等的需求。

相关需求是指与其他需求有内在相关性的需求，根据这种相关性，企业可以精确地计算出它的需求量和需求时间，它是一种确定型需求。例如，用户对企业完成品的需求一旦确定，与该产品有关的零部件、原材料的需求就随之确定，对这些零部件、原材料的需求就是相关需求。这里主要讨论的是独立需求的库存控制问题。

对于独立需求库存，由于其需求时间和数量都不是由企业本身所能控制的，所以不能像相关需求那样来处理，只能采用"补充库存"的控制机制，将不确定的外部需求问题转化为对内部库存水平的动态监视与补充的问题。

三、库存管理的目标

（一）成本最低

这是企业需要通过降低库存成本以降低生产总成本、增加盈利和增加竞争能力所选择的目标。

(二) 保证程度最高

企业有很多的销售机会,相比之下压低库存意义不大,这就特别强调库存对其他经营、生产活动的保证,而不强调库存本身的效益。企业通过增加生产以扩大经营时,往往选择这种控制目标。

(三) 不允许缺货

企业由于技术、工艺条件决定不允许停产,则必须以不缺货为控制目标,才能起到不停产的保证作用。企业某些重大合同必须以供货为保证,否则会受到巨额赔偿的惩罚时,可制定不允许缺货的控制目标。

(四) 限定资金

企业必须在限定资金预算前提下实现供应,这就需要以此为前提进行库存的一系列控制。

(五) 快捷

库存控制不依本身经济性来确定目标,而依大的竞争环境系统要求确定目标,这常常出现以最快速度实现进出货为目标来控制库存。

四、库存成本

库存成本是和库存系统的经营活动有关的成本,主要由以下几部分组成:购买成本、订货成本、储存成本、缺货成本。

1. 购买成本

购买成本指单位购入价格,包括购价和运费。

2. 订货成本

订货成本指向外部供应商发出采购订单的成本,包括提出请购单、分析供应商、填写采购订货单、来料验收、跟踪订货以及完成交易所必须的各项业务费用。

3. 储存成本

储存成本也叫持有成本,是指为保持存货而发生的成本,可分为固定成本和变动成本。固定成本与库存数量的多少无关,包括仓库折旧、仓库职工的固定工资等;变动成本与库存数量的多少有关,主要包括以下四项:资本占用成本、存储空间成本、存货服务成本和存货风险成本。

4. 缺货成本

缺货成本是指由于库存供应中断所造成的损失,包括原材料供应中断造成的停工损失、产成品库存缺货造成的延迟发货损失和丧失销售机会的损失(还包括商誉损失);如果企业以紧急采购代用材料来解决库存材料的中断之急,那么缺货成本表现为紧急额外购入成本(紧急采购成本大于正常采购成本的部分)。

五、库存控制方法

（一）ABC 分类法

1. ABC 分类法的基本思想

"关键的少数和一般的多数"是普遍存在的，可以说是比比皆是。例如：在社会结构上，少数人领导多数人；在一个集体中，少数人起左右局势的作用；在市场上，少数人进行大量购买，几百种商品中，少数商品是大量生产的；在销售活动中，少数销售人员的销售量占绝大部分，成千上万种商品中少数几种取得大部分利润；在工厂方面，少数品种占生产量的大部分；在成千上万种储存物品中，少数几种储存量占大部分，少数几种占用了大部分资金；在影响质量的许多原因中，少数几个原因带来大的损失；在成本方面，少数因素占成本的大部分。

可以做出这样归纳，一个系统中，少数事物具有决定性的影响。相反，其余的绝大部分事物却不太有影响。很明显，如果将有限的力量主要用于解决这具有决定性影响的少数事物上，和将有限力量平均分摊在全部事物上，两者比较，当然是前者可以取得较好的成效，而后者成效较差。ABC 分类法就是在这一思想的指导下，通过分析，将"关键的少数"找出来，并确定与之适应的管理方法。

所谓 ABC 分类法是为了使有限的时间、资金、人力、物力等企业资源能得到更有效的利用，将库存物品按品种和占用资金的多少分为特别重要的库存（A 类）、一般重要的库存（B 类）和不重要的库存（C 类）三个等级，将管理的重点放在重要的库存物资上，进行分类控制和管理，即依据库存物资的重要程度不同，分别进行不同的管理。A 类库存物资一般采用定量订货法，重点管理。B 类与 C 类库存物资一般采用定期订货法或"双堆法"库存管理方式，一般管理。

ABC 分类法的分类标准为，如表 6-5 所示。将物资品种占全部物料品种比重为 5%～10%，而资金占库存资金比重为 70%～80%左右的物品，确定为 A 类。将物资品种占全部物料品种比重为 15%～20%而资金占库存资金比重也为 20%～25%的物品，确定为 B 类。其余为 C 类，C 类情况正好和 A 类相反，其物资品种占全部物料品种比重为 70%～80%，而资金占库存资金比重仅为 5%～10%。

表 6-5 库存物资 ABC 分类标准

类别	物资品种占全部物料品种比重	资金占库存资金比重
A	5%～10%	70%～80%
B	15%～20%	20%～25%
C	70%～80%	5%～10%

综上所述，建立在 ABC 分类法基础上的库存策略包括以下内容：

（1）A 类商品：每件商品皆做编号；尽可能慎重、正确地预测需求量；少量采购，尽可能在不影响需求下减少库存量；请供货单位配合，力求出货量平稳化，以降低需求变动，减少库存量；与供应商协调，尽可能缩短前置时间；采用定量订货的方式，对其存货必须连续记录，随时掌握库存情况；必须严格执行盘点，每天或每周盘点一次，以提高库存精确度；对交货期限必须加强控制，在制品及发货也必须从严控制；货品放至易于出入库的位置；实施货品包装外形标准化，增加出入库单位；A 类商品的采购需经高层主管审核。

（2）B 类商品：一般采用定期订货方式，但对经营中比较关键的 B 类商品宜采用定量订货方式，随时掌握库存情况。

（3）C 类商品：采用定期订货或"双堆法"库存管理方式，尽量简化手续，降低库存管理成本；大量采购，以利在价格上获得优惠；简化库存管理手段；安全库存量可以大些，以免发生库存短缺；可交现场保管使用；每月盘点一次；采购仅需基层主管核准。

（二）CVA 管理法

ABC 分类法也有不足之处，表现为 C 类商品得不到应有重视。例如，经销鞋的企业会把鞋带列入 C 类物资，但是鞋带缺货将会严重影响鞋的销售。一家汽车制造厂会把螺钉列入 C 类物资，但缺少一个螺钉往往导致整个装配线的停工。因此，有些企业在库存管理中引用了关键因素分析法（critical value analysis, CVA）。CVA 的基本思想是把存货按照关键性分成 3~5 类：

（1）最高优先级。这是经营的关键性商品，不允许缺货。
（2）较高优先级。这是指经营活动中的基础性商品，但允许偶尔缺货。
（3）中等优先级。多属于比较重要的商品，允许合理范围内的缺货。
（4）较低优先级。经营中需要这些商品，但可替代性高，允许缺货。

CVA 管理法比起 ABC 分类法有更强的目的性。在使用中要注意，人们往往倾向于制定高的优先级，结果高优先级的商品种类很多，最终哪一种商品也得不到应有的重视。CVA 管理法和 ABC 分析法结合使用，可以达到分清主次、抓住关键环节的目的。在对成千上万种商品进行优先级分类时，也不得不借用 ABC 分类法进行归类。

（三）经济订货批量法

经济订货批量（economic order quantity，EOQ）是为了平衡订货成本和持有成本之间的关系，使得库存总成本最小的订货批量。也就是通过平衡采购进货成本和保管仓库成本核算，实现总库存成本最低的最佳订货量。

为了确定经济订货批量，先做一些假设：
（1）需求率已知，为常量，年需求量以 R 表示，单位时间需求率以 r 表示。
（2）一次订货量无最大最小限制。
（3）采购、运输均无价格折扣。
（4）订货提前期已知，为常量。
（5）每次订货成本、单件储存成本和单价固定不变。
（6）维持库存费是库存量的线性函数。
（7）补充率为无限大，全部订货一次交付。
（8）不允许缺货。
（9）采用固定量系统。

先看一个例子,某物品的年需求量为 3000 单位,物品的单位成本为 12000 元,平均每次订货成本为 20 元,平均库存持有成本为 25%。在这种情况下,订货批量对库存成本的影响如表 6-6 所示。

表 6-6 订货批量对库存总成本的影响

每年总订货数	订货批量	平均库存	订货费用（元）	平均库存费用（元）	库存持有成本（元）	总费用（元）
A	B	C	D	E	F	G
1	3000	1500	20	18000	4500	4520
2	1500	750	40	9000	2250	2290
3	1000	500	60	6000	1500	1560
4	750	375	80	4500	1125	1205
5	600	300	100	3600	900	1000
6	500	250	120	3000	750	870
7	429	214	140	2571	643	783
8	375	188	160	2250	563	723
9	333	167	180	2000	500	680
10	300	150	200	1800	450	650
11	273	136	220	1636	409	629
12	250	125	240	1500	375	615
13	231	115	260	1385	346	606
14	214	107	280	1286	321	601
15	200	100	300	1200	300	600*
16	188	94	320	1125	281	601
17	176	88	340	1059	265	605
18	167	83	360	100	250	610
19	158	79	380	947	237	617
20	150	75	400	900	225	625
30	100	50	600	600	150	750

表 6-6 中,B 列＝年度需求/A 列
　　　　　C 列＝B 列/2
　　　　　D 列＝平均订货费用×A 列
　　　　　E 列＝C 列×物品成本
　　　　　F 列＝E 列×平均库存持有成本的百分比
　　　　　G 列＝D 列+F 列

注：*表示最优订货批量时总费用,即最小总费用。

从表 6-6 中可以看出,当库存总费用最小时,订购成本和持有成本是相等的。这时,订货批量为 200,每年订货 15 次。

这一过程可以用数学分析的方法来完成,求出经济订货批量。为简化分析,首先考虑物品的购入单价为常数且不允许缺货的情况。如果物品到货后的时间很短,可以看出是同一时间入库的,由于前置时间固定,所以可取订货点为前置期内的需求量。刚入库时,

库存数量为 Q 单位。由于需求速率固定,随后库存数量以固定的速率降低。当库存量降低到订货点时,就按 Q 单位发出一批新的订货。经过一个固定的前置期后,物品到达并入库,物品即将入库时库存数量为零。如图 6-10 所示。

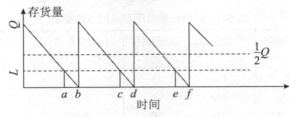

图 6-10 典型的库存模型

图中 Q 为批量,Q/2 为平均库存量,L 为订货点,ac（=ce）为订货间隔期,ab（=cd=ef）为前置时间。

图 6-11 表示了库存成本（存储成本以及订购成本）随订货量大小的变化的情况。

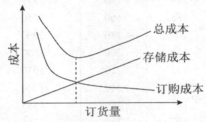

图 6-11 订货量与成本之间的关系

在年需求量一定的情况下,订货批量越小,平均库存量就越低,但发生的订货次数就越多,如图 6-12 所示。如果能大幅度降低订货费用,就可以大大降低订货批量。加快库存资金周转,有利于提高企业效率。

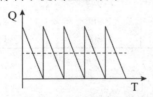 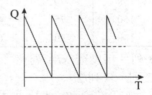

图 6-12 订货量与平均库存量成本、订购次数之间的关系

若不允许缺货,则年总库存成本可以分析如下:

年总成本＝年购入成本＋年订购成本＋年储存成本

$$TC = RP + \frac{RS}{Q} + \frac{QH}{2} \tag{6-1}$$

式中：R——年需求量,以单位计

P——物品的单价

S——每次订货的订购成本

$H = PF$——每单位每年的储存成本

Q——订货批量

F——年储存费率

为确定经济订货批量，求年总成本对订货批量的一阶导数并令其为零，得：

$$\frac{dTC}{dQ} = \frac{H}{2} - \frac{RS}{Q^2}$$

从而求得经济批量为：
$$Q_0 = \sqrt{\frac{2SR}{H}} = \sqrt{\frac{2SR}{PF}} \tag{6-2}$$

在已知经济订货批量的情况下，年订货次数 N 可按如下公式确定：

$$N = \frac{R}{Q_0} = = \sqrt{\frac{RH}{2S}} \tag{6-3}$$

在不考虑安全库存的情况下，再订货点可用下式计算：

$$ROL = 前置期内平均需求 = R \cdot L$$

式中：ROL——再订货点，以单位计；

L——前置时间，以年计，一年以 12 个月或 52 周计。

将经济订货量代入总成本表达式，可得到最小年总成本公式：

$$TC_0 = RP + HQ_0 \tag{6-4}$$

例 6.1 某企业年需物资 1800 单位，单价为 20 元/单位，年保管费率为 10%，每次订货成本为 200 元，求经济订购批量 EOQ 和库存总费用。

解：

$$EOQ = \sqrt{\frac{2 \times 1800 \times 200}{20 \times 10\%}} = 600（单位）$$

$$TC = 1800 \times 20 + \frac{1800 \times 200}{600} + \frac{600 \times 20 \times 0.1}{2} = 37200（元）$$

即每次订货数量为 600 单位时，库存总费用最小，为 37200 元。

（四）有数量折扣的经济订货批量法

在实际应用 EOQ 公式时，除了考虑缺货费用以外，一般还必须考虑其他一些因素对总成本的影响，最常见的是由于批量不同而带来的在采购价格的差异。

例 6.2 上例中，如果供应商给出的数量折扣条件是：若物资订货量小于 650 单位时，每单位为 20 元；订货量大于等于 650 时，每单位为 18 元；若其他条件不变，最佳采购批量为多少？

解：

（1）按享受折扣价格时的批量（650 单位）采购时的成本：

$$TC = 1800 \times 18 + \frac{1800 \times 200}{650} + \frac{650 \times 18 \times 0.1}{2} = 33539（元）$$

（2）按折扣单价计算的 EOQ

$$EOQ = \sqrt{\frac{2 \times 1800 \times 200}{18 \times 10\%}} = 632（单位）$$

（3）分析判断

由于按折扣单价计算的经济批量小于可以享受批量折扣的 650 单位，说明此经济批量计算无效。也就是说，632 单位的批量不可能享受 18 元的优惠单价。又由于按 650 单位采购的总成本要低于按每单位 20 元采购时的经济批量 600 单位的总成本，因此，应该以 650 单位作为最佳批量采购。若按折扣单价计算的经济批量大于可以享受批量折扣的 650 单位，则应按经济批量采购。如折扣单价为 16 元时，经济批量为 670 单位，大于可以享受批量折扣的 650 单位，故应按 670 单位的批量采购。

第四节　储存合理化

一、储存合理化的概念

储存合理化是用最经济的办法实现储存的功能，这是合理化的前提或本质。如果不能保证储存功能的实现，其他问题便无从谈起。但是，储存的不合理又往往表现在对储存功能实现的过分强调，因而是过分投入储存力量和其他储存劳动所造成的。所以，合理储存的实质是，在保证储存功能实现的前提下尽量少投入，也是一个投入产出的关系问题。

二、不合理储存主要表现

（一）储存时间过长

储存时间从两个方面影响储存这一功能要素的效果，两者彼此消长的结果形成了储存的一个最佳时间区域。一方面，经过一定的时间，被储物资可以获得时间效用；另一方面，随着储存时间的增加，有形及无形损耗加大，是时间效用的一个逆反因素。从时间效用角度来考察，储存一定时间，效用可能增大，时间继续增加，效用可能降低，时间效用甚至可能出现周期性波动，因而储存的总效果是确定储存最优时间的依据。虽然储存时间与储存总效益之间有着复杂的关系，各种物资不能一概而论。但是，绝大多数物资过长的储存时间都会影响总效益，因而都是不合理储存。

（二）储存数量过大

储存数量主要从两方面影响储存这一功能要素的效果。这两方面利弊的消长，使储存数量有一个最佳区域。超过这个数量区域的储存量就是不合理的储存。

储存数量对储存效果的影响是：一方面，储存以一定数量形成保证供应、保证生产、保证消费的能力。一般而言，单就保证的技术能力而言，数量大可以有效地提高这一能力，但是保证能力的提高不是与数量成比例，而是遵从边际效用的原理，每增加一单位储存数量，总能力虽会随之增加，但所增加的保证供应能力（边际效用）却逐渐减少。另一方面，储存的损失是随着储存数量的增加而基本上成比例地增加，储存量越大，损失量也越大；如果管理力量不能也按比例增加的话，甚至还可能出现储存量增加到一定程度，损失陡增的现象。

可以明显地看出：储存数量的增加会引起储存损失无限度的增加，而保证能力增加却是有限度的，因而可以肯定地说，超出一定限度的储存数量是有害而无益的。

（三）储存数量过低

储存数量过低，会严重降低储存对供应、生产、消费的保证能力，储存量越低，储存的各种损失也会越降低。两者彼此消长的结果是，储存数量降低到一定程度，由于保证能力的大幅度削弱会引起巨大损失，其损失远远超过由于减少储存量，在防止库损、减少利息支出损失等方面带来的收益。所以，储存量过低也是会大大损害总效果的。

当然，如果能够做到降低储存数量而不降低保证能力的话，数量的降低也是绝对好的现象。在储存管理中，可以利用现代信息技术所提供的及时、准确的信息，建立有效的供应链和配送系统，在网络经济时代是完全可以做到这一点的，网络经济时代普遍追求的零库存就是出于这个道理。

所以，不合理储存所指的数量过低是有前提条件的，即在保证能力由储存数量决定而不是其他因素决定时，储存数量过低而造成的不合理储存。

（四）储存条件不足或过剩

储存条件也从两个方面影响储存这一功能要素的效果，这两方面利弊消长的结果，也决定了储存条件只能在恰当范围内，条件不足或过剩，都会使储存的总效益下降，因而是不合理的。

储存条件不足，指的是储存条件不足以为被储存物提供良好的储存环境及必要的储存管理措施，因此往往造成被储物的损失。储存条件不足主要反映在储存场所简陋、储存设施不足以及维护保养手段及措施不力，不足以保护被储物。

储存条件过剩，指的是储存条件大大超过需要，从而使被储物过高负担储存成本，使被储物的实际劳动投入大大高于社会平均必要劳动量，从而出现亏损。

（五）储备结构失衡

储备结构失衡包括几个方面：

1. **品种、规格、花色失调**
储存物存在总量正常，但不同品种、规格、花色存在此有彼无的现象。
2. **储存期、储存量失调**
不同品种、规格、花色的储存物，存在此长彼短或此多彼少的失调现象。
3. **储存地域失调**
储存物在大范围地理位置上或局部的范围内储存多少、有无失调，这对于地域辽阔的大国来讲，将会是严重的问题。

三、储存合理化的标志

储存合理化的含义是用最经济的办法实现仓储的功能。合理储存的实质是，在保证仓储功能实现前提下尽量少地投入，也是一个投入产出的关系问题。

（一）质量标志

保证被仓储物的质量是完成仓储功能的根本要求，只有这样，商品的使用价值才能通过物流之后得以最终实现。在仓储中增加了多少时间价值或是得到了多少利润，都是以保证质量为前提的。所以，仓储合理化的主要标志中，为首的应是反映使用价值的质量。现代物流系统已经拥有很有效的维护货物质量、保证货物价值的技术手段和管理手段，也正在探索物流系统的全面质量管理问题，即通过物流过程的控制，通过工作质量来保证仓储物质量。

（二）数量标志

在保证功能实现前提下有一个合理的数量范围。

（三）时间标志

在保证功能实现前提下，寻求一个合理的仓储时间，这是和数量有关的问题，仓储量越大而消耗速率越慢。

（四）结构标志

是从被储物不同品种、不同规格、不同花色的仓储数量的比例关系对仓储合理性的判断，尤其是相关性很强的各种货物之间的比例关系更能反映仓储合理与否。

（五）分布标志

指不同地区仓储的数量比例关系，以此判断当地需求比，以及对需求的保障程度，也可以此判断对整个物流的影响。

（六）费用标志

考虑仓租费、维护费、保管费、损失费、资金占用利息支出等，才能从实际费用上判断仓储的合理与否。

四、储存合理化的具体措施

（一）将静态储存变为动态储存

将静态储存变为动态储存有以下几方面含义：

1. 加快储存的周转速度

周转速度一快，会带来一系列的好处，即资金周转快、资本效益高、货损降低、仓库吞吐能力增加、成本下降等。具体做法诸如采用单元集装存储，建立快速分拣系统都有利于实现快进快出、大进大出。在网络经济时代，信息技术和现代管理技术、现代科技手段可以有效地支持库存周转的加快。

2. 视野从仓库储存放大到整个物流系统

在整个物流系统的运行中，许多物资动态地存在于运输车辆、搬运装卸的过程之中，也可以把它看成是一种动态的储存。只要有有效的信息管理技术的支持，这些动态的储存完全可以起到一般储存的作用，取代静态库存。

（二）进行储存物的 ABC 分类法

ABC 分类管理方法就是将库存物资按重要程度分为特别重要的库存（A 类）、一般重要的库存（B 类）和不重要的库存（C 类）三个等级，然后针对不同等级分别进行管理和控制。ABC 分类管理法是实施储存合理化的基础，在此基础上可以进一步解决各类的结构关系、储存量、重点管理和技术措施等合理化问题。而且，通过在 ABC 分析的基础上实施重点管理，可以决定各种物品的合理库存储备数量及经济地保有合理储备的办法，乃至实施零库存。

储存是一个相当繁杂的经济活动。对于工业企业而言，总是要处理上万种供应品和销售品的物流问题，这么庞杂的体系，其对于企业供应、企业经营和企业销售的影响是不同的，对于企业经济效益的贡献也是不同的。任何一个企业，即使采取最先进的信息技术和计算机管理手段，管理的力量出于管理成本的约束，也是有限的。所以，采取重点管理的方法是使复杂物流系统实现合理化的手段之一。

（三）适度集中储存

适度集中储存是合理化的重要内容，所谓适度集中储存是利用储存规模优势，以适度集中储存代替分散的小规模储存来实现合理化。集中储存是面对两个制约因素，在一定范围内取得优势的办法。两个制约因素为储存费、运输费。过分分散，每一处的储存保证的对象有限，互相难以调度调剂，则需分别按其保证对象要求确定库存量。而集中储存易于调度调剂，集中储存总量可大大低于分散储存之总量。过分集中储存，储存点与用户之间的距离拉长，储存总量虽降低，但运输距离拉长，运费支出加大，在途时间长，又迫使周转储备增加。所以，适度集中的含义是要在这两方面取得最优集中程度。

（四）合理选择自建仓库和租用公共仓库

自建仓库对于企业来说可以使企业更大程度地控制库存。并且，它拥有更大的灵活性，企业可以根据自己的需要对仓储作出合理的调整。当进行长期的存储时，一般来说，仓储的费用比较低。因为租用公共仓库使得企业无须为建造仓库投入大量资金，所以，可以节省企业宝贵的资金。租用公共仓库可以减少企业的风险，因为当商品在储存期间出现问题时仓库会予以解决。所以，在短期看来，公共仓库因为其规模性租金比较低廉。而且，企业在租用公共仓库的时候，可以根据待储存商品的数量决定储存的规模，这样也防止了资金的浪费。因此，企业应根据自身的特点，在自建仓库和租用公共仓库之间做出合理的选择。一般来说，当企业的存货量较大，对商品的需求比较稳定，且市场密度比较大时，可以考虑自建仓库。反之，则应选择租用公共仓库。

(五) 注重应用第三方仓储

第三方仓储就是企业将仓储活动转包给外部公司，由外部公司为企业提供一体化、全方位的仓储服务。第三方仓储因为具有专业性、高质量、低成本等优点，因此可以给企业提供优质的服务。第三方仓储可以有效地利用仓储资源，扩大市场的地理范围，降低运输的成本。

(六) 采用有效的先进先出方式

先进先出是一种有效的方式，也是储存管理的准则之一。有效的先进先出方式主要有：

1. 贯通式货架系统

利用货架的每层，形成贯通的通道，从一端存入物品，从另一端取出物品，物品在通道中自行按先后顺序排队，不会出现越位等现象。贯通式货架系统能非常有效地保证先进先出。

2. "双仓法"储存

给每种被储物都准备两个仓位或货位，轮换进行存取，再配以必须在一个货位中取尽才可补充的规定，则可以保证实现先进先出。

3. 计算机存取系统

采用计算机管理，在存时向计算机输入时间记录，编入一个简单的按时间顺序输出的程序，取货时计算机就能按时间给予指示，以保证先进先出。这种计算机存取系统还能将先进先出保证不做超长时间的储存和快进快出结合起来，即在保证一定先进先出的前提下，将周转快的物资随机存放在便于存取之处，以加快周转，减少劳动消耗。

(七) 提高储存密度和仓容利用率

主要目的是减少储存设施的投资，提高单位存储面积的利用率，以降低成本、减少土地占用。有以下三类方法：

1. 采取高垛的方法，增加储存的高度

如采用高层货架仓库、采用集装箱等都可比一般堆存方法大大增加储存高度。

2. 缩小库内通道宽度以增加储存有效面积

采用窄巷道式货架，配以轨道装卸机械，以减少机械运行宽度要求；采用侧叉车、推拉式叉车，以减少叉车转弯所需的宽度。

3. 减少库内通道数量以增加储存有效面积

具体方法有采用密集型货架，采用可进车的可卸式货架，采用各种贯通式货架，采用不依靠通道的桥式吊车装卸技术等。

(八) 采用有效的储存定位系统

储存定位的含义是被储物位置的确定。如果定位系统有效，能大大节约寻找、存放、取出的时间，节约不少物化劳动及活劳动，而且能防止差错，减少空位的准备量，提高

储存系统的利用率。

采取计算机储存定位系统,尤其对于存储品种多、数量大的大型仓库而言,已经成了必不可少的手段。

(九)采用有效的监测清点方式

对储存物资数量和质量的监测不但是掌握基本情况之必需,也是科学库存控制之必需。实际工作差错,就会使账务不符,所以,必须及时且准确地掌握实际储存情况,经常与账卡核对,这无论是人工管理或是计算机管理都是必不可少的。此外,经常的监测也是掌握被存物质量状况的重要工作。

监测清点的有效方式主要有:

1. "五五化"堆码法

"五五化"堆码法是我国手工管理中采用的一种科学方法。储存物堆垛时,以"五"为基本计数单位,堆成总量为"五"的倍数的垛形,堆码后,有经验者可过目成数,大大加快了人工点数的速度,且少差错。即使在网络经济时代,也不可避免有一些临时的存储需求,例如建筑工地的临时仓库、开发前期的用料准备仓库和出于各种原因暂时无法建立计算机管理系统的仓库,都需要对人工管理实行科学化。所以,在长期实践中,根据中国人的计数习惯所形成的"五五化"方式,仍是需要掌握的。

2. 光电识别系统

在货位上设置光电识别装置,该装置对被存物扫描,并将准确数目自动显示出来。这种方式不需人工清点就能准确地掌握库存的实有数量。

3. 电子计算机监控系统

用电子计算机指示存取,可以防止人工存取容易出现的差错,如果在被存物上采用条形码认寻技术,使识别计数和计算机联接,每存取一件物品时,识别装置自动将条形码识别并将其输入计算机,计算机会自动做出存取记录。这样只需向计算机查询,就可了解所存物品的准确情况,而无须再建立一套对实有数的监测系统。

(十)采用现代储存保养技术

现代储存保养技术是防止储存损失、实现储存合理化的重要方面。

1. 气幕隔潮

在潮湿地区或雨季,室外湿度高且持续时间长,仓库内若想保持较低的湿度,就必须防止室内外空气的频繁交换。一般仓库打开库门作业时,便自然形成了空气交换的通道,由于作业的频繁,室外的潮湿空气会很快进入库内,一般库门、门帘等设施隔绝潮湿空气效果不理想。在库门上方安装鼓风设施,使之在门口处形成一道气流,由于这道气流有较高压力和流速,在门口便形成了一道气墙,可有效阻止库内外空气交换,防止湿气浸入,而不能阻止人和设备出入。气幕还可起到保持室内温度的隔热作用。

2. 气调储存

调节和改变环境空气成分。抑制被储物的化学变化和生物变化,抑制害虫生存及微生物活动,从而达到保持被储物质量的目的。调节和改变空气成分有许多方法,可以在密封环境中更换配合好的气体，可以充入某种成分的气体，可以除去或降低某种成分气体等。气调方法对于有新陈代谢作用的水果、蔬菜、粮食等物品的长期、保质、保鲜储存有很有效的作用，例如，粮食可长期储存，苹果可储存三个月。气调储存对防止生产资料在储存期的有害化学反应也很有效。

3. 塑胶薄膜封闭

塑胶薄膜虽不完全隔绝气体，但能隔水隔潮，用塑胶薄膜封垛、封袋、封箱，可有效地造就封闭小环境，阻缓内外空气交换，完全隔绝水分。在封闭环境内如水果置入杀虫剂、缓蚀剂；注入某种气体，则内部可以长期保持该种物质的浓度，长期形成一个稳定的小环境。所以，可以用这个方法来进行气调储存，比气调仓储要简便易行且成本较低，也可以用这个办法对水泥、化工产品、钢材等做防水封装，以防变质和腐蚀；热缩性塑胶薄膜在对托盘货物封装后再经热缩处理，则可基本排除封闭体内部之空气，塑胶膜缩贴到被封装物上，不但有效与外部环境隔绝，而且还起到紧固作用，防止塌垛、散垛。

（十一）采用集装箱、集装袋、托盘等运储装备一体化的方式

这种方式通过物流活动的系统管理，实现了储存、运输、包装、装卸一体化，不但能够使储存合理化，更重要的是促使整个物流系统的合理化。

本 章 小 结

1. 仓储保管在物流过程中占有重要地位，它与运输被人们并称为"物流的支柱"。仓储是通过仓库对物资进行储存和保管。它是指在原产地、消费地，或者在这两地之间存储商品（原材料、部件、在制品、产成品），并向管理者提供有关存储商品的状态、条件和处理情况等信息。仓储是商品离开生产过程尚未进入消费过程的间隔时间内的暂时停滞。

2. 仓储系统是企业物流系统中不可缺少的子系统。物流系统的整体目标是以最低成本提供令客户满意的服务，而仓储系统在其中发挥着重要作用。由于仓储在时间上协调原材料、产成品的供需，起着缓冲和平衡调节的作用，企业可以为客户在需要的时间和地点提供适当的产品，从而提高产品的时间效用。因此仓储活动能够促进企业提高客户服务的水平，增强企业的竞争力。

3. 仓库是保管、存储物品的建筑物和场所的总称。仓库在生产和销售环节的流通过程中担负着存储物品（包括原材料、零部件、在制品和产成品等）的职能，并提供有关存储物品的信息以供管理决策之用。仓库按用途、结构、功能等方面标准可进行不同分类。

4. 自动化仓库的出现使"静态仓库"变成了"动态仓库"。自动化仓库是采用高层货架配以货箱或托盘存储货物，用巷道堆垛起重机及其他机械进行作业的仓库。

5. 库存是指一个组织机构用于今后销售或使用的任何需要而持有的所有物品（包括原材料、半成品、成品等不同形态）。库存的积极作用表现在以下几方面：维持销售产品

的稳定；维持生产的稳定；平衡企业物流；平衡流通资金的占用。库存的消极作用表现在以下几方面：占用企业大量资金；增加了企业的产品成本与管理成本；掩盖了企业众多管理问题。

6. ABC 分类法是库存物品按品种和占用资金的多少分为特别重要的库存（A 类）、一般重要的库存（B 类）和不重要的库存（C 类）三个等级，然后针对不同等级分别进行管理与控制。

7. 经济订货批量的目的是为了平衡订货成本和持有成本之间的关系，使得库存总成本最低。经济订货批量的计算公式为：$Q_0 = \sqrt{\dfrac{2SR}{H}} = \sqrt{\dfrac{2SR}{PF}}$。年总成本为：$TC = RP + \dfrac{RS}{Q} + \dfrac{QH}{2}$。

8. 储存合理化是用最经济的办法实现储存的功能，这是合理化的前提或本质。储存合理化的标志是质量标志、数量标志、结构标志、分布标志、费用标志。储存合理化的具体措施有：将静态储存变为动态储存；进行储存物的 ABC 分类法；适当集中储存；合理选择自建仓库和租用公共仓库；注重应用合同仓储；采用有效的先进先出方式；提高储存密度和仓容利用率；采用有效的储存定位系统；采用有效的监测清点方式；采用现代储存保养技术；采用集装箱、集装袋、托盘等运储装备一体化的方式。

案例分析

美国照明公司（ALP）的库存管理

美国照明公司（ALP）主要生产荧光灯管。ALP 有两个工厂，分别位于克利夫兰和哥伦布地区。两个工厂向市场提供 700 多种产品，主要销售渠道有三条：工商企业（C&I）、消费者和原始设备制造商（OEM）。长期以来，C&I 是公司的业务重点，但家居中心和折扣店的出现使消费者这条销售渠道规模越来越大，在整体营销战略中的地位越来越重要。OEM 的市场规模很小，但它是打开潜在市场的重要一步。因为灯管坏的时候，消费者倾向于购买与原装灯管一模一样的产品。每个分拨渠道都有独特的需求和库存要求。消费者渠道产品种类有限，但消费者要求最高，要么发货，要么取消订货。OEM 往往订一种产品，而且是整车装运，当天收到货物，如果暂时无货，则转向其他供应商。C&I 客户定购计划高度复杂，但多数客户只是定期补货以填满货架，常常额外订单较多且要求即刻送货。ALP 将产成品存放在分布于全美各地的 8 个主分拨中心（MDC），每个分拨中心为其所在的整个地区提供销售服务。各工厂以整车方式向 MDC 运送货物，大批量运输使得工厂能以规模经济进行生产。各工厂按周计划生产，尽量减少按月计划生产所出的预测误差。每个 MDC 是供应该地区的中枢，其规模由地区规模决定。产品生产出来后，由下列因素确定向各分拨中心分配多少产品量：

（1）各 MDC 超出现有库存的现有客户订货量。

（2）各 MDC 的库存低于基本库存水平的数量。

各 MDC 的基本库存水平是在历史销售水平的基础上确定的。如果是新产品，就根据目标客户及其估计销量确定存货地点和基本库存水平。所有 MDC 的基本库存之和就是产品的系统库存目标值（NSO）。NSO 是决定生产下一批产品的再订货点。客户通过地区销售人员订货，销售人员再将接受订单送到中央客户服务中心。中央客户服务中心将订单输入订货系统，并根据客户邮政编码将订单送往相应的 MDC。如果订单订购是整车某种产品，订单将直接分配给工厂，由工厂直送。由于预测误差有时较大，往往导致一个仓库缺货，而另一个仓库产品过剩。因此，导致前者延期交货或由产品过剩仓库履行订单。过去，ALP 的库存管理策略主要是保有库存以保证一定的生产批量，同时满足季节性很强的需要（如一、四季度是销售高峰季度）。库存策略还要考虑工厂夏季停工问题（一般停 2 到 3 周进行设备维修检查），停工前需要备足库存。这样的库存策略导致库存水平很高。为降低库存，ALP 计划两个方案：第一个方案：针对全国消费者建立一座大型订购中心（LOC）作为新的 MDC，将消费者的产品集中到一个仓库，从这一中心进行分拨，专门为消费者服务；第二个方案：合并仓库，减少 MDC 的数量。

资料来源：百度百科 https://wenku.baidu.com/view/247169baf1

思考：
1. 分析 LOC 方案的优缺点？
2. 合并仓库方案会导致什么结果？
3. 说明 ALP 库存增加的原因。

练习与思考

一、填空

1. 企业是选择自建仓库仓储还是租赁公共仓库仓储，这种仓储模式选择需要考虑的因素有周转总量、_____、_____。
2. 立体仓库的构成有_____、_____、_____和_____。
3. 库存按其作用可分为周转库存、_____、_____、_____。
4. 库存成本是由以下几部分组成：购买成本、_____、_____、_____。
5. 仓储模式按仓储活动的运作方式来划分，可分为_____、_____、_____。

二、单项选择

1. 库存管理中体现"抓住关键少数""突出重点"原则的库存成本控制方法是（   ）。
   A. ABC 法　　　　　B. JIT 法　　　　　C. MRP 法　　　　　D. ERP 法
2. 使用公共仓库的最大优点是（   ）。
   A. 节省资金投入　　　　　　　　　　B. 缓解存储压力
   C. 减少投资风险　　　　　　　　　　D. 有较高柔性化水平
3. 仓储最基础的功能是（   ）。
   A. 储存和保管　　　B. 储存　　　　　C. 保管　　　　　　D. 搬运装卸
4. 以下属于独立需求的是（   ）。
   A. 汽车厂生产的汽车　　　　　　　　B. 汽车厂的零部件
   C. 汽车厂的轮胎　　　　　　　　　　D. 汽车厂的部件
5. 安全库存量可以设立得较高的是（   ）商品的管理策略。
   A. 定期订货　　　　B. A 类　　　　　C. B 类　　　　　　D. C 类

6. 按照其在生产过程和配送过程中所处状态分类的库存是（　　　）。
   A. 原材料库存　　　　B. 在制品库存　　　　C. 产成品库存　　　　D. 周转库存
7. （　　　）是 B 类物资管理策略。
   A. 每月盘点一次　　　　　　　　　　B. 每两三周盘点一次
   C. 大量采购　　　　　　　　　　　　D. 少量采购
8. 采用经济订货批量公式确定订购批量时，其费用构成情况是（　　　）最低。
   A. 年库存费用　　　　　　　　　　　B. 年储存费用
   C. 年采购费用　　　　　　　　　　　D. 年订购费用与保管费
9. CVA 的基本思想是把存货按照（　　　）分成 3～5 类。
   A. 关键性　　　　B. 经济性　　　　C. 合理性　　　　D. 可得性
10. 选项中关于 CVA 库存管理法的说法，不正确的选项是（　　　）。
    A. CVA 即关键因素分析法，CVA 是其简写
    B. CVA 的基本思想是把存货按照关键性分成 3～5 类
    C. CVA 管理法与 ABC 分类法因管理方法不同，不能结合使用
    D. 根据 CVA 管理法，处于最高优先级的关键物资不允许缺货

三、判断
1. 空间利用率最大化是仓储管理的唯一目标。（　　　）
2. 储存是包含库存和储备在内的一种广泛经济现象，是一切社会形态都存在的经济现象。（　　　）
3. 与供应商协调,尽可能缩短前置时间是 C 类库存的管理策略之一。（　　　）
4. 订货成本和库存持有成本随着订货次数或订货规模的变化而呈正向变化。（　　　）
5. 库存持有成本最小的订货量称为经济订货批量。（　　　）

四、简答
1. 仓储保管在物流系统中有哪些作用？
2. 企业仓储模式应如何决策？
3. 简述 ABC 分类法的基本思想及策略。
4. 简述 EOQ 的基本假设。
5. 不合理储存的表现形式及如何实现储存合理化？

第七章

运　输

本章学习目标：

1. 掌握运输的内涵、原理、功能及运输生产的特点；
2. 了解运输的分类；
3. 了解各种运输方式的特点，掌握其货运组织业务模式；
4. 掌握综合运输体系的概念，了解我国综合运输体系的发展；
5. 掌握复合运输、多式联运及大陆桥运输的概念及其内涵；
6. 熟悉不合理运输的表现，掌握合理运输五要素及其有效措施。

本章核心概念：

运输　运输方式　综合运输体系　运输合理化

运输的产生与发展

运输的产生和发展，经历了极其漫长的历史过程。自有文字记载以来，就有了人类从事运输活动的记载。原始社会人类的祖先为了取得赖以生存的生活资料，从事搬运和狩猎是不可缺少的活动。纵观运输的发展史，人类为了从事生产活动，从利用人力、畜力、水力、风力进行搬运开始，经过持续不断的发展，逐步形成了目前以公路、铁路、水路、民航和管道等五种运输方式为主的现代交通运输体系。

其中，1807 年，世界上第一艘轮船"克莱蒙特号"在北美哈德逊河下水，揭开了机械运输的新纪元；1825 年，世界上第一条铁路——英国斯道克顿到达灵顿的全长 32 公里的蒸汽牵引铁路正式通车；1861 年，世界第一条输油管道在美国铺设；1886 年，世界上第一辆汽车在德国问世；1903 年，世界上第一架飞机在美国飞上蓝天。

思考：

运输方式主要有几种？推动世界运输业发展的动力是什么？

第一节 运输概述

一、运输的内涵

运输（transportation）是指使用一定的运输工具，实现物质资料的空间移动，解决物质资料的生产与消费在地域上的矛盾，创造商品的场所效用。与搬运不同，运输的活动范围一般较大，而搬运往往发生在同一区域内。运输是一项极为重要的物流活动，在物流活动中处于中心地位，是物流的一个支柱。正是由于运输在物流活动中具有的这种重要地位，不少人将运输等同于物流，甚至今天持此观点者仍不乏其人。

《中华人民共和国国家标准物流术语》(GB/T 18354—2006 4.4)对运输的定义是：运输是"用运输设备将物品从一个地点向另一个地点运送。其中包括集货、分配、搬运、中转、装入、卸下、分散等一系列操作。"

对运输问题进行研究的内容主要有运输方式及其运输工具的选择、运输线路的确定以及为了实现运输安全、迅速、准时、价廉的目的所施行的各种技术措施和合理化问题的研究等。

二、运输的原理

运输的原理指一次运输活动中如何降低成本、提高经济效益的途径和方法，是指导运输管理和营运的最基本的原理，主要包括规模原理、距离原理和速度原理。

（一）规模原理

规模原理指随着一次装运量的增大，每单位重量的运输成本下降，如图 7-1 所示。运输规模经济之所以存在，是因为有关的固定费用可以按整批货物的重量分摊。规模经济使得货物的批量运输显得更加合理。此外，规模运输还可以获得运价折扣，也会使单位货物的运输成本下降。

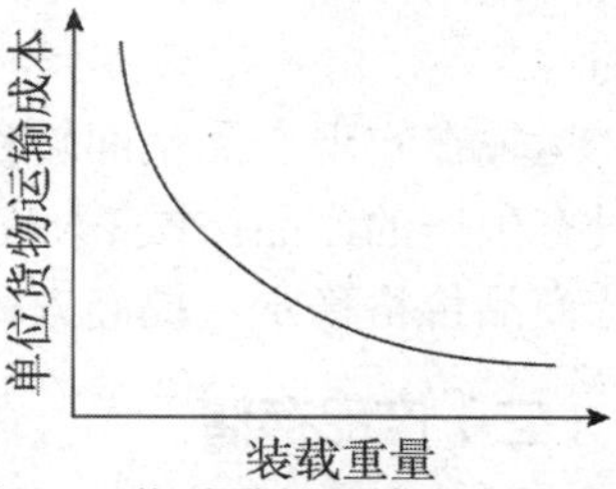

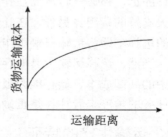

图 7-1 载重量与运输成本的关系

（二）距离原理

距离原理指运输成本与一次运输的距离有关，随着一次运输距离的增加，运输费用的增加会变得越来越缓慢，或者说单位运输距离的费用在减少，如图7-2 所示。距离经济的合理性类似于规模经济，尤其体现在运输装卸固定费用的分摊上。运输距离越远，可以使一次运输装卸的固定费用分摊给更多的运输距离上，带来单位距离运输成本的降低。

图 7-2 距离与运输成本的关系

（三）速度原理

速度原理是指完成特定的运输所需的时间越短，其效用价值越高。一方面，运输时间缩短，使单位时间内的运输量增加，与时间有关的固定费用分摊到单位运量上的费用减少，如运输管理人员的工资、固定资产的使用费、运输工具的租赁费等。另一方面，由于运输时间缩短，物品在运输工具中停滞的时间缩短，从而使到货提前期变短，有利于减少库存、降低存储费用。当然，速度快的运输方式其成本一般也较高。因此，应综合权衡运输速度与运输成本。在运输方式一定的情况下，尽可能加快运输各环节的速度，并使各环节更好地衔接。

三、运输的功能

运输的功能主要体现在通过运输实现产品转移和产品存储两个方面。

（一）产品转移

运输的主要功能就是实现产品在价值链中的来回移动，即通过改变产品的地点与位置，消除产品的供应与需求之间在空间位置上的脱节，或将产品从效用价值低的地方转移到效用价值高的地方，创造出产品的空间效用。所谓空间效用，或称"场所效用"，是指物品在不同的位置其使用价值实现的程度是不同的，即效用价值是不同的。

另外，运输还能实现产品在需要的时间内运到目的地，创造出产品的时间效用。所谓时间效用，是指物品在不同的时刻其使用价值的实现程度是不同的，效用价值是不一样的。

运输在实现产品空间转移的过程中，扩大了商品的销售范围，使人们可以购买到本地没有生产的产品，丰富人们的物质生活。同时，这也有助于平抑各地的商品供求波动，维持商品价格稳定，提高人民生活水平。

（二）产品存储

对产品进行临时储存是一个不太寻常的运输功能，即将运输车辆临时作为相当昂贵的储存设施。然而，如果转移中的产品需要储存，但在短时间内（如几天后）又将重新转移的话，那么，将产品在仓库卸下来和再装上去的成本也许会超过储存在运输工具中每天支付的费用。另外，在仓库空间有限的情况下，利用运输车辆储存也不失为一种可行的选择，即将运输车辆用作一种储存设施。

当然，选择运输工具储存产品可能是昂贵的，但当需要考虑物流总成本，包括运输途中的装卸成本、储存能力限制、装卸的损耗或延长的时间时，那么从物流总成本或完成任务的角度来看往往是正确的，有时甚至是必要的。

四、运输生产的特征

运输是现代物流的一项重要职能，与物流其他职能相比，具有自身的一些特征。

(一)运输生产在流通过程中完成

运输为了完成商品交换的任务而发生,与商品交换相伴而生。只有商品的工业生产完成之后,运输才能发生。运输活动的组织者通常是生产企业的销售部门、商业流通企业或者是下游生产企业的采购部门。运输的发生,往往是为了完成一笔商品交换,或者为未来的商品交易做准备。这个过程中更多考虑的是商品交换的目的,而不是生产的目的。因此,运输生产是在流通过程中完成的。

(二)运输不产生新的实物形态产品

商品从生产地运往消费地之后,其物理、化学性质等同运输前相比并未发生变化,只是其所在的空间位置发生了变化,因而运输不产生新的实物形态产品。同时,运输的目的也不是创造新的实物形态产品,而是为了创造商品的空间效用。

(三)运输产品采用特殊的计量方法

商品的计量通常采用数量(个、箱、筒)、重量(吨、千克)或者体积(m^3)等,而由于运输生存过程中不产生新的商品,所以运输活动量不能采用以上两种计量方法,而是采用运输量与运输距离进行复合计量的,如吨·公里或吨·海里等。

(四)运输生产的劳动对象比较复杂

随着现代物流业的发展,越来越多的运输活动由第三方物流企业完成。这样运输活动中的劳动对象(商品)在运输活动中的管理由物流企业实施,但其所有权却非物流企业。而且,由于一家物流企业同时为多家生产企业提供物流服务,运输商品种类繁多,各种商品物理化学性能千差万别,进一步增大了运输管理的难度。

五、运输的分类

(一)按运输的范畴分类

1. 干线运输

干线运输(trunk transport)是指利用道路的主干线路以及远洋运输的固定航线进行大批量、长距离的运输。干线运输因其运输距离长,运力集中,使得大量的货物能够迅速地进行大跨度的位移,长期以来是运输的主要形式。尤其是铁路运输,往往担负着国家运输干线的使命。干线运输在通常情况下,相同运输工具较其他运输形式要快,成本也会更低,是长距离运输的主要形式。当然,光有干线运输还不足以完成整个运输链的形成,还需要其他运输手段的辅助。

2. 支线运输

支线运输(branch transport)是相对于干线运输来说的,是在干线运输的基础上,对干线运输起辅助作用的运输形式。支线运输作为运输干线与收发货地点之间的补充,主要承担运输链中从供应商到运输干线上的集结站点以及从干线上的集结点到配送站的运输任务。例如，京哈线（北京—哈尔滨）、京广线（北京—广州）是我国南北交通的最主要干线，与其相连的沈大铁路（沈阳—大连）、石太铁路（石家庄—太原）等铁路相对来说可以是其相对的支线。在沈阳和大连、石家庄和太原之间都有高速公路相连，它们也都可以被看作为主干线的支线。当然，干线与支线都是相对而言的。从近距离看，在一个省内或相近的省份，这两条路线又可以被看成是运输干线。一般来讲，支线路程相对于干线要短很多，运输量也要小很多，同时支线的建设水平也要远远低于干线，相应的运输工具也相对差一些，所以可能运输速度较慢，相等距离周转时间可能会更长。但这是运输合理布局的必要要求。

3. 二次运输

二次运输是指经过干线与支线运输到站的货物，还需要再从车站运至仓库、工厂或集贸市场等指定交货地点的运输。二次运输是一种补充性的运输方式，路程短、运量小。由于该种运输形式是满足单个单位的需要，所以核算成本后，单个物品的运输成本将高于干、支线运输。

4. 厂内运输

（二）按运输中途是否换载分类

1. 直达运输

直达运输是在组织货物运输过程中，越过商业、物资仓库环节或铁路、交通中转环节，把货物从产地或起运地直接运到销地或用户，以减少中间环节。

2. 中转运输

中转运输（traffic in transit；transfer transport）是指商品销售部门把商品送到某一适销地点，再进行转运、换装或分运的工作，如发货地用地方管辖的船舶发运，路途中换装交通部所管辖的船舶运输；或火车整车到达后再用火车零担转运到目的地，都称为中转运输。中转运输是商品运输的有机组成部分，是联结发货和收货的重要环节。它对于做到统一发、收、转，适应商品多渠道运输，加速商品流转，做到商品合理组配，提高运输质量，节约运输费用，满足人民需要，都有重要的意义。

（三）按运输协作程度分类

1. 一般运输

一般运输（general transport）指在运输的全部过程中，单一采用同种运输工具或孤立采用不同种运输工具而在运输过程中没有形成有机协作整体的运输形式。一般运输的费用较高。不过应该看到，在某些专业领域或在短距离运输中，此种运输形式还是比较常见。从长远来看，此类运输形式显然与社会化大生产的客观要求相背离。所以，在合理的运输里程范围内，人们总是寻找各种合理的运输手段相互配合使用。

2. 联合运输

联合运输（combined transport）简称联运，指使用两种或两种以上的运输方式完成一项货物运输任务的综合运输方式。联合运输的方式有陆空联运、海空联运、陆海联运等。货物联运按运输组织方式的不同，可分为大宗货物干线联运和零散货物干支线和支线间联运。联合运输是随着现代化社会生产规模日益扩大和专业化大分工而出现的一个新兴运输分支,在各种运输方式和产、供、运、销以及集、疏运等"结合部"和"枢纽"中起衔接配合、协作服务的作用。

(四)按运输设备分类

按照运输设备,分为公路运输、铁路运输、水路运输、航空运输、管道运输五种方式,如图 7-3 所示。

(a)铁路运输

(b)公路运输

(c)水路运输

(d)航空运输

(e)管道运输

图 7-3 五种运输方式

第二节 现代运输方式

根据运输工具的不同,现代运输方式分为铁路运输、公路运输、水路运输、航空运输和管道运输五种。

一、铁路运输(railway transportation)

铁路运输是一种重要的现代陆地运输方式,在干线运输中起主力运输作用,在国际货运中的地位仅次于海洋运输。铁路运输是利用铁路设施、设备运送旅客和货物的一种运输方式。

(一)铁路运输的特点

1. 适应性强

铁路运输受地理、气候条件的限制较少,基本可以实现全年和全天候运行。铁路列车在轨道上沿轨道运行,只要铁轨不被掩埋,基本不会影响列车的运行。

2. 运输能力大

铁路的运输能力通常以铁路通过能力和铁路输送能力来表达。铁路通过能力指一条铁路线路在单位时间(一昼夜或一小时)内所能通过的最大行车量(列车数或列车对数)。铁路输送能力指一条线路一年内所能完成的最大货运量(以百万吨计)。通常,复线铁路每昼夜通过货物列车的数量可达百余对,每年单方向的货物运输能力可超过1亿吨。

3. 运输速度快

铁路运输速度的快慢决定于牵引动力的种类和型号、列车重量、列车全阻力及运行区段的线路断面、停站时间等情况。严格地讲,列车运行速度又与列车组成的车辆种类(客车、货车、超长、超限、集重等)和辆数、车载货物品种、空重车情况以及司机操纵方法等情况有关。但一般说来,由于铁路运输基本可以走直线,且现代机车的速度提高了很多,货运火车速度一般都能达到 100 公里/小时左右。目前国际上最高的铁路持续运行时速是 320 公里,而我国修建的总长 1318 公里的京沪高速铁路的持续运行时速将达到 350 公里,比法国的 TGV 和日本的新干线的运行速度都要高,将是世界上速度最快的铁路线。我国修建的青藏铁路的客车时速也达到了 100 公里,创造了世界冻土铁路列车运行速度最高纪录。

4. 安全程度高

铁路运输由于具有高度计划性,列车按照事前制定的行车计划行驶,因此可以采用列车自动控制方式控制列车行驶,实现车辆自动驾驶,减轻司机劳动强度。而列车自动停车、自动控制、自动操纵、设备故障和道口故障报警等先进技术在铁路运输中的应用,进一步有效防止了列车运行事故,大大提高了运输安全。在各种运输方式中,按所完成的货物吨公里计算的事故率,铁路运输是最低的。

5. 环境污染小

铁路的污染性比公路低。在噪声方面,铁路所带来的噪声污染,不仅比公路低,而且是间断性的,而城市道路则是持续性的高噪声污染;铁路机车由于功率大,对能源的消耗量少，而且燃烧充分，因此带来的废气及烟尘污染也少，尤其是电力机车根本不排放废气及烟尘。

6. 灵活性差

铁路运输的灵活性差表现在：一是火车的运行时刻、配车、编列等都是事先规定好的；二是铁路线路及其货站分布是固定的，铁路列车只能沿着固定的轨道行驶，在固定的铁路货站装卸货；三是对于大多数没有专用铁路线的客户，则无法直接实现"门到门"运输，需要使用汽车进行二次运输。

7. 货损较高

铁路由于列车行驶时的振动，容易造成货物损坏。而且由于铁路运输量大，运输过程需经多次中转之故，也常造成货物遗失或装卸不当造成损坏，这就使得货主不敢将贵重或者易碎货物交铁路承运。

8. 短途运输费用高

铁路运输的费用依照距离的不同而有所不同。一般说来，距离越远费用越低，短途运输费用较高。铁路运输的经济里程一般在 200 公里以上。

（二）铁路货运业务模式

1. 整车运输（transportation of truck-load）

整车运输指托运一批次货物至少占用一节货车车皮进行铁路运输。凡一批货物的重量、性质、体积、形状需要以 1 辆或 1 辆以上货车装运的，均按整车条件运输。整车运输有两种形式：一是整车直达，按货车载重标准吨数和运输里程向托运单位收费；二是整车分卸，即起运站和运输方向相同、到达站不同的货物拼凑成整车，依次不同到达站分别卸货，运输部门按货车载重标准吨数和到达站最远里程数向托运单位收费。整车货物按件数、重量承运，但下列货物不计算件数，只按重量承运：散堆装货物；成件货物规格相同（相同规格在 3 种以内，视为规格相同）一批数量超过 2000 件，规格不同一批数量超过 1600 件。

2. 零担运输

当一批货物的重量或容积不满一辆货车时，可与其他几批甚至上百批货物共用一辆货车装运时，叫零担货物运输。凡不够整车运输条件的货物，可按零担货物托运。零担运输每件货物的体积不得小于 0.02 立方米，每批件数不得超过 300 件。但一件货物重量在 10 公斤以上时，则不受此最小体积限制。

托运人应在每件零担货物上标明清晰的标记（即货签），零担货物货签应使用坚韧的材质制作，货签内容、规格必须符合铁路统一的格式。每件货物使用 2 枚货签，分别粘贴、钉固于包装的两端。不宜粘贴或钉固时可使用拴挂方法。

零担运输的货物一般在公共作业场所组织运输，专用线、专用铁路内组织直达整装零担，须与铁路部门协商并签订运输协议后办理。

3. 集装箱运输（container transport）

托运人将货物装入集装箱交付承运人，承运人在到达目的地后将整个集装箱完整地交付收货人的运输模式。该模式运输过程当中，承运人原则上不得拆开集装箱，不需要查点箱内货物。凡能够装入集装箱,并不对集装箱造成损坏的货物及规定可按集装箱运输的危险货物均可按集装箱办理。

(三)我国铁路运输的发展

改革开放 40 年来,我国铁路获得大发展。截至 2017 年底,全国铁路营业里程达到 12.7 万公里,铁路路网密度 132.2 公里/万平方公里。其中,电气化里程 8.7 万公里,复线里程 7.2 万公里,高速铁路 2.5 万公里以上。

铁路运输技术装备水平不断提高。2017 年,全国铁路机车拥有量为 2.1 万台,铁路货车拥有量为 79.9 万辆。铁路牵引机车的品种结构不断优化。目前蒸汽机车已基本淘汰,实现了由蒸汽机车向电力、内燃机车转变。而且,内燃机车拥有量逐年减少,而电力机车拥有量则不断增加。

铁路运输网络基本形成。铁路网骨架已铺至全国的东西南北,各省、自治区的省会及直辖市都有铁路与首都北京相连接,形成了以北京为中心的全国铁路网和正在建设完善的高标准、高质量、大能力的"八纵八横"铁路主通道。

二、公路运输(road transportation)

公路运输是以公路为运输线,利用汽车等陆路运输工具,完成货物位移的运输方式。它是陆上运输的两种基本运输方式之一,既是独立的运输体系,也是车站、港口和机场物资集散的重要手段。

(一)公路运输的特点

1. 机动灵活,适应性强,可实现"门到门"运输

公路运输网一般比铁路、水路网的密度要大很多,分布面也广,因此公路运输车辆可以"无处不到、无时不有"。由于汽车体积较小,中途一般也不需要换装,除了可沿分布较广的路网运行外,还可离开路网深入工厂企业、农村田间、城市居民住宅等地,即可以把货物从始发地门口直接运送到目的地门口,实现"门到门"直达运输。公路运输在时间方面的机动性也比较大,车辆可随时调度、装运,各环节之间的衔接时间较短。公路运输对货运量的多少具有很强的适应性,汽车的载重吨位有小 (0.25t~1t)有大(200t~300t),既可以单个车辆独立运输,也可以由若干车辆组成车队同时运输。

2. 全程速度快,货损小,对包装要求低

由于公路运输可实现"门到门"运输,故可减少转换运输工具所需要的等待时间与装卸时间。对于限时运送货物,或为适应市场临时急需货物,公路运输服务优于其他运输工具,尤其是短途运输,其整个运输过程的速度,较任何其他运输工具都为迅速、方便。并且随着我国高速公路网的普及,汽车运输时速普遍可以达到 120km 以上,这也提高了公路运输的速度。由于没有中途换装的麻烦,以及汽车加速减速平稳,减少了碰撞带来货损的可能,因此对货物包装要求较低。

3. 原始投资少,资金周转快,技术改造容易

从事公路运输服务,只需要拥有汽车和停车场所即可,而每辆货运汽车的购置费用从十几万元到几十万元不等，与铁路运输和水路运输的巨额投资相比，这些投资要小得多。美国有关资料表明，公路货运企业每收入 1 美元，仅需投资 0.72 美元，而铁路则需投资 2.7 美元。另外，公路运输原始投资回收期短，资金周转快。按照我国法律规定，每辆汽车的折旧期限为 7~10 年。公路运输的资本年可周转 3 次，而铁路则需 3~4 年周转 1 次。这样，如果认为现有车辆不适应运输需要，可以很容易地更换新车。

4．运量小，运输成本高，适合中短途运输

常见货运汽车载货量为 5~10 吨。虽然集装箱运输车功率较大，单车载运量也仅可达 30 吨左右。目前，世界上最大的汽车是美国通用汽车公司生产的矿用自卸车，长 20 多米，自重 610t，载重 350t 左右，但其同动辄上千吨的火车、上万吨的轮船运能相比，这个运力仍然小多了。而且，由于汽车运输载重量小，行驶阻力比铁路大 9~14 倍，能源消耗多，所消耗的燃料又是价格较高的液体汽油或柴油，造成汽车长途运输成本较高，适合 50~200 公里的中短途运输。

5．安全性差，污染环境较大

汽车沿公路行驶，由司机完全控制行车。由于司机的疏忽，容易造成交通事故；路面上车种复杂，普通道路上路面状况参差不齐，偶尔还有行人穿越马路等，这些因素都会造成公路交通事故，因此公路运输安全性最差。据历史记载，自汽车诞生以来，已经吞吃掉 3000 多万人的生命。美国密歇根大学运输研究所 2009 年的研究结果显示，美国车祸每年造成超过 4 万人死亡，是 1 岁至 34 岁年龄段人的头号杀手。2009 年 7 月举行的非洲道路安全会议公布的数据表明，非洲每年死于道路交通事故的人数超过 20 万人，到 2020 年这一数字预计将至少增长 80%。据中国公路学会 2007 年的统计，十多年来中国交通事故死亡人数一直位居全球首位，2006 年死亡人数攀升到 8.9 万人。此外，汽车所排出的尾气和引起的噪声也严重地威胁着人类的健康，是大城市环境污染的最大污染源之一。

（二）公路货运业务模式

1．公共运输业

公共运输业指专业经营汽车货物运输业务并以整个社会为服务对象。

（1）定期定线：不论货载多少，在固定路线上按时间表行驶。

（2）定线不定期：在固定路线上视货源情况，派车行驶。

（3）定区不定期：在固定的区域内根据货载需要，派车行驶。

2．契约运输业

契约运输业指按照承托双方签订的运输契约运送货物。契约期一般较长，托运人保证提供一定的货运量，承运人保证提供所需的运力。

3．自用运输业

自用运输业指企业自置汽车，专为运送自己的物资和产品，一般不对外营业。

4．汽车货运代理

汽车货运代理指以中间人身份向货主揽货，并向运输公司托运，收取手续费和佣金。有些汽车货运代理专门从事向货主揽取零星货载，集中成为整车货物，自己以托运人名义向运输公司托运，赚取零担和整车货物运费之间的差额。

（三）我国公路运输的发展

截至2017年底，我国公路通车里程达到469.63万公里。其中，高速公路通车里程达到13.5万公里，占全球高速公路通车里程的一半；农村公路总里程已超过400万公里，99.99%的乡镇通上农村公路，99.97%的建制村也通上农村公路。2017年中国公路货物运输量为368.0亿吨，同比增长22.5%；公路货物运输周转量为66713亿吨公里，同比增长9.0%；中国公路的货运量和周转量正逐渐上升。

截至2017年底，我国营运货车约为2000万辆，全国货运司机约3000万人。其中：重型卡车保有量超过500万辆，轻中型卡车保有量超过1400万辆，已成为世界第一大公路运输市场。在载货汽车结构中，逐步改变了"缺轻少重"的局面，重型和轻型汽车比重增加，专用汽车（集装箱车、油罐车、冷藏车等）有较大发展。在公路运力结构上，目前形成了大、中、小型相配套，高、中、低档相结合的格局。公路货物运输向快速、长途、专业、重载发展，专用车产品向重型化、专用功能强、技术含量高的方向发展。

在公路路网体系上，由高速公路和国省干线公路组成的"五纵七横"公路运输大通道主骨架已于2007年建成。其中，"五纵"指同江到三亚、北京到福州、北京到珠海、二连浩特到河口、重庆到湛江五条公路；"七横"分别为绥芬河到满洲里、丹东到拉萨、青岛到银川、连云港到霍尔果斯、上海到成都、上海到瑞丽以及衡阳、昆明七条公路。这十二条国道主干线总里程约3.5万公里（其中，高速公路25500公里，一级公路1145公里，二级公路8983公里），贯穿我国各直辖市及绝大部分省（区）的省会城市，将人口在100万以上的所有特大城市和90%的人口在50万以上的大城市连接在一起，贯通和连接的城市总数超过200个，覆盖的人口约6亿，占全国总人口的50%左右。"五纵七横"国道主干线构筑起我国区域和省际间横连东西、纵贯南北、连接首都的国家公路骨架网络，形成了国家高速公路网的雏形，并与其他国道、省道、县乡公路共同组成了我国的公路基础设施网络，为国民经济社会发展、物流运输提供了坚实的基础和保证。

三、水路运输（waterway transport）

水路运输是利用船舶等水上运载工具，在江、河、湖泊、人工水道以及海洋等水路上运送货物的一种运输方式。水路运输由船舶、航道、港口所组成，是历史悠久的运输方式。从石器时代的独木舟到现代的运输船舶，大体经历了4个时代：舟筏时代、帆船时代、蒸汽机船时代和柴油机船时代。

（一）水路运输的特点

1. 运输能力大

超过20万吨的油轮被称为超大型油轮。VLCC是超大型油轮"Very Large Crude Carrier"的英文缩写，载重量一般为20万吨至30万吨，相当于200万桶原油的装运量，全世界有400多条。中远（Cosco）的超大型油轮总载重接近30万吨，而其超巴拿马型集装箱船可载10000TEU。在海洋运输中，超巨型油轮的载重量可达55万吨，矿石船的载重量可达35万吨，集装箱船可达7万吨，这么大的运输能力是火车、汽车没法比的。

2. 单位运输成本低

水路运输由于船舶航行速度低，因而受到阻力较小；运行速度小，对于内燃机转速没有过高要求，可以提高燃油燃烧率；轮船的自重与货物重量之比最小，使得动能利用效率较高；而且轮船可以使用劣质柴油，加之运输能力大，所以水路运输的单位运输成本是所有运输方式中最低廉的，适合于大宗货物远距离运输。据美国测算，美国沿海运输成本仅为铁路运输的1/8，密西西比河干流的运输成本只有铁路运输的2/5。

公路运输需要修公路，铁路运输需要修铁路，而轮船行驶在大海上，大海则天然存在；即使内河航道需要时常疏浚维护，但其维护成本远低于铁路、公路的建设维护成本。据测算，开发内河航道每公里投资仅为铁路旧线改造投资的1/5或新线建设的1/8。

3. 运输速度慢，且航行时间无保证

水路运输是所有运输方式中速度最慢的。轮船中，运行速度最快的集装箱船最大速度为25节，约合45km/h，杂货船的最大速度约为15节，比汽车与火车运输慢得多。而且，轮船加速慢，需要较长时间才能达到最大航行速度。

由于运输能力，轮船在码头装船卸船时间较长；由于轮船发船时间间隔较长，造成货物在码头等候时间较长；遇到台风等恶劣天气，轮船就要靠港躲避，也会延长航行时间；各种原因造成水路运输的运输周期长且不确定。因此，在中短途运输中，水路运输比重很小，且呈日益萎缩之势。

4. 投资额大，回收期长

航运企业订造或购买船舶需巨额资金，10000TEU的超大型集装箱船造价约为1亿美元。船舶作为固定资产，折旧期较长，一般多以20年为准。购置船舶投资额巨大，回收期长，且船舶没有移作其他用途的可能，增加了投资风险。

5. 受自然条件的限制与影响大，运输风险大

水路运输受海洋与河流的地理分布及其地质、地貌、水文与气象等条件和因素的明显制约与影响。远洋运输行驶在大海上，有时遇到台风或者暴雨等恶劣天气，又暂时无处躲避，就会造成货物被水泡坏的风险，甚至为了保证轮船的安全而将货物抛入水中；内河航运中，时常会遇到因为水位下降引起的航道阻塞，造成货物长时间无法交付而影响生产经营。而这些损失都属于自然不可抗力因素，船公司不需赔付，由货主自行承担损失。

（二）水路运输业务模式

1. 定期船业务

定期船业务（或称件货运输业务）是指经营有固定船舶、固定航线、固定船期、固定运价及固定港口，向社会提供客货运输服务的水运业务，但仍以货运为主。目前在全世界的海运业务中，定期船的运量约占世界总吨量的1/3，但价值却占70%，因此，定期船是国际海运的重要业务。定期航运业务的船舶多为杂货船、集装箱船。

2. 不定期船业务

不定期船业务是指经营无固定船舶、航线、船期、运价、港口的海运业务。这种业

务大多使用专用散装船为主要运输工具,并以大宗散装原料或半成品为主,所承运之货物有一定季节流向与季节性,且运价较定期船低。托运人通常为特定货主,如电站、钢铁公司。

不定期船业务根据成交方式不同又可分为以下三种:

(1) 程租船或航次租船

这是不定期船业务最适用的经营方式,船货双方签订书面协议,规定船东以船舶的一部分或全部供给租船人装载指定货物,由一港或数港装运约定数量的货物往约定港口交货,其运费按照实载或实卸货物的重量或者体积吨数计算。

(2) 时租船或定期租船

论时租船是指在约定时间内,如 3 个月、半年、一年内,将船舶货舱全部租给租船人营运使用,由其在约定范围内,自行选择航线及货运业务,其船长及船员由船东指派。这种业务的租船人多为大型企业,用以从事自运货物,或航运企业用以应对临时运输能力不足。

(3) 光船租赁或空船出租

光船租赁指由船东将未配备船员及供应品的光船,在约定时间内由租船人自行营运使用,并由其指定船长、雇用船员并支付薪水;也由租船人供应配备该船,且负担全部运转费用,支付全部支出款及有效修护船体及机器。

3. 专用船业务

专用船业务指公私营企业机构自置或租赁船舶从事本企业自有物资运输的水路运输业务。

(三) 我国水路运输的发展

截至 2017 年底,我国内河航道通航里程达到 12.70 万公里,其中三级及以上航道 1.25 万公里,占总里程 9.8%;全国港口拥有生产用码头泊位 27578 个,其中港口万吨级及以上泊位 2366 个;水路全年完成货运量 66.78 亿吨,增长 4.6%。

我国基本建成了包括主要港口、地区性重要港口和其他一般港口三个层次的布局合理、层次分明、功能齐全的现代化港口体系。在长三角、珠三角、环渤海、东南沿海、西南沿海五大区域形成了规模庞大并相对集中的港口群。在长江、西江干线、长三角、珠三角地区建成了一批集装箱、大宗散货和汽车滚装等专业化泊位。沿海港口逐步建设了一大批专业化泊位,港口集装箱、大宗散货和汽车滚装等大型专业化码头,港口机械化和专业化水平不断增强,作业效率显著提高。

四、航空运输(air transportation)

商业航空是人类交通运输历史上继水运(包括海运)、公路、铁路之后的第四次产业革命。航空运输是利用飞机运送货物的现代化运输方式。航空运输始于 1871 年的法国,当时普法战争中的法国人用气球把政府官员和物资、邮件等运出被普军围困的巴黎。1918 年 5 月 5 日,飞机运输首次出现,航线为纽约—华盛顿—芝加哥。同年 6 月 8 日,伦敦与巴黎之间开始定期邮政航班飞行。20 世纪 30 年代出现了民用运输机,各种技术性能不断改进,航空工业的发展促进航空运输的发展。第二次世界大战结束后,大批军用飞机转入民用运输,西方发达资本主义国家开始大力发展航空工业,开辟国际航线,在世界范围内逐渐建立了全球性的航空运输网络,以各国主要城市为起讫点的世界航线网遍及各大洲。

随着战后国际贸易的迅速发展,航空运输作为国际贸易运输的一种方式被越来越广泛地采用,在国际贸易运输中所占的比重越来越大。根据国际民航组织统计,从 1962 年至 1973 年,国际航空货运量平均每年增长 17%,几乎每 4 年增长 1 倍。20 世纪 70 年代以来,航空运输仍然以相当快的速度发展着。据不完全统计,至 2000 年,世界上的喷气式货机数量已经超过 1500 架,是 1985 年的 3 倍,货运量也从 1985 年的 430 亿吨公里增加到 2000 年的 1250 亿吨公里,年平均增长率为 7.5%。国际民航组织(ICAO)统计数字显示,2016 年全球航空货物运输量 5300 万吨,国际货物运输量 3430 万吨,国际贡献率 65%;世界定期航班运输总周转量(RTK)达到 8723.61 亿吨公里,国际航空运输总周转量(RTK)6042.27 亿吨公里,国际贡献 69.3%。

(一)航空运输的特点

1. 速度快,时间效益好

从航空业诞生之日起,航空运输就以快速而著称。到目前为止,飞机仍然是最快捷的交通工具,常见的现代喷气式运输机巡航速度可以达到 900km/h,比汽车、火车快 5~10 倍,比轮船快 20~25 倍。而且,在长距离国际运输中,减少了水运与铁(公)路运输两种方式之间的转换,进一步节省了时间。

2. 机动性好,不受地形限制

飞机在空中飞行,受地形、山川、河流等因素的限制很少,受航线条件限制的程度也远比汽车运输、铁路运输和水运小得多。如果用直升机运输,机动性更强。它可以将地面上任何距离的两个地方连接起来,可以定期或不定期飞行。对于救援、供应、边远地区的急救等紧急任务,航空运输已成为必不可少的手段。

3. 安全性高,对包装要求低

航空运输平稳、安全,货物在运输中受到的震动、撞击等小于其他运输方式。尤其当飞机在 10000m 以上高空飞行时,不受低空气流的影响,更加平稳舒适。现代科技在通信导航、气象、机场及航行控制等航空运输中的应用和民航飞机适航性的严格要求,航空运输的安全性比以往已大大提高,成为最安全的运输方式。目前,在人类的各种交通方式中,航空运输的安全统计还是最安全的,出事的概率最低。航空运输的平稳、安全对货物的保护较好,加之航空运输操作流程环节比较严格,管理制度比较完善,货损货差较少,包装可相应简化,降低包装费用和保险费用。

4. 投资大,运量小,运输成本高

航空运输涉及飞机购置、机场建设等,所需投资较大。航空运输中飞机机舱容积和载重量都比较小,造成单位成本上升;高速飞行所受阻力远大于地面低速飞行,造成运输吨公里消耗燃油较多;航空运输对燃油质量要求较高。以上各种原因造成航空运输成本远高于地面运输,限制了航空货运的发展,适合于运输价值高、体积小、运费承担能力强或者急需的物品。

（二）航空运输的组织方法

1. 班机运输（scheduled airline）

班机运输指在固定的航线上定期航行的航班，即有固定始发站、目的站和途经站的飞机。班机的航线基本固定，定期开航，收、发货人可以确切地掌握起运和到达时间，保证货物安全迅速地运达目的地，对运送鲜活、易腐的货物以及贵重货物非常有利。不足之处是舱位有限，不能满足大批量货物及时出运的需要。

2. 包机运输（chartered carrier）

包机运输可分为整架包机和部分包机。

整架包机指航空公司或包机代理公司，按照与租机人双方事先约定的条件和运价，将整架飞机租给租机人，从一个或几个航空站装运货物至指定目的地的运输方式。整架包机运费随国际航空运输市场的供求情况而变化。

部分包机指几家航空货运代理公司联合包租一架飞机，或者由包机公司把一架飞机的舱位分别分给几家航空货运代理公司，适合一吨以上但不足装一整架飞机的货物，运费较班机低，但运送时间比班机要长。

3. 集中托运（consolidation）

集中托运是航空货运代理公司把若干批单独发运的、发往同一方向的货物集中起来，组成一票货，向航空公司办理托运，采用一份总运单集中发运到同一站，由航空货运代理公司在目的地指定的代理人收货、报关并分拨给各实际收货人的运输方式。这种托运方式，货主可以得到较低的运价，使用比较普遍，是航空货运代理的主要业务之一。

4. 航空快递（air express）

航空快递是由一个专门经营该项业务的公司和航空公司合作，通常为航空货运代理公司或航空速递公司派专人以最快的速度在货主、机场和用户之间运送和交接货物的快速运输方式。该项业务是两个空运代理公司之间通过航空公司进行的，是最快捷的一种运输方式。航空快递业务主要形式有：门到门服务、门到机场服务、专人派送。门到门服务是最方便、最快捷，使用最普遍的方式；门到机场的服务，简化了发件人的手续，但需要收货人安排清关、提货手续；专人派送服务是一种特殊服务，费用较高，使用较少。

（三）我国航空运输的发展

截至 2017 年底，我国境内民用航空颁证机场共 229 个，其中定期航班通航机场 228 个，民航定期航线航班达到 4418 条。其中，国内航线 3615 条（包括港澳台航线 96 条），机队规模达到 3296 架，定期航班国内通航城市 224 个（不含香港、澳门、台湾），航线里程近 700 万公里，民航服务覆盖全国 88.5%的地级市和 76.5%的县；国际航线 803 条，定期航班通航 60 个国家的 158 个城市，形成了以北京、上海、广州等城市为起点联结世界主要国家和地区的航空运输网络。

2017 年，全行业完成运输总周转量 1083.08 亿吨公里，其中国内航线完成运输总周转量 694.60 亿吨公里，国际航线完成运输总周转量 388.48 亿吨公里；全行业完成货邮周转量 243.55 亿吨公里，其中国内航线完成货邮周转量 72.97 亿吨公里，国际航线完成货邮周转量 170.59 亿吨公里。

在机场数量、航线提升的同时，机场技术上的升级改造，尤其是航管、通信、导航和气象保障系统的技术改造也在迅速推进。目前，民航首都机场、上海机场和广州机场等三大枢纽机场初步达到国际先进水平。2017 年，首都国际机场旅客吞吐量 9579 万人次，连续八年位列世界第二，上海浦东国际机场连续十年位列第九，广州白云国际机场排名第十三位。

航空运输作为我国综合运输体系的组成部分，已由从属补充地位发展成为一种大众化交通工具。

五、管道运输（pipeline transport）

管道运输是通过一定的压力差以管道输送流体货物的一种现代运输方式，而货物通常是液体和气体，是统一运输网络中干线运输的特殊组成部分。就液体与气体而言，凡是在化学上稳定的物质都可以用管道运送。因此，废水、泥浆、水甚至啤酒都可以用管道传送。另外，管道对于运送石油与天然气十分重要。

（一）管道运输的特点

1. 运量大，耗能少，运输费用低

由于管道能够进行不间断的输送，输送连续性强，不产生空驶，运输量大。管径 529mm 的一条输油管道，可年输已凝高粘原油 1000 万吨以上；630mm 的输油管道，可年输已凝高黏原油 1500 万吨以上；720mm 的输油管道，可年输已凝高黏原油 2000 万吨以上，相当于一条铁路的运量；管径 1220mm 的管道，年输量可达一亿吨以上。而且，管道运输费用很低。输送每吨公里轻质原油的能耗大约只有铁路的 1/17～1/2，成品油运费仅为铁路的 1/6～1/3，接近于海运，且无须装卸、包装、无回程空驶问题。

2. 占地少，损耗低，对环境保护影响小

运输管道可以通过河流、湖泊、铁路、公路甚至翻越高山、横跨沙漠、穿过海底走捷径，从而缩短起讫点的运输距离。例如，我国西气东输管道途经戈壁、沙漠、干旱半干旱、黄土高原、草原林地、晋豫土石山区及黄淮、江淮平原耕地，共穿越大中型河流 68 次，其中三次穿越黄河，1 次穿越长江，1 次穿越淮河，12 次穿越古长城。除泵站、首末站占用一些土地外，运输管道多埋于地下，其埋入地下部分通常占管道总长度的 95% 以上，其永久占用土地很少。同时，管道运输不产生噪声，输送的油、气等密闭于管道中，损耗少，货物漏失污染小。据西欧石油管道的统计，漏失污染量仅为输送量的 4%。

3. 稳定性强，便于管理

管道埋于地下，不受外界气候变化的影响，并且很少出现故障，可以长期稳定运行。管道运输自动化运行，易于远程监控，维修量小，劳动生产率较高。

4. 投资大，灵活性差，对输送货物有特定要求

初期管道建设投资较大，且只能输送气态、液态或浆状的物品，只有接近管道的用户才能使用，输送量范围狭窄，适用于长期定向、定点输送。输量变化幅度过大，则管

道的优势难以发挥。

（二）运输管道的分类

管道运输常以所输送的货物名称命名。例如，输送原油的管道称之为原油管道；输送成品油的管道称之为成品油管道；此外，还有天然气管道、煤浆管道等。

1. 原油管道

原油一般具有比重大、粘稠和易于凝固等特性。用管道输送时，要针对所输原油的物理性质，采用不同输送工艺。原油管道输送工艺分加热输送和不加热输送两种。稀质的原油（如中东原油）采用不加热输送；而我国开采的原油都属于易凝高黏原油，需采用加热输送。

原油运输不外乎是将原油输送给炼油厂，或输给转运原油的港口或铁路车站，或两者兼而有之。其运输特点是：输送量大、运距长、收油点和交油点少，故特别适宜用管道输送。随着国家对原油进口的依赖性日益增加（目前我国原油对外依存度达 50%），同时为了减少对中东石油的过分依赖，我国努力增加从俄罗斯、哈萨克斯坦等国进口原油。为了解决运输问题，我国修建了中哈原油管线，并努力修建中俄石油管线。

2. 成品油管道

成品油管道输送汽油、柴油、煤油、航空煤油和燃料油，以及从油气中分离出来的液化石油气等成品油。成品油型号繁多，常采用在同一条管道中按一定顺序输送多种油品的工艺，这种工艺能保证油品的质量和准确地分批运到交油点。成品油管道的任务是将炼油厂生产的大宗成品油输送到各大城镇附近的成品油库，有的燃料油则直接用管道输送给大型电厂。成品油管道运输的特点是批量多、交油点多。因此，管道的起点段管径大，输油量大；经多处交油分输以后，输油量减少，管径亦随之变小，从而形成成品油管道多级变径的特点。与原油管道不同的是，成品油管道一般都实行常温输送，不存在沿途加热的问题。我国现有的成品油管道有兰州—成都—重庆成品油管道、西南成品油管道、镇海—南昌—长沙成品油管道等。

3. 天然气管道

输送天然气和油田伴生气的管道，包括集气管道、输气干线和供配气管道。就长距离输气而言，输气管道系指高压、大口径的输气干线。为了改变能源结构，减少煤炭的使用量，我国大力推广天然气的使用。而天然气资源主要集中于新疆、重庆等西部地区，能源消耗大省主要集中于江苏、上海、浙江等华东地区。为了解决这一矛盾，我国建设了西气东输的大动脉。

4. 固体料浆管道

固体料浆管道是 50 年代中期发展起来的，到了 70 年代初已建成能输送大量煤炭料浆的管道。其输送方法是将固体粉碎，掺水制成浆液，再用泵按液体管道输送工艺进行输送。世界第一条煤浆管道是美国固本煤炭公司在俄亥俄州1957年修建的一条173公里、管径 254 毫米的输煤管道。目前在运行的世界著名的煤浆管道是从美国亚利桑那州北部黑梅萨地区的露天煤矿到内华达州的莫哈电厂的输煤管道，1970 年建成投产，全长 439 公里，管径 457 毫米，设计年输送 500 万吨。固体料浆管道除了用于输送煤浆外，还用于输送赤铁矿、铝矾土和石灰石等。该种输送方法在我国尚未出现。

（三）我国管道运输的发展

中国管道运输发展至今已经有 50 多年的历史，经历了三次建设高峰期。特别是在第三次管道建设高峰中，随着西气东输、陕京二线、冀宁联络线、甬沪宁原油管道、茂昆成品油管道、兰成渝成品油管道、西部原油及成品油管道等大型管道工程的建设投产，中国油气管道运输得到了极大发展。在青藏高原上建成的世界上最高的输油管道——花土沟至格尔木输油管道、在"死亡之海"塔克拉玛干沙漠建成的世界上第一条位于流动沙漠中的输油气管道、总长 4000 公里的"西气东输"管道一期工程的完工，标志着我国的管道建设运输技术水平已跻身国际先进水平之列。

截至 2017 年年底，全国已建成原油管道 2.38 万公里，成品油管道 2.6 万公里；天然气长输管道总里程近 7.4 万公里（不含省级管网），总计达到 12.38 万公里。油气骨干管网基本构成了"西油东送、北油南运、西气东输、北气南下、缅气北上、海气登陆"的格局，形成了东北、华北、中原、华东和西北广大地区四通八达、输配有序的石油、天然气管网运输体系，对保障我国能源安全，促进我国经济社会发展发挥了重要作用。全国 100%天然气、90%以上的石油通过长输管道源源不断地输向炼油厂、化工厂及海运码头。

与此同时，随着中国石油企业"走出去"战略的实施，中国石油企业在海外的合作区块和油气产量不断增加，海外份额油田或合作区块的外输原油管道运输也得到了发展。目前中国企业在海外的管道运输主要集中在苏丹和哈萨克斯坦，管道总里程约 5000 公里。

第三节　综 合 运 输

一、综合运输的含义

五种基本运输方式各有自己的适用领域，也存在着各自的缺陷，如果能将各种运输方式加以协调和优化，就会发挥更大的效益，这就是综合运输。具体说，综合运输就是指综合集成各种运输方式的功能，一体化高效率地完成人与货物的空间位移。综合运输体系就是指铁路、公路、水运、航空和管道等各种运输方式在社会化的运输范围内和统一的运输过程中，按其技术经济特点组成分工协作、有机结合、连接贯通、布局合理的交通运输综合体。

综合运输是运输发展到一定阶段的产物。一方面，各种运输方式在生产过程中有一种协助配合、优势互补的需要，客观上要求在运输的各个环节上连接贯通；另一方面，运输也是企业竞争的一个重要方面，货主在选择运输方式上要求速度、时间和方便，这样就要求各种运输方式联合起来，以满足需要。

二、复合运输

由两种及其以上的交通方式相互衔接，共同完成的运输过程统称为复合运输。复合运输包括驮背运输和联合运输。

一种载货工具在某一段运程中，又承载在另一种交通工具上共同完成的运输过程称为驮背运输（piggy back）。我国从广东开往海南的火车要乘轮船渡过琼州海峡就是典型的驮背运输。在公路和铁路的联合运输中，货运汽车直接开上火车车皮运输，到达目的地再从车皮上开下，也是驮背运输。

由两种以上的交通工具相互衔接、转运而共同完成的运输过程称为联合运输。《中华人民共和国国家标准物流术语》（GB/T 18354—2006 4.16）对联合运输（combined transport）的定义是：一次委托，由使用两种或两种以上的运输方式，或不同的运输企业将一批货物运送到目的地的运输。我国南方沿海地区需要的煤炭，多是从山西经大（同）秦（皇岛）铁路到秦皇岛装船，然后海运到南方，这就是典型的联合运输。

复合运输是通过多种运输方式之间的协作，合理安排运输计划，综合利用各种运输工具，充分发挥运输效率的比较好的组织货物运输形式。如铁水联运、铁公联运、公水联运、铁公水联运、江河联运、江海联运等。

三、国际多式联运

《中华人民共和国国家标准物流术语》（GB/T 18354—2006 3.2）对国际多式联运（international multimodal transport）的定义是：按照多式联运合同，以至少两种不同的运输方式，由多式联运经营人将货物从一国境内的接管地点运至另一国境内指定交付地点的货物运输。国际多式联运起源于海运业务，而且目前的国际多式联运仍多以海运为主。

国际多式联运的特点：

（1）国际多式联运全程运输中至少使用两种或两种以上不同的运输方式；

（2）国际多式联运全程运输中只办理一次托运、一次付费、一单到底、一次保险、统一理赔；

（3）国际多式联运的货物主要是集装箱货物或集装化的货物；

（4）国际多式联运由多式联运经营人完成或组织完成，其要对全程运输负责；

（5）国际多式联运是跨越国境的国际间的货物运输。

四、大陆桥运输

大陆桥运输（land bridge transport）指使用铁路或公路系统作为桥梁，把大陆两端的海洋运输连接起来的运输方式。从形式上看，大陆桥运输是海陆海的连贯运输。大陆桥运输一般都是以集装箱为媒介。因为大陆桥运输中途要经过多次装卸，以集装箱为运输单位，可大大简化理货、搬运、储存、保管和装卸等操作环节，同时集装箱是经海关铅封，中途不用开箱检验，而且可以迅速直接转换运输工具，故采用集装箱是开展大陆桥运输的最佳方式。

大陆桥运输是集装箱运输开展以后的产物，出现于1967年。当时苏伊士运河封闭、航运中断，而巴拿马运河又堵塞，远东与欧洲之间的海上货运船舶，不得不改道绕航非洲好望角或南美致使航程距离和运输时间倍增，加上油价上涨航运成本猛增，而当时正值集装箱运输兴起。在这种历史背景下，大陆桥运输应运而生。从远东港口至欧洲的货运，于 1967 年底首次开辟了使用美国大陆桥运输路线，把原来全程海运，改为海、陆、海运输方式，试办结果取得了较好的经济效果，达到了缩短运输里程、降低运输成本、加速货物运输的目的。

目前世界上主要的大陆桥运输路线有：一是西伯利亚大陆桥（Siberian Landbridge）——利用俄罗斯西伯利亚铁路作为陆地桥梁，把太平洋远东地区与波罗的海和黑海沿岸以及西欧大西洋口岸连起来；二是北美大陆桥（North American Landbridge）——利用北美的大铁路从远东到欧洲的"海陆海"联运；三是亚欧第二大陆桥，也称新亚欧大陆桥——以中国东部的连云港和日照为起点，经陇海铁路运输大动脉和兰新铁路到达阿拉山口，与原苏联铁路接轨，最终以荷兰的鹿特丹港为终点的一条大陆桥。

北美地区的陆桥运输不仅包括上述大陆桥运输，还包括小陆桥运输（mini-bridge）和微桥运输（micro-bridge）等运输组织形式。小陆桥运输从运输组织方式上看与大陆桥运输并无大的区别，只是其运送货物的目的地为沿海港口。微桥运输与小陆桥运输基本相似，只是其交货地点在内陆地区。

五、我国综合运输体系的发展

交通运输是基础性、先导性、战略性产业，是经济社会发展的重要支撑和强力保障，也是开展综合运输的基础设施。

中华人民共和国成立以来，尤其是改革开放以来，交通运输业作为国民经济的重要行业受到高度重视，交通运输业实现了跨越式大发展，在世界交通运输史上创造了举世瞩目的"中国速度"和"中国模式"，取得了辉煌成就。我国铁路、公路、航空、港口和管道运输各种运输方式都实现了快速发展，高速铁路、高速公路、城市轨道运营里程以及港口万吨级泊位数量等均位居世界第一，机场数量、管道里程位居世界前列，如表 7-3 所示。

表 7-3 各种运输方式发展状况

运输方式	运输线路长度（万公里）			
	2017 年	2008 年	2002 年	1978 年
铁路	12.7	7.97	7.19	5.17
公路	477.35	200.92	176.52	89.02
内河	12.7	12.28	12.16	13.60
民航	700	246.18	163.77	14.89
管道	12.38	5.83	2.98	0.83

资料来源：改革开放四十年交通发展创造中国速度与模式. https://www.sohu.com/a/239654424_556392

而且，我国交通运输发展改变了单一运输方式分别发展的模式，更加注重发挥各种运输方式不同的技术经济特点和比较优势，注重几种运输方式的衔接，充分发挥综合运输优势。目前，一个以公路为基础，铁路为骨干，充分发挥航空、水运、管道比较优势，结构合理、有机衔接、协调发展、资源节约、环境友好的现代综合交通运输网络已基本形成，为国民经济快速发展稳定奠定了坚实基础。当然，我国目前综合运输体系结构还不尽合理，突出表现为：铁路和内河水运能力不足；民航货运发展相对落后；大宗物资长途运输的公路市场份额过高。解决这个问题，既需要在运输基础设施建设上注意补短板，也需要政府政策引导。

第四节　运输合理化

一、运输合理化的概念

合理运输（reasonable transportation）指按照商品流通规律、交通运输条件、物流合理流向、市场供需情况，走最少的历程，经最少的环节，用最少的运力，或最少的费用，以最短的时间，把货物从生产地运到消费地。也就是用最少的劳动消耗，运输更多的货物，取得最佳的经济效益。由于在运输生产活动中，需要一定的劳动消耗，因此，衡量运输的合理与否，就是依据消耗在运输上的社会劳动量的大小来评价运输的经济性。

二、不合理运输的表现形式

为了组织合理运输，就要避免不合理运输。不合理运输是在现有条件下可以达到的运输水平而未达到，从而造成了运力浪费、运输时间增加、运费超支等问题的运输形式。实践中常见的不合理运输有以下几种形式：

（一）迂回运输（round about transportation）

迂回运输指商品运输本来可以走直线或经最短的运输路线，却采取绕道而行的现象（如图 7-4 所示）。由甲地发运货物经过乙、丙两地到丁，那么在甲、乙、丙、丁间便发生了迂回运输（共 170 公里）。正确的运输线路，应该从甲地经戊地到丁地（共 80 公里）。

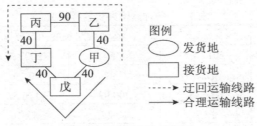

图 7-4　迂回运输示意图

迂回运输有一定复杂性，不能简单处之。只有当计划不周、地理不熟、组织不当而发生的迂回，才属于不合理运输。如果最短距离有交通阻塞、道路情况不好或有对噪声、排气等特殊限制而不能使用时发生的迂回，不能称不合理运输。

（二）过远运输（exceptionally short-distance traffic）

过远运输指选择供货单位时，不就地就近获取某种商品或物资，而舍近求远从外地或远处运来同种商品或物资的运输。过远运输有两种表现形式，一是销地完全有可能由距离较近的供应地购进所需要的相同质量的物美价廉的货物，却超出货物合理流向的范围，从远距离的地区运进来；二是两个生产地生产同一种货物，它们不是就近供应临近的消费者，却调给较远的其他消费地（见图 7-5）。过远运输和迂回运输虽然都属于拉长距离、浪费运力的不合理运输，但两者不同的是，过远运输是因为商品或物资供应地舍近求远地选择拉长了运输距离，而迂回运输则是因为运输线路的选择错误拉长了运输距离。

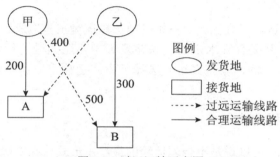

图 7-5　过远运输示意图

（三）对流运输（connective transportation）

对流运输又称"相向运输""交错运输"，是指同一种商品或彼此可以代用的商品在同一运输路线上或在平行的路线上，朝着相反方向运行，与对方运程的全程或部分发生重叠交错的运输。对流运输又分为明显对流和隐蔽对流。明显对流指发生在同一条运输路线上的对流运输；隐蔽对流指同一种物资违背近产近销原则，沿着两条平行的线路朝相对的方向运输。判断对流运输时需注意的是，有的对流运输是不很明显的隐蔽对流。例如，不同时间的相向运输，从发生运输的那个时间看，并无出现对流，可能做出错误的判断。

（四）倒流运输（flow backwards transportation）

倒流运输指物品从销地向中转地再向产地或起运地回流的一种现象，这种现象经常表现为对流运输，原因在于往返运输都是不必要的，形成了双程浪费。倒流运输也可以看成是隐蔽对流的一种特殊形式。

（五）亏吨运输

亏吨运输指商品的装载量没有达到运输工具的载重标准重量，或没有装满车船容积而造成车船亏吨的现象。为了避免亏吨运输，应组织轻重配装、改进堆码方法等，尽量提高运输效率。

（六）重复运输

一批商品本可以一次直接运达目的地，但由于组织工作失误而使商品在中途停卸又重复装运的现象，这是重复运输的一种形式。另一种形式是，同品种货物在同一地点一面运进，同时又向外运出。重复运输增加了非必要的中间环节，延缓了流通速度，增加了费用，增大了货损。

（七）无效运输

无效运输指运输的商品质量次、杂质多，或者包装过于庞杂，从而造成大量无效物质从起运地运往目的地，浪费了大量运力的现象。

（八）运力选择不当

未合理利用各种运输工具优势而不正确地选择运输工具造成运输成本偏高，或者运输速度太慢的现象，常见有弃水走陆、铁路及大型船舶的过近运输、过分超载、应当整车运输却采用零担运输、应当直达而选择了中转运输、应当中转运输而选择了直达运输等。

（九）返程或起程空驶

空车无货载行驶，可以说是不合理运输的最严重形式。在实际运输组织中，有时候必须调运空车，从管理上不能将其看成不合理运输。但因调运不当、货源计划不周、不采用运输社会化而形成的空驶，是不合理运输的表现。

造成空驶的不合理运输主要有以下几种原因：能利用社会化的运输体系而不利用，却依靠自备车送货提货，这往往出现单程重车、单程空驶的不合理运输；由于工作失误或计划不周，造成货源不实，车辆空去空回，形成双程空驶；由于车辆过分专用，无法搭运回程货，只能单程实车，单程回空周转。

上述的各种不合理运输形式都是在特定条件下表现出来，在进行判断时必须注意其不合理的前提条件，否则容易出现判断失误。例如，如果同一种产品，商标不同，价格不同，所发生的对流不能绝对看成不合理，因为其中存在着市场机制引导的竞争，优胜劣汰。如果强调因为表面的对流而不允许运输，就会起到保护落后、阻碍竞争甚至助长地区封锁的作用。类似的例子，在各种不合理运输形式中都可以举出一些。再者，以上对不合理运输的描述，主要就形式本身而言，是从微观观察得出的结论。在实践中，必须将其放在物流系统中做综合判断，在不做系统分析和综合判断时，很可能出现"效益背反"现象。单从一种情况来看，避免了不合理，做到了合理，但它的合理却使其他部分出现不合理。只有从系统角度综合进行判断才能有效避免"效益背反"现象，从而优化全系统。

三、合理运输五要素

运输合理化的影响因素很多，起决定性作用的有五方面的因素，称为合理运输的"五要素"。

（一）运输距离

运输时间、运输货损、运费、车辆或船舶周转等运输的若干技术经济指标，都与运距有一定比例关系，运距长短是运输是否合理的一个最基本因素。

（二）运输环节

每增加一次运输，不但会增加起运的运费和总运费，而且必须要增加运输的附属活动，如装卸、包装等，各项技术经济指标也会因此下降。所以，减少运输环节，尤其是同类运输工具的环节，对合理运输有促进作用。

（三）运输工具

各种运输工具都有其使用的优势领域，对运输工具进行优化选择，按运输工具特点进行装卸运输作业，最大限度发挥所用运输工具的作用，是运输合理化的重要一环。

（四）运输时间

运输是物流过程中需要花费较多时间的环节，尤其是远程运输，在全部物流时间中，运输时间占绝大部分。所以，运输时间的缩短对整个流通时间的缩短有决定性的作用。此外，运输时间短，有利于运输工具的加速周转，充分发挥运力的作用，有利于货主资金的周转，有利于运输线路通过能力的提高，对运输合理化有很大贡献。

（五）运输费用

运费在全部物流费中占很大比例，运费高低在很大程度决定整个物流系统的竞争能力。实际上，运输费用的降低，无论对货主企业来讲还是对物流经营企业来讲，都是运输合理化的一个重要目标。运费的判断，也是各种合理化实施是否行之有效的最终判断依据之一。

四、运输合理化的有效措施

（一）提高运输工具实载率

实载率有两个含义：一是单车实际载重与运距之乘积和标定载重与行驶里程之乘积的比率，这在安排单车、单船运输时，是作为判断装载合理与否的重要指标；二是车船的统计指标，即一定时期内车船实际完成的货物周转量（以吨公里计）占车船载重吨位与行驶公里之乘积的百分比。在计算时车船行驶的公里数，不但包括载货行驶，也包括空驶。

提高实载率的意义在于：充分利用运输工具的额定能力，减少车船空驶和不满载行驶的时间，减少浪费，从而求得运输的合理化。

我国曾在铁路运输上提倡"满载超轴"，其中，"满载"的含义就是充分利用货车的容积和载重量，多载货，不空驶，从而达到合理化之目的。这个做法对推动当时运输事业发展起到了积极作用。

（二）减少动力投入，增加运输能力

运输的投入主要是能耗和基础设施的建设，在设施建设已定型和完成的情况下，尽

量减少能源投入，是少投入的核心。做到了这一点就能大大节约运费，降低单位货物的运输成本，达到合理化的目的。国内外在这方面的有效措施有满载超轴、水运拖排（带）法、顶推法和汽车挂车。

满载超轴："超轴"的含义就是在机车能力允许情况下，多加挂车皮。我国在客运紧张时，也采取加长列车、多挂车皮办法，在不增加机车情况下增加运输量。

水运拖排和拖带法。竹、木等物资的运输，利用竹、木本身浮力，不用运输工具载运，采取拖带法运输，可省去运输工具本身的动力消耗从而求得合理；将无动力驳船编成一定队形，一般是"纵列"，用拖轮拖带行驶，可以有比船舶载乘运输运量大的优点，求得合理化。

顶推法。顶推法是内河货运采取的一种有效方法。将内河驳船编成一定队形，由机动船顶推前进的航行方法。其优点是航行阻力小，顶推量大，速度较快，运输成本很低。

汽车挂车。汽车挂车的原理和船舶拖带、火车加挂基本相同，都是在充分利用动力能力的基础上，增加运输能力。

（三）发展社会化的运输体系

运输社会化的含义是发展运输的大生产优势，实行专业分工，打破一家一户自成运输体系的状况。

一家一户的运输小生产，车辆自有，自我服务，不能形成规模，且一家一户运量需求有限，难于自我调剂，因而经常容易出现空驶、运力选择不当（因为运输工具有限，选择范围太窄）、不能满载等浪费现象，且配套的接、发货设施，装卸搬运设施也很难有效地运行，所以浪费颇大。实行运输社会化，可以统一安排运输工具，避免对流、倒流、空驶、运力不当等多种不合理形式，不但可以追求组织效益，而且可以追求规模效益，所以发展社会化的运输体系是运输合理化的非常重要措施。

当前火车运输的社会化运输体系已经较完善，而在公路运输中，小生产方式非常普遍，是建立社会化运输体系的重点。

（四）开展中短距离铁路公路分流，"以公代铁"的运输

这一措施的要点，是在公路运输经济里程范围内，或者经过论证，超出通常平均经济里程范围，也尽量利用公路。这种运输合理化的表现主要有两点：一是对于比较紧张的铁路运输，用公路分流后，可以得到一定程度的缓解，从而加大这一区段的运输通过能力；二是充分利用公路从门到门和在中途运输中速度快且灵活机动的优势，实现铁路运输服务难以达到的水平。我国"以公代铁"目前在杂货、日用百货运输及煤炭运输中较为普遍，一般在 200 公里以内，有时可达 700~1000 公里。

（五）尽量发展直达运输

直达运输是追求运输合理化的重要形式，其对合理化的追求要点是通过减少中转过载换载，从而提高运输速度，省却装卸费用，降低中转货损。直达的优势，尤其是在一次运输批量和用户一次需求量达到了一整车时表现最为突出。此外，在生产资料、生活

资料运输中，通过直达，建立稳定的产销关系和运输系统，也有利于提高运输的计划水平，考虑用最有效的技术来实现这种稳定运输，从而大大提高运输效率。

特别需要一提的是，如同其他合理化措施一样，直达运输的合理性也是在一定条件下才会有所表现，不能绝对认为直达一定优于中转。这要根据用户的要求，从物流总体出发做综合判断。如果从用户需要量看，批量大到一定程度，直达是合理的，批量较小时中转是合理的。

（六）配载运输

配载运输是充分利用运输工具载重量和容积，合理安排装载的货物及载运方法以求得合理化的一种运输方式。配载运输也是提高运输工具实载率的一种有效形式。

配载运输往往是轻重商品的混合配载，在以重质货物运输为主的情况下，同时搭载一些轻泡货物，如海运矿石、黄沙等重质货物，在仓面捎运木材、毛竹等，铁路运矿石、钢材等重物上面搭运轻泡农、副产品等，在基本不增加运力投入情况下，在基本不减少重质货物运输情况下，解决了轻泡货的搭运，因而效果显著。

（七）"四就"直拨运输

"四就"直拨是减少中转运输环节，力求以最少的中转次数完成运输任务的一种形式。一般批量到站或到港的货物，首先要进分配部门或批发部门的仓库，然后再按程序分拨或销售给用户。这样一来，往往出现不合理运输。

"四就"直拨运输指在流通过程组织货物调运时，对当地生产或外地到达的货物，不运进流通批发仓库，采取直拨的办法把货物直接分拨给市内基层批发、零售店或用户，从而减少一道中间环节。"就厂直拨，就车站、码头直拨，就库直拨，就车、船过载"等，简称为"四就"直拨。

"四就"直拨和直达直线运输是两种不同的合理运输形式，既有联系又有区别。直达直线运输一般指货物运输里程较远、批量较大；而"四就"直拨运输指货物运输里程较近、批量较小，一般在大中城市批发站所在地办理直拨运输业务。在运输过程中将"四就"直拨运输与直达直线运输结合起来，就会收到更好的经济效果。

（八）发展特殊运输技术和运输工具

依靠科技进步是运输合理化的重要途径。例如，专用散装及罐车解决了粉状、液状物运输损耗大、安全性差等问题；大型半挂车解决了大型设备整体运输问题；"滚装船"解决了车载货的运输问题，集装箱船比一般船能容纳更多的箱体，集装箱高速直达车船加快了运输速度等，都是通过采用先进的科学技术实现合理化。

（九）通过流通加工，使运输合理化

有不少产品，由于产品本身形态及特性问题，很难实现运输的合理化。如果进行适当加工，就能够有效解决合理运输问题。例如，将造纸材在产地预先加工成干纸浆，然后压缩体积运输，就能解决造纸材运输不满载的问题；轻泡产品预先捆紧包装成规定尺

寸，装车就容易提高装载量；水产品及肉类预先冷冻，就可提高车辆装载率并降低运输损耗。

本 章 小 结

1. 运输指通过合理的方法，使用一定的运输工具，实现物质资料的空间移动，解决物质资料的生产与消费在地域上的矛盾，创造商品的场所效用。运输的原理包括规模原理、距离原理和速度原理。运输的功能包括产品转移与产品存储。运输生产的特征：运输生产是在流通过程中完成的；运输不产生新的实物形态产品；运输产品采用特殊的计量方法；运输生产的劳动对象比较复杂。

2. 运输按运输的范畴分为干线运输、支线运输、二次运输、厂内运输；按运输中途是否换载分为直达运输、中转运输；按运输协作程度分为一般运输、联合运输；按运输设备分为公路运输、铁路运输、水路运输、航空运输、管道运输。

3. 铁路运输具有适应性强、运输能力大、运输速度快、安全程度高、环境污染小、灵活性差、货损较高、短途运输费用高的特点，其货运业务模式有整车运输、零担运输、集装箱运输。

4. 公路运输具有机动灵活，适应性强，可实现"门到门"运输；全程速度快，货损小，对包装要求低；原始投资少，资金周转快，技术改造容易；运量小，运输成本高，适合中短途运输；安全性差，污染环境较大的特点，其货运业务模式有公共运输业、契约运输业、自用运输业、汽车货运代理。

5. 水路运输具有运输能力大、单位运输成本低、运输速度慢且航行时间无保证、投资额大、回收期长、受自然条件的限制与影响大、运输风险大的特点，其运输业务模式有定期船业务、不定期船业务、专用船业务三种。

6. 航空运输具有速度快，时间效益好；机动性好，不受地形限制；安全性高，对包装要求低；投资大，运量小，运输成本高的特点，其运输组织方法有班机运输、包机运输、集中托运、航空快递等。

7. 管道运输具有运量大，耗能少，运输费用低；占地少，损耗低，对环境保护影响小；稳定性强，便于管理；投资大，灵活性差，对输送货物有特定要求。运输管道分为原油管道、成品油管道、天然气管道、固体料浆管道四种。

8. 综合运输指综合集成各种运输方式的功能，一体化高效率地完成人与货物的空间位移。综合运输体系指铁路、公路、水运、航空和管道等各种运输方式在社会化的运输范围内和统一的运输过程中，按其技术经济特点组成分工协作、有机结合、连接贯通、布局合理的交通运输综合体。综合运输的形式有复合运输、国际多式联运与大陆桥运输等。目前，我国综合交通运输体系基本形成。

9. 常见的不合理运输形式有迂回运输、过远运输、对流运输、倒流运输、亏吨运输、重复运输、无效运输、运力选择不当、返程或起程空驶。

10. 运输合理化的措施有提高运输工具实载率、减少动力投入增加运输能力、发展社会化的运输体系、开展中短距离铁路公路分流"以公代铁"的运输、尽量发展直达运输和配载运输及"四就"直拨运输、发展特殊运输技术和运输工具、通过流通加工使运输合理化。

案例分析

把脉综合运输体系建设

同一地点，同时拥有机场、火车站和汽车站，人们能够在几种交通工具之间随意换乘；通过电梯等工具，货物能够在很短的时间内从一种交通工具装载到另一种交通工具上；在港口，集装箱等货物能够直接从火车上装载至货轮上……这就是人们盼望已久的无缝衔接，也是综合交通运输体系的具体体现。但在国内，这样的场景尚未出现。

据了解，国际上一般将综合运输定义为长途、全程、无缝、连续的运输过程。综合运输体系则是指将铁路、公路、水运、航空和管道等部门进行综合调整和统筹，统一规划各种不同的运输方式，防止不同运输方式间过度垄断或竞争，避免交通运输设施重复建设和不合理利用，实现各种运输方式的最优整合和利用。

一、谋求综合

经过长期的超常发展，我国的交通运输已有了长足的进步，但运输的低附加值和低效率却突出存在。据统计，我国货运总量虽然超过了美国，但货运量的每吨价值量却远低于后者；而从运输效率看，国外发达国家平均物流成本占总成本的10%左右，而我国则近20%。

有专家表示，造成这种高成本、低效率的重要原因就是运输资源的分散，而要提高运输效率、降低成本，就必须按照各种运输方式的优势和特点，形成分工协作、有机结合、布局合理、连接贯通的综合交通运输网络。

"在我国铁路、公路、水运、航空和管道等五种运输方式中，各种运输方式在功能作用、技术经济特征等方面有着较大差异。"国家发改委综合运输研究所资深研究员罗仁坚称，"比如铁路以其运能大、运距长等优势，承担了我国中长途的大量客货运输；公路则因具有覆盖面广、门到门运输等特点，更多地承担了中短途客货运输；民航在长途旅客运输中具有速度快的优势，成为我国长途旅客运输的主要承担者之一；水运以其载量大、成本低和污染少等优点，一直是我国大宗货物长途运输尤其是外贸货物运输的主要运输方式；管道运输对保证石油生产持续稳定增长、促进国民经济发展起着日益重要的作用。""这些运输方式在适应不同的范围、运量、服务要求方面有各自的比较优势和劣势，客观上存在着体系的结构模式选择、不同层次和空间布局中的多种方式优化组合、多种运输方式的系统构建以及运输链一体化服务等问题。而对运输方式不同的选择和组合结果，将直接决定系统能力适应性和效率、资源消耗以及服务水平。"罗仁坚表示，"所以有必要根据交通运输发展规律和技术进步，结合国情进行发展和体系建设，综合发展、综合利用，这样才能够较好地适应国民经济和社会发展；在满足运输需要和提高人们生活质量的同时，有效节约资源。而这也是为什么要发展综合运输、构建综合运输体系的本源。"

二、着眼市场

谋求综合发展，是发挥交通运输系统的整体效率与效益，解决运输的低附加值和低效率问题的根本途径。但长期以来，我国缺少一个用以指导综合交通发展的战略规划，每种运输方式只考虑自身的建设和发展，不同运输方式间难以进行合理的分工协作和有效的衔接配套，各种交通方式内部和方式之间的协调发展问题日益突显出来，特别是在资源、环境、生态等约束条件的压力下，各种运输方式间的协调发展问题尤为突出。

为解决此问题、推进综合交通运输发展，国家自2007年以来先后制定了《综合交通网中长期发展规划》《全国沿海港口布局规划》《全国内河航道与港口布局规划》《全国民用机场布局规划》及《中长期铁路网规划（2008年）调整》等规划。然而，面对如此庞大的综合运输发展计划，如何才能确保顺利实现？

对此，国家发改委综合运输研究所副所长汪鸣提出了解决之道："总体而言，在我国确立以社会主义市场经济体制建设为目标的大前提下，综合运输的发展也应在这一框架下寻求解决办法，那就是推进运输的市场化进程。"

运输市场化是通过市场途径解决交通运输资源的合理配置和服务的有效供给问题的重要方式，而市场化的目标就是不断提高市场解决运输发展和服务问题的份额。据了解，我国交通运输发展目前所取得的成就，很大程度上正是得益于交通运输市场化的推进。

"但是运输产品的准公共性特征和不完全的市场特性，又决定了市场存在失灵，需要政府作为参与者介入。同时，政府也不能替代市场，政府规制是推进市场化进程的重要手段，需要明确政府在推进运输市场化上的管理与政策取向，并通过相关法律、法令、规章、制度等，确保具有差异化的交通运输的市场化进程。"汪鸣同时认为，在市场化进程中，政府也应该积极发挥作用。

然而，新成立的交通运输部虽然向综合交通运输管理体制的建立迈出了重要的一步，但我国综合运输管理体制毕竟尚未完全建立。如何使政府规制符合运输市场化的要求，依然是摆在相关部门面前的又一道难题。

汪鸣表示，解决此问题需要在以下几个方面加快政府管理的改革：一是继续推进政企分开，使交通运输企业真正独立自主地融入公平竞争的市场中去，成为具有活力的运输市场主体；二是全面清理不符合市场经济要求的法律、法规，清除所有交通运输市场化的行政性和政策性障碍；三是加快交通运输运营机制的改革，打破行业垄断，放松管制，实现公平竞争；四是明确产权关系，并以法律形式保护各种合法财产，促进交通运输生产要素通过市场机制进行合理配置。

三、诸多难点

组建交通运输部，出台一系列综合交通发展规划，国家显然对推动综合交通的发展已是不遗余力。但当前我国综合运输体系建设依然存在诸多难点与重点。

"总体而言，难点在于各种运输方式的有机衔接，发挥各种运输方式单个和整体的效能，提高综合利用的效率。鉴于我国城市化水平已经接近50%，城市交通拥堵的状况有增无减，而城市又是多种运输方式的汇集点，如何依托城市构建高效率的交通运输系统，成为综合运输系统建设的重点和难点。同时，在区域经济中心城市对周边经济发展的带动作用更大的背景，城际之间的运输交流规模不断扩大，城市群的交通也成为发展的重点和难点问题。" 国家发改委综合运输研究所规划室副主任刘斌说。

刘斌认为，城市群交通基础设施的发展，将改变人们对居住、就业、出行时空的理解，进而引发交通需求种类的多样化。随着城市化水平的提高、城市快速客运系统的完善，通勤、通学、商务的交通需求会急剧上升，同时城际间旅游的交通需求也将有较快的增长，私人小汽车出行增长加速。随着城市化进程加快以及机动化迅猛发展，城市交通与城际交通的紧张局面不断加剧，城市群局部地区出现新的瓶颈和新一轮的不适应状态。主要都市圈、主要城际走廊的通行能力不足的问题将加剧。

"由于城市群交通结构不合理，轨道交通不足，城市群交通配置还难以满足不同距离、时间、方式等多层次的旅客出行需求。出入城市群交通、城市群内交通、城市交通、城际交通各层次间相互分离突出。汽车客运站、铁路新站、机场与城市交通的协调，衔接不畅，影响运输服务质量，不适应区域经济一体化的要求。在区域中心城市的铁路、公路客运场站以及与机场等重要集散点布局之间的合理衔接问题一直没有得到很好的解决。"对于目前城市交通中存在的诸多问题刘斌说，"为此，城市群交通发展中需要解决的重点问题主要涉及如下方面：一是运输能力，方式配置；二是城市群交通与跨区交通分工与协作，尤其是轨道交通；三是城市群交通与城市交通衔接与协作，公共交通，站场布局；四是枢纽在城市群的配置，兼顾城市和城市群交通。"

而对于如何解决这些难点与重点，刘斌表示，首先要逐步完善公路网络，提高对城市群交通的适应性，城市道路和干线匹配，以适应机动化需求高速增长的要求；其次发展公共交通，尤其是轨道交通方式，合理配置城市群轨道交通与铁路干线，并实现轨道一体化换乘；再次是机场、港口、站场布局适应城市群交通网络需要，与城市群交通系统衔接，交通流向集约型方式集结。

资料来源：中国交通运输经济信息网 http://www.transdata.com.cn/info/infocontent.aspx?infoid=17092

思考：
1. 我国综合运输体系建设的难点在哪里？
2. 如何推进我国的综合运输体系建设？

练习与思考

一、填空

1. 运输的原理包括_____、_____、_____。
2. 运输主要提供_____、_____两大功能。
3. 现代运输方式主要是公路运输、_____、_____、_____和管道运输。
4. 合理运输五要素，即_____、_____、_____、_____和运输费用。
5. 运输解决商品在供应者与需求者之间地域上的矛盾，创造商品的_____效用。

二、单项选择

1. 我国从广东开往海南的火车要乘轮船渡过琼州海峡，这属于（　　）。
   A. 多式联运　　　B. 大陆桥运输　　　C. 驮背运输　　　D. 以上都不是
2. 在现代运输方式中，最灵活的运输方式是（　　）。
   A. 公路运输　　　B. 铁路运输　　　C. 水路运输　　　D. 航空运输

3. 一般来说，成本最低的运输方式是（　　　）。
   A. 公路运输　　　　B. 铁路运输　　　　C. 水路运输　　　　D. 航空运输
4. 国际多式联运是签订（　　）个运输合同，对全程负责。
   A. 1　　　　　　　B. 2　　　　　　　C. 3　　　　　　　D. 多
5. 与"运输距离"有关的不合理运输现象是（　　　）。
   A. 重复运输　　　　B. 亏吨运输　　　　C. 运力选择不当　　D. 迂回运输
6. 一般来说，可以实现"门到门"运输的运输方式是（　　　）。
   A. 铁路　　　　　　B. 公路　　　　　　C. 航空　　　　　　D. 水路

三、判断

1. 选择最佳的运输方式是降低运输成本的唯一方法。　　　　　　　　　　（　　）
2. 航空运输最大的缺点是受天气影响大。　　　　　　　　　　　　　　　（　　）
3. 使用铁路或公路系统作为桥梁，把大陆两端的海洋运输连接起来的多式联运方式属于驮背运输方式。　　　　　　　　　　　　　　　　　　　　　　（　　）
4. 以运输工具储存产品可能是昂贵的，但从物流总成本角度看可能是正确的。
　　　　　　　　　　　　　　　　　　　　　　　　　　　　　　　　　（　　）
5. 根据运输的速度原理，运输速度越快越好。　　　　　　　　　　　　　（　　）

四、名词解释

综合运输体系　　复合运输　　国际多式联运　　大陆桥运输　　四就直拨

五、简答

1. 简述各种运输方式的特点。
2. 简述国际多式联运的特点。
3. 请举例说明不合理运输的各种表现形式。
4. 实现运输合理化的有效措施有哪些？
5. 甲公司要从位于 S 市的工厂直接装运 500 台电视机送往位于 T 市的一个批发中心。这批货物价值为 50 万元，T 市的批发中心确定这批货物的标准运输时间为 2.5 天，如果超出标准时间，每台电视机每天的机会成本是 30 元。

　　甲公司的经理设计了下述两个运输方案，请从成本角度评价二者的优劣。

　　方案一：A 公司是一家长途货物运输企业，可以按照 0.05 元/台公里来运送这批电视机，装卸费为每台 0.10 元。已知 S 市到 T 市的公路运输里程为 1100 公里，估计需要 3 天的时间才能运到。

　　方案二：B 运输公司提供全方位的运输服务，报价为 22800 元，它承诺在标准时间内运到，但准点百分率为 80%。

第八章

配　送

本章学习目标：

1. 掌握配送的概念及其与物流、送货的区别；
2. 了解配送的分类及其作用；
3. 掌握配送中心的功能及其作业流程；
4. 了解配送中心的形成及其类型；
5. 了解现实中配送不合理的主要表现；
6. 掌握配送合理化的判断标志及其主要作法。

本章核心概念：

配送　配送中心　配送合理化

Penske 公司的第三方物流服务

美国通用汽车公司在美国的 14 个州中，大约有 400 个供应商负责把各自的产品送到 30 个装配工厂进行组装。由于卡车满载率很低，使得库存和配送成本急剧上升。为了降低成本，改进内部物流管理，提高信息处理能力，美国通用汽车公司委托 Penske 专业物流公司为它提供第三方物流服务。

调查了解美国通用汽车公司半成品的配送路线之后，Penske 公司建议通用汽车公司在 Cleveland 使用一家有战略意义的配送中心。配送中心负责接受、处理、组配半成品，由 Penske 派员工管理，同时 Penske 也提供 60 辆卡车和 72 辆拖车。除此之外，还通过 EOI 系统，帮助通用汽车公司调度供应商的运输车辆以便实现 JIT 送货。为此，Penske 设计了一套最优送货路线，增加供应商的送货频率，减少库存水平，改进外部物流活动。运用全球卫星定位技术，使供应商随时了解行驶中的送货车辆的方位。与此同时，Penske 通过在配送中心组配半成品后，对装配工厂实施共同配送的方式，既降低卡车空载率，也减少通用汽车公司的运输车辆，只保留了一些对 Penske 所提供的车队有必要补充作用的车辆。这样，也减少了通用汽车公司的运输单据处理费用。

资料来源：裴宇航.第三方物流案例分析[J].物流技术，2001，(6)：35-36.

思考：

Penske 公司为美国通用汽车公司提供的物流服务内容是什么？从物流基本职能的角度看，这主要可以归属于什么物流职能服务？

第一节 配送的概念、要素及分类

一、配送的概念

对于配送，目前尚无一个统一的概念解释，各种文献中的说法也不尽一致。有的强调配送货物，有的强调运送范围。配送的概念随着经济的发展和市场的变化也在不断地变化。

（一）发达国家对配送的认识

发达国家对配送的认识并非完全一致，在表述上有其区别。但是，一个非常重要的共同认识是配送就是送货。美国配送的英语原词是 delivery，是送货的意思，强调的是将货送达。日本对配送的权威解释，应该是日本工业标准 JIS 解释："将货物从物流节点送交收货人。"送货含义明确无误，配送主体是送货。

当然，现代经济中的送货必定比历史上送货有所发展，这种发展是竞争的产物。受利润和占领市场驱使，想方设法使送货行为优化，于是实践上出现了送货时车辆合理调配、路线规划选择、送货前配货配装等。

在发达国家对配送解释中，并不强调配，而仅强调送达。原因是在买方市场的国家中，"配"是完善"送"的经济行为，是进行竞争和提高自身经济效益的必然延伸，是在竞争中的优化形式。既然是一种必然行为，就没有再强调的必要了。

对于配送稍详尽一些的解释，反映了发达国家对配送范围、性质、作用等的认识。1991 年版日本的《物流手册》这样描述它的范围："与城市之间和物流据点之间的运输相对而言，将面向城市内和区域范围内需要者的运输，称之为'配送'。"很明显，日本人对配送的一个重要认识，是配送局限在一个区域（城市）范围内，而且从性质看配送是一种运输形式。关于这一点，书中又有进一步描述："生产厂到配送中心之间的物品空间移动叫'运输'，从配送中心到顾客之间的物品空间移动叫'配送'。"

（二）国内的配送概念

《中华人民共和国国家标准物流术语》（GB/T 18354—2006 4.31）对配送（delivery 或 distribution）的定义是：配送是在经济合理的区域范围内，根据客户要求，对物品进行拣选、加工、包装、分割、组配等作业，并按时送达指定地点的物流活动。

这一配送概念包括以下方面的内涵：

1. 配送是在合理区域范围内进行的

配送不宜在大范围内实施，通常仅局限在一个城市或地区范围内进行。

2. 配送以满足用户要求为出发点

定义中强调"根据用户要求"明确了用户的主导地位。配送提供的是物流服务，是从用户利益出发、按用户要求进行的一种活动。因此，满足用户对物流服务的需求是配送的前提。配送企业在观念上必须明确"用户第一""质量第一"，充分认识到自己的地位是服务地位，而不是主导地位，不能从本企业利益出发，而应从用户利益出发，在满足用户利益基础上取得本企业的利益。当然，过分强调"按用户要求"是不妥的，用户要求受用户本身的局限，有时实际上会损害自我或双方的利益。对于配送者讲，必须以"要求"为据，但是不能盲目，应该追求合理性，进而指导用户，实现共同受益的商业原则。这个问题近些年国外的研究著作也常提到。

3. 配送是"配"和"送"有机结合的形式

配送在送货活动之前必须依据用户要求进行合理的组织与计划。只有"有组织有计划"地"配"才能实现现代物流管理中所谓的"低成本、快速度"地"送"，进而有效满足用户的要求。配送利用有效的分拣、配货等理货工作，使送货达到一定的规模，利用规模优势取得较低的送货成本。如果不进行分拣、配货，有一件运一件，需要一点送一点，这就会大大增加消耗，使送货并不优于取货。所以，追求整个配送的优势，分拣、配货等项工作是必不可少的。

4. 配送和一般送货有区别

配送的实质是送货，但和一般送货有区别。一般送货可以是一种偶然的行为，而配送却是一种固定的形态，甚至是一种有确定组织、确定渠道，有一套装备和管理力量、技术力量，有一套制度的体制形式。所以，配送是高水平送货形式。

5. 配送是一种"中转"形式

配送要做到需要什么送什么，就必须在一定中转环节筹集这种需要，从而使配送必然以中转形式出现。当然，广义上，许多人也将非中转型送货纳入配送范围，将配送外延从中转扩大到非中转，仅以"送"为标志来划分配送外延，也是有一定道理的。

（三）配送与相关概念的区别

1. 配送与物流

配送是物流中一种特殊的、综合的活动形式，是商流与物流的紧密结合，包含了商流活动和物流活动，也包含了物流中若干功能要素的一种形式。

从物流来讲，配送几乎包括了所有的物流功能要素，是物流的一个缩影或在某个小范围中物流全部活动的体现。这是由于买方市场条件下顾客需求的灵活多变和消费特点的多品种、小批量，单一的送货功能无法较好地满足广大顾客对物流服务的需求。所以，一般的配送活动是多项物流活动的统一体，是集装卸、包装、保管、运输于一身，通过这一系列活动完成将货物送达、满足用户要求的目的。特殊的配送则还要以加工活动为支撑，所以包括的方面更广。所以，有些学者甚至认为：配送就是"小物流"，只是比大物流系统在程度上有些降低和范围上有些缩小罢了。但是，配送的主体活动与一般物流却有不同。一般物流的主体活动是运输及保管，而配送的主体活动则是运输及分拣配货。分拣配货是配送的独特要求，也是配送中有特色的活动，以送货为目的的运输则是最后实现配送的主要手段。从这一主要手段出发，常常将配送简化地看成运输中之一种。

从商流来讲，配送和物流不同之处在于：物流是商物分离的产物，而配送则是商物合一的产物，配送本身就是一种商业形式。虽然配送具体实施时，也有以商物分离形式实现的，但从配送的发展趋势看，商流与物流越来越紧密的结合已成为一种趋势，是配送成功的重要保障。

2. 配送与送货

一般的送货形态在西方国家已有相当长的历史，可以说是随市场而诞生的一种必然市场行为。尤其是伴随资本主义经济的生产过剩，在买方市场情况下，必然采取各种各样推销手段，送货最初便是做为一种不得已的推销手段出现的。仅将其做为推销手段而没有认识到做为企业发展的战略手段，在有些国家持续了很长时间，甚至出现经济发展的高峰期仍然如此。很多企业直到七十年代仍然将送货看作是"无法回避、令人讨厌、费力低效的活动，甚至有碍企业的发展"，正是反映了这种现实。

然而，配送不是一般概念的送货，也不是生产企业推销产品时直接从事的销售性送货，而是从物流据点至客户的一种特殊送货形式。从送货功能看，这种特殊性表现在：

一般送货主要体现为生产企业或商品经营企业的一种推销手段，通过送货上门服务达到提高销售量的目的；而配送则是社会化大生产、专业化分工的产物，是流通领域内物流专业化分工的反映，是物流社会化的必然趋势。

一般送货是生产什么、有什么送什么，只能满足客户的部分需要；而配送则将用户的要求作为出发点，体现为客户需要什么送什么。

一般送货通常是送货单位的附带性工作，送货单位的主要业务并非送货；而配送则表现为配送部门的专职，通常表现为专门进行配送服务的配送中心，要求有现代化的技术装备和信息系统作为保证。

一般送货尤其从工厂至用户的送货往往是直达型送货；而配送则是中转型送货。

总之，历史上曾采用的一般送货已发展到以高技术方式支持的、成为企业发展战略重要手段的配送，与一般送货已有了根本的区别。国外一篇文章提到，"……企业界普遍认识到配送是企业经营活动主要组成部分，它能给企业创造出更多盈利，是企业增强自身竞争能力的手段。"

3. 配送与运输

配送不是单纯的运输，而是运输与其他活动共同构成的有机体。配送中所包含的那一部分运输活动在整个运输过程中是处于"二次运输""支线运输""末端运输"的位置，是较短距离、较小规模、频度较高的运输形式，一般使用汽车做运输工具，其起止点是物流节点至用户。

二、配送的类型

按照不同的组织方式、对象特性和内容，配送可以划分为多种类型。

（一）按照配送商品种类和数量分类

1. 少品种（或单品种）、大批量配送

由于配送的品种少、批量大，可提高车辆利用率，实行整车运输。而且，往往不必与其他物资进行配装，即可使车辆满载，多由生产企业或配送中心直送用户。同时，配送中心的内部设施、组织计划等工作也较简单，因而这种配送成本一般较低。

2. 多品种、小批量配送

这种配送是按用户要求，将所有的产品配齐装车后送达用户。由于配送的品种较多，而每种商品的配送量不大，这种配送的作业难度大，技术要求高，配送中心设备较复杂，要有高水平的组织工作保证配送。所以，这种配送是一种高技术、高水平的配送方式，也符合现代"消费多样化""需求多样化"的观念，是许多国家推崇的一种方式。

3. 成套配套配送

这种配送是为了满足企业尤其是装配型企业的生产需要，将生产每台产品所需的各种零部件配齐，按生产进度送达生产线进行组装产品。在这种配送方式中，配送企业承担了生产企业的大部分供应工作，有利于生产企业实现"零库存"，从而专注于生产，与多品种、小批量的配送效果相同。

（二）按照配送时间和数量分类

1. 定时配送

定时配送是按双方事先规定的时间间隔进行的配送，如数天或数小时一次等。每次配送的品种和数量可按计划执行，也可在配送前以一定的联络方式商定。这种方式时间固定，接货方易于安排接运人员和接运作业，配送方易于安排配送计划，易于计划使用设备，有利于组合多个用户共同配送，从而降低配送成本。然而，也可能由于配送品种和数量的临时性变化的通知较晚，尤其是配送要求与常规变化较大时，配送方的配货、配装工作紧张，难度增大。

2. 定量配送

定量配送是按规定批量在一个指定时间范围内进行的配送。由于配送数量固定，备货工作相对简单。又由于时间不严格规定，可以将不同用户所需物品凑整装车后配送，运力利用较充分。对用户而言，每次接货都是同等数量，有利于仓位、人力、物力的准备。定量配送还有利于充分发挥集合包装的优越性，运用托盘、集装箱及相关运输设备，提高配送效率。

3. 定时定量配送

这种配送是按规定的时间和数量进行的配送。它是一种精密的配送服务方式，管理和作业的难度较大，兼有定时配送和定量配送两种方式的优点，对配送企业的服务要求较严格。这种配送由于适合采用的用户不多，很难实行共同配送，因而成本较高，不会成为普遍方式，主要适用于大量而且稳定生产的汽车、机电、家电产品的供应物流中。

4. 定时定线配送

在规定的运行路线上制定到达时间表，按运行时间进行配送，用户提出配货要求并

在规定的路线站及规定时间接货。这种方式有利于配送企业安排车辆和人员,可以依次对多个用户实行共同配送,无须每次决定货物配装、配送路线、配车计划等问题,易于管理,配送成本较低,适用于消费者集中的地区。

5. 即时配送

即时配送是完全按用户要求的时间和数量随即进行配送的方式。它要求在充分掌握需要量和品种的前提下,及时安排最佳配送路线和相应车辆实现配送。这是对各种配送服务进行补充和完善的一种方式,主要针对用户由于事故、灾害、生产计划的突然变化等因素所产生的突发性需求。显然,即时配送是水平较高的配送方式,但组织难度更大,需事前做出计划。

(三)按照配送主体分类

1. 配送中心配送

这种配送的组织者是专职从事配送业务的配送中心,规模较大,专业性强,和用户有固定的配送关系,一般实施计划配送。由于配送中心的设施及工艺流程是根据配送需要专门设计的,所以配送能力强、配送距离较远、配送品种多、配送数量大,可以承担企业主要物资的配送及实行补充性配送等。配送中心配送是配送的主要形式,不但在数量上占据主要部分,而且也是那些小配送企业的总据点,因而发展速度很快,是物流社会化趋势的重要表现。

2. 仓库配送

仓库配送是以一般仓库为据点进行配送的形式。它可以是由仓库完全改造成配送中心,也可以是以仓库原功能为主,增加一部分配送功能。由于不是专门按配送中心要求设计和建立,所以仓库配送规模较小,专业化程度低,但是可以充分利用原仓库的储存设施及能力、收发货场地、交通运输线路等,是开展中等规模的配送的可选择的配送形式,也是不需大量投资的一种形式。

3. 商店配送

商店配送的组织者是商业或物资经营网点。这些网点规模一般不大,但经营品种较齐全。除商品零售业务外,商店还可根据客户要求将本店经营的产品配齐,或代客户外订外购一部分本店平时不经营的商品,和商店经营的商品一起配齐送给客户。从某种意义上讲,商店配送是一种销售配送。这种配送组织者实力有限,往往只是小量、零星商品的配送。但是,这种配送由于网点多、配送半径小、比较机动灵活,可以承担生产企业非主要生产用物资的配送以及对客户个人的配送,是配送中心配送的辅助及补充形式。

4. 生产企业配送

配送的组织者是生产企业,尤其是进行多品种生产的企业,可以直接由企业配送,而无须再将产品发运到配送中心进行中转配送。由于避免了一次物流中转,具有一定优势,在地方性较强的产品生产企业中应用较多,如就地生产、就地消费的食品、饮料、百货等;在生产资料方面,某些不适于中转的化工产品及地方建材也采取这种方式。

(四)按照配送专业化程度分类

1. 综合配送

综合配送指配送商品种类较多,不同领域的商品在一个配送网点内组织对用户的配送。综合配送可以减少客户为组织所需全部商品进货的负担,客户只需通过与少数配送企业联系便可解决多种需求的配送。由于产品性能、形状差别很大,综合配送组织时技术难度较大,一般只是在形状相同或相近的产品方面实行综合配送,差别过大的产品难以综合化。

2. 专业配送

专业配送是按产品性质和状态不同适当划分专业领域的配送方式。专业配送可以按专业的共同要求优化配送设施、优选配送机械及配送车辆、制定适应性强的工艺流程,从而大大提高配送各环节的工作效率。流通实践中的水泥、平板玻璃、化工产品、生鲜食品等的配送,都属于专业配送。

三、配送的作用

在整个物流过程中,配送与运输、储存、装卸搬运、流通加工、包装、物流信息一起构成了物流系统的功能体系。配送的意义和作用可以归纳为以下几点:

(一)提高整个物流系统的运行效率

第二次世界大战后,由于大吨位、高效率运输工具的出现,使干线运输达到了较高水平,长距离、大批量的运输实现了低成本化。但是,干线运输往往需要辅助的支线运输相配合。支线运输要求较强的灵活性、适应性和服务性,容易造成运力利用不合理、成本过高等问题,长期以来一直是物流过程中的一个薄弱环节。而配送可以在一定范围内将各种支线运输需求集中起来,提高配送车辆的运输效率,降低空载率,减少各种不合理运输,使运输过程得到优化,从而提高物流系统的运行效率。

(二)改善末端物流的效益

配送中所包含的那一部分运输活动,在整个运输过程中是处于末端运输的位置,其起止点是物流结点至用户。采用配送方式,既可以通过增大订货经济批量而降低进货成本,又可以将各种用户的需求集中在一起进行一次发货而代替过去的分散发货,从而提高末端物流的经济效益。

(三)通过集中库存使企业降低库存量

配送以较低的集中库存总量取代了较高的分散库存总量,并提高了供应的保证程度,可以使企业降低库存量甚至实现零库存。因为,配送企业通过自己的有效服务,实现了高水平的配送尤其是即时配送、准时配送方式之后,可以有效地保证用户的经常性需求及临时性、偶然性或季节性需求,从而解脱用户的各种库存压力,进而降低用户的各种库存数量,甚至实现零库存或只保持少量的安全库存。

（四）简化手续，方便用户

配送节点按照配送服务范围内用户的需要，批量购进各种商品，可与用户建立稳定的供需关系。一般实行计划配送，对于少量用户的临时性、突发性需求，也可以实行即时配送。采用配送方式，用户只需向一个企业——配送节点订货，就可以买到过去需要去多处或向多个企业订购才能买到的多种商品，只需组织对一个配送单位的接货便可替代过去的高频率接货，因而大大减轻了用户的工作量和负担，也节省了开支，从而方便了用户。

（五）提高供应保证能力

用户自己保持库存、维持生产或销售，由于受到库存费用的制约，供应保证程度很难提高。而采取配送方式，配送中心比任何单独企业的储备量要大得多。这对于单个企业而言，由于缺货而影响生产或销售的风险便相对缩小。

第二节 配送中心及其分类

配送中心是从英文词组 distribution center 翻译而来，指商品集中、出货、保管、包装、加工、分类、配货、配送的场所或经营主体。配送中心是流通企业大型化、规模化的必然产物，20 世纪 70 年代在发达国家应运而生，发展迅速。在我国，随着流通业的高速发展，配送中心在一些行业、区域、中心城市开始崛起，如海尔物流、国美电器、华联超市等。它很好地解决了用户多样化需求和厂商大批量专业化生产的矛盾，逐渐成为现代化物流的标志。

一、配送中心的概念

配送中心是以组织配送性销售或供应、执行实物配送为主要职能的流通型物流节点。配送中心为了能更好地做送货的编组准备，必然需要采取零星集货、批量进货等种种资源搜集工作和对货物的分整、配备等工作。因此，配送中心也具有集货中心、分货中心的职能。为了更有效地、更高水平地配送，配送中心往往还有比较强的流通加工能力。此外，配送中心还必须执行货物配备后的送达到户的使命，这是和分货中心只管分货不管运达的重要不同之处。由此可见，如果说集货中心、分货中心、加工中心的职能还是较为单一的话，那么配送中心的功能则较全面、完整。也可以说，配送中心实际上是集货中心、分货中心、加工中心功能之综合，并有了配与送的更高水平。

配送中心的形成及发展是有其历史原因的。日本经济新闻社的《输送的知识》一书，将此说成是物流系统化和大规模化的必然结果。《变革中的配送中心》一文中这样讲："由于用户在货物处理的内容上、时间上和服务水平上都提出了更高的要求，为了顺利地满足用户的这些要求，就必须引进先进的分拣设施和配送设备，否则就建立不了正确、迅速、安全、廉价的作业体制。因此，在运输业界，大部分企业都建造了正式的配送中心。"可见，配送中心的建设是基于物流合理化和发展市场两个需要。

配送中心是物流领域中社会分工、专业分工进一步细化之后产生的。在新型配送中心没有建立起来之前，配送中心现在承担的有些职能是在转运型节点中完成的，以后一部分这类中心向纯粹的转运站发展以衔接不同的运输方式和不同规模的运输，一部分则增强了"送"的职能，而后又向更高级的"配"的方向发展。

日本1991年出版的《物流手册》对配送中心的定义是："配送中心是从供应者手中接受多种大量的货物，进行倒装、分类、保管、流通加工和情报处理等作业，然后按照众多需要者的订货要求备齐货物，以令人满意的服务水平进行配送的设施。"

《中华人民共和国国家标准物流术语》（GB/T 18354—2006 3.14）对配送中心的定义是：配送中心是从事配送业务具有完善的信息网络的场所或组织，应基本符合下列要求：主要为特定的用户服务；配送功能健全；辐射范围小；多品种、小批量、多批次、短周期；主要为末端客户提供配送服务。

王之泰在《现代物流学》中对配送中心的定义如下："配送中心是从事货物配备（集货、加工、分货、拣选、配货）和组织对用户的送货，以高水平实现销售或供应的现代流通设施。"

这个定义的要点有：

（1）配送中心的"货物配备"工作是其主要的、独特的工作，是全部由配送中心完成的。

（2）配送中心有的是完全承担送货，有的是利用社会运输企业完成送货。从我国国情来看，在开展配送的初期，用户自提的可能性是不小的。所以，对于送货而言，配送中心主要是组织者而不是承担者。

（3）定义强调了配送活动和销售或供应等经营活动的结合，是经营的一种手段，由此排除了这是单纯的物流活动的看法。

（4）定义强调了配送中心是"现代流通设施"，目的在于和贸易中心、仓库等传统流通设施相区别。配送中心是以现代装备和工艺为基础，不但处理商流而且处理物流，是兼有商流、物流、信息流全功能的流通设施。

二、配送中心的功能

配送中心与传统的仓库、运输是不一样的。一般的仓库只重视商品的储存保管，一般传统的运输只是提供商品运输而已，而配送中心是重视商品流通的全方位功能，同时具有商品储存保管、流通行销、分拣配送、流通加工及信息提供的功能。

（一）流通行销的功能

流通行销是配送中心的一个重要功能，尤其是现代化的工业时代，各项信息媒体的发达，再加上商品品质的稳定及信用，因此有许多直销业者利用配送中心，通过有线电视或互联网等配合进行商品行销。此种商品行销方式可以大大降低购买成本，因此广受消费者喜爱。例如，在国外有许多物流公司的名称就是以行销公司命名。而批发商型的配送中心、制造商型的配送中心也都是拥有行销（商流）的功能。

（二）仓储保管功能

商品的交易买卖达成之后，除了采取直配直送的批发商之外，均将商品经实际入库、保管、流通加工包装而后出库。因此，配送中心具有储存保管的功能。配送中心一般都有库存保管的储放区，因为任何商品为了防止缺货，或多或少都有一定的安全库存。商品的特性及生产前置时间的不同，则安全库存的数量也不同。一般国内制造的商品库存较少，而国外制造的商品因船期的原因库存较多，约为 2~3 个月。另外，生鲜产品的保存期限较短，因此保管的库存量较少；冷冻食品因其保存期限较长，因此保管的库存量较多。

（三）分拣配送功能

配送中心是为了满足多品种、小批量的客户需求而发展起来的，因此配送中心必须根据客户的要求进行分拣配货作业，并以最快的速度送达客户手中，或者是指定时间内配送到客户。配送中心的分拣配送效率是物流质量的集中体现，是配送中心最重要的功能。

（四）流通加工功能

配送中心的流通加工作业包含分类、磅秤、大包装拆箱改包装、产品组合包装、商标、标签粘贴作业等。这些作业是提升配送中心服务品质的重要手段。

（五）信息提供功能

配送中心除了具有行销、配送、流通加工、储存保管等功能外，更能为配送中心本身及上下游企业提供各式各样的信息情报，以供配送中心营运管理政策制定、商品路线开发、商品销售推广政策制定作参考。例如，哪一个客户订多少商品？哪一种商品畅销？从电脑的 EIQ 分析资料中非常清楚，甚至可以将这些宝贵资料提供给上游的制造商及下游的零售商当作经营管理的参考。

三、配送中心的类型

配送中心是一种新兴的经营管理形态，具有满足多样少量的市场需求及降低流通成本的作用。然而，由于建造企业的背景及客户的要求不同，配送中心的功能、构成和运营方式有很大区别。对配送中心的适当划分，是深化及细化认识配送中心的必然。在实践中，人们对配送中心已经有多种不同的分类方法。

（一）按照配送中心的设立者分类

1. 制造商型配送中心

制造商型配送中心（M.D.C，distribution center built by maker），是以制造商为主体的配送中心。这种配送中心里的物品 100%是由自己生产制造，用以降低流通费用、提高售后服务质量和及时地将预先配齐的成组元器件运送到规定的加工和装配工位。从物品制造到生产出来后条码和包装的配合等多方面都较易控制,所以按照现代化、自动化的配送中心设计比较容易,但不具备社会化的要求。

2. 批发商型配送中心

批发商型配送中心(W.D.C,distribution center built by wholesaler),以批发商为主体的配送中心。批发是物品从制造者到消费者之间的传统流通环节之一,一般是按部门或物品类别的不同,把每个制造厂的物品集中起来,然后以单一品种或搭配向消费地的零售商进行配送。这种配送中心的物品来自各个制造商,它所进行的一项重要的活动是对物品进行汇总和再销售,而它的全部进货和出货都是社会配送的,社会化程度高。

3. 零售商型配送中心

零售商型配送中心(Re.D.C,distribution center built by retailer),以零售商为主体的配送中心。零售商发展到一定规模后,就会考虑建立自己的配送中心,为专业商品零售店、超级市场、百货商店、建材商场、粮油食品商店、宾馆饭店等提供配送服务,其社会化程度介于前两者之间。

4. 专业物流配送中心

专业物流配送中心(T.D.C,distribution center built by TPL),是以第三方物流企业(包括传统的仓储企业和运输企业)为主体的配送中心。这种配送中心有很强的运输配送能力,地理位置优越,可迅速将到达的货物配送给用户。它为制造商或供应商提供物流服务,而配送中心的货物仍属于制造商或供应商所有,配送中心只是提供仓储管理和运输配送服务。这种配送中心的现代化程度往往比较高。

(二)按配送区域的范围分类

1. 城市配送中心

城市配送中心是以城市范围为配送范围的配送中心。由于城市范围一般处于汽车运输的经济里程,这种配送中心可直接配送到最终用户,且采用汽车进行配送。所以,这种配送中心往往和零售经营相结合,由于运距短,反应能力强,因而从事多品种、少批量、多用户的配送较有优势。日本《物流手册》中介绍的"仙台批发商共同配送中心"、我国已建的"北京食品配送中心"属于这种类型。

2. 区域配送中心

区域配送中心(R.D.C,regional distribution center),是以较强的辐射能力和库存准备,向省(州)际、全国乃至国际范围的用户配送的配送中心。这种配送中心配送规模较大,一般而言,用户也较大,配送批量也较大,而且,往往是配送给下一级的城市配送中心,也配送给营业所、商店、批发商和企业用户,虽然也从事零星的配送,但不是主体形式。这种类型的配送中心在国外十分普遍,如《国外物资管理》杂志曾介绍过的日本阪神配送中心、美国沃尔玛公司的配送中心、美国蒙克斯帕配送中心等。

(三)按配送中心的功能分类

1. 储存型配送中心

储存型配送中心是有很强储存功能的配送中心。例如,瑞士 GIBA—GEIGY 公司的配送中心拥有世界上规模居于前列的储存库，可储存 4 万个托盘；美国赫马克配送中心的储存区可储存 16.3 万托盘，可见存储能力之大。一般来讲，从商品销售的角度看，在买方市场经济环境下，企业成品销售需要有较大库存支持，以此避免缺货及交货迟滞现象，其配送中心可能有较强储存功能；从商品生产的角度看，在卖方市场经济环境下，企业原材料、零部件供应需要有较大库存支持，以此保证生产的正常进行和应付不备之需，这种供应配送中心也有较强的储存功能。大范围配送的配送中心，需要有较大库存，也可能是储存型配送中心。我国目前建设的配送中心，多为储存型配送中心，库存量较大。

2. 流通型配送中心

流通型配送中心包括通过型或转运型配送中心，基本上没有长期储存的功能，仅以暂存或随进随出的方式进行配货和送货的配送中心。这种配送中心的典型方式为：大量货物整批进入，按一定批量零出；一般采用大型分货机，其进货直接进入分货机传送带，分送到各用户货位或直接分送到配送汽车上，货物在配送中心里仅做少许停滞。前面介绍的阪神配送中心，中心内只有暂存，大量储存则依靠一个大型补给仓库。

3. 加工型配送中心

加工型配送中心是以流通加工为主要业务的配送中心。我国上海市和其他城市已开展的配煤配送，配送点中进行了配煤加工，上海六家船厂联建的船板处理配送中心，原物资部北京剪板厂都属于这一类型的配送中心。

（四）按配送货物的属性分类

根据配送货物的属性，可以分为食品配送中心、日用品配送中心、医药品配送中心、化妆品配送中心、家电品配送中心、电子（3C）产品配送中心、书籍产品配送中心、服饰产品配送中心、汽车零件配送中心以及生鲜处理中心等。

由于所配送的产品不同，配送中心的规划方向就完全不同。例如，生鲜品配送中心主要处理的物品为蔬菜、水果与鱼肉等生鲜产品，属于低温型的配送中心，是由冷冻库、冷藏库、鱼虾包装处理场、肉品包装处理场、蔬菜包装处理场及进出货暂存区等组成的，冷冻库为-25℃，而冷藏库为 0℃～5℃左右，又称为湿货配送中心；而书籍产品的配送中心，由于书籍有新出版、再版及补书等特性，尤其是新出版的书籍或杂志，其中的 80%不上架，直接理货配送到各书店去，剩下的 20%左右库存在配送中心等待客户的再订货；另外，书籍或杂志的退货率非常高，约有 3～4 成。因此，在书籍产品的配送中心规划时，就不能与食品与日用品的配送中心一样；服饰产品的配送中心，也有淡旺季及流行性等的特性，而且，较高级的服饰必须使用衣架悬挂，其配送中心的规划也有其特殊性。

四、配送中心的作业流程

不同模式配送中心的作业内容和作业流程有所不同。一般来说，配送中心的基本作业流程可归纳如下：订货、收货、验货入库与存储管理、订单处理、货物分拣、出货、理货、包装、配装送货、送达服务及退货处理等作业。

（一）进货作业

进货作业是配送中心进行其他作业的首要环节，主要包括订货、接货和验货三个环节。进货作业涉及商品所有权的转移，商品一旦收下，配送中心便承担起商品完好的全部责任。因此，进货作业的质量至关重要。

1. 订货

配送中心收到并汇总客户的订单以后，要首先确定配送商品的种类和数量，然后了解现有库存商品能否满足配送需要，再确定向供应商进货的品种和数量。如果配送中心库存商品数量不能满足配送需要，要及时向供应商发出订单。为了供货及时，有的配送中心可能先不看客户订单，根据需求预测情况提前订货。

2. 接货

供应商根据订单组织供货后，配送中心必须及时组织人力、物力接货，有时还需要到港口、码头、车站去接货。接货的主要工作内容包括：卸货、搬运、拆装、货物编码与分类等。一般来说，配送中心收货员应及时掌握计划中或在途中的订货量、可用的库房空储仓位、装卸人力等情况，并及时与有关部门、人员进行沟通，做好以下接货计划：使所有货物直线移动，避免出现反方向移动；使所有货物移动距离尽可能短，动作尽可能减少；使机器操作最大化、手工操作最小化；将某些特定的重复动作标准化；准备必要的辅助设备。

3. 验货

验货是进货作业中一项重要的工作，是双方交接责任的界限。验货的内容主要是对商品质量与数量的检查，采用"三核对"和"全核对"相结合的方式。"三核对"指核对商品条码、商品件数、商品包装上品名、规格、细数。有的商品即使进行"三核对"，还是会产生一些数量或规格方面的错误，对这种商品要采取"全核对"的方法。"全核对"指以单对货，核对所有项目，即品名、规格、颜色、等级、标准、细数等，保证单货相符，准确无误。

（1）验货的标准

验货的标准主要是：采购合同或订购单所规定的条件；采购谈判时合格样品；采购合同中的规格或图解；各种产品的国家质量标准。

（2）验货的作业内容

①质量验收：配送中心对入库商品进行质量检验的目的是查明入库商品的质量情况，发现问题，分清责任，确保入库商品符合订货要求。在验收有有效期、特别是有效期较短的商品时，必须严格注意商品的生产日期，防止商品失效和变质。

②数量验收：入库商品按不同供应商或不同类型初步整理查点大数后，必须依据订单和送货单的商品名称、规格、包装细数等对商品数量进行验收，以确保准确无误。细数是指商品包装内部的数量，即商品价格计算单位，如"条""支""瓶"等数量单位都称为细数。由于配送中心的收货工作非常繁忙，所以在数量检验上，对一般商品常采用"先卸后验"的方式，对易碎流质商品一般采用"边卸边验"的方式。

③包装验收：包装验收目的是保证商品正常的储运条件。检验标准是国家颁布的包

装标准及购销合同和订单对包装规格的要求。物流包装一般在正常的保管、装卸和运送过程中，经受得起颠簸、挤压、摩擦、污染等影响。在包装验收时，具体检验内容是包装是否安全、包装标志和标识是否符合标准、包装材料的质量状况。例如，检查箱底封条是否破裂、纸箱内包装或商品是否外露、箱底（盖）是否粘牢、纸箱是否受过潮湿等。

（二）保管作业

配送中心为保证供应，通常都会保持一定数量的商品库存：一部分是为了从事正常的配送活动保有的存货，库存量比较少；一部分是集中批量采购形成的库存，具有储存的性质；也有供应商存放在配送中心准备随时满足顾客订货需要的存货。保管作业的主要内容就是随时掌握库存商品的库存动态，看是否到了订货点，以及对库存商品进行温度与湿度等方面的控制，保证库存商品的质量完好、重量和数量准确。

保管管理的重点是从静态的存储作业"保管"向动态的配送作业"动管"转移。管理内容有：空间最大化作用；人力资源及设备的有效作用；维护适当的库存，保证所有商品能随时存取；货品的有效移动；保持商品的良好质量；保证存储作业的环境良好。

（三）分拣作业

分拣作业是配送中心的核心作业，是传统送货业务向现代配送业务发展的必然要求，也是配送经营成败的关键所在。这是根据客户的订单要求，从储存的货物中拣选出物品，并放置在指定地点的作业。要在短时间内高效地、准确地完成上百种甚至更多种商品的拣选，是一项较为复杂的工作。拣选作业常采用按单分拣、批量分拣等方式进行。

1. 按单分拣

按单分拣是分拣人员或分拣工具巡回于商品的储存场所，并按客户订单的要求，从所经过的货位或货架上挑选出所需商品的分拣方法。一般每巡回一遍就完成一个客户的配货作业任务。这种方法类似于人们进入果园，从一棵棵果树上摘取成熟果子的过程，所以又形象地称之为"摘果方式"。

按单分拣作业方法的主要特点是：

（1）易于实施，且配货的准确度较高，不易出错；

（2）不同客户的分拣作业之间相互独立，可以根据不同客户需求的紧急程度，调整配货先后次序；

（3）完成一次分拣作业后，一个订单所需的货物便可配齐，货物可以不再落地暂存而是直接装上配送车辆，这样有利于简化作业程序，提高作业效率；

（4）能够较好地适应客户数量和客户订单数量的变化，分拣作业人员的数量也可以随时调节，作业高峰时可以临时增加作业人员。这样，有利于开展即时配送，提高服务水平；

（5）对机械化或自动化程度要求不高，不受设备水平的限制。

2. 批量分拣

批量分拣是将数量较多的同种货物集中搬运到发货场所，然后根据不同客户的订单要求,将所需数量的货物分别放入各自货箱或货位的分拣方法。如果订单所需货物的种类是两种或两种以上,则可以再按以上方法重复进行多次作业,直至客户所需的货物全部配齐。由于这种作业方法类似于农民的播种过程,所以形象地称之为"播种方式"。

批量分拣作业的主要特点是:

(1)由于分拣作业之间要先集中取出共同所需货物,再按不同客户的货位进行分放。所以,必须要收到一定数量的订单,进行合并统计,并安排好各客户的分货货位之后,才能展开分拣作业。因此,这种分拣方式的计划性较强,操作难度较大,与按单分拣相比的错误率较高。

(2)由于对多个客户的分拣任务可以同时完成,因此有利于组织集中送货,以充分利用送货车辆的载运能力。与按单分拣相比,可以更好地发挥配送作业的规模效应。

(3)由于批量分拣不可能针对某个客户单独进行作业,因此大多数客户的订单都不得不花费一定的等待时间。

3. 其他分拣作业方法

除了以上两种常用的分拣作业方法,有时还可以采用以下分拣方式。

(1)整合按单分拣。这种分拣方式主要应用在一天中每一订单只有一种品项的场合。为了提高配送效率,可将某一地区的订单整合成一张分拣单,进行一次分拣后集中捆包出库。这种方式属于按单分拣的一种变形形式。

(2)复合分拣。这是按单分拣和批量分拣的组合应用。根据订单的品项、数量和出库频率等因素决定有的订单或商品采用按单分拣,而有的订单或商品采用批量分拣。

(四)配装作业

配装是为了充分利用运输工具的载重量和容积利用率,采用合理的方法进行货物装载的作业。配送服务一般面对的多是小批量、多批次的送货任务,单个客户的配送数量往往又不能达到车辆的有效载运负荷。因此,在配送作业组织中,就存在如何集中不同用户的配送货物进行搭配装载以充分利用运能、运力的问题。配送作业应尽量把多个客户的货物或同一客户的多种货物搭配进行装载,以便使载运工具满载。这样,不但能降低送货成本,提高企业的经济效益,而且能减少交通流量,改善交通拥挤状况,有利于环境保护。所以,配装是现代配送系统中有特色的一项重要作业内容,也是现代配送不同于传统送货的重要区别所在。

配装作业的一般原则是:

(1)上轻下重,上小下大——重、大货在下,轻、小货在上;

(2)先远后近,后送先装——按客户配送顺序,后送的、远距离的客户货物先装车,先送的、近距离的货物后装车;

(3)根据货物的性质进行配载。例如,性质上不相容的货物不能同装一车,需要不同送货条件的货物也不能同装一车等;

(4)外观相近、容易混淆的货物尽量分开装载;

(5)包装不同的货物分开装载,如板条箱货与纸箱、袋装货分开装载;

(6) 货与货、货与车厢之间要留有空隙并适当衬垫防止货损;
(7) 装载易滚动的卷状、桶状货物要垂直摆放;
(8) 具有尖角或其它突出物的货物应与其它货物分开装载或用木板隔离,以免损伤其他货物;
(9) 将相互接近的停留点的货物装在一辆车上运送;
(10) 优先使用大载重量的送货车辆,并将提货与送货过程结合进行。

货物配装时除了要综合考虑以上基本原则外,还要根据不同货物的形状、体积以及其他特性(如怕震、怕压、怕撞、怕潮等)进行弹性调整。

(五) 送货作业

送货作业是利用配送车辆把客户所订购的商品从配送据点送到客户手中的过程。它通常是一种短距离、小批量、高频率的运输形式。

送货作业的基本业务流程如下:

1. 划分基本送货区域

首先将客户作区域上的整体划分,再将每一客户分配在不同的基本送货区域内,作为配送决策的基本参考。送货区域的划分可以按行政区域或交通条件进行,在区域划分的基础上再作适当的弹性调整以便安排送货顺序。

2. 暂定送货先后顺序

在制定最终的送货方案之前,应该首先根据客户的订单要求的配送时间将送货的先后次序进行大致预订,以便为后续的车辆配载做好准备。预先确定基本送货顺序可以有效地保证送货时间,提高运送效率。

3. 车辆安排

车辆安排解决的问题是安排什么类型、多大吨位的配送车辆进行最后的送货。一般企业拥有的车型有限,车辆数量也有限。当企业自有车辆无法满足需求时,可使用外雇车辆。在保证送货运输质量的前提下,是组建自营车队还是以外雇车辆为主,须根据企业自身的具体情况而定。

4. 确定送货线路

距离短、成本低、速度快的送货线路的确定,须根据客户的具体位置、沿途的交通状况、客户或其所在地方对送货时间、车型等方面的特殊要求确定。例如,有些客户不在中午或晚上收货,有的交通道路在高峰期实行特别的交通管制。送货线路的选择可以利用有关的运筹学模型进行辅助决策。

5. 确定每辆车的送货顺序

做好车辆安排和选择好送货线路后,就可以确定每辆车的送货顺序,从而估计出货物送达客户的大致时间,并通知客户。

6. 完成车辆配载

明确了客户的送货顺序后,接下来就是如何将货物装车,按什么次序装车的问题,即车辆的配载问题,也就是前面所述的配装问题。

第三节　配送合理化

一、不合理配送的表现形式

对于配送的决策优劣，不能简单处之，也很难有一个绝对的标准。例如，企业效益是配送的重要衡量标志，但在决策时常常考虑各个因素，有时要做赔本买卖。所以，配送的决策是全面、综合决策，在决策时要避免由于不合理配送出现所造成的损失。然而，有时某些不合理现象是伴生的，要追求大的合理，就可能派生小的不合理。所以，这里只单独论述不合理配送的表现形式，但要防止绝对化。

（一）资源筹措的不合理

配送是利用较大批量筹措资源。通过筹措资源的规模效益来降低资源筹措成本，使配送资源筹措成本低于用户自己筹措资源成本，从而取得优势。如果不是集中多个用户需要进行批量筹措资源，而仅仅是为某一、两户代购代筹，对用户来讲，就不仅不能降低资源筹措费，相反却要多支付一笔配送企业的代筹代办费，因而是不合理的。

资源筹措不合理还有其他表现形式，如配送量计划不准、资源筹措过多或过少、在资源筹措时不考虑建立与资源供应者之间长期稳定的供需关系等。

（二）库存决策不合理

配送应充分利用集中库存总量低于各用户分散库存总量，从而大大节约社会财富，同时降低用户实际平均分摊库存负担。因此，配送企业必须依靠科学管理来实现一个低总量的库存，否则就会出现单是库存转移，而未解决库存降低的不合理。

配送企业库存决策不合理还表现在储存量不足，不能保证随机需求，失去了应有的市场。

（三）价格不合理

总的来讲，配送的价格应低于不实行配送时，用户自己进货时产品购买价格加上自己提货、运输、进货之成本总和，这样才会使用户有利可图。有时候，由于配送有较高服务水平，价格稍高，用户也是可以接受的，但这不能是普遍的原则。如果配送价格普遍高于用户自己进货价格，损伤了用户利益，就是一种不合理表现。当然，价格制定过低，使配送企业处于无利或亏损状态下运行，也是不合理的。

（四）配送与直达的决策不合理

一般的配送总是增加了环节，但是这个环节的增加，可降低用户平均库存水平，以此不但抵消了增加环节的支出，而且还能取得剩余效益。但如果用户使用批量大，可以直接通过社会物流系统均衡批量进货，较之通过配送中转送货则可能更节约费用。所以，这种情况下不直接进货而通过配送，就属于不合理范畴。

（五）送货中不合理运输

配送与用户自提比较，尤其对于多个小用户来讲，可以集中配装一车送几家，这比一家一户自提可大大节省运力和运费。如果不能利用这一优势，仍然是一户一送，而车辆达不到满载（即时配送过多过频时会出现这种情况），则就属于不合理。

此外，不合理运输的若干表现形式，在配送中都可能出现，会使配送变得不合理。

（六）经营观念不合理

在配送实施中，有许多是经营观念不合理，使配送优势无从发挥，相反却损坏了配送的形象。这是在开展配送时尤其需要注意克服的不合理现象。例如，配送企业利用配送手段，向用户转嫁资金、库存困难；在库存过大时，强迫用户接货，以缓解自己库存压力；在资金紧张时，长期占用用户资金；在资源紧张时，将用户委托资源挪做他用获利等。

二、配送合理化的判断标志

对于配送合理化与否的判断，是配送决策系统的重要内容，目前国内外尚无一定的技术经济指标体系和判断方法。按一般认识，以下若干标志是应当纳入的。

（一）库存标志

库存是判断配送合理与否的重要标志，具体指标有以下两方面：

1. 库存总量

在一个配送系统中，配送中心库存数量加上各用户在实行配送后库存量之和应低于实行配送前各用户库存量之和。此外，从各个用户角度判断，各用户在实行配送前后的库存量比较，也是判断合理与否的标准，某个用户上升而总量下降，也属于一种不合理。库存总量是一个动态的量，上述比较应当是在一定经营量前提下。在用户生产有发展之后，库存总量的上升则反映了经营的发展，必须扣除这一因素，才能对总量是否下降做出正确判断。

2. 库存周转

由于配送企业的调剂作用，以低库存保持高的供应能力，库存周转一般总是快于原来各企业库存周转。此外，从各个用户角度进行判断，各用户在实行配送前后的库存周转比较，也是判断合理与否的标志。

为取得共同比较基准，以上库存标志，都以库存储备资金计算，而不以实际物资数量计算。

（二）资金标志

总的来讲，实行配送应有利于资金占用降低及资金运用的科学化，具体判断标志如下：

1. 资金总量

用于资源筹措所占用流动资金总量，随储备总量的下降及供应方式的改变必然有一个较大的降低。

2. 资金周转

从资金运用来讲，由于整个节奏加快，资金充分发挥作用，同样数量资金，过去需要较长时期才能满足一定供应要求，配送之后，在较短时期内就能达此目的。所以，资金周转是否加快，是衡量配送合理与否的标志。

3. 资金投向的改变

资金分散投入还是集中投入，是资金调控能力的重要反映。实行配送后，资金必然应当从分散投入改为集中投入，以增加调控作用。

（三）成本和效益

总效益、宏观效益、微观效益、资源筹措成本都是判断配送合理化的重要标志。对于不同的配送方式，可以有不同的判断侧重点。例如，配送企业、用户都是各自独立的以利润为中心的企业，不但要看配送的总效益，而且要看对社会的宏观效益及两个企业的微观效益，不顾及任何一方，都必然出现不合理。又如，如果配送是由用户集团自己组织的，配送主要强调保证能力和服务性，那么，效益主要从总效益、宏观效益和用户集团企业的微观效益来判断，不必过多顾及配送企业的微观效益。

由于总效益及宏观效益难以计量，实际判断时常以按国家政策进行经营、完成国家税收及配送企业及用户的微观效益来判断。

对于配送企业而言（投入确定了的情况下），则企业利润反映配送合理化程度。

对于用户企业而言，在保证供应水平或提高供应水平（产出一定）前提下，供应成本的降低，反映了配送的合理化程度。

成本及效益对合理化的衡量，还可以具体到储存、运输具体配送环节，使判断更为精细。

（四）供应保证标志

实行配送，各用户的最大担心是害怕供应保证程度降低，这是个心态问题，也是承担风险的实际问题。配送的重要一点是必须提高而不是降低对用户的供应保证能力，才算实现了合理。供应保证能力可以从以下方面判断：

1. 缺货次数

实行配送后，对各用户来讲，该到货而未到货以致影响用户生产及经营的次数，必须下降才算合理。对每一个用户来讲，配送企业集中库存量所形成的保证供应能力高于配送前单个企业保证程度，从供应保证来看才算合理。

2. 即时配送的能力及速度

即时配送的能力及速度是用户出现特殊情况的特殊供应保障方式，这一能力必须高于未实行配送前用户紧急进货能力及速度才算合理。

特别需要强调一点，配送企业的供应保障能力是一个科学的合理的概念，而不是无限的概念。具体来讲，如果供应保障能力过高，超过了实际的需要，属于不合理。所以，追求供应保障能力的合理化也是有限度的。

（五）社会运力节约标志

末端运输是目前运能、运力使用不合理、浪费较大的领域，因而人们寄希望于配送来解决这个问题。这也成了配送合理化的重要标志。

运力使用的合理化是依靠送货运力的规划和整个配送系统的合理流程及与社会运输系统合理衔接实现的。送货运力的规划是任何配送中心都需要花力气解决的问题，而其他问题有赖于配送及物流系统的合理化，判断起来比较复杂。

可以简化判断如下：社会车辆总数减少，而承运量增加为合理；社会车辆空驶减少为合理；一家一户自提自运减少，社会化运输增加为合理。

（六）用户企业仓库、供应、进货人力物力节约标志

配送的重要观念是以配送代劳用户。因此，实行配送后，各用户库存量、仓库面积、仓库管理人员减少为合理；用于订货、接货、搞供应的人应减少才为合理。真正解除了用户的后顾之忧，配送的合理化程度则可以说是一个高水平了。

三、配送合理化的方法

推行配送合理化，可以采取的方法有：

（一）推行一定综合程度的专业化配送

通过采用专业设备、设施及操作程序，取得较好的配送效果并降低配送过分综合化的复杂程度及难度，从而追求配送合理化。

（二）推行加工配送

通过加工和配送结合，充分利用本来应有的这次中转，而不增加新的中转求得配送合理化。同时，加工借助于配送，加工目的更明确和用户联系更紧密，更避免了盲目性。这两者有机结合，投入不增加太多却可追求两个优势、两个效益，是配送合理化的重要经验。

（三）推行共同配送

通过共同配送，可以以最近的路程、最低的配送成本完成配送，从而追求合理化。

（四）实行送取结合

配送企业与用户建立稳定、密切的协作关系。配送企业不仅成了用户的供应代理人，而且承担用户储存据点，甚至成为产品代销人。在配送时，将用户所需的物资送到，再将该用户生产的产品用同一车运回，这种产品也成了配送中心的配送产品之一，或者作为代存代储，免去了生产企业库存包袱。这种送取结合，使运力充分利用，也使配送企业功能有更大的发挥，从而追求合理化。

（五）推行准时配送系统

准时配送是配送合理化重要内容。配送做到了准时，用户才有资源把握，可以放心地实施低库存或零库存，可以有效地安排接货的人力、物力，以追求最高效率的工作。另外，保证供应能力，也取决于准时供应。从国外经验看，准时供应配送系统是现在许多配送企业追求配送合理化的重要手段。

（六）推行即时配送

即时配送是最终解决用户企业担心断供之忧，大幅度提高供应保证能力的重要手段。即时配送是配送企业快速反应能力的具体化，是配送企业能力的体现。即时配送成本较高，但它是整个配送合理化的重要保证手段。此外，用户实行零库存，即时配送也是重要手段保证。

本 章 小 结

1. 配送是在经济合理区域范围内，根据用户要求，对物品进行拣选、加工、包装、分割、组配等作业，并按时送达指定地点的物流活动。它是物流中一种特殊的、综合的活动形式，是商流与物流的紧密结合，与一般概念的送货不同。

2. 按照不同的组织方式、对象特性和内容，配送可以划分为多种类型。配送的作用为：提高整个物流系统的运行效率、改善末端物流的效益、通过集中库存使企业降低库存量、简化手续，方便用户、提高供应保证能力。

3. 配送中心是从事配送业务具有完善的信息网络的场所或组织，应基本符合下列要求：主要为特定的用户服务；配送功能健全；辐射范围小；多品种、小批量、多批次、短周期；主要为末端客户提供配送服务。它具有商品储存保管、流通行销、分拣配送、流通加工及信息提供的功能，基本作业流程是进货、保管、分拣、配装、送货。

4. 不合理配送的表现形式主要有：资源筹措的不合理、库存决策不合理、价格不合理、配送与直达的决策不合理、送货中不合理运输、经营观念不合理。

5. 配送合理化的判断标志主要有：库存标志（库存总量、库存周转）、资金标志（资金总量、资金周转、资金投向的改变）、成本和效益、供应保证标志（缺货次数、配送企业集中库存量、即时配送的能力及速度）、社会运力节约标志、用户企业仓库、供应、进货人力物力节约标志。

6. 配送合理化可采取的做法如下：推行一定综合程度的专业化配送、推行加工配送、推行共同配送、实行送取结合、推行准时配送系统、推行即时配送。

案例分析

7－11便利店的配送系统

一、配送系统的演进

一间普通的7－11连锁店一般只有100～200平方米大小，却要提供2000～3000种食品，不同的食品有可能来自不同的供应商，运送和保存的要求也各有不同，每一种食品又不能短缺或过剩,而且还要根据顾客的不同需要随时能调整货物的品种,种种要求给连锁店的物流配送提出了很高的要求。一家便利店的成功,很大程度上取决于配送系统的成功。

7—11的物流管理模式先后经历了三个阶段、三种方式的变革。起初,7—11并没有自己的配送中心,它的货物配送是批发商来完成的。以日本的7—11为例,早期日本7—11的供应商都有自己特定的批发商,而且每个批发商一般都只代理一家生产商,这个批发商就是联系7—11和其供应商间的纽带,也是7—11和供应商间传递货物、信息和资金的通道。供应商把自己的产品交给批发商以后,对产品的销售就不再过问,所有的配送和销售都会由批发商来完成。对于7—11而言,批发商就相当于自己的配送中心,它所要做的就是把供应商生产的产品迅速有效地运送到7—11手中。为了自身的发展,批发商需要最大限度地扩大自己的经营,尽力向更多的便利店送货,并且要对整个配送和订货系统做出规划,以满足7—11的需要。

渐渐地,这种分散化的由各个批发商分别送货的方式无法再满足规模日渐扩大的7—11便利店的需要,7—11开始和批发商及合作生产商构建统一的集约化的配送和进货系统。在这种系统之下,7—11改变了以往由多家批发商分别向各个便利点送货的方式,改由一家在一定区域内的特定批发商统一管理该区域内的同类供应商,然后向7—11统一配货,这种方式称为集约化配送。集约化配送有效地降低了批发商的数量,减少了配送环节,为7—11节省了物流费用。

二、配送中心的好处

特定批发商(又称为窗口批发商)提醒了7—11,何不自己建一个配送中心?与其让别人掌控自己的经脉,不如自己把自己的脉。7—11的物流共同配送系统就这样浮出水面,共同配送中心代替了特定批发商,分别在不同的区域统一集货、统一配送。配送中心有一个电脑网络配送系统,分别与供应商及7—11店铺相连。为了保证不断货,配送中心一般会根据以往的经验保留4天左右的库存,同时,中心的电脑系统每天都会定期收到各个店铺发来的库存报告和要货报告,配送中心把这些报告集中分析,最后形成一张张向不同供应商发出的订单,由电脑网络传给供应商,而供应商则会在预定时间之内向中心派送货物。7—11配送中心在收到所有货物后,对各个店铺所需要的货物分别打包,等待发送。第二天一早,配送车就会从配送中心鱼贯而出,择路向自己区域内的店铺送货。整个配送过程就这样每天循环往复,为7—11连锁店的顺利运行修路铺石。

配送中心的优点还在于7—11从批发商手上夺回了配送的主动权,7—11能随时掌握在途商品、库存货物等数据,对财务信息和供应商的其他信息也能握于股掌之中。对于一个零售企业来说,这些数据都是至关重要的。

有了自己的配送中心,7—11就能和供应商谈价格了。7—11和供应商之间定期会有一次定价谈判,以确定未来一定时间内大部分商品的价格,其中包括供应商的运费和其他费用。一旦确定价格,7—11就省下了每次和供应商讨价还价这一环节,少了口舌之争,多了平稳运行,7—11为自己节省了时间也节省了费用。

三、配送的细化

随着店铺的扩大和商品的增多,7—11的物流配送越来越复杂,配送时间和配送种类的细分势在必行。以台湾地区的7—11为例，全省的物流配送就细分为出版物、常温食品、低温食品和鲜食食品四个类别的配送，各区域的配送中心需要根据不同商品的特征和需求量每天做出不同频率的配送，以确保食品的新鲜度，以此来吸引更多的顾客。新鲜、即时、便利和不缺货是7—11的配送管理的最大特点，也是各家7—11店铺的最大卖点。

和台湾地区的配送方式一样，日本7—11也是根据食品的保存温度来建立配送体系的。日本7—11对食品的分类是：冷冻型（零下20度），如冰激凌等；微冷型（5摄氏度），如牛奶、生菜等；恒温型，如罐头、饮料等；暖温型（20摄氏度），如面包、饭食等。不同类型的食品会用不同的方法和设备配送，如各种保温车和冷藏车。由于冷藏车在上下货时经常开关门，容易引起车厢温度的变化和冷藏食品的变质，7—11还专门用一种两仓式货运车来解决这个问题，一个仓中温度的变化不会影响到另一个仓，需冷藏的食品就始终能在需要的低温下配送了。

除了配送设备，不同食品对配送时间和频率也会有不同要求。对于有特殊要求的食品如冰激凌，7—11会绕过配送中心，由配送车早中晚三次直接从生产商门口拉到各个店铺。对于一般的商品，7—11实行的是一日三次的配送制度，早上3点到7点配送前一天晚上生产的一般食品，早上8点到11点配送前一天晚上生产的特殊食品如牛奶，新鲜蔬菜也属于其中，下午3点到6点配送当天上午生产的食品，这样一日三次的配送频率在保证了商店不缺货的同时，也保证了食品的新鲜度。为了确保各店铺供货的万无一失，配送中心还有一个特别配送制度来和一日三次的配送相搭配。每个店铺都会随时碰到一些特殊情况造成缺货，这时只能向配送中心打电话告急，配送中心则会用安全库存对店铺紧急配送，如果安全库存也已告罄，中心就转而向供应商紧急要货，并且在第一时间送到缺货的店铺手中。

资料来源：华宇物流网 http://www.huayu56.com/xingyewuliu/qitawuliu/20080217/18943_2.html

思考：
1. 在此案例中，配送中心的建设给7—11公司带来了哪些好处？
2. 7—11的配送系统对我国连锁业有何启示？

练习与思考

一、填空

1. 配送中心按照其功能分为_____、流通型配送中心、_____。
2. 配送中心验货的作业内容是_____、_____、_____。
3. 配送中心的分拣作业方式主要是_____和_____。
4. 配送中心按其设立者分为_____、批发商型配送中心、_____和专业物流配送中心。
5. 配送运输在整个运输过程中处于_____、_____、_____的位置。
6. 配送中心验货主要是检查商品质量与数量，采用_____和_____相结合方式。

7. 库存是判断配送合理与否的重要标志，具体指标有_____ 和 _____。

二、单项选择

1. 配送中心验货在数量检验上，对一般商品、易碎流质商品常采用方式是（   ）。
   A. 先卸后验、边卸边验   B. 边卸边验、先卸后验
   C. 边卸边验、先验后卸   D. 先验后卸、边卸边验

2. 完全按用户要求的物资配送时间、配送数量随即进行配送的方式是（   ）。
   A. 定时配送   B. 即时配送
   C. 定时定量配送   D. 标准配送

3. 配送中心的最重要功能是（   ）。
   A. 仓储保管   B. 分拣配送   C. 流通加工   D. 信息提供

4. 车辆配装时应避免出现的现象是（   ）。
   A. 重不压轻，大不压小   B. 外观相近的货物分开装载
   C. 后送先装   D. 散发粉尘的货物与清洁货物混装

5. 配送中心的核心作业是（   ）。
   A. 进货作业   B. 保管作业   C. 分拣作业   D. 配装作业

6. 由于服务成本很高，难以用做经常性服务方式的配送是（   ）。
   A. 定时配送   B. 定量配送   C. 定时定量配送   D. 即时配送

三、判断

1. 配送就是送货的别名，与一般的送货没有什么区别。   （   ）
2. 配送本质上是运输，但又不同于运输，它是运输在功能上的延伸。   （   ）
3. 配装作业的一般原则是先送达的货物先装，后送达的货物后装。   （   ）
4. 用户使用批量大时可直接通过社会物流系统进货，不通过配送。   （   ）
5. 整合按单分拣主要应用在一天中每一订单只有一种品项的场合，属于批量分拣的一种变形。   （   ）

四、名词解释

配送　配送中心　按单分拣　批量分拣

五、简答

1. 配送与一般的送货有何区别？
2. 配送有哪些作用？
3. 简述配送中心的作业流程。
4. 按单分拣和批量分拣各有哪些特点？
5. 谈谈不合理配送的主要表现。
6. 如何实现配送合理化？

第九章

流通加工

本章学习目标：

1. 掌握流通加工的内涵及其与生产加工的区别；
2. 了解流通加工在物流系统中的地位和作用；
3. 了解流通加工产生的原因、流通加工的类型和方式；
4. 了解不合理流通加工的表现；
5. 掌握流通加工合理化的内涵及实现策略；
6. 掌握流通加工合理化的衡量指标。

本章核心概念：

流通加工 流通加工类型 流通加工方式 流通加工合理化

鞋店顾客络绎不绝的秘诀

阿迪达斯公司在美国有一家超级市场，设立了组合式鞋店，摆放的不是做好了的鞋，而是做鞋用的半成品，款式花色多样，有6种鞋跟、8种鞋底，均为塑料制造的，鞋面的颜色以黑、白为主，搭带的颜色有80种，款式有百余种。顾客进来可任意挑选自己所喜欢的各个部位，交给职员当场进行组合。只要10分钟，一双崭新的鞋便唾手可得。这家鞋店昼夜营业，职员技术熟练，鞋子的售价与成批制造的价格差不多，有的还稍便宜些。所以，顾客络绎不绝，销售金额比邻近的鞋店多十倍。

资料来源：新物流网 http://www.56new.cn/article/case-of-logistic/2006091328521.html

思考：
究竟是什么原因，导致这家鞋店顾客络绎不绝呢？

第一节 流通加工概述

在了解流通加工之前，先来看图9-1、图9-2两组图片。

第一组图片：

图 9-1 蔬菜、原木、钢板

第二组图片:

图 9-2 包装蔬菜、方木、剪切钢板

思考:

由第一组图片到第二组图片,产品发生了什么变化?

一、流通加工的内涵

流通加工(distribution processing)指在物品从生产者向消费者流动的过程中,为了促进销售、维护产品质量、实现物流的高效率所采取的使物品发生物理和化学变化的一种物流功能。流通加工是物流的基本功能之一。

《物流术语》国家标准(GB/T 18354—2001 4.41)对流通加工的定义是:物品在从生产地到使用地的过程中,根据需要施加包装、分割、计量、分拣、刷标志、拴标签、组装等简单作业的总称。修订的《物流术语》国家标准(GB/T 18354—2006 4.41)对流通加工的定义也持这一认识。

一般来说,加工作为形成一定产品的活动,改变物资的性质和形状,属于生产活动。流通则是改变物品的空间与时间状态,并不改变物品的性质和形状。流通和加工原本属于两个不同范畴。如果将它们二者结合起来，就组成了一个全新的物流功能要素——流通加工。流通加工处于不易区分生产还是流通的中间领域，不改变物品的基本形态和功能，只是完善商品的使用功能，提高商品的附加价值，同时提高物流系统的效率。

流通加工是物流过程中一个比较特殊的环节。它是为了弥补生产过程加工不足，更有效地满足用户或本企业的需要，使产需双方更好地衔接，将这些加工活动放在物流过程中完成而成为物流的一个组成部分。它具有一定的生产性质，同时它还将生产与消费联系起来，起到桥梁和纽带作用，完成商品所有权和实物形态的转移。可以说，流通加工是生产加工在流通领域的延伸，也可以看成是流通领域为了提供更好的服务而在职能方面的拓展。为适应消费的多样化和由激烈的市场竞争而引起的特色化战略的展开，流通加工的意义日益增加。流通加工受技术革新的影响，今后将越来越趋向多样化。

流通加工业是社会高度发展后的新型产业，发达经济体已经走完这一过程，我国正在步入这一新的产业领域。随着我国产业整体上由第一产业占主要地位向二、三产业占主要地位发展演变，进入流通的社会产品将从以初级产品交换为主过渡到以中间产品和最终产品交换为主，这将为我国流通加工业的发展提供一个非常有利的外部环境。

二、流通加工产生的原因

（一）流通加工的出现与现代生产方式有关

现代生产发展的趋势之一就是生产规模大型化、专业化，依靠单品种、大批量的生产方法来降低生产成本和获取规模经济效益。这样，就出现了生产相对集中的趋势。这种规模的大型化、生产的专业化程度越高，生产相对集中的程度也就越高。生产的集中化进一步引起产需之间的分离，即生产及消费不在同一个地点，而是有一定的空间距离；生产及消费在时间上不能同步，而是存在着一定的"时间差"；生产者及消费者不是处于一个封闭的圈内，某些人生产的产品供给成千上万人消费，而某些人消费的产品又来自其他许多生产者。弥补上述分离的手段则是运输、储存及交换。

近年来，人们进一步认识到，现代生产引起的产需分离并不局限于上述三个方面，这种分离是深刻而广泛的。第四种重大的分离就是生产及需求在产品功能上分离。尽管"用户第一"等口号成了许多生产者的主导思想，但生产毕竟有生产的规律，尤其在强调大生产的工业化社会。大生产的特点之一就是"少品种、大批量、专业化"，产品的功能（规格、品种、性能）往往不能和消费需要密切衔接。弥补这一分离的方法，就是流通加工。所以，流通加工的诞生实际是现代生产发展的一种必然结果。

（二）流通加工的出现与消费的个性化有关

消费的个性化和产品的标准化之间存在着一定的矛盾，使本来就存在的产需第四种形式的分离变得更加严重。本来，弥补第四种分离可以采取增加一道生产工序或消费单位加工改制的方法，但在个性化问题十分突出之后，采取上述弥补措施将会使生产及生产管理的复杂性及难度增加，按个性化生产的产品难以组织高效率、大批量的流通。所以，在出现了消费个性化的新形势及新观念之后，就为流通加工开辟了道路。

(三）流通加工的出现与人们对流通作用的观念转变有关

在社会再生产全过程中，生产过程是典型的加工制造过程，是形成产品价值及使用价值的主要过程。再生产型的消费究其本质来看也是和生产过程一样，通过加工制造消费了某些初级产品而生产出深加工产品。历史上在生产不太复杂、生产规模不太大时，所有的加工制造几乎全部集中于生产及再生产过程中，而流通过程只是实现商品价值及使用价值的转移而已。

在社会生产向大规模生产、专业化生产转变之后，社会生产越来越复杂。生产的标准化和消费的个性化出现，导致生产过程中的加工制造常常满足不了消费的要求。而由于流通的复杂化，生产过程中的加工制造也常常不能满足流通的要求。于是，加工活动开始部分地由生产及再生产过程向流通过程转移，在流通过程中形成了某些加工活动，这就是流通加工。

流通加工的出现使流通过程明显地具有了某种"生产性"，改变了长期以来形成的"价值及使用价值转移"的旧观念，这就从理论上明确了：流通过程从价值观念来看是可以主动创造价值及使用价值的，而不单是被动地"保持"和"转移"的过程。因此，人们必须研究流通过程中孕育着多少创造价值的潜在能力，这就有可能通过努力在流通过程中进一步提高商品的价值和使用价值，同时，却以很少的代价实现这一目标。这样，就引起了流通过程从观念到方法的巨大变化，流通加工则适应这种变化而诞生。

（四）效益观念的树立也是促使流通加工形式得以发展的重要原因

20 世纪 60 年代以后，效益问题逐渐引起人们的重视。过去人们盲目追求高技术，引起了燃料、材料投入的大幅度上升，结果新技术、新设备虽然采用了，但往往是得不偿失。70 年代初，第一次石油危机的发生证实了效益的重要性，使人们牢牢树立了效益观念。流通加工可以以少量投入获得很大效果，是一种高效益的加工方式，自然得以获得很大的发展。所以，流通加工从技术上讲，可能不需要采用什么先进技术，但这种方式是现代观念的反映，在现代的社会再生产过程中起着重要作用。

三、流通加工与生产加工的区别

流通加工是流通领域的简单生产活动，与生产加工在加工方法、加工组织、生产管理等方面并无显著区别，但在加工对象、加工程度、加工目的等方面差别较大。

具体分析，流通加工与生产加工的差别主要体现在以下五个方面：

（一）加工对象不同

流通加工的对象是进入流通过程的商品，具有商品的属性。而生产加工的对象一般是最终产品形成之前的原材料、零部件或半成品等。

（二）加工程度不同

流通加工大多是简单加工，其加工程度是浅层的，如钢材的裁剪、玻璃的开片等。

而生产加工的复杂程度和加工深度要远远高于流通加工。流通加工是对生产加工的一种辅助及补充，绝不是对生产加工的取消或代替。一般来讲，如果必须进行复杂加工才能形成人们所需的商品，那么这种复杂加工应专设生产加工过程，应在生产过程中完成大部分加工活动。

当然，随着流通加工产业水平的不断进步，流通加工也具有不断向深加工发展的趋势。我国流通加工业正在经历一个由简单加工向复杂加工、由低科技含量加工向高科技含量加工的转变。80年代的钢材加工基本局限于卷板展平、气割剪切、线性拉直、钢筋剪断等，进入90年代的剪板加工已从单件切割方式转化到具有横剪、纵剪的流通加工生产流水线，加工质量从10毫米左右气割缝隙到±0.2毫米以上的精度要求。动力配煤加工，借助于计算机的高科技手段，运用数学模型技术，对煤炭进行合理、科学配方。商品混凝土除使用搅拌站进行加工外，还与混凝土专用搅拌车相联系，形成了新型流通加工形式。废旧物资的流通加工从对钢材的打包、捆扎加工到利用高科技进行电解、电熔法回收贵金属，资源再生利用加工。

（三）附加价值不同

从价值观点看，生产加工的目的在于创造物品价值及使用价值，而流通加工的目的则在于完善商品的使用价值，并在不对商品做大改变的情况下提高其价值。

（四）加工责任人不同

流通加工的组织者是从事流通工作的商业或物资流通企业，能密切结合流通的需要进行这种加工活动。而生产加工则是由生产企业完成。

（五）加工目的不同

生产加工是以交换、消费为目的的商品生产，而流通加工除了以消费（再生产）为目的外，有时以自身流通为目的进行加工，纯粹是为商品流通创造条件。

四、流通加工的作用

（一）提高加工材料利用率

利用集中进行的流通加工代替分散在各使用部门的分别加工，可以优材优用、小材大用、合理套裁，大大减少材料消耗，提高材料利用率，有很好的技术经济效果。例如，钢材的集中下料，可通过合理下料、搭配套裁、减少边角余料等方法，达到提高加工效率、降低加工费用的目的。

（二）进行初级加工，方便用户

对于用量少或临时需要的使用单位，缺乏进行高效率初级加工的能力，依靠流通加工可使这些使用单位省去进行初级加工的投资、设备及人力，从而搞活供应、方便用户。目前发展较快的初级加工有：将水泥加工成生混凝土；将原木或板方材加工成门窗；冷拉钢筋及冲制异型零件、钢板预处理、整形、打孔等加工。

（三）提高加工效率及设备利用率

由于建立集中加工点，可以采用效率高、技术先进、加工量大的专门机具和设备。这样做的好处是：提高加工质量；提高设备利用率；提高加工效率，其结果是降低了加工费用及原材料成本。

（四）充分发挥各种输送手段的最高效率

流通加工将实物流通分成了两个阶段。一般来说，由于流通加工环节设置在消费地，故从生产厂到流通加工这第一阶段输送距离长，而从流通加工到消费环节这第二阶段输送距离短。第一阶段是在数量有限的生产厂与流通加工点之间进行定点、直达、大批量的远距离输送，可以采用船舶、火车等大量输送的手段。第二阶段是在流通加工点与消费者之间进行多规格、小批量、多用户的近距离输送，可以采用汽车和其他小型车辆等灵活输送手段。这样，可以充分发挥各种输送手段的最高效率，加快输送速度，节省运力运费。

（五）改变功能，提高收益

在流通过程中进行一些改变产品某些功能的简单加工，其目的除上述几点外，还在于提高产品销售的经济效益。所以，在物流领域中，流通加工可以成为高附加值的活动。这种高附加值的形成，主要着眼于满足用户需要、提高服务功能而取得的，是贯彻物流战略思想的表现，是一种低投入、高产出的加工形式。

第二节　流通加工类型和方式

一、流通加工的类型

由于具有不同的目的和作用，流通加工的类型呈现多样化，主要有：

（一）为弥补生产领域加工不足而进行的流通加工

由于现实生产存在许多限制因素，很多产品在生产领域只能加工到一定程度，而不能完全实现终极加工。例如，钢铁厂的大规模生产只能按标准规格进行，以使产品具有较强的通用性，同时保证生产具有较高的效率和效益；木材如果在产地完成成材制成木制品的话，就会造成运输的极大困难，所以原生产领域只能加工到圆木、板方材程度，进一步的下料、切裁、处理等加工则由流通加工来完成。这种流通加工实际上是生产的延续，是生产加工的深化，对弥补生产领域加工不足有重要意义。

（二）为满足多样化需求进行的流通加工

生产部门大批量生产方式生产出来的标准化产品往往难以满足消费者的多样化需求。

在没有流通加工业务之前，经常是消费者自己设置加工环节解决这一问题，这是生产企业和消费者都不愿看到的事情。为了满足消费者的多样化需求，同时又保证社会高效率的大批量生产，将生产出来的标准产品进行多样化的改制加工就显得十分必要，成为流通加工中的一种重要加工形式。例如，对钢材卷板的舒展（使用矫直机将薄板卷材展平）、剪切加工；平板玻璃按需要的规格开片加工；木材改制成枕木、方材、板材加工。

对于生产型用户而言，这种加工可以缩短企业的生产流程，使生产技术的密集程度提高，生产周期缩短。对一般消费者而言，这种加工则可以省去烦琐的预处置工作，集中精力从事较高级的、能直接满足需求的劳动。

（三）为保护产品进行的流通加工

这种流通加工主要是防止产品在运输、储存、装卸搬运等过程中遭受损失，使产品的使用价值顺利实现。一般来说，这种流通加工并不改变产品的外形和性质，加工的深度和水平与被加工对象的性质密切相关，主要通过稳固、改装、冷冻、保鲜、涂油等方式完成。例如，为防止金属材料的锈蚀而进行的喷漆、涂防锈油等措施，运用手工、机械或化学方法除锈；木材的防腐朽、防开裂加工；水泥的防潮、防湿加工；煤炭的防高温自燃加工等。

（四）为提高物流效率、方便物流进行的流通加工

有些产品本身的形状使之难以进行物流操作，物流作业效率较低。例如，超大设备的装卸搬运，气体货物的装卸运输等。通过适当的流通加工，可以弥补这些产品的物流缺陷，使物流作业易于进行，如超大设备的解体、气体货物的液化等。这种流通加工往往是暂时改变物品的物理状态以方便物流作业，但并不改变物品的化学特性，而且最终仍能恢复物品原来的物理状态。例如，自行车在消费地区的装配加工，可防止整车运输的低效率和高损失。

（五）为促进销售进行的流通加工

在促进产品的市场销售方面，流通加工也起着不可替代的作用。例如，将大包装或散装的货物分装成适合一次性销售的小包装的分装加工；将原以保护产品为主的运输包装改换成以促进销售为主的装潢性包装；将零配件组装成产成品；将蔬菜和鱼肉分选、洗净、切块、分装、加工成半成品等形式的流通加工，都可以起到吸引消费者、刺激消费的作用。这种类型的流通加工一般不改变物品本身的性质，只是进行简单的改装加工，部分属于组装、分块等深加工内容。

（六）为衔接不同运输方式、使物流更加合理的流通加工

在干线运输和支线运输的节点设置流通加工环节，可以有效解决大批量、低成本、长距离的干线运输与多品种、小批量、多批次的末端运输的衔接问题。以流通加工为分界点，在流通加工点与大生产企业间形成大批量、高效率的定点运输；而在流通加工点与用户之间，则通过在流通加工点将运输包装转换为销售包装及组织对多个用户的配送，

形成多品种、小批量、多批次的灵活运输，从而有效衔接不同目的的运输方式，实现物流合理化。例如，散装水泥中转仓库把散装水泥装袋、将大规模散装水泥转化为小规模散装水泥的流通加工，就衔接了水泥厂大批量运输和工地小批量装运的需要。

（七）生产—流通一体化的流通加工

依靠生产企业和流通企业的联合，或者生产企业向流通领域延伸，或者流通企业向生产领域延伸，形成合理分工、合理规划、合理组织、统筹进行的生产与流通加工结合的统一安排，这就是生产—流通一体化的流通加工形式。这种形式可以促成产品结构及产业结构的调整，充分发挥企业集团的经济技术优势，是目前流通加工领域的新形式。

（八）为实施配送进行的流通加工

这种流通加工形式是配送中心为了实现配送活动、满足客户的需要而对物资进行的加工。例如，混凝土搅拌车（图 9-3）可以根据客户的要求，把沙子、水泥、石子、水等各种不同材料按比例要求装入可旋转的罐中。在配送路途中，汽车边行驶边搅拌，到达施工现场后，混凝土已经均匀搅拌好，可以直接投入使用。

图 9-3　混凝土搅拌车

混凝土搅拌车现有 2 立方米、3 立方米、4 立方米、5 立方米、6 立方米、8 立方米、9 立方米、10 立方米、12 立方米、14 立方米、16 立方米等规格，可满足不同客户需求。2~6 立方米混凝土搅拌车统称小型混凝土搅拌车，具有车身窄、轴距短、转变半径小等特点，对限宽、限高、限长的工作环境具有较强的优势。国内主要的混凝土搅拌车生产厂家有三一重工、中国重汽、福田汽车、程力专用汽车股份有限公司等。

（九）其他形式的流通加工

例如，为提高加工效率的流通加工、为提高原材料利用率的流通加工等。

二、流通加工的方式

不同的物流作业对象和作业方式所需要的流通加工方式各不相同，流通加工的个性化特征十分明显。按照加工对象，常见的流通加工方式主要有以下几种。

（一）水泥熟料的流通加工

在需要长途调入水泥的地区，变运入成品水泥为运进熟料半成品。在该地区流通加工点（磨细工厂）磨细，并根据客户使用要求和当地资源状况掺入混合材料和外加剂，制成不同品种及标号的水泥供应给客户。这是水泥流通加工的重要形式之一，在国外已经相当普及。

（二）商品混凝土的流通加工

混凝土是构建工业大国的核心基础材料之一。现代社会中的各类建筑物与构筑物大都是用混凝土构建，楼宇、道路、高铁、地铁、桥梁、管道、机场……按照结构体积计算，80%以上材料都由混凝土构成。

将粉状水泥供应用户、由用户在建筑工地现场搅拌成混凝土后使用的习惯改变为将粉状水泥输送到使用地的流通加工点（集中搅拌混凝土工厂或商品混凝土工厂），在那里搅拌成商品混凝土后供给各个工地或小型构件厂使用。它优于直接供应或购买水泥在工地现制混凝土的技术经济效果，受到发达国家的普遍重视。

中国预拌混凝土行业起始于20世纪70年代末期，90年代开始获得蓬勃发展。国家近年来对发展预拌混凝土高度重视，出台了一系列政策法规，为预拌混凝土的快速健康发展提供了保障。2003年，商务部、公安部、建设部、交通部发布了《关于限期禁止在城市城区现场搅拌混凝土的通知》，确定了124个禁止现场搅拌的城市，并且明确规定了城区禁止现场搅拌的时间表。124个"禁现"城市覆盖了中国大部分地域。2004年国家七部局又统一出台了《散装水泥管理办法》（5号令），《办法》的第十四条规定：县级以上地方人民政府有关部门应当鼓励发展预拌混凝土和预拌砂浆，根据实际情况限期禁止城市市区现场搅拌混凝土。《办法》同时指出，违反本办法第十四条规定，擅自现场搅拌混凝土的，由有关部门依据有关规定处罚。因此，减少资源浪费，保持城市环境，推广预拌商品混凝土，禁止使用袋装水泥和现场搅拌，已成为各地共识。2016年1～5月，我国水泥产量88563万吨，同比增长3.7%；商品混凝土产量63211万立方米，增长7.6%，增速同比提高3.9个百分点。

这种流通加工形式的主要优点是：将水泥的加工从小规模的分散状态改变为大规模的集中形态，可以充分利用现代科学技术组织社会化的大生产，发挥现代技术和管理的优势；可以采取准确的计量手段和选择最佳的工艺，提高混凝土质量，减少水泥消耗量；有利于提高搅拌设备利用率；可以减少加工地点，促使集中搅拌站（图9-4）与水泥厂之间形成固定的供应渠道，采用高效率大批量的输送形式，提高混凝土物流的合理化程度；有利于新技术的推广应用，简化工地的材料管理工作，节省施工用地。例如，制造每立方米混凝土的水泥使用量，采用集中搅拌一般能比分散搅拌减少20～30千克。

（三）钢板的流通加工

在钢材的流通实践中，热连轧钢板或钢带、热轧厚钢板等板材最大交货长度常可达7～12米，有的甚至是成卷交货。对于钢板使用量较大的用户来说，可能设置专门的剪板及下料加工设备，按生产所需适时进行剪板或下料作业。但对于钢材消耗量较小的中小型用户而言，如果单独设置剪板及下料加工设备，则存在着设备闲置时间长、人力资源浪费大、难以推行先进加工工艺、生产效率低的缺点。在流通领域设置钢板的剪板及下料加工点（图9-5、图9-6、图9-7）可以有效地克服上述矛盾，为客户提供更满意的服务。

剪板加工指在固定地点设置剪板机，提供剪板服务；下料加工指设置各种切割设备，将大规格钢板裁小，或切裁成毛坯，降低销售起点，方便用户。图9-6和图9-7为钢材手动开卷机和自动下料机。我国原在北京大兴区设置的剪板厂，就是专门对进口卷板进行剪板加工，然后将小规格钢板进行销售的流通加工形式。

图9-4　混凝土搅拌站

图9-5　钢材的剪板加工

图9-6　手动开卷机

图9-7　钢板自动下料机

事实上，流通实践中的各种圆钢、型钢、线材的集中下料和线材的冷拉加工等都与钢板的流通加工相类似。

（四）木材的流通加工

1. 磨制木屑压缩输送

这是一种为了提高木材流通效率而进行的流通加工。由于木材的比重低，在运输时占有相当大的容积，往往使车船满装而不能满载，且装车、捆扎也比较困难。由于从林区外送的原木中，有相当一部分是造纸材料，因此可以采取在林木生产地就地将原木磨制成木屑（图9-8），然后采取压缩方法，使之成为比重较大、容易装运的形状，然后运至靠近消费地的造纸厂。据测算，采取这种方法比直接运送原木大约节省一半的运费。

2. 木材的集中下料

这种流通加工形式指在流通加工点将原木锯裁成各种规格的锯材，同时将碎木、碎屑集中加工成各种规格的板材，甚至还可以进行打眼、凿孔等初级加工。用户直接使用原木，不但加工复杂、加工场地大、设备多，更严重的是资源浪费大，木材平均利用率不到50%，平均出材率不到40%。如果按用户要求进行集中下料加工（图9-9），则可以使原木的利用率提高到95%，出材率提高到72%左右，具有相当明显的经济效果。

图9-8 磨制后的木屑

图9-9 木材的集中下料

（五）平板玻璃的流通加工

平板玻璃（图9-10）的流通加工方式是"集中套裁，开片供应"。这种方式是流通企业设立玻璃套裁加工中心，直接面对用户并按用户提供的图纸或规格尺寸进行统一的套裁开片（图9-11），向用户供应成品，用户则可以直接安装使用。在此基础上可以逐渐形成从工厂到套裁加工中心的稳定的、高效率的、大规模的平板玻璃"干线输送"，以及套裁中心到用户的小批量、多批次的"二次输送"。

图9-10 平板玻璃

图9-11 加工后玻璃

这种流通加工方式的好处是：

1. 提高平板玻璃的利用率

据统计，平板玻璃的利用率可以由不实行套裁时的62%～65%提高到90%以上。

2. 促进平板玻璃包装方式的改革

从工厂到套裁中心运送平板玻璃，如果形成固定渠道，可以采用大规模集装工具。这样不仅节约大量包装用木材，也可防止玻璃在流通过程中的大量破损。

3. 有利于玻璃生产厂简化产品规格而实行大批量生产

套裁中心按用户需要裁制，有利于玻璃生产厂简化产品规格，实行大批量生产。这不但能提高工厂的生产效率，而且可以简化工厂切裁、包装等工序，使工厂能集中精力解决生产问题。

4. 废弃玻璃易于集中处理

现场切裁玻璃劳动强度大，废料也难于处理。集中套裁玻璃可以广泛使用专用设备进行裁制，废弃玻璃相对数量少，并且易于集中处理。

（六）煤炭及其他燃料的流通加工

1. 除矸加工

除矸加工是以提高煤炭纯度为目的的流通加工形式。一般煤炭中混入的矸石有一定的发热量，混入一些矸石是允许的，也是较经济的。然而，有时则不允许煤炭中混入矸石。例如，在运力十分紧张的地区，要求充分利用运力，多运"纯物质"，少运矸石。在这种情况下，可以采用除矸的流通加工方式排除矸石。

2. 为管道输送煤浆进行的煤浆加工

煤炭的运输主要采用运输工具载运方法，运输中损失浪费大，又容易发生火灾。采用管道运输是近代兴起的一种先进物流技术。在流通的起始环节将煤炭磨成细粉，再用水调和成浆状，使之具备流动性，就可以像其他液体一样利用管道进行输送。这种煤炭输送方式连续稳定，速度也较快，是一种比较经济的输送方式。

3. 动力配煤加工

在使用地区设置集中加工设施，将各种煤及其他一些发热物质按照不同配方进行科学的掺配，加工出各种不同发热量的燃料，这一过程称为动力配煤加工。这种加工方式可以按照用户需要的发热量生产和供应燃料，防止热能的浪费或发热量的不足。工业用煤经过配煤加工后，还可以起到便于计量控制、稳定生产过程的作用，在经济和技术上都有价值。

4. 天然气和石油气的液化加工

由于气体的输送和保存都比较困难，过去的天然气和石油气一般都是就地使用，如果当地资源充足而使用不完也只能就地燃烧，既造成资源浪费又导致污染环境。虽然天然气和石油气的输送可以采用管道，但因管道的投资大、输送距离有限而受到制约。在产出地将天然气和石油气压缩到临界压力之上，使之由气体变成液体，就可以采用容器进行装运，使用时机动性也较强，这是目前采用较多的一种气体货物流通方式。

（七）机械产品及零配件的流通加工

1. 组装加工

自行车及机电设备储运困难较大，主要原因是不易包装，如进行防护包装，包装成本过大,并且运输装载困难,装载效率较低,流通损失严重。但是,这类货物有一个共同的特点,即装配较简单,装配技术要求不高,主要功能已在生产中形成,装配后不需进行复杂检测及调试。所以,为解决储运问题,降低储运费用,采用半成品(配件)包装出厂,在消费地拆箱组装的方式。组装一般由流通部门在所设置的流通加工点进行,组装之后随即进行销售。这种流通加工方式在我国已被广泛使用。

2. 石棉橡胶板的开张成型加工

石棉橡胶板是机械、热力、化工装备中经常使用的一种密封材料,单张厚度一般为 3 毫米左右,单张尺寸有的长达 4 米,在储运过程中极易发生折角损失。此外,许多用户所需的垫塞圈规格比较单一,不可能安排不同尺寸垫圈的套裁,利用率也很低。

石棉橡胶板的开张成型加工,是按用户所需垫塞物体尺寸裁制好进行供应,不但方便用户使用及方便储运,而且可以安排套裁,提高材料利用率,减少边角余料损失。这种流通加工套裁的地点一般设在使用地区,由供应部门组织加工作业。

(八)生鲜食品的流通加工

生鲜食品的概念源于外资零售企业。经过近年来的发展,生鲜食品经营已经普遍为国内消费者所认同。目前较有代表性的生鲜食品是指"生鲜三品",即果蔬(蔬菜水果)、肉类、水产品。对这类商品基本上只做必要的保鲜和简单整理就可上架出售,未经烹调、制作等深加工过程,因此可归于生鲜食品类的初级产品。加上较常见的由西式生鲜制品衍生而来的面包和熟食等现场加工品类,就由初级产品的"生鲜三品"和加工制品的面包、熟食共同组合为"生鲜五品"。

本书所指的生鲜食品主要指"生鲜五品"。与超市中经营的其他商品相比,生鲜食品具有与其他商品不同的特殊属性:保鲜和加工。保鲜即保鲜处理,新鲜的食品送到商业企业中,必须运用保鲜设备对它进行保鲜处理。生鲜食品如果失去了生鲜特性,就会变得没有价值。所以,保鲜就是保商品的价值,即通过管理来实现保值。保鲜加工处理是利用各种加工设备,使加工食品通过加工达到增值目的。例如,一捆芹菜市场上卖 0.8 元一斤,但经过洗、切、包等加工过程,在超市会变成 2 元一斤,达到了增值目的。

在超市实际运作中,也常把其他一些食品项目,如日配乳制品、冷冻和冷藏食品、散装杂粮、蜜饯糖果等与生鲜食品作为同一部类经营。它们与生鲜食品具有一些共同特点:保存条件基本相同,属于散装无条码商品,需要用称重打条码方式售卖;保质期比较短;消费习惯上有很大关联性。严格说来,这些经营项目不属于生鲜范畴,但由于以上特点和归类管理需要,通常会与生鲜品并类陈列和统一管理。

1. 冷冻加工

为解决鲜鱼、鲜肉在流通过程中的保鲜及装卸搬运问题,经常采用低温冻结的方式对其进行加工。这种方式也适用于某些液体商品的流通。

2. 分选加工

农副产品规格、质量离散情况较大。为获得一定规格的产品,采取人工或机械分选的方式对其进行加工,称为分选加工。这种流通加工广泛应用于瓜果、蔬菜、粮食及棉毛原料等的流通过程。

3. 精制加工

精制加工指在农牧副渔等产品的产地或销地设置加工点,去除其无用部分,进行切分、洗净、分装等加工作业。这种加工不但方便消费者,而且可以对加工的淘汰物进行综合利用。例如,对鲜鱼的精制加工所剔除的内脏可以制成药物或饲料,鱼鳞可以制成高级黏合剂,头尾可以制成鱼粉等;蔬菜加工的剩余物可以制成饲料或肥料等。

4. 分装加工

大多数生鲜食品的零售批量都较小,而为了保证高效输送,出厂包装一般都较大,也有一些是采用集装运输方式运达销售地区。为了便于销售,在销售地区按零售要求重新进行包装,即大包装改小、散装改小包装、运输包装改销售包装等,以满足消费者对不同包装规格的要求。

第三节 流通加工合理化

流通加工是在流通领域中对商品的辅助性加工。从某种意义上讲,它不仅是生产过程的延续,实际是生产本身或生产工艺在流通领域的延续。这个延续可能有正、反两方面的作用,即一方面可能有效地起到弥补未加工产品与消费衔接不足的作用,另一方面也可能对整个物流作业过程产生负面效应。各种不合理的流通加工都会产生抵消效益的负效应。所以,企业对是否开展流通加工、在什么地点设置流通加工、选择何种流通加工形式、采用什么样的技术装备等必须进行可行性分析,对流通加工的正负效应进行充分的权衡和比较,并以此为依据进行选择和取舍,尽量避免不合理的流通加工。

一、流通加工的管理

流通加工的管理,从其本质来说,和生产领域的生产管理一样,是在流通领域中的生产加工作业管理。所不同的是,流通加工管理既要重视生产的一面,更要重视销售的一面,因为后者是流通加工的主要目的。流通加工的管理工作,可分为计划管理、生产管理、成本管理和销售管理。

(一)计划管理

流通加工的计划管理是十分重要的,计划内容涉及加工作业和技术经济两方面内容。例如,钢板、玻璃、木材等套裁型流通加工,主要目标是提高出材率和材料利用率。这就需要进行套裁的科学计划和计算,同时要以用户需求进行流通加工的数量管理。加强计划性,才能使流通加工既提高设备利用率和出材率,又能在保证用户的前提下,避免或尽量减少套裁剩余。流通加工造成的剩余材料,往往很难再销售出去,会造成不应有的浪费。所以,对产品的流通加工必须事先制订计划,对产品的加工数量、质量、规格、包装要求等,都要按用户需要作出具体计划,按计划进行加工生产。

(二)生产管理

生产管理主要是对流通加工生产过程中的工艺管理。例如,流通加工厂房、车间的设计；流通加工工艺流程的安排；原材料的储存供应；产成品的包装、入库等一系列的工艺流程设计是否科学、合理与现代化。

（三）质量管理

要加强流通加工的质量管理。流通加工的质量管理，应是全员参加的、对流通加工全过程和全方位的质量管理，包括对加工产品质量和服务质量的管理。流通加工质量的把握，主要是满足用户要求。尤其是有些流通加工后的产品，没有国家和部颁标准，这时其质量更是以满足用户要求为标准。流通加工的服务质量，只能根据用户的满意程度进行评价。用户不同，要求不同，质量宽严程度和标准高低就有较大差异。为了满足用户提出的质量要求，流通加工过程既要进行灵活的柔性生产加工，以满足不同用户对质量的不同要求，又要加强工序控制和测量仪器的核校，切实保证流通加工的质量。

（四）成本管理

在流通加工中，成本管理也是一项非常重要的内容。一方面，加工是为了方便用户，创造社会效益；另一方面，加工也是为了扩大销售，增加企业收益。所以，必须详细计算成本，不能进行"亏本"的加工。

（五）销售管理

流通部门的主要职能是销售，加工也应该主要是为此目的服务。因此，加工前要对市场情况进行充分调查。只有广大顾客需要的，加工后有销路的物品，才能够组织加工。否则，顾客不需要或销路不好的，就不必进行徒劳的加工。

二、不合理流通加工的主要表现

（一）流通加工地点设置的不合理

流通加工地点设置即布局状况是影响整个流通加工能否有效的重要因素。

一般而言，为了衔接单品种大批量生产与多样化需求的流通加工，加工地点应设置在需求地区，才能实现大批量的干线运输与多品种末端配送的物流优势。如果将流通加工地点设置在生产地区，其不合理性表现为：一是多样化需求要求的产品多品种、小批量由产地向需求地的长距离运输会出现不合理；二是在生产地增加了一个加工环节，同时增加了近距离运输、装卸、储存等一系列物流活动。所以，这种情况下，不如由原来生产单位完成这种加工而无须设置专门的流通加工环节。

另外，为方便物流的流通加工环节应设置在产出地，设置在物品进入社会物流之前。如果将其设置在社会物流之后，即设置在消费地，则不但不能解决物流问题，又在流通中增加了一个中转环节，因而也是不合理的。

即使是生产地或需求地设置流通加工的选择是正确的，还存在着流通加工在小地域范围的正确选址问题。如果处理不善，仍然会出现很多不合理。这种不合理主要表现为交通不便、流通加工与生产企业或用户之间距离较远、受选址的地价等因素影响导致流通加工点的投资过高、加工点周围社会及环境条件不良等。

（二）流通加工方式选择不当

流通加工方式包括流通加工对象、流通加工工艺、流通加工技术、流通加工程度等内容。流通加工方式的确定，实际上是与生产加工的合理分工。如果分工不合理，本应由生产加工完成的却错误地由流通加工完成，或本应由流通加工完成的却错误地由生产加工完成，都是不科学的，都会造成不合理。

流通加工不是对生产加工的代替，而是对生产加工的一种补充和完善。所以，如果加工的工艺复杂、技术装备要求较高，或者加工可以由生产过程延续或轻易解决的，都应由生产加工完成，不宜再设置流通加工点。需要注意的是，流通加工尤其不宜与生产过程争夺技术要求较高、经济效益较高的最终生产环节，更不宜利用一个时期的市场压力使生产者只从事初级加工或前期加工，而由流通企业完成装配或最终形成产品的加工。如果流通加工方式选择不当，就会出现流通加工与生产环节争夺利益的不合理局面。

（三）流通加工作用不大，形成多余环节

有的流通加工过于简单，或对生产及消费者作用都不大，有时甚至存在流通加工的盲目性，即未能解决品种、规格、质量、包装等问题，反而增加了环节，这也是流通加工不合理的重要表现。

（四）流通加工成本过高，效益不好

流通加工之所以有生命力，且目前发展较快，重要优势之一就是有较大的产出投入比，因而能对生产加工起到拾遗补缺的作用。如果流通加工成本过高，则不能实现以较低投入实现更高使用价值的目的。除了一些必需的、政策要求即使亏损也应进行的流通加工外，凡是成本过高、效益不好的流通加工都应看成是不合理的。

三、流通加工合理化的措施

流通加工合理化指实现流通加工的最优配置，不仅做到避免各种不合理流通加工，使流通加工有存在的价值，而且综合考虑流通加工与配送、运输、商流等的有机结合，做到最优的选择，以达到最佳的流通加工效益。

实现流通加工合理化，主要考虑以下几方面：

（一）加工和配送结合

加工和配送结合就是将流通加工点设置在配送点中，一方面按配送的需要进行加工；另一方面，加工又是配送业务流程中分货、拣货或配货作业的一环，加工后的产品直接投入配货作业。这就无需额外单独设置一个加工的中间环节，使流通加工有别于独立的生产加工，而使流通加工与中转流通巧妙地结合在一起。同时，由于配送之前有加工，可使配送服务水平大大提高。这是当前对流通加工合理选择的重要形式，在煤炭、水泥等产品的流通中被广泛使用并已表现出较大的优势。

（二）加工和配套结合

在对配套要求较高的流通中，配套的主体来自各个生产单位，但完全配套有时无法全部依靠现有的生产单位。进行适当的流通加工，可以有效促成配套，大大提高流通作为连接生产与消费的桥梁与纽带作用。

（三）加工和合理运输结合

流通加工能有效衔接干线与支线运输，促进两种运输形式的合理化。利用流通加工，在支线运输转干线运输或干线运输转支线运输这本来就必须停顿的物流环节，不进行一般的干线转支线或支线转干线，而是按照干线或支线运输的合理要求进行适当加工，加工完成后再进行中转作业，从而大大提高运输效率及运输转载水平。

（四）加工和商流结合

通过流通加工有效促进销售，提高商流的合理化程度，也是流通加工合理化的考虑方向之一。流通加工与配送的结合，提高了配送水平，强化了销售，也是流通加工与合理商流相结合的一个成功例证。

此外，通过简单地改变包装、形成方便的购买量；通过组装加工，解除用户使用前进行组装、调试的麻烦或困难，都是流通加工有效促进商流的例子。

（五）加工和节约结合

节约能源、节约设备、节约人力、节约耗费是流通加工合理化的重要考虑因素，也是目前我国设置流通加工时考虑其合理化的较普遍形式。

对于流通加工合理化的最终判断，应看其能否实现社会和企业本身的两个效益，而且是否取得了最优效益。对流通加工企业而言，与一般生产企业一个重要不同之处是，流通加工企业更应把社会效益放在首位。如果片面追求企业的微观效益，不适当地进行加工，甚至与生产企业争利，不仅有违流通加工的初衷，而且其本身已不属于流通加工的范畴了。

四、流通加工合理化的指标

衡量流通加工合理化，对流通加工环节进行有效管理，可考虑采用以下两类指标。

（一）流通加工建设项目可行性指标

流通加工是对生产加工的一种补充，其规模、投资都必须远低于一般生产性企业，其投资特点是投资额较低、投资时间短、建设周期短、投资回收速度快且投资收益较大。因此，投资可行性可采用静态分析法。

（二）流通加工环节日常管理指标

由于流通加工的特殊性，不能全部搬用考核一般企业的指标。对流通加工而言，较为重要的是劳动生产率、成本及利润指标,此外,还有反映流通加工特殊性的指标。

1. 增值指标

增值指标反映经流通加工后,单位产品的增值程度,以百分率计。

增值率=(产品加工后价值-产品加工前价值)/产品加工前价值 ×100%

2. 品种规格增加额及增加率

品种规格增加额及增加率指标反映某些流通加工方式在满足用户、衔接产需方面的成就,增加额以加工后品种、规格数量与加工前之差决定。

品种规格增加率=(品种规格增加额/加工前品种规格)×100%

3. 资源增加量指标

资源增加量指标反映某些类型流通加工在增加材料利用率、出材率方面的效果指标。这个指标不但可提供证实流通加工的重要性数据,而且可具体用于计算微观及宏观经济效益。资源增加量具体指标分新增出材率和新增利用率两项。

新增出材率=加工后出材率-原出材率

新增利用率=加工后利用率-原利用率

本 章 小 结

1. 流通加工指在物品从生产者向消费者流动的过程中,为了促进销售、维护产品质量、实现物流的高效率所采取的使物品发生物理和化学变化的一种物流功能。它是物流过程中一个比较特殊的环节,其产生与现代生产方式、消费的个性化、人们对流通作用的观念转变、效益观念的树立有关。

2. 流通加工是流通领域的简单生产活动,与生产加工在加工方法、加工组织、生产管理等方面并无显著区别,但在加工对象、加工程度、附加价值、加工责任人、加工目的方面差别较大。

3. 流通加工在提高加工材料及加工设备利用率、方便用户、实现合理运输、提高收益等方面有重要作用。

4. 流通加工的类型有为弥补生产领域加工不足、为满足多样化需求、为保护产品、为提高物流效率方便物流、为促进销售、为衔接不同运输方式使物流更加合理、为实现生产—流通一体化、为实施配送、为提高加工效率、为提高原材料利用率的流通加工等。

5. 按照加工对象,流通加工方式主要有:水泥熟料的流通加工、商品混凝土的流通加工、钢板的流通加工(剪板加工)、木材的流通加工(磨制木屑压缩输送、木材集中下料)、平板玻璃的流通加工("集中套裁,开片供应")、煤炭及其他燃料的流通加工(除矸加工、煤浆加工、动力配煤加工、天然气和石油气的液化加工)、机械产品及零配件的流通加工(组装加工、石棉橡胶板的开张成型加工)、生鲜食品的流通加工(冷冻加工、分选加工、精制加工、分装加工)。

6. 流通加工的管理包括计划管理、生产管理、质量管理、成本管理、销售管理。不合理流通加工的主要表现是:流通加工地点设置的不合理、流通加工方式选择不当、流通加工作用不大而形成多余环节、流通加工成本过高而效益不好。

7. 实现流通加工合理化，主要考虑以下几方面：加工和配送结合、加工和配套结合、加工和合理运输结合、加工和商流结合、加工和节约结合。衡量流通加工合理化，主要从流通加工建设项目的可行性和流通加工实现的价值增值、品种规格增加、材料利用率及出材率提高上来判断。

案例分析

上海联华生鲜食品加工配送

由于生鲜食品加工配送不同于常温干货配送，要求有相应保鲜条件并要有不菲的投入，配送半径有限，相对经营风险较大，加之制成品加工管理复杂，使得多数连锁超市没有贸然介入。据了解，目前中国仅有10%的肉类、20%的水产品和少量的牛奶、豆制品通过规范化的冷链系统流通，远远低于发达国家水平。而随着商品流通市场买方地位的日益增强，消费者的选择也越来越多，流通链也越来越长。冷链物流系统提供了一种全新的货物流通支持，充分实现了生鲜食品从生产、加工到销售过程中多个不同环节之间的高效无缝对接。这种全新的货物流通系统已越来越受到重视，并不断完善。这种物流系统中各个环节间的无缝对接实现了生鲜食品的卫生和新鲜，大大提高了生鲜食品的质量，必然引领新"鲜"时代的到来。

上海联华生鲜食品加工配送中心有限公司是联华超市股份有限公司下属公司，于1999年12月在闸北区合资注册成立的，注册资本500万元。企业精神：创新务实、敬业奉献、勇争第一。经营理念：顾客第一，唯一的第一。公司主营生鲜食品的加工、配送和贸易。公司拥有资产总额近3亿元，是具有国内一流水平的现代化生鲜加工配送企业。公司总占地面积22500 m^2（自有），建筑面积36000 m^2。其中，包括生产车间、冷库、配送场地、待发库、仓库（地下室）、办公楼、生活楼等。冷库8700吨，运输车辆46辆（其中24辆为制冷保温车），生产加工设备有进口的包装机、封口机、流水线、灌装机、切片丝丁机、金属探测、称重、贴标、自动分拣打印一体机等共50余台（套），保证商品安全生产，快速流通。上海联华生鲜食品加工配送中心有限公司已先后通过了ISO 9002、ISO 9001（2000版）质量认证、HACCP质量体系认证审核，取得了由国家进出口商品检验检疫局颁发的出口卫生资格注册证书。上海市商委和国家经贸委授予公司"上海市食用农产品流通安全示范单位""上海市食用农产品流通安全检测点"和"全国三绿工程试点示范单位"三块铜牌，市兽医卫生监督管理所颁发了生先牌冷却肉放心肉验讫标志。

联华生鲜食品加工配送中心是我国国内目前设备最先进、规模最大的生鲜食品加工配送中心，总投资6000万元，建筑面积35000平方米，年生产能力20000吨。其中，肉制品15000吨，生鲜盆菜、调理半成品3000吨，西式熟食制品2000吨，产品结构分为15大类约1200种生鲜食品；在生产加工的同时，配送中心还从事水果、冷冻品以及南北货的配送任务。联华生鲜食品配送中心的配送范围覆盖联华标超、快客便利、世纪联华、华联吉卖盛、联华电子商务（联华OK网）等二千余家门店，为企业的快速发展奠定基础。

生鲜食品一般是指肉类、水产、果蔬、面包、熟食等商品种类，是超市最重要的商品经营品种。生鲜食品分类如下：按其称重包装属性可分为定量商品、称重商品和散装商品；按物流类型可分为储存型、中转型、加工型和直送型；按储存运输属性可分为常温品、低温品和冷冻品；按商品的用途可分为原料、辅料、半成品、产成品和通常商品。生鲜食品加工配送由于其商品的特殊性，是物流系统中复杂程度最高、管理最难、同时服务水平也要求最高的。生鲜食品大部分需要冷藏，所以其物流流转周期必须很短，才能节约成本；生鲜食品保质期很短，客户对其色泽等要求很高，所以在物流过程中需要快速流转。两个评判标准在生鲜食品配送中心通俗的归结起来就是"快"和"准确"。联华生鲜配送中心是如何做到"快"和"准"的呢？这关键在于其高效的订单管理。

门店的要货订单通过联华数据通讯平台，实时传输到生鲜配送中心，在订单上标明各商品的数量和相应到货日期。生鲜配送中心接收到门店要货数据后，立即在系统中生成门店要货订单，此时可对订单进行综合查询，生成完成后对订单按到货日期进行汇总处理，系统按不同的商品物流类型进行不同的处理。

储存型的商品。系统计算当前的有效库存，比对门店的要货需求以及日均配货量和相应的供应商送货周期，自动生成各储存型商品的建议补货订单，采购人员根据此订单和实际情况作一些修改即可形成正式的供应商订单。

中转型商品。此种商品没有库存，直进直出，系统根据门店的需求汇总，按到货日期直接生成供应商的订单。

直送型商品。此类商品不进配送中心，由供应商直接送到各相关需求的门店。系统根据到货日期，分配各门店直送经营的供应商，直接生成供应商直送订单，并通过 EDI 系统直接发送到供应商。

加工型商品。系统按日期汇总门店要货，根据各产成品/半成品的 BOM 表计算物料耗用，比对当前有效库存，系统生成加工原料的建议订单，生产计划员根据实际需求做调整，发送采购部生成供应商原料订单。各种不同订单在生成完成/或手工创建后，通过系统中供应商服务系统自动发送给各供应商，时间间隔在 10 分钟内。供应商收到订单后，会立即组织货源，安排生产或做其他的物流计划。

下面重点来看下上海联华生鲜食品加工配送中心的加工型物流运作。

加工型物流运作是为了促进销售、方便用户，或是为了提高物流效率，在配送中心对物品进行生产辅助性加工后再进行配送的物流运作模式，其内容包括分割、包装、计量、检验、贴标等。加工型物流运作的主要作用表现在：通过分割加工，可实现小批量、多批次的配送，有利于降低用户库存或实现零库存配送；加工有利于提高运输工具的配载和装卸效率；加工可净化物流环境，有利于实现绿色物流；还可增强增值服务功能，增加附加值。

生鲜的加工按原料和成品的对应关系可分为两种类型：组合和分割，两种类型在 BOM 设置和原料计算以及成本核算方面都存在很大差异。在 BOM 中，每个产品设定一个加工车间，只属于唯一的车间。在产品上，区分最终产品、半成品和配送产品。商品的包装分为定量和不定量的加工，对于称重的产品/半成品需要设定加工产品的换算率（单位产品的标准重量）。原料的类型，区分为最终原料和中间原料，设定各原料相对于单位成品的耗用量。生产计划/任务中需要对多级产品链计算嵌套的生产计划/任务，并生成各种包装生产设备的加工指令。对于生产管理，在计划完成后，系统按计划内容出标准领料清单，指导生产人员从仓库领取原料以及生产时的投料。在生产计划中考虑产品链中前道与后道的衔接，各种加工指令、商品资料、门店资料、成分资料等下发到各生产自动化设备。最后，由加工车间人员根据加工批次、加工调度，协调不同量商品间的加工关系，满足配送要求。

在上海联华生鲜食品加工配送中心，每天由各门店的电脑终端将当日的生鲜食品要货指令发送给配送中心的电脑系统加以处理，之后产生两条指令清单，一条指令会直接提示采购部门按具体的需求安排采购，另一条指令会即时发送给各加工车间中控制加工流水线的电脑控制系统，按照当日的需求进行食品加工。更为巧妙的是，这个系统还会根据门店的要货时间和前往各门店的送货路线远近自动安排生产次序，这样就能够可靠保证生鲜食品当日加工、当日配送和当日销售，从而强化了生鲜食品配送中心最重要的竞争优势——鲜！

各种肉类的切片、切丝、切丁，甚至分切后成品的自动分装、称重、分拣、贴标，都是由电脑系统控制完成。在配送中心偌大的加工车间内，只有不到10名各自盯着眼前电子屏幕的操作工，屏幕上完整地显示出当前配送物品的各种信息，同时也在不断接收到最新的供货指令加工单。以一盒肉糜为例，从原料投入到包装完毕，整个过程不超过20分钟。

商品分捡完成后，都堆放在待发库区，按正常的配送计划，这些商品在夜间送到各门店，门店第二天清晨将新鲜的商品上架。在装车时按计划依路线门店顺序进行，同时抽样检查准确性。在货物装车的同时，系统能够自动算出包装物（笼车、周转箱）的各门店使用清单，装货人员也据此来核对差异。在发车之前，系统根据各车的配载情况出各运输的车辆随车商品清单，各门店的交接签收单和发货单。商品到门店后，由于数量的高度准确性，在门店验货时只要清点总的包装数量，退回上次配送带来的包装物，完成交接手续即可，一般一个门店的配送商品交接只需要5分钟。

要"鲜"则必须要"快"。上海联华曾为此作过研究：自己要完成30家门店配送6000箱商品的任务，从门店发出要货指令到配货中心仅需40分钟；而如果通过传统的操作流程，这项配货作业至少需要4个小时。配送速度提高了，商品周转速度加快了，单位时间内货物配送总量的增加，使得配送费率自然而然地降了下来。先进物流技术的力量，在商品配送中得到了真实体现。不只是成品生产流程，上海联华的大型智能配送中心实现了从门店发出要货指令，到配货完成发车，作业前后只需几十分钟的高速运转。拥有快速物流配送的能力和超低的物流成本，是一家现代连锁商业企业取得自己竞争优势的关键一环。在其它超市尚在使用传统配送系统的时候，联华已经有了通过国家有关部门鉴定的先进物流控制系统，这使得上海联华能够实现以两个总面积仅为5.7万平方米的配送中心满足1000家门店配送需求、配送费率（即配送一定价值商品所需的物流配送成本）一直在2%以下的"奇迹"。这甚至低于沃尔玛4.5%的水平。

资料来源：中国物流与采购网 http://www.chinawuliu.com.cn/xsyj/201101/04/143792.shtml

思考：

1. 有人认为：上海联华投资6000万元建立生鲜食品加工配送中心是浪费的，没有必要，这些加工作业完全可以在产地进行。你是否同意上述观点？为什么？（2011年物

流师全国统一考试试题）

2. 分析流通加工在生鲜食品流通中的重要性。
3. 对生鲜食品进行流通加工的主要内容是什么？
4. 如何发展我国生鲜食品的流通加工？

练习与思考

一、填空

1. 平板玻璃的流通加工方式是"_____，_____"。
2. 生鲜食品的流通加工形式有_____、_____、_____、_____。
3. 实现流通加工合理化，主要应考虑实现流通加工与配送、_____、_____、_____和节约相结合。
4. 反映流通加工实现的资源增加量的指标有_____、_____。
5. 现代生产引起的第四种产需分离指生产与需求在_____上的分离。

二、不定项选择

1. 为方便消费的流通加工环节，流通加工点应设在（　　）。
   A. 产出地　　　　　B. 需求地　　　　　C. 原生产单位　　　D. 上述都不是
2. 为方便物流的流通加工环节，流通加工点应设在（　　）。
   A. 产出地　　　　　B. 需求地　　　　　C. 原生产单位　　　D. 上述都不是
3. 自行车的组装加工，是为了（　　）的流通加工。
   A. 方便物流　　　　B. 保护产品　　　　C. 促进销售　　　　D. 上述都不是
4. 下面哪种方式的流通加工，流通加工地点不应设在需求地区？（　　）
   A. 钢板流通加工　　　　　　　　　　　B. 动力配煤加工
   C. 煤炭除矸加工　　　　　　　　　　　D. 玻璃流通加工
5. 下面关于流通过程的表述不正确的是（　　）。
   A. 流通过程具有某种生产性
   B. 流通过程创造价值
   C. 流通过程创造使用价值
   D. 流通过程仅仅转移价值和使用价值
6. 下面关于流通加工的表述不正确的是（　　）。
   A. 流通在国民经济中也是重要的加工形式
   B. 流通是物流的重要利润来源
   C. 流通加工是所有物流活动都有的重要环节
   D. 流通加工的主要目的是提高物流速度和货品的利用率
7. 钢材卷板每卷是 30 吨，许多企业不仅一次消耗不完，而且也没有开卷的能力。只有通过剪切加工，才能配送。这种配送属于什么模式？（　　）
   A. 直接配送　　　　B. 储存配送　　　　C. 流通加工配送　　D. 直通配送

三、判断
1. 以实现物流为主要目的的加工中心应设置在靠近生产地区。（　　）
2. 流通加工属于加工的范畴，它是生产加工在流通领域中的延伸。（　　）
3. 流通加工是对生产加工的替代，与生产加工是相互竞争的。（　　）
4. 以强化服务为主要目的的流通加工中心应设置在靠近消费地区。（　　）
5. 流通加工只是被动地转移价值，自身并不创造价值和使用价值。（　　）

四、简答
1. 流通加工与生产加工有哪些区别？
2. 简述流通加工在物流系统中有哪些作用？
3. 谈谈不合理的流通加工的主要表现。
4. 论述如何实现流通加工合理化？
5. 流通加工的日常管理指标有哪些？

第十章

物流信息

本章学习目标：

1. 掌握物流信息的内涵、特点、作用及其分类；
2. 了解信息技术发展与应用在现代物流观念形成过程中的作用；
3. 掌握物流信息技术的内涵；
4. 了解条码技术、EDI 技术、GIS 技术、GPS 技术等几种代表性信息技术的原理及其在物流领域的应用；
5. 掌握物流信息系统的内涵、层次结构和基本功能及发展趋势。

本章核心概念：

物流信息　物流信息技术　物流信息系统

沃尔玛的物流信息技术应用

沃尔玛公司（Wal-Mart Stores, Inc.）2010 年世界 500 强排名第一名，全球雇员 210 多万，每周光临沃尔玛的顾客达 2 亿人次，是美国最大的私人雇主和世界上最大的连锁零售企业。沃尔玛公司的业务之所以能够迅速增长，并且成为现在非常著名的公司之一，很大程度上是缘于对信息技术的执着追求。它至少提前 10 年（较竞争对手）将尖端科技和物流系统进行了巧妙搭配，进而在节省成本以及在物流配送系统与供应链管理方面取得了巨大成就。早在 20 世纪 70 年代，沃尔玛就建立了物流的管理信息系统（MIS），开始使用计算机进行管理，处理系统报表，加快了运作速度。20 世纪 80 年代初，又花费 4 亿美元与休斯公司合作发射物流通信卫星，实现了全球联网，物流通信卫星使得沃尔玛产生了跳跃性的发展。20 世纪 90 年代，采用了全球领先的卫星定位系统（GPS），控制公司物流，提高了配送效率，以速度和质量赢得了用户的满意度和忠诚度。2004 年，沃尔玛要求其前 100 家供应商，在 2005 年 1 月之前向其配送中心发送货盘和包装箱时使用无线射频识别（RFID）技术，2006 年 1 月前在单件商品中投入使用。射频标识技术（RFID），是一种非接触式的自动识别技术，它通过射频信号自动识别目标对象并获取相关数据，识别工作无须人工干预，可在各种恶劣环境中工作。专家预测，2005 年到 2007 年，沃尔玛供应商每年将使用 50 亿张电子标签，沃尔玛公司每年可节省 83.5 亿美元。凭借这些信息技术，沃尔玛如虎添翼，取得了长足的发展。

资料来源：（有删改）百度百科 http://baike.baidu.com/view/9389.htm

思考：

沃尔玛应用了哪些物流信息技术？

J.佩帕德和 P.罗兰认为，信息同劳动力、原料、资本和土地共同构成现代企业的生产要素。成功的经营管理就是通过上述要素的优化组合，实现企业或战略经营单位的目标。

物流是一种由信息引导并伴随大量信息交换活动的经济活动，信息流是物流作业的关键，信息的收集和处理在物流管理活动中起着重要作用。进行物流管理时，需要订货数量、库存数量、品种、质量、规格以及顾客服务、运输优化等大量及时、准确的信息。任何相关信息的遗漏和错误都将直接影响物流管理的效果，进而影响物流企业的经济效益。因此，物流界有句格言："物流管理，信息先行。"信息化是现代物流的灵魂，没有物流的信息化，就没有物流的现代化。但信息的快速、有效收集、处理和传输，需要先进的信息技术和完善的信息系统的支持。

第一节　信息与物流信息

一、信息的内涵及其特点

（一）信息的内涵

信息普遍存在于自然界、人类社会和思维认识过程中，是人们生产、生活中相互交流的一种客观存在。按照一些学者的见解，它和物质、能量一起被称为人类社会的三个最基本要素。缺少物质的世界是空虚的世界，缺少能量的世界是死寂的世界，缺少信息的世界是混乱的世界。未来的社会是信息的社会，对信息的掌握和开发程度将是衡量一个国家综合实力的一项重要指标。谁掌握并利用了更多信息，谁就掌握了发展的主动权。

所谓信息（information），指能够反映事物内涵的知识、资料、情报、图像、数据、文件、语言、声音等，是事物的内容、形式及其发展变化的反映。管理信息系统把信息定义为：信息是一种已经被加工为特定形式的数据，这种数据形式对接收者来说是有意义的，而且对当前和将来的决策具有明显的或实际的价值。

在日常生活中，人们常常把信息和数据互相混用。然而，严格说来，信息和数据两个概念是不一样的。数据（data）指尚未根据特定目标做出评价的各种事实，常常理解为原始资料或事实记录。而信息指经处理、加工之后的数据产生的为特定目的服务的信息，是已经被加工为特定形式的数据。

数据与信息的关系可以看作原料与成品的关系。换言之，信息是经由处理系统加工过的数据。为方便处理和支持决策活动，通常要把众多数据按数据结构、文件结构或数据库等形式组织起来。数据与信息的这种原料与成品的关系还说明了另一个重要的概念。对某个人来说是信息，而对另一个人来说可能是数据。例如，发货单对发货部门的工作人员来说是信息，而对负责处理库存事务的管理人员来说是一种数据。

（二）信息的特点

具体分析，信息通常具有以下特点：

1. 客观性

客观性指信息所反映的、表达的、传送的是关于某一客观系统中某一事物的某一方面属性或在某一时刻的客观情况。客观性是信息的第一和最基本的特征，是信息的价值中心。信息价值的大小，关键在于是否符合事物的本来面目。一份不客观的信息，不仅不会给人们带来任何好处，反而会造成巨大损失，其价值为负。当然，客观性也是相对的，确切地说就是符合所需要的精确程度。在特定条件下，如战争中的敌对双方之间、防止有害信息的扩散等情况下，才存在有意的不真实信息。即使在这些特殊情况下，从决策者或管理者的角度看，自己仍需掌握真实的信息。信息必须真实，必须如实地反映客观实际，这就是信息的客观性。

2. 时效性

从广义上讲，信息是永存的。但从狭义上讲，信息具有很强的时效性，通常只在某一时刻或某一段时间内有用，信息是有寿命的。而且，随时间的推移，信息的衰老性越强，可利用的价值就越低。因此，信息的传送越快越好。否则，原本具有一定实用价值的信息会由于事过境迁而变成毫无价值的信息。例如，天气预报信息和商品市场信息就是如此。因此，信息只有在一定的时间、地点、条件下才有存在的价值。

3. 滞后性

信息是经过加工的数据，经过加工的数据总是落后于事实本身。因此，从时间上讲，信息总是落后于事实的。我们的目标就是尽可能加快信息的收集、处理、传递速度，减少滞后的时间，以保证决策者能在最短的时间获得实时的信息。

4. 不完全性

理论上讲，信息应该是真实的、客观的。然而，由于客观的事实常常不能被人们全部认识和全部得到，所以信息具有不完全的性质，往往与事实有一定的偏差。信息不完全是经常的、大量的、绝对的，这就要求人们努力把信息收集得全面一些，说明得更具体一些。

5. 可传递性

信息一方面依附于一定的物质载体，借助于一定的信道进行传递；另一方面，人们要获得、感受、接收信息，也必须依赖于信息的传递。信息的传递是信息发挥作用的一个必不可少的特性。

6. 可处理性

信息是事物存在方式和运动状态的反映，但它有时也可能是错误的或表象的反映。人类要正确地利用它，就必须对其进行收集、加工整理、抽象概括、归纳综合，通过整理筛选、去粗取精、去伪存真、由此及彼、由表及里等手段，对信息进行加工转化，以方便人们使用。

7. 可共享性

可共享性指信息经过传播扩散后可供各种不同领域的人们共同分享使用。

二、物流信息的内涵及其特点

物流信息是物流活动的指南。物流过程中所有物流活动都是根据信息开展的，最终促使整个物流系统顺利运转。为了保证物流系统的正常有节奏运行，必须保证物流信息的畅通。

（一）物流信息的内涵

物流信息（logistics information）是在物流活动进行中产生及使用的必要信息，是物流活动内容、形式、过程以及发展变化的反映，是由物流引起并能反映物流活动实际和特征的，可被人们接受和理解的各种消息、情报、文书、资料、数据等的总称。

《中华人民共和国国家标准物流术语》（GB/T 18354—2001）对物流信息的定义是：反映物流各种活动内容的知识、资料、图像、数据、文件的总称。2006年完成修订、2007年5月实施的《物流术语》国家标准（GB/T 18354—2006 3.23）仍沿用了这一解释。

从狭义来看，物流信息指与运输、装卸、搬运、保管、包装、流通加工等物流基本活动相关的信息，对运输管理、库存管理、订单管理等物流活动具有支持保证功能。

从广义来看，物流信息不仅指与物流活动有关的信息，还包括与买卖双方交易过程有关的商品交易信息和与市场活动有关的市场信息，具有连接整合整个物流系统和使整个物流系统效率化的功能。商品交易信息包括销售和购买信息、订货信息和接受订货信息、发出货款和收到货款信息等。市场信息包括消费者的需求信息、竞争者或竞争性商品的信息、与促销活动有关的信息等。物流信息与商品交易信息、市场信息有着密切的联系。例如，零售商根据对消费者需求的预测以及库存现状制定订货计划，向批发商或生产商发出订货信息；批发商在收到零售商的订单后，在确认现有库存水平能满足订单需求的基础上，向物流部门发出发货配货信息。如发现现有库存无法满足订单需求则立即组织生产，再按订单上的数量和时间向物流部门发出发货配货信息。所以，广义上的物流信息还包括与物流活动相关的商品交易信息和市场信息。

（二）物流信息的特点

物流信息除了具备一般信息的特征外，还具有自身的一些特点。

1. 物流信息的数量大、分布广

由于物流系统涉及范围广，在整个供应链的各个环节及各种活动中均会产生信息。为了使物流信息适应企业的开放性和社会性发展要求，企业必须对大量的物流信息进行有效管理。

2. 物流信息的动态性强

物流信息是在物流活动过程中产生的。在物流活动中，物流信息是连续不断地产生的。由于市场状况和用户需求变化多端，物流信息也会在瞬间发生变化，因而物流信息的价值衰减速度快。这就要求物流系统对物流信息的及时性有较高的管理能力，通过对

物流信息的动态管理来适应企业物流的高效运行。

3. 物流信息的种类多

不仅在物流系统内部各个环节中会产生不同种类的物流信息，而且由于物流系统与生产系统、供应系统等其他系统密切相关，加之供应链的发展，因而在信息管理中还必须收集这些物流系统外的有关信息。这就使物流信息的分类、研究、筛选等工作的难度增加。

4. 物流信息具有不一致性

由于物流信息是在物流活动过程中形成的，信息的产生、加工在时间和地点上不一致，采集周期和衡量尺度也不一致，应用方式往往也大相径庭。所以，为了有效控制物流系统中的各类信息，需要建立统一完善的数据采集系统。另外，物流业务高峰时期与平时相比，物流信息的差异量会很大，因而必须加强物流信息系统的适应能力。

三、物流信息的作用

物流系统是由多个子系统组成的。合理地组织物流活动，就要根据系统总目标的要求，适时适量地调整系统内部的基本资源，使各个子系统相互协调。在物流系统中，各个子系统、各个环节的相互衔接是通过信息予以沟通的，而且基本资源的调度也是通过信息的查询来实现的。例如，物流系统或各个物流环节的优化所采取的方法、措施以及选用合适的设备、设计合理的路线、决定最佳库存量等决策，都要结合系统实际，也就是说必须依靠那些准确反映物流活动的信息。

在整个物流系统的运行过程中，物流信息主要起到以下几方面作用：

（一）市场交易活动功能

交易活动主要记录接货内容、安排储存任务、作业程序选择、制定价格及相关人员查询等。物流信息的交易功能就是记录物流活动的基本内容，其主要特征是程序化、规范化、交互式，强调整个信息系统的效率性和集成性，是物流信息功能的最基本体现。

（二）业务控制功能

物流服务的水平和质量以及人员和资源的管理，都要有信息系统进行相关的控制，建立完善的考核指标体系来对作业计划和绩效进行评价和鉴别。这里强调了信息系统的控制和加强控制力度的作用。

（三）工作协调功能

在物流运作中，加强信息的集成和流通，有利于提高工作的时效性，提高工作的质量和效率，减小劳动强度。

（四）支持决策和战略功能

大量的物流信息能使管理人员全面掌握情况，协调物流活动，通过评估、比较和"成本—收益"分析，做出最有效的物流决策。同时，物流战略只有建立在完备的物流信息的基础上，才会成为科学的战略。

物流信息的重要性，决定了应该对它进行有效的管理。物流信息管理就是对物流信息的收集、整理、存储、传播和利用的过程，也就是将物流信息从分散到集中、从无序到有序、从产生到利用的过程。同时，还涉及对物流信息活动的各种要素，包括人员、技术、工具等进行管理，实现资源的合理配置，满足社会对信息的需求。

四、物流信息的种类

进行物流信息管理时，对物流信息进行分类是一项基础工作。按照不同的分类标准，物流信息可以分为不同的类型。

（一）按物流信息沟通联络的方式划分

1. 口头信息

口头信息是通过面对面的交谈进行的信息交流。它可以迅速、直接地传播，但也容易失真，与其他传播方式相比速度较快。物流活动中的各种现场调查和研究，是获得口头信息的最简单的方法。

2. 书面信息

书面信息是用书面文字进行描述的信息，是保证物流信息的内容不变，并可以重复说明和进行检查的一种重要手段。各种物流环节中，数量的报表、文字说明、技术资料等都属这类信息。

（二）按物流信息的来源划分

1. 外部信息

外部信息指本系统以外的信息来源，通常有一定的相对性。从物流系统来看，外部信息可包括物质生产部门、物质消费部门、各机关以及国内外市场等信息。而对物流系统中的某个子系统而言，则来自另一个子系统的信息也可称为外部信息。例如，储存系统从运输系统中获得的运输信息，也可相对称之为外部信息。

2. 内部信息

内部信息指来自物流系统内部的各种信息的总称。这些信息通常是协调系统内部人、财、物活动的重要依据，也具有一定的相对性。

（三）按物流信息的变动度划分

1. 固定信息

固定信息也称静态信息，指在一定时间内相对稳定不变，可供各项管理工作重复使用的信息，是编制计划、组织生产的依据。所谓固定信息也是相对而言的。下述三种形式的信息都属于物流固定信息：

（1）物流生产标准信息。这种信息是以指标定额为主体的信息，如各种物流活动的劳动定额、物资消耗定额、固定资产的折旧等。

(2) 物流计划信息。这种信息指物流活动中在计划期内已定任务所反映的各项指标,如物资年计划吞吐量、计划运输量等。

(3) 物流查询信息。这种信息指在一个较长的时期内很少发生变动的信息,如国家和各主要部门颁布的技术标准、物流企业内的职工人事制度、工资制度、财务制度等。

2. 流动信息

流动信息也称动态信息,具有明显的时效性。与固定信息相反,流动信息指物流系统中经常发生变动、不断更新的信息,是物流状态在某一时点的反映。这种信息以物流活动过程中的各类作业统计信息为基础,如货物的即时动态、某一时刻物流任务的实际进度、计划完成情况、各项指标的对比关系等。

第二节 物流信息技术

物流信息技术是现代物流的基础和灵魂,是物流现代化的标志。物流信息技术通过切入物流企业的业务流程来实现对物流企业各要素的合理组织与高效利用,降低经营成本,产生经济效益。同时,物流信息技术的不断发展,促使一系列新的物流理念和新的物流经营方式产生,推进了物流的变革。

一、信息技术的发展与应用是现代物流观念形成的基础和技术条件

物流观念实际上是一个不断丰富和演绎的过程。

传统的物流活动早已实际存在,但是分散在不同的经济部门、不同的企业以及一个企业内部不同的职能部门之中。在从生产到消费的商品流通过程中,物流活动被分解为若干个阶段和环节来进行,并形成了比较烦琐的物流转移活动和程序。由于物流是一种由信息引导并伴随大量信息交换活动的经济活动,而在信息技术不甚发达和管理水平较低的条件下,物流信息在不同经济主体及其职能部门之间无法实现交流和共享,从而物流活动的分散也使得相关的物流信息被人为地割裂开来,物流活动无法进行有效的协调和全面管理,其结果是不同环节或部门的物流活动相互脱节和重复,物流成本居高不下,成为影响经济运行效率和社会再生产顺利进行的制约因素,并被视为"经济的黑大陆"。

针对这种情况,20 世纪 70 年代后,发达国家的企业围绕自身生产经营活动中的采购和产品销售,开始注重和强化对物流活动的科学管理,并形成了关于物资管理(materials management)和产品分销管理(physical distribution)等一系列物流管理方法和模式,使得物流信息管理和交换开始突破原有相互分散与割裂的状态,形成围绕采购和销售的物流信息管理模式,这对于降低企业内部物流成本、提高物流效率有着重要的推动作用。

20 世纪 80 年代以来,特别是进入 90 年代以后,以电子计算机、电子数据交换(EDI)、互联网(Internet)、射频(RF)等为主体的现代信息技术实现了群体性的突破,大大推动了社会经济的信息化程度。现代信息技术在发达国家已经渗透到社会经济生活中的各个角落,直接引发或推动了社会经济领域中的许多革命性变化。在物流领域,借助现代

信息技术的支持和推广应用，美国、欧洲等一些物流发达国家在这一时期出现了对各种物流功能、要素进行整合的物流革命，使得物流活动从分散走向一体化，并促使物流观念开始从企业内部转向了整个物流全过程。

首先，企业内部物流资源整合并向一体化方向发展的趋势开始出现。许多发达国家的企业围绕市场需求，对从生产到消费过程中的全部物流活动进行计划、实施与控制，使物流成为企业中一个相对独立的部门和职能领域，并形成了以企业为核心的物流系统。

其次，进入 90 年代中期以来，物流进入社会化和产业化发展阶段。物流活动不再仅仅局限在企业层面上，而是转移到相互联系、分工协作的整个产业链条上，形成了以供应链管理（SCM）为核心的、覆盖众多企业的、社会化的物流系统。物流活动逐渐从传统的生产、流通领域中剥离出来，形成新的专业化分工领域，并出现了许多专门从事物流活动并为生产部门、流通部门提供专业化物流服务的第三方物流（3PL）企业。

在第三方物流等现代物流观念的形成过程中，信息技术的发展和广泛应用发挥着十分重要的推动作用。一方面，微机和数据处理等信息技术的商业化和广泛使用，使得以微机为基础的信息管理能够覆盖从采购、生产到销售各环节的物流全过程，从而提高了各环节物流信息的采集能力和使用效率，为提高物流作业水平和管理水平提供了可靠的信息技术基础。另一方面，数据交换和通信技术的发展，为同一企业内部不同部门之间、不同企业之间（包括物流企业同其客户企业之间、物流企业之间、客户企业之间三种形式）物流信息的实时交换和共享提供了可能。而完整、全面、及时的物流信息使得管理者能够将物流活动作为一个整体、系统来进行运作、管理和控制，既促进了物流服务需求商将其物流活动与其原有的生产过程或商品销售过程分离开来，又有利于第三方物流公司等物流服务供应商管理和控制物流活动，从而推动了物流成为一种独立的经济活动及其专业化发展，逐步形成了企业物流一体化、第三方物流等一系列新的物流观念。

由此可见，物流从一个传统的企业内部管理观念，逐步转变为一个系统观念、一个新的专业化分工的现代物流观念，是与现代信息技术的出现和快速发展及广泛应用密不可分的。可以说，信息技术的发展与应用促成了物流活动从生产销售活动中分离出来而成为一个新的经济领域，是第三方物流等现代物流观念形成和实现的基础和技术条件。

二、信息技术与物流信息技术的界定

（一）信息技术

信息技术（简称 IT），指获取、传递、处理、再生和利用信息的技术，其内容可以用"3A""3C""3D"来表示。"3A"即工厂自动化（factory automation）、办公自动化（office automation）、家庭自动化（house automation）。"3C"即通信（communication）、计算机（computer）、控制（control）的结合。"3D"即数字传输（digital transmission）、数字交换（digital switching）、数字处理（digital processing）三结合的数字通信。数字化、自动化是信息技术最显著的特点。

历史上看，每一次重大的科技进步都会为人类社会带来意义深远的剧变。作为现代高科技的结晶，信息技术也是如此。它是新经济风暴的起源，是新经济浪潮的动力，是新经济时代的标志。信息技术已经融入现代文明的方方面面,使人们的生产、生活发生了翻天覆地的变化。它可以大幅度提高资源的利用率、劳动生产率和管理效率,为企业带来巨大的经济效益。根据统计,日本传统工业注意采用信息技术,使得工业生产的能源利用率比美国高 40%,数控机床的应用使动力成本下降了 22.5%。日本某装饰公司采用信息技术改装成的多功能电子马桶,其附加价值比原来增加了 300%多。

信息技术也给物流业带来了重大的影响和变化,促进着物流一体化、第三方物流等现代物流观念的形成,加速着物流企业经营方式和管理方式的变革,增强着物流企业的竞争力。例如,中国宝供物流企业集团正是因为信息技术的应用,在物流业率先引进和使用了先进的物流信息系统,才吸引了包括跨国公司在内的众多客户。

(二) 物流信息技术

几乎所有的信息技术都能够在物流操作和管理中找到它的痕迹。Robert B.Handfield 和 Ernest L.Nichels 认为,目前物流中得到广泛应用的信息技术主要包括电子商务、电子数据交换技术、条形码和扫描技术、数据仓库、互联网技术、Extranet/Intranet 技术、WWW 技术和决策支持系统等。我国物流专家王之泰教授在《现代物流学》中指出,物流中的信息技术主要包括三类,即电子信息采集技术和电子信息载体、计算机以及计算机网络、情报通讯系统。张铎在《EDI 技术与原理教程》中指出,物流信息技术包括条形码技术、射频技术、电子数据交换、Extranet/Intranet、全球卫星定位技术和地理信息系统等。

本书认为,物流信息技术属于物流技术中的一类。所谓物流技术,一般是指与物流活动有关的所有技术的总称。从内容看,物流技术可分为三类,即物流硬技术、物流软技术和物流信息技术。物流硬技术包括各种物品在物流活动中所需要的材料、机械和设施、流通加工技术、物品包装技术、物品标识技术、物品实时跟踪技术等。物流软技术包括各种物流活动所需要的计划、管理和评价等技术。物流信息技术是指在物流各个作业环节应用的信息技术,主要由以计算机技术和网络通信技术为核心的各种信息技术以及管理信息系统组成。它包括基于各种通信方式基础上的移动通信手段、全球卫星定位系统(GPS)、地理信息系统(GIS)、计算机网络技术、条形码技术、射频技术、信息交换技术等现代尖端科技。在这些尖端技术的支持下,物流管理形成了以移动通信、资源管理、监控调度管理、自动化仓储管理、业务管理、顾客服务管理、财务处理等多种信息技术集成的一体化现代物流管理体系。

三、物流信息技术应用分析

(一) 物流信息技术应用情况

信息共享是物流管理的基本要求。物流的高效运作需要物流管理者在任何时候都能及时地得到他所需要的合适格式的信息,而这需要相应的信息技术的支持。

1995 年,James T.C.等人研究了业务流程重组中不同信息技术的使用情况。可以说,他们的结论基本反映了物流中信息技术的应用情况。从样本组成看,选取的样本中物流企业占了相当的比重,总数为 13 家,占样本总数的 12.6%(将零售企业、营销企业、服务行业和配送企业合并计算），位居样本企业按行业排序的第三位。该研究认为，大多数公司使用了数据库技术，因为数据库技术可以实现不同部门的信息共享；38.1%的公司使用了计算机网络技术，这反映了物流管理中打破部门分割、克服时空制约因素的强烈需要；21%的公司使用了工作流程辅助软件；9.5%的公司使用了多媒体技术；其他使用的信息技术还有电子数据交换技术、CLIENT/SERVER 技术和专家系统等。

近年来，伴随我国现代物流业的蓬勃发展，物流企业管理者在经营中逐步体会到信息处理环节对物流业务正常、高效运转的重要性，对物流信息的认同比例迅速增加，对物流信息技术应用的重视程度逐步提高，拥有物流信息系统的企业由 2001 年的 39%提高到了 2003 年的 59%，信息技术在我国物流领域中的应用迅速增加。例如，许多大型物流运输企业从战略高度出发，开始建立自己的货物跟踪、运输车辆运行管理等物流管理信息系统，以此提高企业的经营效率。而且，没有建设物流信息系统的大部分物流企业也都有开发、外包或购买物流信息系统的打算。随着信息技术的发展，物流信息系统日益成为物流企业的重要工具，物流信息资源整合能力也是物流服务需求企业对物流服务供应商的基本要求。然而，总体来说，我国物流企业的信息技术应用程度现在还比较低，还不能满足客户需求，如表 10-1 和表 10-2 所示。

表 10-1　物流企业的物流信息系统情况

	物流信息系统拥有情况		物流信息系统的业务模块					物流信息系统的系统功能			
	有	无	仓储作业管理	库存管理	运输管理	财务管理	其它	远程通信功能	业务管理	查询功能	决策分析
2003	59%	41%						44%	77%	71%	35%
2001	39%	61%	38%	31%	27%	36%	30%	26%	37%	34%	17%

表 10-2　我国物流企业信息技术应用情况

信息技术	EDI	条形码	POS	EOS	GPS/GIS
应用比例（%）	21.8	18.8	7.9	5.9	19.8

表 10-1 表明，目前只有 59%的物流企业拥有物流信息系统，而且物流信息系统的业务功能和系统功能还不完善，远程通信能力低，具有决策分析功能的模块比例低，物流信息资源的整合能力尚未形成。

表 10-2 反映了我国物流企业的信息技术应用情况。从表中可以看出,我国只有 21.8%的企业运用 EDI 技术实现信息的快速交换；18.8%的企业运用条形码技术实现信息的快速输入和有效管理；7.9%的企业运用 POS 系统进行商品数据的快速、准确传递；5.9%的企业运用电子商务技术和通信网络实现电子订货系统（EOS）；19.8%的企业运用 GPS 和 GIS 技术及时获得货物品种、数量、在途情况、交货时间、发货地和到达地、货主、送货责任车辆和人员等有关货物运输状态的信息，以此提高物流运输过程的透明度和服务的水平。

（二）几种代表性信息技术及其在物流中的应用

下面，简单介绍物流条码技术、物流 EDI 技术、GIS 技术、GPS 技术等几种代表性信息技术的原理及其在物流领域的应用。至于这些信息技术的具体内容，如条形码的类型、结构、设计、编码规则、识别原理等，参见有关信息技术的书籍。

1. 条码（BAR CODE）

条码（亦称条形码）技术是在计算机的应用实践中产生和发展起来的一种自动识别技术。它通常是研究如何把计算机所需要数据用条码符号表示出来，即条码的编码技术、印刷技术，以及如何将条码符号所表示的数据转变成计算机可自动采集的数据，即识读条码技术。要制作条码符号，首先要有编码规则，然后采用多种印刷方法或专用的条码印刷机印刷出条码。要阅读条码符号所含的数据，需要一个扫描装置和译码装置。当扫描器扫过条码符号时，根据光电转换原理，条和空的宽度就变成了电流波，被译码器译出，转换成计算机可读数据。由此可见，条码技术是一类技术的总称，是集条码理论、光电技术、通信技术、计算机技术和条码印制技术于一体的综合性技术。

（1）条码的构成

一个完整的条码的组成次序依次为：空白区（前）、起始字符、数据字符、校验字符（可选）和终止字符以及供人识读字符、空白区（后）组成，如图 10-1 所示。

图 10-1　条码符号的结构

空白区是指条码左右两端外侧与空的反射率相同的限定区域，它能使阅读器进入准备阅读的状态，当两个条码相距较近时，空白区有助于对它们加以区分。起始、终止符指位于条码开始和结束的若干条与空，标志条码的开始和结束，同时提供了码制识别信息和阅读方向的信息。数据符是指位于条码中间的条、空结构，它包含条码所表达的特定信息。构成条码的基本单位是模块，模块是指条码中最窄的条或空。

（2）条码的分类

条码可分为一维条码和二维条码。

①一维条码

一维条码是通常我们所说的传统条码。一维条码按照应用可分为商品条码和物流条码。

商品条码是以直接向消费者销售的商品为对象，以单个商品为单位使用的条码。它由 13 位数字组成，最前面的 3 个数字表示国家或地区的代码，中国的代码是 690，接着的 4 个数字表示生产厂家的代码，其后的 5 个数字表示商品品种的代码，最后的 1 个数字用来防止机器发生误读错误。商品条码包括 EAN 码和 UPC 码。

物流条码是物流过程中以商品为对象以集合包装商品为单位使用的条码。标准物流条码由 14 位数字组成，除了第 1 位数字之外其余 13 位数字代表的意思与商品条形码相同。物流条形码第 1 位数字表示物流识别代码。物流条码包括 128 码、ITF 码、39 码、库德巴（Codabar）码等。

②二维条码

一维条码所携带的信息量有限，如商品上的条码仅能容纳 13 位（EAN-13 码）阿拉伯数字，更多的信息只能依赖商品数据库的支持，离开了预先建立的数据库，这种条码就没有意义了，因此在一定程度上也限制了条码的应用范围。基于这个原因，在 90 年代发明了二维条码。二维条码除了具有一维条码的优点外，同时还有信息量大、可靠性高、保密、防伪性强等优点。

目前二维条码主要有 PDF417 码、Code49 码、Code 16K 码、Data Matrix 码、MaxiCode 码等，主要分为堆积或层排式和棋盘或矩阵式两大类。

二维条码作为一种新的信息存储和传递技术，从诞生之时就受到了国际社会的广泛关注。经过几年的努力，现已应用在国防、公共安全、交通运输、医疗保健、工业、商业、金融、海关及政府管理等多个领域。

二维条码依靠其庞大的信息携带量，能够把过去使用一维条码时存储于后台数据库中的信息包含在条码中，可以直接通过阅读条码得到相应的信息，并且二维条码还有错误修正技术及防伪功能，增加了数据的安全性。二维条码可把照片、指纹编制于其中，可有效地解决证件的可机读和防伪问题。因此，可广泛应用于护照、身份证、行车证、军人证、健康证、保险卡等。美国亚利桑那州等十多个州的驾驶证、美国军人证、军人医疗证等在几年前就已采用了 PDF417 技术。将证件上的个人信息及照片编在二维条码中，不但可以实现身份证的自动识读，而且可以有效的防止伪冒证件事件发生。菲律宾、埃及、巴林等许多国家也已在身份证或驾驶证上采用了二维条码，我国香港特区护照上也采用了二维条码技术。另外在海关报关单、长途货运单、税务报表、保险登记表上也都有使用二维条码技术来解决数据输入及防止伪造、删改表格的例子。在我国部分地区注册会计师证和汽车销售及售后服务等方面，二维条码也得到了初步的应用。

条码技术实现了信息的自动扫描，是快速、准确、可靠地识别、采集和处理数据的有效手段。它解决了过去在数据录入和数据采集方面的"瓶颈"问题，广泛运用于各行各业，迅速地改变着人们的工作方式和生产作业管理，极大地提高了生产效率。其中，条码技术在现代物流业的应用最为广泛、有效，尤其是在商品的入库、搬运、销售跟踪方面，为现代物流的顺畅运作提供了强有力的技术支持。它是实现物流业自动化管理的有力武器，有助于进货、销货、仓储管理一体化，促进物流效率的提高；是实现物流 EDI、节约资源的基础；是及时沟通产、供、销的纽带和桥梁，便于及时捕捉到消费者的需要，扩大商品销售额；是提高市场竞争力的有力工具。

2. 射频识别技术（RFID）

射频识别技术（radio frequency identification，RFID）是 20 世纪 90 年代开始兴起

的一种自动识别技术，是利用射频信号通过空间耦合（交变磁场或电磁场）实现无接触信息传递，并通过所传递的信息达到识别目的的技术。RFID 是一种非接触式自动识别技术。它通过射频信号自动识别目标，并获取相关数据，识别工作无须人工干预。作为条形码的无线版本，RFID 技术具有条形码所不具备的防水、防磁、耐高温、使用寿命长、读取距离大、标签上数据可以加密、存储数据容量更大、存储信息更改自如等优点。

我国射频识别技术的应用发展很快。RFID 技术广泛应用于车辆自动收费。当车辆驶过收费站时，利用 RFID 技术进行车辆自动识别，自动地实现移动车辆与收费站之间信息的传递，完成车辆的收费、登记及建档过程。RFID 技术被广泛地用于运输作业中，实现货运集装箱的识别、防伪等，及时掌握在途物资和实时跟踪运输工具。

一些物流公司也将射频技术应用于物流管理中，如利用无线数据终端（RFDC）、中继器等装置组建成配送中心内部无线数据采集与传输系统，将信息系统与操作者最大限度地融合在一起。通过信息引导操作，实现物流作业的灵活、快捷、准确、高效和无障碍化，这方面的典型应用就是一些配送中心采用的 RFID 拣货技术。

RFID 拣货系统是一种无纸化的交换系统，把一般传统拣货的拣货单改为由电脑实现，一般多用在手推车或堆垛机上。无线电拣货系统是在手推车或堆垛机上安装一组电脑及无线电接收器，客户的订货资料直接由主计算机传输到车上电脑，在电脑的显示屏上，可以看到拣选区的平面布置图，同时显示出拣货路线、商店名称、拣选的商品、数量和货位号等，拣完货后按电脑上的 ENTER 键，拣货的资料就会传输给电脑主机将库存扣除，这就是我们所说的"实时"更新存货记录。这样就大大提高了按订单进行分拣和发运的准确性。在使用了 RFID 系统对存货进行跟踪调查后，存货的准确性可由 95%提高到 99%以上。

采用 RFID 技术，可以监控与跟踪商品供应链运行，从而实现商品质量控制。以食品安全管理为例，RFID 技术有广泛用途。采用 RFID 系统后，可提供食品链中的肉类食品与其动物来源之间的可靠联系。在零售环节的超市、餐馆等场所，通过识别肉类食品的 RFID 标签，能追查到它们的历史与来源，并能一直追踪到具体的养殖场和动物个体，使得人们购买时能清楚知道肉类食品的来源、时间和中间处理过程等信息，从而能放心地购买。

3. 电子数据交换（EDI）

电子数据交换（electronic data interchange，EDI），指按照统一规定的一套通用标准格式，将标准的经济信息，通过通信网络传输，在贸易伙伴的电子计算机系统之间进行数据交换和自动处理。由于使用 EDI 能有效地减少直到最终消除贸易过程中的纸面单证，因而 EDI 也被俗称为"无纸贸易"。以往，世界每年花在制作文件上的费用高达 3000 亿美元，所以"无纸贸易"被誉为一场"结构性的商业革命"。

构成电子数据交换系统的三个要素是电子数据交换软件和硬件、通信网络和数据标准化。实现电子数据交换需要相应的硬件和软件，电子数据交换软件将用户数据库系统中的信息翻译成电子数据交换的标准格式，以供传输和交换。通信网络是实现传输的必要条件。同时电子数据交换需要标准的数据格式。

EDI 标准是整个 EDI 最关键的部分，这是因为 EDI 是以事先商定的报文格式进行数据传输和信息交换。EDI 标准主要分为以下几个方面：基础标准、代码标准、报文标准、单证标准、管理标准、应用标准、通信标准、安全保密标准。其中，最重要的标准是单证标准，包括单证格式标准、所记载信息标准和信息描述标准。

一个部门或企业若要实现电子数据交换，首先必须有一套计算机数据处理系统。其次，为使本企业内部数据比较容易转换为电子数据交换标准格式，须采用电子数据交换标准。另外，通信环境的优劣也是关系到电子数据交换成败的重要因素之一。

电子数据交换是一种信息管理或处理的有效手段。它在物流中的应用，主要表现在货主、物流企业以及其他相关单位之间，通过电子数据交换系统进行物流数据的传输和交换，不需要人为的数据重复输入，并以此为基础实现物流作业活动。也就是说，数据是在物流企业的应用程序和货物业主的应用程序之间电子化转移的，没有另外的人为干预和重复输入。同时，在每一个物流企业和货物业主内部的应用程序之间，数据也是电子化流通的，同样不需要重新从键盘输入。例如，物流企业的订单进入货物业主的订单输入系统后，同样的数据就会传递到货物业主的仓储、运输、加工、财务等应用程序，并由各程序自动相应产生加工安排表、库存记录更新、货运单、发票等。这样，物流活动各方通过电子数据交换系统实现了"无纸贸易"，信息传递快且可靠性强，从而提高了流通效率、降低了物流成本。

有资料表明，由于采用电子数据交换系统，支付循环的时间被节省 8～10 天，差错率从 50%降到 40%，一个简单的电子支票系统可以每天处理 1500 份发票，无一差错。由于免除了人工重新输入，每笔交易成本可以减少 25%。太平洋贝尔公司使用 EDI，使处理一份订单的时间从 7 天减至 2 天，同时可以关掉 6 个仓库，每天从减少库存、人工等方面可得益 20 万美元。美国的 Super Valustore 每年从节省人工核对订单、发票、运输单据等方面可以节省 60 万美元。英国的 British Coal 从节省纸张操作和重复键入等方面每年节省 7 万英镑，从缩短投递周期、减少仓储费用方面每年可以节省 100 多万英镑。另据 Texas Instruments 公司报告，EDI 的应用将装运差错减少 95%、实地询问减少 60%、数据登录的资源需求减少 70%、全球采购的循环时间减少 57%。

值得注意的是，Internet 的经济性使得 EDI 的许多业务转移到 Internet 上进行。

4．销售时点信息系统（POS）

销售时点信息系统（point of sale，POS），是指通过自动读取设备（如收银机），在销售商品时直接读取商品销售信息（如商品名、单价、销售数量、销售时间、销售店铺、购买顾客等），并通过通信网络和计算机系统传送至有关部门进行分析加工，实现销售业务的自动化和商品交易各项信息的实时（real time）掌握，为企业分析经营成果、制定经营方针提供依据，以提高经营效率的系统。POS 系统最早应用于零售行业，以后逐渐扩展至金融、旅馆、图书馆等其他服务性行业，利用 POS 信息的范围也从企业内部扩展到整个供应链，成为信息共享、提高供应链物流效率的重要信息手段。POS 系统工作原理，如图 10-2 所示。

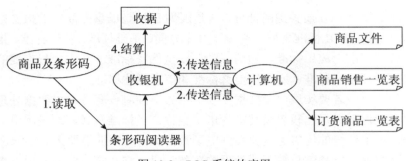

图 10-2　POS 系统的应用

在物流领域,物流中心和店铺利用销售时点信息来预测销售,掌握消费者购买动向,找出畅销商品和滞销商品,并以此为基础进行库存调整、配送管理、商品订货、价格设置以及商品陈列等方面的作业。在零售商与供应链的上游企业（如批发商、制造商、物流服务商等）结成协作伙伴关系（亦称战略联盟）的条件下,零售商利用 VAN 以在线联结的方式把销售时点信息即时传送给上游企业,这样上游企业就可以利用销售现场的最及时准确的销售信息制订经营计划和进行决策。目前,领先的零售商正在与制造商共同开发一个整合的物流系统 CFAR（collaboration forecasting and replenishment）——整合预测和库存补充系统。该系统不仅分享 POS 信息,而且一起联合进行市场预测,分享预测信息。

应用销售时点信息系统（POS）后,由于仓库管理是动态管理,即每卖出一件商品,POS 数据库中就相应减少该件商品的库存记录,从而免去商场盘存之苦,节约大量人力、物力。而且,企业的经营报告、财务报表以及相关的销售信息,也可以及时提供给经营决策者,从而保持企业如商场等的快速反应。同时,应用销售时点信息系统（POS）后的库存商品销售情况,每时每刻都一目了然,这既可以提前避免出现缺货现象,又可以使商场决策者将商品进货量始终保持在一个合理水平,提高有效库存,使库存水平合理化,进而提高商品周转率,使商场在市场竞争中占据更有利地位。据统计,应用 POS 系统后,商品有效库存可增加 35%～40%,缩短资金的流动周期。此外,利用销售时点信息还可以进行销售促进方法的效果分析,把握顾客购买动向,按商品品种进行利益管理,基于销售水平制订采购计划,有效地进行店铺空间管理和基于时间段的广告促销活动分析等,使商品计划效率化。

5. 电子订货系统（EOS）

电子订货系统（electronic ordering system，EOS），是指企业间利用通讯网络（VAN 或互联网）和终端设备以在线连接（on-line）的方式进行订货作业和订货信息交换的系统,即将批发、零售商场所发生的订货数据输入计算机,即刻通过计算机通讯网络连接的方式将资料传送至总公司、批发商、商品供货商或制造商处。计算机、网络通讯是支持 EOS 系统的硬件基础,商品的统一标识、企业代码的统一等标准化是支持 EOS 系统的软件基础。EOS 按应用范围分为三类：企业内的 EOS 系统（如连锁经营中各个连锁分店与总店之间建立的 EOS 系统）、零售商与批发商之间的 EOS 系统和零售商、批发商与生产商之间的 EOS 系统。

电子订货系统(EOS)能及时准确地交换订货信息,其在企业物流管理中的作用是:相对于上门订货、邮寄订货、电话订货、传真订货等传统订货方式,EOS 系统能缩短从接到订单到发出订货的时间,缩短商品交货期,减少商品订单出错率,节省人工费;有利于减少企业库存水平,提高企业库存管理效率,同时也能防止商品特别是畅销商品缺货现象的出现;有利于提高物流信息系统的效率,使各个业务信息子系统之间的数据交换更加便利和迅速,丰富企业的经营信息;对于生产厂家和批发商来说,通过分析零售商的商品订货信息,能准确判断畅销商品和滞销商品,有利于企业及时调整商品生产和销售计划。

企业应用电子订货系统(EOS)时,应注意以下问题:一是订货业务作业的标准化,这是有效利用 EOS 系统的前提条件;二是商品代码的设计,这是应用 EOS 系统的基础条件。在零售行业的单品管理方式中,每一个商品品种对应一个独立的商品代码,商品代码一般采用国家统一规定的标准。对于统一标准中没有规定的商品则采用本企业自己规定的商品代码;三是订货商品目录账册(order book)的设计和更新,这是 EOS 系统成功的重要保证;四是计算机以及订货信息输入和输出终端设备的添置及 EOS 系统设计,这是应用 EOS 系统的基础条件;五是需要制定 EOS 系统应用手册,并协调部门间、企业间的经营活动。

随着科学技术的不断发展和 EOS 系统的日益普及,EOS 的标准化和网络化成为当今 EOS 系统的发展趋势。实施 EOS 系统,必须做好一系列的标准化准备工作,包括对代码、传票、通信及网络传输的标准化研究,如商品的统一代码、企业的统一代码、传票的标准格式、通信程序的标准格式以及网络资料交换的标准格式等。没有相关的统一标准,就没有信息交换、资源共享的统一语言,电子订货系统 EOS、电子数据交换 EDI 就无法实现。

6. 全球定位系统(GPS)

全球定位系统(global positioning system,GPS)是利用导航卫星进行测时和测距,使地球上任何地方的用户都能计算出他们所处方位的三维导航与定位系统。GPS 能够提供全球、全天候、连续、实时、高精度的三维位置、三维速度和时间信息服务,具有给陆地、海洋、空间的静态和动态用户提供实时定位的能力。

GPS 系统由空间部分(GPS 卫星)、地面监控部分(地面支撑系统)、用户部分(GPS 接收机)三大部分组成。空间部分由高度为 2 万 km、周期为 12h 的 21 颗工作卫星和 3 颗备份卫星组成,主要任务是播发导航信息。卫星分布在 6 个升交点相隔 60°的轨道面上,轨道倾角为 55°。每条轨道上分布 4 颗卫星,相临两轨道上的卫星相隔 40°。这样,地球上任何地方至少可以同时看到 4 颗卫星,可以保证各种用户都能有良好的定位效果。地面监控部分由分布在全球的若干个跟踪站所组成的监控系统组成。根据作用的不同,这些跟踪站又被分为主控站、监控站和注入站。监控站受主控站的控制,主要任务是对每颗卫星进行观测,精确测定卫星在空间的位置,定时将观测数据送往主控站。主控站作用是根据各监控站送来的观测数据,计算每颗卫星的星历和卫星钟的改正参数等,并将这些数据通过注入站注入到卫星中去。同时,主控站还对卫星进行控制,向卫星发布指令,调度备份卫星替代出现故障的卫星工作。注入站作用是将主控站计算出来的卫星星历和卫星钟的改正参数等注入卫星中去。用户部分包括用户组织系统和根据要求安装相应的设备,但其中心设备是 GPS 接收机。GPS 接收机是一种特制的无线电接收机,其主要功能是接收卫星发布的信号,并以此计算出定位数据。

GPS 定位的基本原理是根据高速运动的卫星瞬间位置作为已知的起算数据,采用空间距离后方交会的方法,确定待测点的位置。空间卫星部分不断地发射信号,用户利用手中 GPS 接收机接收卫星信号进行解算而得到定位结果。GPS 系统将空间的卫星位置作为已知点,通过接收机接收不同卫星发射的信号,计算出卫星信号从发射到被接收机接收所用的时间。由于卫星信号是一种电磁波,其传输速度与光速相同,所以可以推算出接收机天线距不同卫星的距离。由于卫星位置已知,在收到三颗卫星发射的信号后,可以计算出接收机天线距离各卫星的距离,以各卫星所在位置为球心,以其到接收机的距离为半径做球面,在空间三球必定相交于两点,一点远离地球,一点在地球表面。地球表面的这一点就是接收机天线的位置,在各卫星位置已知时,该点的三维位置(x,y,z)就可以解算出来。在实际解算中,由于接收机时钟和卫星时钟之间存在一个未知的钟差,所以必须接收到 4 颗以上的卫星信号,才能解算出接收机天线的位置。

在物流领域,GPS 主要用于货物运输系统中运输工具的定位、跟踪和调度。运输工具装备了 GPS 接收机后,运输工具驾驶员及相关人员可以通过 GPS 接收机和电子地图选择最佳行驶路线,随时了解运输工具所处地理位置、海拔高度、行驶方向、行驶里程、行驶速度等信息,并在电子地图上直观地显示出来,从而实现对运输工具运行情况的实时跟踪和监控。调度人员通过 GPS 系统的双向通信功能,可以得到运输工具在途信息的反馈,提前下达运输任务,在运输工具未返回前即做好待命计划,从而减少等待时间,实现物流调度的即时接单和即时排单以及运输工具的实时动态调度管理,加快运输工具的周转速度,充分利用运输工具的运输能力。同时,运输质量监督员也能方便地了解并控制整个运输作业的准确性,如发车时间、到货时间、卸货时间、返回时间等;有权限的用户也能异地方便地获取所关心的运送自己货物的运输工具的有关信息,如运输工具的运行状况、在途信息、运能信息、位置信息等。

7. 地理信息系统(GIS)

地理信息系统(geographic information system, GIS)是一套电脑辅助空间资料输入、储存、寻取、分析和展示的系统,通常由计算机硬件软件环境、地理空间数据、系统维护和使用人员四个部分组成。它以计算机为工具,对具有地理特征的空间数据进行处理,能以一个空间信息为主线,将其他各种与其有关的空间位置信息结合起来。它的基本功能是将表格类数据转换为地理图形显示出来,然后对显示的结果进行浏览、操作和分析。

GIS 通常能解决以下五类问题:位置,即在某个地方有什么,位置可以是地名、邮政编码或地理坐标等;条件,即符合某些条件的实体在哪里,如在某地区寻找面积不小于 1000 平方米的未被植被覆盖的且地质条件适合建大型建筑物的区域;趋势,即在某个地方发生的某个事件及其随时间的变化过程;模式,即在某个地方的空间实体的分布模式,模式分析揭示了地理实体之间的空间关系;模拟,即某个地方如果具备某种条件会发生什么。

GIS 用途十分广泛,例如交通、能源、农林、水利、测绘、地矿、环境、航空、国土资源综合利用等。GIS 在物流领域主要用于物流分析，即利用 GIS 强大的地理数据功能来完善物流分析技术。国外公司已经利用 GIS 为物流分析提供专门的分析工具软件，我国将 GIS 应用于物流分析和物流研究中还处于起步阶段。完整的 GIS 物流分析软件集成了车辆路线模型、最短路径模型、网络物流模型、分配集合物流模型和设施定位模型。

（1）车辆路线模型：用于解决在一个起始点、多个终点的货物运输中如何降低物流作业费用并保证物流服务质量的问题，包括决定使用多少车辆、每辆车的行驶路线等。

（2）网络物流模型：用于解决寻求最有效的分配货物路径问题，即物流网点布局问题。例如，将货物从 N 个仓库运往 M 个商店，每个商店都有固定的需求量，因此需要研究由哪个仓库提货送给哪个商店运输代价小。

（3）分配集合模型：可以根据各个要素的相似点把同一层上的所有或部分要素分为几个组，用以解决服务范围和销售市场范围的问题。例如，某一公司要设立 X 个分销点，要求这些分销点要覆盖某一地区，而且要使每个分销点的顾客数目大致相同。

（4）设施定位模型：用于研究一个或多个设施的位置。在物流系统中，仓库和运输路线共同组成了物流网络，仓库处于网络的节点上，节点决定着路线。如何根据供求的实际需要并结合经济效益等原则，在既定区域内设立多少个仓库、每个仓库的位置和规模以及仓库之间的物流关系等，运用此模型均能很容易地得到解决。

8. 各种流程优化和物流管理软件技术

信息技术在物流领域广泛应用的另一个主要标志，是针对物流管理需要开发的、使用大量信息技术支持的管理软件。这些管理软件不仅实现了企业物流功能、业务流程的集成和各种物流资源的合理配置，而且可以将供应厂商、协作企业、用户及竞争对手的资源纳入系统管理之中。

目前应用比较广泛的物流系统集成软件和物流管理软件有制造资源计划（MRPⅡ）、企业资源计划（ERP）、供应商管理库存系统（VMI）、供应链管理（SCM）等。MRPⅡ软件主要是围绕企业生产流程而对企业内部生产、物流流程进行优化和控制的管理技术。ERP 主要是围绕企业的核心业务而对企业全部资源进行优化配置和管理的方法。VMI 主要是供应方代替客户管理库存，库存管理职能转由供应方负责。SCM 主要是针对整个供应链的物流资源及流程进行优化配置和管理的方法。

第三节　物流信息系统

一、物流信息系统的内涵及其发展历程

（一）物流信息系统的内涵

物流信息系统（logistics information system，LIS）是以计算机和网络通信设施为基础，以系统思想为主导建立起来的为了进行计划、操作和控制而为物流经理提供相关信息，以及为业务人员提供操作便利的人员、设备和过程相互作用的结构体。用系统的观点来看，物流信息系统是企业信息系统的一个子系统，它本身又可以分解成一系列的子系统。物流信息系统是通过对与企业物流相关的信息进行加工处理来实现对物流的

有效控制和管理,并为物流管理人员及其他企业管理人员提供战略及运作决策支持的人机系统。

(二)物流信息系统的发展历程

物流信息系统的发展大概经历了四个阶段:

第一阶段是单项数据处理阶段(从 20 世纪 50 年代中期到 60 年代中期),主要是计算机代替人工对局部数据量大、操作简单的业务进行处理,如工资结算、单项汇总等。这一时期的特点是集中式处理,数据不能共享。因此,计算机的应用和定量化技术主要集中在改善特定的物流功能,如订货处理、预测、存货控制、运输等。此时的物资资源配置技术也仅限于"订货点技术"。

第二阶段是事务处理阶段(从 20 世纪 60 年代中期到 70 年代初期)。人们可以应用计算机制定生产计划,研究多环节的生产过程中各环节的物资供应计划问题,如企业的物资管理、仓储管理、采购计划等。这一阶段的特点为实时处理、数据能局部共享,相应的物资资源配置技术为 20 世纪 60 年代产生的物料需求计划(MRP)和准时技术(JIT)。

第三阶段是系统处理阶段(从 20 世纪 70 年代初期到 90 年代初)。信息技术应用于整个企业的物流管理,在企业内部运行的管理信息系统可以辅助企业进行计划、生产、经营、销售,企业信息系统以局域网结构和客户/服务器体系结构为主。生产系统、计划系统、财务系统、工程设计、工艺设计、工程管理、生产制造等结合成为一个有机整体。

第四阶段是辅助决策阶段(从 20 世纪 90 年代至今)。现代信息技术尤其是互联网技术的进步促进了现代物流的快速发展,物流信息实现了实时交换、共享、汇总、控制、计划等以前无法实现的功能,企业的计算机辅助管理更注重提高辅助决策所需的信息以及辅助决策的过程,从而提高物流作业效率,降低物流作业成本。

二、物流信息系统的形式与层次结构

(一)物流信息系统的形式

根据物流信息系统实现所采用技术的不同,物流信息系统主要有以下几种形式:

1. 基于物流企业内部局域网的系统

此种系统比较简单,功能也比较有限,以实现物流供应链某一环节的功能为主,服务的范围主要在某一城市区域,无法扩展到城市以外的更广阔的区域。

2. 企业广域网和互联网相结合的系统

此种系统利用增值网络,将企业分布在不同地理区域的机构有机地结合在一起,形成企业的广域网络,同时结合互联网的技术,随时随地向客户和公司管理层提供所需要的各种信息,从而可以充分保证物流供应链各环节的有机结合。

3. 企业内部局域网和互联网相结合的系统

此种系统将企业内部的局域网和互联网有机地结合在一起,充分利用互联网技术所带来的便利,以较低的成本和能够迅速扩大的能力,为公司管理层和协作伙伴以及客户提供各种信息。当然,此种方式目前也面临着安全性和可操作性等诸多方面的问题。但是，随着互联网技术的逐渐成熟，这种系统将具有强大的生命力，将给企业创造巨大的利润。

（二）物流信息系统的层次结构

处在物流系统中不同管理层次上的物流部门或人员，需要不同类型的物流信息。一个完善的物流信息系统，应该具有不同的层次结构，以服务于不同的对象，如图 10-3 所示。

1. 业务操作层

用于启动和记录个别物流活动的最基本层，及时处理每天的物流业务活动，包括入库单据的录入、货物盘点单的生成、货物盘点结果的录入、装车运输单的生成、配送货物详情单等。

2. 管理控制层

建立物流系统的评价标准，对物流活动的质量进行评价，如交货及时率、库存可得率等。

3. 决策分析层

建立物流系统分析模型，协助管理人员经过比较选出可行物流方案，如配送路线优化等。

4. 战略计划层

辅助高层管理人员制定物流战略计划。

四个层次具有循序渐进的关系。通常首先实现低层次的信息化，然后才能开始高层次的信息化。不可能单独实现高层次信息化，而没有实现低层次信息化。

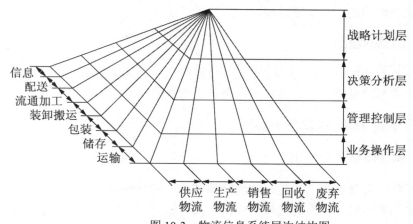

图 10-3　物流信息系统层次结构图

三、物流信息系统的基本功能

物流信息系统的基本功能，可以归纳为以下几个方面：

（一）数据的收集和录入

物流信息系统首先要做的是用某种方式记录与物流系统相关的数据，集中起来并转化为物流信息系统能够接收的形式输入到系统中。数据的采集和录入离不开 EDI 技术、条码技术和数据库技术。

（二）信息的存储

数据进入系统之后，经过整理和加工，成为支持物流系统运行的物流信息，这些信息需要暂时存储或永久保存以供使用。

管理数据的目的是为了获得决策的知识。数据挖掘，又称为数据库中的知识发现，是从大量数据中提取可信、新颖、有效并能被人们理解的模式的高级过程。在物流活动中可以得到大量数据，但这些数据本身不能直接转换成决策的依据。因为无论是查询、统计还是报表，其处理方式都是对指定的数据进行简单的数字处理，而不能对这些数据所包含的内在信息进行提取。因此，人们希望通过高效的数据存储能够得到更高层次的数据分析功能，从而更好地对物流决策或物流管理工作提供支持。

（三）信息的传播

物流信息来自物流系统内外的有关单元，又为不同的物流职能所使用，因而克服空间障碍的信息传输是物流信息系统的基本功能之一。

（四）信息的处理

物流信息系统的最基本目标，就是将输入的数据加工处理成物流信息。信息处理可以是简单的查询、排序，也可以是复杂的模型求解和预测。信息处理能力的强弱是衡量物流信息系统能力的一个重要方面。

（五）信息的输出

物流信息系统的目的是为各级物流人员提供信息。为了便于人们的理解，系统输出的形式应力求易读易懂、直观醒目，这是评价物流信息系统的主要标准之一。

四、物流信息系统的发展趋势

（一）软件体系结构变化

随着经济全球化进程的推进，物流跨地域服务的特性越来越显著。我国物流业的重组和并购也迫在眉睫，拥有跨区域仓库网点的物流企业、生产流通企业正在不断增多。因此，物流信息系统软件提供商需要在软件功能及其体系结构上满足这种发展的要求。在系统体系结构上，目前我国基于局域网的物流信息系统比较多，适合于地理范围有限的业务管理要求；对于分属不同地域的分支机构往往采用数据上报的汇总管理方式。这种系统在跨区域范围内摆脱不了数据实时性差的问题，而且维护成本往往也比较高，难以适应物流业务快速增长的需要。因此，为了适应国内跨区域的大型企业经营管理的需要，许多物流软件提供商已经把目光转向开发基于服务器浏览器（B/S）模式的系统，在全球网络平台上构筑物流信息系统。

（二）专业性更强、接口趋于透明

从物流发展的形势看，专业化服务已经成为一种趋势。因此，物流信息系统软件的专业化程度比较高，往往具有更好的适应性，更能体现出信息化的优势。虽然提供"大而全"的一体化解决方案的物流软件为软件开发商所追求，但提供能满足某种或某类业务模式的物流信息系统软件可能更现实一些。另外，在各类物流服务过程中，系统对接与数据交换也成为一种需要，要求与其他的应用系统如财务系统、ERP（enterprise resources planning，企业资源计划）等方便地进行数据交换，这就要求物流软件的接口透明和规范。

（三）数据信息的采集更为明细

物流与信息流相互依存成为趋势，也就是说软件系统记录的"物"的有关信息将更为精确。例如，如果软件系统没有实现货位及库房形状、通道的管理，那么就无法实现货物在库移动路径优化的决策支持；若没有记录物品体积、形状，那么车辆配载设计就无法实现。目前的物流信息系统软件已经不再是简单的料账管理系统或报表汇总系统，生产作业管理型的系统正在成为主流。

（四）自动化管理的程度在不断提高

随着物流业务的提升，物流信息系统软件的自动化管理程度正在不断提高。这既包括仓储设施的自动化和运输、配送作业的自动化，也包括物流作业调度的自动化和作业管理的自动化。

（五）决策支持功能将会加强

随着信息技术在物流管理中的应用不断深入，物流信息系统软件已不仅仅限于支持数据信息的处理，而且向更高的层次发展，支持物流管理的决策。通过提供数学模型分析数据，辅助决策。

（六）社会化物流信息平台的建设受到重视

资源共享、专业化分工是社会发展的趋势，建设社会化的物流信息平台是提高我国社会物流服务效率的基础。通过提供物流软件的 ASP（application service provider，应用服务提供商）服务，可以充分做到资源共享，迅速提升我国物流管理的信息化水平。

本 章 小 结

1. 信息（information），指能够反映事物内涵的知识、资料、情报、图像、数据、文件、语言、声音等，是事物的内容、形式及其发展变化的反映。信息通常具有以下特点：客观性、时效性、滞后性、不完全性、可传递性、可处理性、可共享性。

2. 物流信息（logistics information）是在物流活动进行中产生及使用的必要信息，是物流活动内容、形式、过程以及发展变化的反映，是由物流引起并能反映物流活动实际和特征的，可被人们接受和理解的各种消息、情报、文书、资料、数据等的总称，有狭义和广义之分。

3. 物流信息除了具备一般信息的特征外，还具有自身的一些特点：数量大、分布广；动态性强；种类多；具有不一致性。在整个物流系统的运行过程中，物流信息主要起到以下几方面作用：市场交易活动功能、业务控制功能、工作协调功能、支持决策和战略功能。按照不同的分类标准，物流信息可以分为不同的类型。

4. 物流信息技术是指在物流各个作业环节应用的信息技术，主要由以计算机技术和网络通讯技术为核心的各种信息技术以及管理信息系统组成。它包括基于各种通信方式基础上的移动通信手段、全球卫星定位系统（GPS）、地理信息系统（GIS）、计算机网络技术、条形码技术、射频技术、信息交换技术等现代尖端科技。

5. 物流信息系统（logistics information system，LIS）是以计算机和网络通信设施为基础，以系统思想为主导建立起来的为了进行计划、操作和控制而为物流经理提供相关信息，以及为业务人员提供操作便利的人员、设备和过程相互作用的结构体。根据物流信息系统实现所采用技术的不同，物流信息系统主要有以下几种形式：基于物流企业内部局域网的系统、企业广域网和 Internet 网相结合的系统、企业内部局域网和 Internet 网相结合的系统。

6. 物流信息系统的层次结构可以分为业务操作层、管理控制层、决策分析层、战略计划层。物流信息系统的功能是数据的收集和录入、信息的存储、信息的传播、信息的处理、信息的输出。

案例分析

现代物流信息技术构筑 UPS 核心竞争力

成立于 1907 年 8 月 28 日的美国联合包裹运送服务公司（United Parcel Service，UPS）是世界上最大的配送公司。2000 年，联合包裹公司年收入接近 300 亿美元，其中包裹和单证流量大约 35 亿件，平均每天向遍布全球的顾客递送 1320 万件包裹。公司向制造商、批发商、零售商、服务公司以及个人提供各种范围的陆路和空运的包裹和单证的递送服务，以及大量的增值服务。表面上联合包裹公司的核心竞争优势来源于其由 15.25 万辆卡车和 560 架飞机组成的运输队伍，而实际上联合包裹公司今天的成功并非仅仅如此。

80 年代初，联合包裹公司以其大型的棕色卡车车队和及时的递送服务，控制了美国路面和陆路的包裹速递市场。然而，到了 80 年代后期，随着竞争对手利用不同的定价策略以及跟踪和开单的创新技术对联合包裹的市场进行蚕食，联合包裹的收入开始下滑。许多大型托运人希望通过单一服务来源提供全程的配送服务，进一步，顾客们希望通过掌握更多的物流信息，以利于自身控制成本和提高效率。随着竞争的白热化，这种服务需求变得越来越迫切。正是基于这种服务需求，联合包裹公司从 90 年代初开始了致力于物流信息技术的广泛利用和不断升级。今天，提供全面物流信息服务已经成为包裹速递业务中的一个至关重要的核心竞争要素。

一、联合包裹公司通过应用三项以物流信息技术为基础的服务提高了竞争能力

第一，条形码和扫描仪使联合包裹公司能够有选择地每周七天、每天 24 小时地跟踪

和报告装运状况,顾客只需拨个免费电话号码,即可获得"地面跟踪"和航空递送这样的增值服务。

第二,联合包裹公司的递送驾驶员现在携带着以数控技术为基础的笔记本电脑到排好顺序的线路上收集递送信息。这种笔记本电脑使驾驶员能够用数字记录装运接受者的签字,以提供收货核实。通过电脑协调驾驶员信息,减少了差错,加快了递送速度。

第三,联合包裹公司最先进的信息技术应用,是创建于1993年的一个全美无线通信网络,该网络使用了55个蜂窝状载波电话。蜂窝状载波电话技术使驾驶员能够把适时跟踪的信息从卡车上传送到联合包裹公司的中央电脑。无线移动技术和系统能够提供电子数据储存,并能恢复跟踪公司在全球范围内的数百万笔递送业务。通过安装卫星地面站和扩大系统,到1997年实时包裹跟踪成为了现实。

以联合包裹为代表的企业应用和推广的物流信息技术是现代物流的核心,是物流现代化的标志。尤其是飞速发展的计算机网络技术的应用使物流信息技术达到新的水平,物流信息技术也是物流技术中发展最快的领域,从数据采集的条形码系统,到办公自动化系统中的微机、互联网,各种终端设备等硬件以及计算机软件等都在日新月异地发展。同时,随着物流信息技术的不断发展,产生了一系列新的物流理念和新的物流经营方式,推进了物流的变革。今天来看,物流信息技术主要由通信、软件、面向行业的业务管理系统三大部分组成。包括基于各种通信方式基础上的移动通信手段、全球卫星定位(GPS)技术、地理信息(GIS)技术、计算机网络技术、自动化仓库管理技术、智能标签技术、条形码及射频技术、信息交换技术等现代尖端科技。在这些尖端技术的支撑下,形成以移动通信、资源管理、监控调度管理、自动化仓储管理、业务管理、客户服务管理、财务处理等多种信息技术集成的一体化现代物流管理体系。譬如,运用卫星定位技术,用户可以随时"看到"自己的货物状态,包括运输货物车辆所处的位置(某座城市的某条道路上)、货物名称、数量、重量等,从而不仅大大提高了监控的"透明度",降低了货物的空载率,做到资源的最佳配置,而且有利于顾客通过掌握更多的物流信息以控制成本和提高效率。

二、联合包裹公司通过在三方面推广物流信息技术发挥了核心竞争优势

在信息技术上,联合包裹已经配备了第三代速递资料收集器Ⅲ型 DIAD,这是业界最先进的手提式计算机,可几乎同时收集和传输实时包裹传递信息,也可让客户及时了解包裹的传送现状。这台 DIAD 配置了一个内部无线装置,可在所有传递信息输入后立即向联合包裹数据中心发送信息。司机只需扫描包裹上的条形码,获得收件人的签字,输入收件人的姓名,并按动一个键,就可同时完成交易并送出数据。Ⅲ型 DIAD 的内部无线装置还在送货车司机和发货人之间建立了双向文本通信。专门负责某个办公大楼或商业中心的司机可缩短约30分钟的上门收货时间。每当接收到一个信息,DIAD 角上的指示灯就会闪动,提醒司机注意。这对消费者来说,不仅意味着所寄送的物品能很快发送,还可随时"跟踪"到包裹的行踪。通过这一过程,速递业真正实现了从点到点、户对户的单一速递模式,除为客户提供传统速递服务外,还包括库房、运输等全方位物流服务,从而大大拓展了传统物流的概念。

在信息系统上,联合包裹将应用在美国国内运输货物的物流信息系统,扩展到了所

有国际运输货物上。这些物流信息系统包括署名追踪系统及比率运算系统等，其解决方案包括自动仓库、指纹扫描、光拣技术、产品跟踪和决策软件工具等。这些解决方案从商品原起点流向市场或者最终消费者的供应链上帮助客户改进了业绩，真正实现了双赢。

在信息管理上，最典型的应用是联合包裹在美国国家半导体公司（National Semiconductor）位于新加坡仓库的物流信息管理系统，该系统有效减少了仓储量及节省货品运送时间。今天我们可以看到，在联合包裹物流管理体系中的美国国家半导体公司新加坡仓库，一位管理员像挥动树枝一样将一台扫描仪扫过一箱新制造的电脑芯片。随着这个简单的举动，他启动了高效和自动化、几乎像魔术般的送货程序。这座巨大仓库是由联合包裹的运输奇才们设计建造的。联合包裹的物流信息管理系统将这箱芯片发往码头，而后送上卡车和飞机，接着又是卡车，在短短的12小时内，这些芯片就会送到国家半导体公司的客户——远在万里之外硅谷的个人电脑制造商——手中。在整个途中，芯片中嵌入的电子标签将让客户以高达三英尺的精确度跟踪订货。

由此可见，物流信息技术通过切入物流企业的业务流程来实现对物流企业各生产要素（车、仓、驾等）进行合理组合与高效利用，降低了经营成本，直接产生了明显的经营效益。它有效地把各种零散数据变为商业智慧，赋予了物流企业新型的生产要素——信息，大大提高了物流企业的业务预测和管理能力。通过"点、线、面"的立体式综合管理，实现了物流企业内部一体化和外部供应链的统一管理，有效地帮助物流企业提高了服务素质，提升了物流企业的整体效益。具体地说，它有效地为物流企业解决了单点管理和网络化业务之间的矛盾、成本和客户服务质量之间的矛盾、有限的静态资源和动态市场之间的矛盾，现在和未来预测之间的矛盾，等等。

以现代物流信息技术为核心竞争力基础的联合包裹已经在我国北京、上海、广州开办了代表处。1996年6月，联合包裹与中方合作伙伴中国外运集团共同在北京成立其在中国的第一家合资企业。目前该公司在中国有130多名员工，有60多辆带有UPS的车辆奔驰在国内的大街小巷，业务范围已覆盖了190多个城市。2001年1月，联合包裹公司的飞机被允许直飞中国，自从其首班飞机飞抵了上海后，目前联合包裹在北京、上海、深圳都建立了自己的航空基地，每星期有10个货运航班飞往中国。就此，世界物流业巨头联合包裹公司参与到了中国快递行业正方兴未艾的激烈竞争中来。

资料来源：数控调查网 http://www.cncfbi.com/Man/SCM/200706/7151.html

（注：网络原文正文中为联邦快递公司，经多方查证，作者认为应为联合包裹公司。）

思考：
1. 联合包裹公司应用到哪些信息技术？
2. 信息技术是如何帮助联合包裹公司塑造核心竞争优势的？

练习与思考

一、填空

1. 物流信息按照变动程度可以分为 _____，_____。

2. 从内容看，物流技术分为三大类，即_____、_____、_____。
3. GPS 系统由_____、_____、_____三大部分组成。
4. 物流信息系统的发展大概经历了单项数据处理阶段、_____、_____和辅助决策阶段四个阶段。
5. 物流信息系统的层次结构可以分为_____、_____、_____和_____四个层次。

二、单项选择
1. 下面哪项不属于广义的物流信息（　　　）。
   A. 物流活动信息　　　　　　　　　　B. 商品交易信息
   C. 市场信息　　　　　　　　　　　　D. 国家政策
2. 物流信息功能的最基本体现是（　　　）。
   A. 业务控制　　　　　　　　　　　　B. 记录物流交易活动
   C. 工作协调　　　　　　　　　　　　D. 支持决策
3. 条码技术主要解决了物流信息的（　　　）问题。
   A. 录入和采集　　B. 传递　　　　C. 存储　　　　D. 处理
4. 下面哪种信息属于固定的物流信息（　　　）。
   A. 物流计划完成情况　　　　　　　　B. 货物即时动态
   C. 物流任务进度　　　　　　　　　　D. 物流消耗定额
5. 条码的最后一位数字的作用是（　　　）。
   A. 防止扫描仪初始漏读　　　　　　　B. 防止扫描仪阅读时误判
   C. 防止增加使用范围　　　　　　　　D. 一维码的阅读权限
6. 销售点实时管理系统，即（　　　）系统，为实时控制经营活动提供了帮助。
   A. OCR　　　　B. MIS　　　　C. EOS　　　　D. POS
7. 车辆综合管理系统采用（　　　）技术及计算机管理技术建立车辆动态管理系统。
   A. GPS、RF、PDT　　　　　　　　　B. GPS、MIS、DSS
   C. GPS、GIS、GSM　　　　　　　　　D. RF、DB、GPS
8. EDI 是通过电子方式，采用（　　　）格式，利用计算机网络进行结构化数据的传输和交换。
   A. word　　　　B. 超文本　　　C. 标准化　　　D. RTF
9. GPS 系统在物流作业中最普遍的应用是（　　　）。
   A. 铁路货车监控　　　　　　　　　　B. 军事用途
   C. 港口堆场调度　　　　　　　　　　D. 汽车自动定位，货车跟踪
10. 通过（　　　）可以完成车辆路线模型、最短路径模型、网络物流模型等功能。
    A. EDI　　　　　B. POA　　　　C. GPS　　　　D. GIS

三、判断
1. 物流信息的特点之一是动态性强、种类多。　　　　　　　　　　（　　　）
2. 战略计划层是物流信息系统的最高层次。　　　　　　　　　　　（　　　）
3. 物流信息系统是物流管理的必然要求，没有物流的信息化，就没有先进的物流

管理。   （   ）
    4. 电子订货系统 EOS 应用的前提条件是订货业务作业的标准化。   （   ）
    5. 公路收费站不停车收费、库房电脑自动拣货应用的是采用 EDI 技术。 （   ）

四、简答

1. 简述物流信息的内涵和特点。
2. 简述物流信息技术的作用。
3. 简述 RFID 技术在物流中的应用。
4. 简述 GPS 系统的工作原理以及在物流中的应用。
5. 简述物流信息系统的概念和发展趋势。

第三篇
物流综合篇

第十一章

电子商务物流管理

本章学习目标:

1. 掌握电子商务的概念、特征;
2. 了解电子商务的功能、分类;
3. 了解电子商务与物流的关系;
4. 掌握电子商务物流和电子商务物流管理的概念、特征;
5. 了解电子商务物流管理的原则和职能;
6. 了解电子商务下的物流作业流程。

本章核心概念:

电子商务 电子商务物流 电子商务物流管理

京东电子商务与物流

京东商城最初只是一家 B2C 的网站,以自营商品为主,没有第三方卖家入驻。随着网站的发展,京东商城开始面向商家进行招商,允许合法资质的商家在京东商城中去销售产品,变成了一个 B2C 的电子商务平台。目前,京东(JD.com)是中国最大的自营式电商企业,旗下设有京东商城、京东金融、拍拍网、京东智能及海外事业部,2014 年在中国自营式电商市场的占有率为 49%。2014 年 5 月,京东在美国纳斯达克证券交易所正式挂牌上市,是中国第一个成功赴美上市的大型综合型电商平台,与腾讯、百度等中国互联网巨头共同跻身全球前十大互联网公司排行榜。2017 年京东的营业额达到了 3623 亿元,在营业额上超越了腾讯和阿里公司,分别超越了 1246 亿元和 1354 亿元。

近年京东布局物流、布局仓储,拥有中国电商行业最大的仓储设施,投资金额非常大。截至 2014 年底,京东全国拥有 7 大物流中心,在全国 40 座城市运营 123 个大型仓库,拥有 3210 个配送站和自提点,覆盖全国 1862 个县区。根据京东网站数据,目前京东拥有 500 个专业物流中心,1200 万平方米物流基础设施,30 万个末端服务网点,专注于"互联网+物流",致力于打造着眼未来的智慧仓储物流系统。京东专业的配送队伍能为顾客提供一系列专业服务,如 211 限时达、次日达、京准达、夜间配和三小时极速达、GIS 包裹实时跟踪、售后 100 分、快速退换货以及家电上门安装等服务,保障用户享受到卓越、全面的物流配送和完整的"端对端"购物体验。电商很重要的环节之一就是用户体验，只有产品好、物流快，消费者才愿意去购买使用。

资料来源：（有删改）京东物流网站 http://www.jdwl.com/

思考：
京东物流对京东电子商务的成功作用大吗？

随着 Internet 的迅速发展，信息即时流通成为现实，以增加交易机会、降低交易成本、提高交易效率为标志的电子商务，已成为全球经济发展的重要动力。电子商务是在开放的网络环境下，基于客户端/服务器端应用方式，实现消费者的网上购物、商家之间的网上交易和在线电子支付的一种新型的商业运营模式。电子商务以其相对低廉的成本、简化的贸易流程、超越时空限制的经营方式和预期的巨大利润，吸引着众多厂商。

中国电子商务企业近年不断丰富产品类别，持续提高物流及售后服务质量，积极发展跨境电商，下沉渠道发展农村电商，发展前景普遍看好。商务部发布的《中国电子商务报告 2017》显示，2017 年我国电子商务快速发展，交易额同比增长 11.7%，达 29.16 万亿元；全国网上零售额同比增长 32.2%，达 7.18 万亿元，约占全球的 50%；实物商品网上零售总额达 5.48 万亿元,同比增长 28%,占社会消费品零售总额的比重达到 15.0%；电子商务服务业营收规模同比增长 19.3%，达 2.92 万亿元。我国电子商务发展已进入密集创新和快速扩张的新阶段，日益成为拉动我国消费需求、促进传统产业升级、发展现代服务业的重要引擎。

第一节　电子商务概述

一、电子商务的概念

电子商务是以商务活动为主体，以计算机网络为基础，以电子化方式为手段进行的商务活动交易过程。它是经济和信息技术发展并相互作用的必然产物，EC（Electronic Commerce）是最常使用的电子商务的英文简写。电子商务这一概念虽然已被当今人们广泛使用，但到目前为止还没有一个统一的、较为确切的、具有权威性的定义。各国政府、学者、企业界人士根据自己所处地位和对电子商务参与的角度和程度不同，给出了许多不同定义。这些定义并无对错之分，只是从不同角度各抒己见。

联合国经济合作和发展组织（OECD）对 EC 定义：电子商务是发生在开放网络上的包含企业之间（Business to Business）、企业与消费者之间（Business to Consumer）的商业交易。

联合国国际贸易程序简化工作组对电子商务的定义是：采用电子形式开展商务活动，它包括在供应商、客户、政府及其他参与方之间通过任何电子工具，如 EDI、Web 技术、电子邮件等共享非结构化商务信息，并管理和完成在商务活动、管理活动和消费活动中的各种交易。

全球信息基础设施委员会（GIIC）电子商务工作委员会报告草案将 EC 定义为：电

子商务是运用电子通信作为手段的经济活动,通过这种方式人们可以对带有经济价值的产品或服务进行宣传、购买和结算。这种交易的方式不受地理位置、资金多少或零售渠道的所有权影响,公有、私有企业、公司、政府组织、各种社会团体、一般公民、企业家都能自由地参加广泛的活动。电子商务能使产品在世界范围内进行交易并向消费者提供多种多样的选择。

欧洲经济委员会于 1997 年 10 月在全球信息标准大会上指出,电子商务是各参与方之间以电子方式而不是以物理交换或直接物理接触方式完成任何形式的业务交易。

美国政府在其"全球电子商务纲要"中,指出电子商务是通过 Internet 进行的各项商务活动,包括广告、交易、支付、服务等活动,全球电子商务将涉及世界各国。

加拿大电子商务协会指出,电子商务是通过数字通信进行商品和服务的买卖以及资金的转账,它还包括公司间和公司内利用电子邮件(E-mail)、电子数据交换(EDI)、文件传输、传真、电视会议、远程计算机网所能实现的全部功能(如市场营销、金融结算、销售以及商务谈判)。

我国学者有的从过程角度定义,认为电子商务是在计算机与通信网络基础上,利用电子工具实现商业交换和行政作业的全过程。有的从应用角度认为:电子商务从本质上讲是一组电子工具在商务过程中的应用,这些工具包括 EDI、E-mail、BBS(电子公告系统)、条形码(barcode)、图像处理、智能卡等。而应用的前提是完善的现代通信网络和人们的思想意识的提高以及管理体制的转变。

现在,电子商务的概念一般分为广义和狭义两种。

IBM 公司 1996 年提出 Electronic Commerce(E-Commerce)的概念,1997 年又提出 Electronic Business(E-Business)的概念。IBM 公司认为,实现电子商务,关键是解决好 3C 的问题:第一个 C 是 Content(信息管理),就是如何在网络计算领域中更好地利用现有信息;第二个 C 是 Collaboration(合作),就是如何使人们更加敏捷、更加有效地在一起共事和合作;第三个 C 是 Commerce(商务交易),即如何在网上从事电子商务交易,从而获取利润,在网络计算领域求得生存。中国在引进这两个概念时都翻译成电子商务,但事实上这两个概念及内容是有区别的。E-Commerce 应翻译成电子商业,有人将 E-Commerce 称为狭义的电子商务,将 E-Business 称为广义的电子商务。E-Commerce 是指实现整个贸易过程中各阶段贸易活动的电子化,E-Business 是利用网络实现所有商务活动业务流程的电子化。但是,电子商务不等同于商务电子化。

具体讲,狭义的电子商务(Electronic Commerce,EC)指通过使用互联网进行的商务活动,是以计算机网络为基础进行的商务活动。人们一般理解的电子商务是指狭义上的电子商务。广义的电子商务(Electronic Business)指通过各种电子手段进行的商务活动。通过使用互联网等电子工具,使公司内部、供应商、客户和合作伙伴之间,利用电子业务共享信息,实现企业间业务流程的电子化,配合企业内部的电子化生产管理系统,提高企业的生产、库存、流通和资金等各个环节的效率。

无论是广义的还是狭义的电子商务概念,电子商务都涵盖两个方面:一是电子方式,二是商务活动,即必须利用电子方式来进行商务活动。电子商务是利用计算机技术、网络技术和远程通信技术,实现电子化、数字化和网络化、商务化的整个商务过程。

移动电子商务就是利用手机、PDA 及掌上电脑等无线终端进行的电子商务。它将因特网、移动通信技术、短距离通信技术及其他信息处理技术完美结合，使人们可以在任何时间、任何地点进行各种商务活动，实现随时随地、线上线下的购物与交易、在线电子支付以及各种交易活动、商务活动、金融活动和相关的综合服务活动等。移动电子商务是在无线传输技术高度发达的情况下产生的，如经常提到的 3G/4G/5G 技术、技术移动电子商务的载体。除此之外，Wi-Fi 和 Wapi 技术，也是无线电子商务的选项之一。

二、电子商务的类型

按照商务活动的内容，电子商务可分为间接电子商务（有形货物的电子订货和付款，仍然需要利用传统渠道如邮政服务和商业快递车送货）和直接电子商务（无形货物和服务，如某些计算机软件、娱乐产品的联机订购、付款和交付）。

按照开展电子交易的范围，电子商务可以分为区域化电子商务、远程国内电子商务、全球电子商务。

按照使用网络的类型，电子商务可以分为基于专门增值网络（EDI）的电子商务、基于互联网的电子商务、基于 Intranet 的电子商务。

按照交易对象，电子商务可以分为企业对企业的电子商务（Business to Business，B2B），指商家与商家建立的商业关系，如阿里巴巴、慧聪；企业对消费者的电子商务（Business to Consumer，B2C），企业直接把商品卖给用户；企业对政府的电子商务（Business to Government，B2G），指商家与政府建立的商业关系，如电子报税；消费者对政府的电子商务（Consumer to Government，C2G），指消费者与政府建立的商业关系，如电子报税；消费者对企业的电子商务（Consumer to Business，C2B），由客户发布自己要些什么东西，然后由商家决定是否接受客户邀约。假如商家接受客户邀约，交易成功；假如商家不接受客户邀约，交易失败，如美团、蘑菇街；消费者对消费者的电子商务（Consumer to Consumer，C2C），消费者通过网络交易，出售给另一个消费者，如淘宝、拍拍、易趣；企业、消费者、代理商三者相互转化的电子商务（Agent、Business、Consumer，ABC）；以消费者为中心的全新商业模式（Consumer to Business to Share，C2B2S），是 C2B 模式的进一步延伸，该模式很好解决了 C2B 模式中客户发布需求产品初期无法聚集庞大的客户群体而致使与邀约商家交易失败；以供需方为目标的新型电子商务（Provide to Demand，P2D）。

ABC 模式是新型电子商务模式的一种，被誉为继阿里巴巴 B2B 模式、京东商城 B2C 模式以及淘宝 C2C 模式之后电子商务界的第四大模式。它由代理商、商家和消费者共同搭建的集生产、经营、消费为一体的电子商务平台。三者之间可以相互转化。大家相互服务，相互支持，你中有我，我中有你，真正形成一个利益共同体。

C2B2S 是 C2B 和 B2S 的结合，突破了以往单一的 B2B、C2C、B2C、O2O 模式，以消费者价值为导向，让消费者以不同形式参与到购物、分享、经营、策划等环节中来，进行群体协作和商业活动，让线下商务与互联网结合在一起，很好地实现了消费者、商家、乐客店和平台之间的利益共享，达成多方共赢，这是一种全新的互联网购物模式。

三、电子商务的特征

相对于传统商务活动,电子商务具有如下基本特征:

(一)方便性

在电子商务环境中,人们不再受地域限制,客户能以非常简捷的方式完成过去较为繁杂的商业活动。例如,通过网络银行能够全天候地存取账户资金、查询信息等,同时使企业对客户的服务质量得以大大提高。

(二)整体性

电子商务能够规范事务处理的工作流程,将人工操作和电子信息处理集成为一个不可分割的整体。这样,不仅提高人力和物力的利用率,也提高系统运行的严密性。

(三)安全性

在电子商务中,安全性是一个至关重要的核心问题。它要求网络能提供一种端到端的安全解决方案,如加密机制、签名机制、安全管理、存取控制、防火墙、防病毒保护等等,这与传统商务活动有着很大不同。

(四)协调性

商务活动本身是一种协调过程,它需要客户与公司内部、生产商、批发商、零售商间的协调。在电子商务环境中,它更要求银行、物流部门、通信部门、技术服务等多个部门的通力协作,电子商务的全过程往往是一气呵成的。

四、电子商务的功能

电子商务可提供网上交易和管理等全过程服务。因此,它具有广告宣传、咨询洽谈、网上定购、网上支付、电子账户、服务传递、意见征询、交易管理等各项功能。

(一)广告宣传

电子商务可凭借企业的 Web 服务器和客户的浏览,在 Internet 上发布各类商业信息。客户可借助网上的检索工具迅速找到所需商品信息,而商家可利用网上主页和电子邮件在全球范围内作广告宣传。与以往各类广告相比,网上广告成本最为低廉,而给顾客的信息量却最为丰富。

(二)咨询洽谈

电子商务可借助非实时的电子邮件、新闻组和实时的讨论组来了解市场和商品信息、洽谈交易事务,如有进一步的需求,还可用网上的白板会议 (Whiteboard Conference) 来交流即时的图形信息。网上咨询和洽谈能超越人们面对面洽谈的限制,提供多种方便的异地交谈形式。

（三）网上订购

电子商务可借助 Web 中的邮件交互传送实现网上订购。网上订购通常都是在产品介绍页面上提供十分友好的订购提示信息和订购交互格式框。当客户填完订购单后，通常系统会回复确认信息单来保证订购信息的收悉。订购信息也可采用加密方式，使客户和商家的商业信息不会泄露。

（四）网上支付

电子商务要成为一个完整过程，网上支付是重要环节。客户和商家之间可采用信用卡账号实施支付。在网上直接采用电子支付手段可省略交易中很多人员的开销。网上支付需要可靠的信息传输安全性控制，以防止欺骗、窃听、冒用等非法行为。

（五）电子账户

网上支付必须要有电子金融来支持，即银行或信用卡公司及保险公司等金融单位要为金融服务提供网上操作服务。而电子账户管理是其基本组成部分。信用卡号或银行账号都是电子账户的一种标志。而其可信度需配以必要技术措施来保证，如数字凭证、数字签名、加密等，这些手段的应用提供了电子账户操作的安全性。

（六）服务传递

对于已付款的客户应将其订购货物尽快传递到他们手中。而有些货物在本地，有些货物在异地，电子邮件能在网络中进行物流调配。最适合在网上直接传递的货物是信息产品，如软件、电子读物、信息服务等，能直接从电子仓库中将货物发到用户端。

（七）意见征询

电子商务能十分方便地采用网页上的"选择""填空"等格式文件来收集用户对销售服务的反馈意见。这样，企业的市场运营能形成一个封闭回路。客户反馈意见不仅能提高售后服务水平，更使企业获得改进产品、发现市场的商业机会。

（八）交易管理

整个交易管理将涉及人、财、物多个方面，涉及企业和企业、企业和客户及企业内部等各方面的协调和管理。因此，交易管理是涉及商务活动全过程的管理。电子商务的发展，将会提供一个良好的交易管理的网络环境及多种多样的应用服务系统。这样，能保障电子商务获得更广泛的应用。

第二节　电子商务与物流的关系

任何一笔电子商务的交易活动中都包含着商流、物流、信息流、资金流四种基本的"流"。然而，物流在四种"流"中是最为特殊的一种。电子商务中商流、信息流、资金流的处理都可以通过计算机等电子设备在网络上完成,而物流除了少数商品或服务(如电子出版物、软件)可以直接通过网络传输的方式进行配送外,绝大部分商品和服务的物质实体流动过程无法在网络上完成,最终都要经由物理方式完成。因此,物流是电子商务的重要组成部分,与电子商务存在着特殊的关系。

一、电子商务对物流的影响

(一)电子商务为物流创造了一个虚拟性的运动空间

电子商务状态下进行物流活动时,物流各项职能可以通过虚拟化方式表现出来。在这种虚拟化过程中,人们通过各种组合方式,寻求物流合理化,使商品实体在实际运动过程中达到效率最高、费用最省、距离最短、时间最少的目的。

(二)电子商务改变物流的运作方式

首先,电子商务可以对物流网络进行实时控制。传统物流在运作过程中,无论是以生产为中心还是以成本或利润为中心,实质都是以商流为中心,从属于商流活动。因此,物流运作是紧紧伴随着商流来运动的。而在电子商务下,物流运作以信息为中心,信息不仅决定了物流运动方向,而且决定着物流运作方式。在实际运作当中,网络信息传递,可以有效地实现对物流的实施控制,实现物流合理化。其次,网络对物流的实时控制是以整体物流来进行了。传统物流运作中虽也有根据计算机对物流进行实时控制,但这种控制是以单个的运作方式来进行的。例如,实施计算机管理的物流中心或仓储中心,大都以企业自身为中心来实施控制。而在电子商务时代,网络合理化的特点使物流在全球范围内实施整体物流的实时控制。

(三)电子商务改变物流企业的组织和管理

在传统条件下,物流往往是从某一个企业进行组织和管理。而电子商务则要求物流从社会角度来实行系统的组织和管理,以打破传统物流分散的状态。这就要求企业组织物流过程不仅考虑本企业的物流组织和管理,更重要的是要考虑全社会的物流整体系统。

(四)电子商务改变物流企业的竞争状态

在电子商务时代,物流企业之间依靠本企业提供优质服务、降低物流费用等方面来进行竞争的内容依然存在,但有效性大大降低。原因在于电子商务需要一个全球性物流系统来保证商品实体合理流动。对一个企业来说,即使规模再大,也难以达到这一要求。这就要求物流企业应相互联合起来,在竞争中形成一种协同竞争合作的状态,实现物流高效化、合理化和系统化。

(五)电子商务促进物流基础设施的改善

电子商务高效率和全球性的特点,要求物流也必须达到这一目标。而物流要达到这一目标,良好的交通运输网络、通信网络等基础设施则是最基本保证。除此之外,相关的法律条文、政策、观念等都要不断得到提高。

(六)电子商务促进物流技术的进步

物流技术主要包括物流硬技术和软技术。物流技术一般指与物流活动有关的所有技术的总称。从内容看,物流技术可分为物流硬技术、物流软技术和物流信息技术三类。物流硬技术包括各种物品在物流活动中所需要的材料、机械和设施、流通加工技术、物品包装技术、物品标识技术、物品实时跟踪技术等。物流软技术包括各种物流活动所需要的计划、管理和评价等技术。物流信息技术是指在物流各个作业环节应用的信息技术,主要由以计算机技术和网络通信技术为核心的各种信息技术以及管理信息系统组成。物流技术水平的高低是实现物流效率高低的一个重要因素。要建立一个适合电子商务运作的高效率的物流系统,加快提高物流的技术水平则有着重要的作用。

二、物流在电子商务中的地位

(一)物流是电子商务的重要组成部分

电子商务概念虽然没有定论,但从物流角度可以分为两类。

一类定义是美国IT厂商提出的,将电子商务定义为"无纸贸易"。例如,IBM对电子商务的定义包括企业内部网(Intranet)、企业外部网(Extranet)和电子商务(E-commerce)共三个部分。它所强调的是网络计算环境下的商业应用,是把买方、卖方、厂商及其合作伙伴在互联网、企业内部网和企业外部网结合起来的应用。康柏在其电子商务解决方案中这样定义电子商务:"电子商务就是引领客户、供应商和合作伙伴业务操作的流程连接。"还有企业认为,电子商务是一种商务活动新形式,它通过采用现代信息技术手段,以数字化通信网络和计算机装置代替传统交易过程中纸介质信息载体的存储、传递、统计、发布等环节,从而实现商品和服务贸易以及交易管理等活动的全过程无纸化,并达到高效率、低成本、数字化、网络化、全球化等目的。在这类定义中,电子化工具主要是指计算机和网络通信技术;电子化对象主要是针对信息流和资金流。

无论从电子化工具还是电子化对象看,美国的电子商务概念都没有将物流包括在内,发展电子商务时似乎很少研究物流,原因在于美国提出电子商务概念时,物流技术和管理已经日臻完善,已有强大的现代化物流作为支撑,只需将电子商务与其对接即可,但这并非意味着电子商务不需要物流的电子化。美国提出电子商务的最初出发点就是为了解决信息流、商流和资金流处理上的烦琐造成的对现代化的物流过程的延缓,进一步提高现代化的物流速度。事实上,如果电子商务不能涵盖物流,甚至将货物送达过程排除在外,这样的电子商务就不是真正意义上的电子商务。

我国物流发展起步晚、水平低,引进电子商务时并不具备能够支持电子商务活动的现代化物流水平。发展电子商务时,急需促进现代物流的快速发展。因此,我国学者提出了包括物流电子化的第二类电子商务定义。电子商务活动可以用"电子商务=网上信息传递+网上交易+网上支付+物流配送"来表示。一个完整的电子商务活动,必然要涉及信息流、商流、资金流和物流等四个流动过程。前三种流都可以有效地通过网络来实现——在网上可以轻而易举地完成商品所有权的转移、货款的支付和信息的交换，但最终的资源配置还需通过商品实体的转移来实现。因为物流的特殊性决定无法像解决前三种流一样依靠互联网来解决物流问题。互联网为平台的网络经济可以改造和优化物流，但不可能根本解决物流问题。电子化的对象是整个交易过程，不仅包括信息流、商流、资金流，也包括物流。电子化的工具不仅指计算机和网络通信技术，也包括叉车、自动导引车、机械手臂等自动化工具。在一定意义上说，物流是电子商务的重要组成部分，是信息流和资金流的基础和载体。所以，从根本上说，物流电子化应是电子商务的组成部分。缺少了现代化的物流过程，电子商务过程也不完整。

（二）物流是电子商务概念模型的基本要素之一

电子商务概念模型（图11-1）是对现实世界中电子商务活动的一般抽象描述，它由电子商务交易主体、电子市场、交易事务和商流、物流、信息流、资金流等基本要素构成。其中，企业、银行、商店、政府机构和个人等能从事电子商务的客观对象称为电子商务交易主体。电子市场是电子商务交易主体在网上从事商品和服务交换的场所。在电子市场中，各种商务活动参与者利用各种通信装置、网络连接成一个统一的整体。交易事务指交易主体之间从事的如询价、报价、转账支付、广告宣传、商品运输等具体的商务活动内容。任何一笔电子商务的交易活动中都包含着商流、物流、信息流、资金流四种基本的"流"，强调四"流"的整合。其中，信息流十分重要，它在更高的位置上实现对流通过程的监控。

在电子商务中，交易的无形商品如电子出版物、信息咨询服务以及软件等可以直接通过网络传输的方式进行配送；大多数有形商品和服务的实体转移仍然要通过物理方式进行。电子商务环境下的物流，通过机械化、自动化工具使用和准确及时的物流信息对物流过程的监控，使物流速度加快、准确率提高，能有效减少库存、缩短生产周期。随着互联网技术和电子银行的发展，商流、信息流、资金流的电子化和网络化已经实现了，但物流现代化还需要经历一个较长的发展时期。

图11-1　电子商务的概念模型

（三）物流是电子商务流程的重要环节

电子商务交易流程一般都可以归纳为以下六个步骤。
（1）在网上寻找产品或服务信息，发现需要的信息。
（2）对找到的各种信息进行各方面比较。
（3）交易双方就交易价格、交货方式和时间等进行网上洽谈。

（4）买方下订单、付款并得到卖方的确认信息。
（5）买卖双方完成商品的发货、仓储、运输、加工、配送、收货等活动。
（6）卖方对客户的售后服务和技术支持。

上述步骤中，"商品的发货、仓储、运输、加工、配送、收货等活动"实际上是电子商务中物流过程，这一过程在整个流程中是实现电子商务的重要环节和基本保证。

（四）物流效率高低是电子商务的关键

电子商务通过快捷、高效的信息处理手段可以比较容易地解决信息流（信息交换）、商流（所有权转移）和资金流（支付）的问题，而将商品及时配送到用户手中，即完成商品空间转移（物流）才标志着电子商务过程的结束。因此，物流系统的效率高低是电子商务成功与否的关键，而物流效率的高低很大一部分取决于物流现代化的水平。

物流现代化中最重要的部分是物流信息化。物流信息化是电子商务物流的基本要求，是企业信息化的重要组成部分。物流信息化能更好地协调生产与销售、运输、储存等环节的联系，对优化供货程序、缩短物流时间及降低库存都具有十分重要的意义。

三、电子商务与物流相互制约与促进

（一）物流对电子商务的制约与促进

有形商品的网上交易活动是电子商务的一个重要构成方面，近些年得到了迅速发展。在这一发展过程中人们发现，作为支持有形商品网上交易活动的物流，不仅成为有形商品网上交易活动顺利进行的一个障碍，还成为有形商品网上交易活动能否顺利进行和发展的一个关键因素。因为没有一个高效、合理、畅通的物流系统，电子商务所具有的优势就难以得到有效的发挥。没有一个完善的物流体系，电子商务特别是网上有形商品的交易就难以得到有效的发展。反过来，一个完善的现代化物流体系是电子商务，特别是网上有形商品交易发展的保障。

（二）电子商务对物流的制约与促进

电子商务对物流的制约表现在：当网上有形商品的交易规模较小时，不可能形成一个专门为网上交易提供服务的物流体系，这不利于物流的专业化和社会化的发展。电子商务对物流的促进表现在：一是网上交易规模较大时，它会有利于物流专业化和社会化的发展；二是电子商务技术会促进物流的发展。

众所周知，物流的每一次变革及其发展都是由于其活动的客观环境和条件发生变化所引起的，并由这些因素来决定其发展方向的。在人类社会迈入信息化、知识化的21世纪，以信息化、知识化为代表的电子商务正是在适应这一趋势的环境下产生的，代表了商务活动的发展方向和未来，具有传统商务活动所无法比拟的优势，必然会促进物流体系的再次变革和重塑。

第三节　电子商务下的物流管理

电子商务与物流既相互制约也相互促进。电子商务物流是物流与电子商务相结合的产物，是服务于电子商务的物流活动。只有根据电子商务环境加强其物流管理，才能既提高物流效率，降低物流成本，又能促进电子商务发展。

一、电子商务环境下物流的发展趋势

电子商务的发展，给全球物流业带来了新的变化，使得物流具备了一系列新的特点。

1. 服务化

在电子商务下，第三方物流企业以服务作为第一宗旨，以实现顾客满意作为第一目标。它通过提供顾客所期望的服务，在积极追求自身交易扩大的同时，强调实现与竞争企业服务的差别化，努力提高顾客满意度。美日等国第三方物流企业成功的要诀，无一不在于他们都十分重视对客户服务的研究。

2. 信息化

电子商务时代，物流信息化是电子商务的必然要求。物流信息化表现为物流信息的商品化、物流信息收集的数据库化和代码化、物流信息处理的电子化和计算机化、物流信息传递的标准化和实时化、物流信息存储的数字化等。因此，条码技术（bar code）、无线电射频技术（RF）、数据库技术（data base）、电子订货系统（electronic ordering system，EOS）、电子数据交换（electronic data interchange，EDI）、快速反应（quick response，QR）、有效的客户反映（effective customer response，ECR）、企业资源计划（enterprise resource planning，ERP）等先进信息技术与管理策略广泛应用于物流中，特别是 Internet 网络技术的普及为物流的网络化提供了良好的外部环境，使交易各方的时空距离几乎为零，有力地促进了信息流、商流、资金流的结合。信息化是一切的基础。没有物流的信息化，任何先进的技术设备都不可能应用于物流领域。信息技术及计算机技术在物流中的应用将会彻底改变世界物流的面貌。

3. 自动化

自动化的基础是信息化，自动化的核心是机电一体化，自动化的外在表现是无人化，自动化的效果是省力化，另外还可以扩大物流作业能力、提高劳动生产率、减少物流作业的差错等。物流自动化的设施非常多，如条码/语音/射频自动识别系统、自动分拣系统、自动存取系统、自动导向车、货物自动跟踪系统等设施将逐步在物流中普及应用。这些设施在发达国家已普遍应用于物流作业流程中，而在我国由于物流业起步晚及发展水平低，自动化技术的普及还需要相当长的时间。

4. 网络化

物流网络化是物流信息化的必然，是电子商务下物流活动的主要特征之一。当今世界 Internet 等全球网络资源的可用性及网络技术的普及为物流的网络化提供了良好的外部环境，物流网络化不可阻挡。物流网络化的基础也是信息化，有两层含义：一是物流配送系统的计算机通讯网络，包括物流配送中心与供应商或制造商的联系要通过计算机网络，另外与下游顾客之间的联系也要通过计算机网络通信。如物流配送中心向供应商

提出订单这个过程，就可以使用计算机通信方式，借助于增值网（value-added network，VAN）上的电子订货系统（EOS）和电子数据交换（EDI）技术来自动实现，物流配送中心通过计算机网络收集下游客户的订货的过程也可以自动完成；二是组织的网络化，即所谓的组织内部网（Intranet）。如台湾的电脑业在20世纪90年代创造出了"全球运筹式产销模式"，其基本作法是按照客户的订单组织生产，生产采取分散形式，即将全世界的电脑资源都利用起来，采取外包的形式将一台电脑的所有零部件、元器件、芯片外包给世界各地的制造商去生产，然后通过全球的物流网络将这些零部件、元器件、芯片发往一个物流配送中心进行组装，由该物流配送中心将组装的电脑迅速发给订户。这一过程需要高效的物流网络支持，当然物流网络的基础是信息、电脑网络。

5. 一体化

电子商务时代，物流企业的服务是集成化的，提供从信息采集、货物运输、仓储、配送到附加增值服务以及客户化的服务等一系列服务，即所谓的供应链管理。它有利于物流企业综合利用自身的资源，协调管理资金流、物流和业务流，以达到最佳组合，发挥最佳效率，为客户提供一条龙的服务。

6. 智能化

智能化是物流自动化、信息化的一种高层次应用。物流作业过程大量的运筹和决策，如库存水平的确定、运输（搬运）路线的选择、自动导向车的运行轨迹和作业控制、自动分拣机的运行、物流配送中心经营管理的决策支持等问题，都需要借助专家系统、人工智能和机器人等在国际上已经比较成熟的相关技术加以解决。为了提高物流的现代化水平，物流的智能化已成为电子商务下物流发展的一个新趋势。

7. 柔性化

柔性化本来是为了实现"以顾客为中心"的理念而首先在生产领域提出的，但要真正做到柔性化，即真正地能根据消费者需求的变化来灵活调节生产工艺，没有配套的柔性化的物流系统是不可能达到目的的。20世纪90年代，国际生产领域纷纷推出弹性制造系统（flexible manufacturing system，FMS）、计算机集成制造系统（computer integrated manufacturing system，CIMS）、制造资源系统（manufacturing requirement planning，MRP-Ⅱ）、企业资源计划（enterprise resource planning，ERP）以及供应链管理的概念和技术，这些概念和技术的实质是要将生产、流通进行集成，根据需求端的需求组织生产，安排物流活动。因此，柔性化的物流正是适应生产、流通与消费的需求而发展起来的一种新型物流模式，它要求物流配送中心根据现代消费需求"多品种、小批量、多批次、短周期"的特点，灵活组织和实施物流作业。在电子商务时代，物流发展到集约化阶段，一体化配送中心已不单单只是提供仓储和运输服务，还必须开展配货、配送和各种提高附加值的流通服务项目，甚至还可按客户的需要提供其他特殊的服务。

8. 专业化

由于电子商务时代存在各种各样的营销模式，各有各的特色，也就对物流企业提出了不同的要求和挑战，不可能存在一种万能的物流企业，可以适应各种类型的电子商务企业。有所不为，才能有所为，所以物流企业将向着服务专业化的方向发展，充分利用自己的核心竞争优势，降低运营成本，赢得利润。这里的服务专业化包括两个方面内容：

一是服务功能或内容的专业化；二是服务对象或行业的专业化。

二、电子商务物流的概念和特征

（一）电子商务物流的概念

电子商务物流是在电子商务过程中，根据实际需要将运输、储存、装卸、搬运、包装、流通加工、配送、信息处理等基本物流功能实行有机结合，完成物品从供应地向接收地的实体流动过程。电子商务物流的目的是实现各种物流环节的合理衔接并取得最佳经济效益，实现电子商务过程中商品的空间效益和时间效益。电子商务物流系统同一般物流系统一样，具有输入、转换和输出三大功能。输入包括人、财、物和信息。输出包括效益、服务、环境的影响以及信息等。实现输入到输出的转换则是电子商务物流的管理活动、技术措施和信息处理等。

（二）电子商务物流的特征

1. 整个物流系统具有无限的开放性

电子商务是构建在因特网上的，整个电子商务物流系统的物流节点都通过公司网络互相连接，与合作节点互换信息，协同处理业务。基于网络的开放性，节点的量几乎可以无限多。每个节点可以与其他节点发生联系，快速交换数据。某个节点的变动不会影响其他节点，整个系统具有无限的开放性和拓展性。

2. 物流节点普遍实行信息化管理

信息化管理在电子商务条件下不仅仅是广泛利用自动化、机械化设备操作方面，更重要的是利用自动化设备收集和处理商流和物流过程中产生的信息，并对物流信息进行分析和挖掘，最大限度地利用有效信息对物流进行指导和管理。

3. 信息流在物流过程中起引导和整合作用

信息流贯穿于商务活动的始终，引导着商务活动的发展。商流是物流的前提，物流是商流的延续，是商流最终实现的保证。物流要完成商流活动中物品实体的流通过程，同样需要信息流的引导和整合。在紧密联系的网络系统中，每个节点回答上游节点的询问，向下游节点发出业务请求，根据上下游请求和反馈，提前安排货物运输过程。信息流在物流过程中起到了事先测算流通路程、即时监控输送过程、事后反馈分析的作用。在环环相扣的物流过程中，虚拟的场景和路程简化了操作程序，极大地减少了失误和误差，使得每个环节之间的停顿时间大幅度降低。

4. 系统具有明显的规模优势

网络将各个分散的节点联结为紧密联系的有机整体，在一个相当广泛的区域内发挥作用。在电子商务系统中，系统不以单个点为中心，系统功能分散到多个节点处理，各节点间交叉联系，形成网状结构。大规模联合作业降低了系统的整体运行成本，提高了工作效率，也减低了系统对单个节点的依赖性，抗风险能力明显增强。如果某个节点出现意外，其他节点可以快速补上。

三、电子商务物流管理的概念和特征

（一）电子商务物流管理的概念

电子商务物流管理，简单地说就是对电子商务物流活动进行的计划、组织、指挥、协调、控制和决策等。

（二）电子商务物流管理的特征

电子商务物流管理的特征主要表现在以下几个方面。

1. 目的性

电子商务物流管理的目的是降低物流成本，提高物流效率，有效地提高顾客服务水平。

2. 综合性

电子商务物流管理从覆盖领域上看，涉及商务、物流、信息、技术等领域的管理；从管理范围看，不仅涉及企业，还涉及供应链各个环节；从管理方式方法看，兼容传统的管理方法和通过网络进行的过程管理、虚拟管理等。

3. 创新性

电子商务物流管理体现了新经济的特征，它以物流信息为管理的出发点和立足点。电子商务活动本身就是信息高度发达的产物，对信息活动的管理是一项全新的内容，也是对传统管理的挑战和更新。我国对互联网的相关管理手段、制度和方法均处于探索阶段，如何对物流活动进行在线管理，还需要产业界与理论界的努力。

4. 智能性

电子商务物流管理中，将更多地使用先进的科学技术和管理方法，实现对物流的智能决策、控制和协调等。

四、电子商务物流管理的原则和职能

（一）电子商务物流管理的原则

1. 系统效益原则

系统效益原则，亦称整体效益原则。电子商务物流管理不仅要求物流活动本身效益最大化，而且要求与物流相关的系统整体效益最大化，包括当前与长远效益、财务与经济效益、经济与社会效益、经济与生态效益等。因此，电子商务物流管理要确立可持续发展观念，处理好物流与社会需求、物流耗费与有限资源、当前与可持续发展的关系。

2. 标准化原则

电子商务物流按其重复性分为两大类：一是重复发生的常规性活动，如物料的领用和发出、配送路线、搬运装卸等；二是一次性或非常规性活动，如用户需求的随时变更、运输时间的不确定性等。物流管理的标准化要求常规活动按标准化原则实施管理，实现自动化、智能化，以提高效率、降低成本。随着物流技术的不断更新（如人工智能模拟、MRP等）和电子商务物流信息技术的广泛应用，对随机性活动也可以逐步标准化。

3. 服务原则

服务原则指在电子商务物流管理的全过程中，努力促使各部门及员工牢固树立服务观念，恪守职业道德，严格执行服务标准。通过内强分工体系的协同效应和外塑物流企业的整体形象，提供文明、安全、优质、高效的物流服务，确保企业经济效益和社会效益同步提高。

（二）电子商务物流管理的职能

电子商务物流管理和其他管理活动一样，其职能也包括计划、组织、协调、控制、决策、激励等。

1. 计划职能

编制和执行年度物流的供给和需求计划；月度供应作业计划；物流各环节的具体作业计划，如运输、仓储等；物流营运相关的经济财务计划等。

2. 组织职能

确定物流系统的机构设置、劳动分工、定额定员；配合有关部门进行物流的空间组织和时间组织的设计；对电子商务中的各项职能进行合理分工，各个环节的职能进行专业化协调。

3. 协调职能

这对电子商务物流尤其重要，除物流业务运作本身的协调功能外，更需要物流与商流、资金流、信息流相互之间的协调，才能保证电子商务用户的服务要求。

4. 控制职能

物流过程是物资从原材料供应者到最后的消费者的一体化过程，控制就是物流供应管理的基本保证。它涉及物流管理部门直接指挥下属机构和直接控制的物流对象，如产成品、在制品、待售和售后产品、待运和在运货物等。由于电子商务涉及面广，其物流活动参与人员众多、波动大，所以物流管理的标准化、标准的执行督查、偏差的发现与矫正等控制职能相应具有广泛性和随机性。

5. 决策职能

电子商务物流管理的决策大多与物流技术挂钩，如库存合理定额的决策、采购量和采购时间决策等。

6. 激励职能

物流系统内员工的挑选和培训、绩效的考核与评估、工作报酬与福利、激励与约束机制的设计。

五、电子商务下的物流作业流程

电子商务的本质特征是生产者与消费者的关系是直接的，减少了中间环节，拉近了顾客与企业之间的距离。电子商务利用互联网技术将供应商、企业、顾客以及其他商业伙伴连接到现有的信息技术上，达到信息共享，彻底改变现有的业务作业方式及手段，实现充分利用资源，缩短商业环节及周期，提高效率，降低成本，提高服务水平的目的。

电子商务下整个供应链是由供应商、制造商、物流配送中心和顾客所组成，他们通过互联网共享需求信息。供应商根据顾客需求生产所需要的原材料，原材料经过制造商的加工、包装等一系列作业后，将产品集中到物流配送中心，物流配送中心根据顾客订单要求，将货物送给顾客。

与传统商务活动相比，供应链环节减少了，现实的零售店没有了，物流配送中心的作用变得越来越显著。物流配送中心既是制造商的仓库，也是顾客的实物供应仓库。如果上述流程简化一下，变成电子商务环境下生产企业与顾客之间的物流作业流程，如图11-2 所示。用户通过网上的虚拟商店购物，并在网上支付，信息流和资金流的运作过程很快完成，剩下的工作就只有实物的物流处理了。物流配送中心成了所有企业和供应商对顾客的惟一供应者。在电子商务下，物流配送中心的作用越来越突出。

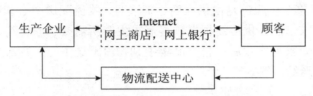

图 11-2　电子商务下生产企业与顾客之间的物流作业流程

本 章 小 结

1. 电子商务是以商务活动为主体，以计算机网络为基础，以电子化方式为手段进行的商务活动交易过程。电子商务不等同于商务电子化。狭义的电子商务（Electronic Commerce，EC）指通过使用互联网进行的商务活动。广义的电子商务（Electronic Business）指通过各种电子手段进行的商务活动。电子商务具有方便性、整体性、安全性、协调性的基本特征。电子商务具有广告宣传、咨询洽谈、网上定购、网上支付、电子账户、服务传递、意见征询、交易管理等各项功能。

2. 电子商务按照商务活动内容可分为间接电子商务和直接电子商务；按照使用网络类型可分为基于专门增值网络（EDI）的电子商务、基于互联网的电子商务、基于 Intranet 的电子商务；按照交易对象可分为企业对企业的电子商务（Business to Business，B2B）、企业对消费者的电子商务（Business to Consumer，B2C）、企业对政府的电子商务（Business to Government，B2G）、消费者对政府的电子商务（Consumer to Government，C2G）、消费者对企业的电子商务（Consumer to Business，C2B）、消费者对消费者的电子商务（Consumer to Consumer，C2C）、企业、消费者、代理商三者相互转化的电子商务（Agent、Business、Consumer，ABC）；以消费者为中心的全新商业模式（Consumer to Business to Share，C2B2S）。

3. 物流与电子商务存在着特殊关系，两者相互促进和制约。电子商务为物流创造了一个虚拟性的运动空间、改变物流的运作方式、改变物流企业的组织和管理、改变物流企业的竞争状态，促进物流基础设施的改善和物流技术的进步。物流是电子商务的重要组成部分，是电子商务概念模型的基本要素之一，是电子商务流程的重要环节，是电子商务的关键。

4. 电子商务物流是在电子商务过程中，根据实际需要将运输、储存、装卸、搬运、包装、流通加工、配送、信息处理等基本物流功能实行有机结合，完成物品从供应地向接收地的实体流动过程。电子商务物流的特征：整个物流系统具有无限的开放性、物流节点普遍实行信息化管理、信息流在物流过程中起引导和整合作用、系统具有明显的规模优势。

5. 电子商务物流管理，简单地说就是对电子商务物流活动进行的计划、组织、指挥、协调、控制和决策等。电子商务物流管理具有目的性、综合性、创新性、智能性的特征。电子商务物流管理的原则是系统效益原则、标准化原则、服务原则。电子商务物流管理职能包括计划、组织、协调、控制、决策、激励等。

6. 电子商务下整个供应链是由供应商、制造商、物流配送中心和顾客所组成，他们通过互联网共享需求信息。供应商根据顾客需求生产所需要的原材料，原材料经过制造商的加工、包装等一系列作业后，将产品集中到物流配送中心，物流配送中心根据顾客订单要求，将货物送给顾客。

案例分析

京东电商物流配送模式

一、京东电子商务及物流服务简介

2004年初，京东商城正式进入电子商务领域，目前已成为中国最大的自营式电商企业。电子商务物流是利用计算机技术、互联网技术、电子商务等信息技术所进行的物流活动，即物流企业的电子商务化。电子商务配送指通过网上进行信息传递，在网上进行交易和结算，提供门到门的服务。电子商务的快速发展也大大推动了物流业发展，物流配送模式也越来越多样化，因此物流配送模式选择成为一个较为重要的决策。如果没有现代化的物流运作模式支持，没有一个高效合理的物流体系，电子商务所具备的优势就很难充分发挥出来。反之，决定物流效率高低的一个重要因素是物流技术水平的高低，而电子商务的支持对现代物流技术水平发挥起到了重要保障作用。

二、京东电商物流配送模式

目前，物流配送模式主要分为自建物流模式、第三方物流模式以及物流联盟。京东采用的是自建物流模式和与第三方物流合作的配送模式。自建物流控制能力较强，可跟踪物流变化，服务水平可以不断改进提高，提供个性化服务，反应速度也较快，但投资成本较高，缺乏物流专业管理人才，专业化水平低。配送点的选址、人员配备等很难合理确定，且配送费用也因为配送规模小而较难降低。第三方物流配送模式成本较低，比较专业，但无法保障对用户的服务，以及无法对配送过程实施监控。

（1）自建物流配送模式。对于京东的自建物流配送模式，其属于服务业，因此客户体验是一个非常重要的问题。京东自营物流配送模式是物流配送的每个环节都由他们自己来管理和运行，通过建立完整、先进的配送系统完成每个配送任务，包括企业的内部物流和外部物流。这种运营模式有利于京东进行自身的管理，并且能保证服务的质量。京东在北京、上海、广州市区的配送全部是通过自己的配送体系完成的。另外，还在北京、广州、上海三地设立多处自提点，顾客自己收到到货信息后自己前往提货点进行提货。京东选择这样的自营物流使得它更方便地监管、控制物流每一个环节，并且可以保证服务的高质量。由于京东物流网点覆盖范围较广，顾客可以以最快速度收到自己货物，从而提高顾客满意度和忠诚度，使企业更具有竞争力。

（2）第三方物流配送模式。京东采用的另外一种配送模式是第三方物流配送模式，指京东为了节约配送成本，将原本属于自己配送的货物委托给专业物流服务企业进行配送，同时通过信息系统与物流企业保持密切联系，以达到对配送过程的监控与管理。京东相对专业物流企业来说，配送必然没有物流企业的专业化。因此，在没有网点或者配送成本比较高的情况下，京东则将部分物流配送业务外包给专业的第三方物流公司。通过这种配送模式，京东可以节省物流成本，并且可以根据自身需求选择合适的第三方物流企业，灵活性较大。京东在自营配送无法到达的领域，选择与当地的第三方物流企业进行合作，来完成货物配送任务。虽说京东商城在2010年获得了100亿元的销售额，可其主要业务仍局限于北京、上海、广州等经济发达城市。因此长远考虑，京东必须将业务阵营扩展到二级城市或三级城市。但是在全国每个二级城市都建立自己的物流配送网点，成本非常高昂。并且现在二级城市的利润还比较低，经济不是很发达，难以维持物流配送网点的运营。因此，对于一些难以配送或者配送成本较高的地区和城市，京东选择与第三方物流合作来完成物流配送。

三、京东商城物流配送中存在的问题

京东面对的多数是个人消费者，他们较为分散，一次性购买的量也较少。对于消费者而言，对配送的速度、质量、价格是非常重视的，消费者总希望以较低成本买到更好服务。对京东而言，同样也希望以最低成本来为消费者提供最好服务，此时双方就产生了利益冲突，因此京东就要选择合适的配送体系来提高企业效益。

（1）配送延迟。随着网购的流行，京东商城订单量快速增长，货运量也因此越来越多，京东的物流配送能力无法满足这么庞大的订单量，使得大量订单出现延误，并且已经配送的货物出现不同程度的货损和货差。每当"双11"、春节来临，网购人会剧增，订单量也会随之增加，配送货物量十分庞大。因此，在这种网购高峰期时，京东配送能力更是无法满足，从而出现了订单延误和配送延迟。

（2）客户满意度低、投诉增多。电子商务企业物流配送服务水平的高低直接影响网购者购物的满意度，配送快慢、配送货物的货损货差、配送人员服务态度都会影响顾客体验。如京东配送不及时、偶尔出现晚点、货物出现问题、损坏赔偿不完善、配送人员服务态度有待提高、客服沟通机制、信息沟通不能及时顺畅等，都大大地影响了顾客满意率。

（3）物流成本高昂。在国内找不到一家能在服务、速度、费用三者之间取得平衡的物流公司来满足京东物流需求。对于京东而言，自营物流配送模式的物流成本是一项特别高的支出。京东物流的滞后、基础设施的瓶颈、物流资源未能有效的整合导致物流成本偏高。消费者在网上下过订单后，其余活动由电子商务企业完成，但由此产生的运输费用还是由消费者承担，这样也间接增加了物流成本。

（4）无法监控第三方物流。京东将一部分业务外包给第三方物流企业，由于无法对其进行实时监控，在配送过程中产生的各种问题京东也都无法得知和控制。比如：野蛮搬运导致货物损坏，快递公司私自向顾客收取额外的费用等，影响到企业形象和信誉度。

四、京东电商物流配送解决措施

（1）保证配送速度，提高顾客满意度。京东推出"211限时达"配送服务，当日上午11:00前提交现货订单，当日送达；夜里11:00前提交的现货订单，第二天上午送达（14:00前）。截至2013年12月31日，"211现时达"已覆盖全国40座城市。极速达配送服务是为顾客提供的一项个性化付费增值服务，用户可付费选择此项配送服务，京东会在服务时间内3小时将货物送到顾客手中。京东遵循"客户为先"的核心价值观，也是"苦干+巧干"的结果。京东在技术创新的驱动下，多地建仓、仓配一体、离消费者更近，用心呵护"最后一公里"，以这样的配送体系来达到快速配送的目的，从而提高了顾客满意度。

（2）合理配送，解决成本高问题。电子商务作为流通行业，库存和流动资金需要很快周转，这严重影响企业的运行和收益。库存周转是以低库存保持高的供应能力，资金周转是衡量配送合理与否的标志。像京东这种大流通行业，每天有百万级资金流动量，如果能提高资金周转无疑是对配送成本的节约。京东通过自建快速的物流，对于不同情况采用合适配送模式，高质量地快递送货，较好解决了此类问题。

（3）积极采用先进的物流信息系统及设备。相对于专业物流公司，他们有更加先进的物流信息体系和物流设备，对于物流配送这一部分更加专业。京东向物流公司学习，也采用先进物流信息系统构造了一个现代化信息管理平台，通过建立自动订货系统、电子数据交换系统等与第三方物流之间达到硬件、软件和数据报表等的匹配和兼容，进行信息实时跟踪，实现网上在线交易处理，方便顾客及时快速查到自己所购商品的配送信息，方便企业、第三方物流企业和顾客之间的沟通，真正地把商流、物流、资金流、信息流集成到一起，既提高了配送效率，又增强了顾客满意度。

（4）强化对第三方物流配送的监督。京东可与第三方物流公司签订协议，在配送过程中出现丢失、损坏都由第三方物流公司进行赔偿。第三方要定期向京东汇报配送情况，若快递公司私自收取费用，一旦得知，其应向顾客退还收取的费用并补偿一定数额的补偿金。

五、结束语

在信息技术和经济快速发展的今天，网购成为人们生活不可缺少的一部分。物流在进步，技术在革新，新的问题也会不断出现，解决好每一个配送存在的问题，物流才会做得更好，自营物流的企业才能更茁壮地成长。京东的物流配送也要与时俱进，积极采用新理论、新技术、新设备、新模式，才能更好地支撑京东电子商务发展和满足顾客需求。

资料来源：赵熙，王和旭.京东电商物流配送模式分析.合作经济与科技，2017（2）（有删改）参考网 http://www.fx361.com/page/2017/0103/468639.shtml

思考：

1. 京东为什么采用自建物流模式和与第三方物流合作相结合的配送模式？
2. 针对京东物流配送中存在的问题，你能提出哪些改进措施？

练习与思考

一、填空

1. ABC 是_____、_____、_____三者相互转化的电子商务。
2. 电子商务按照使用网络类型可分为基于_____的电子商务、基于_____的电子商务、基于_____的电子商务。
3. 电子商务按照商务活动内容可分为_____和_____。
4. 电子商务物流管理的原则有系统效益原则、_____、_____。
5. 电子商务物流管理的特征主要表现在目的性、_____、_____、_____。
6. 电子商务都涵盖两个方面：_____和_____。

二、单项选择

1. 广义的电子商务是（　　）。
   A. Electronic Commerce　　　　B. E-Buy
   C. E-Business　　　　　　　　D. E-Commerce
2. 1996 年提出 Electronic Commerce 概念，1997 年又提出 Electronic Business 概念的公司是（　　）。
   A. IBM 公司　　B. GE 公司　　C. WalMart 公司　　D. Kmart 公司
3. 企业对企业的电子商务是（　　）。
   A. B2C　　　　B. B2B　　　　C. B2G　　　　D. C2B
4. 消费者对政府的电子商务是（　　）。
   A. C2B　　　　B. B2G　　　　C. C2G　　　　D. ABC
5. Consumer to Business-Share，即 C2B2S 是以（　　）为中心的全新商业模式。
   A. 生产方　　　B. 销售方　　　C. 供需方　　　D. 消费者

三、判断

1. 电子商务就是商务电子化，与商务电子化没有什么区别。（　　）
2. 商务活动本身是一种协调过程。（　　）
3. 交易管理是涉及电子商务活动全过程的管理。（　　）
4. 物流不是电子商务的重要组成部分，与电子商务关系不大。（　　）
5. 电子商务与物流相互制约也相互促进。（　　）
6. 整个电子商务物流系统具有有限的开放性。（　　）

四、名词解释

电子商务　电子商务物流　电子商务物流管理　B2B　B2C

五、简答

1. 简述电子商务的分类。
2. 简述电子商务与物流的相互制约与促进关系。
3. 简述电子商务物流的概念和特征。
4. 简述电子商务物流管理的概念和原则。
5. 谈谈电子商务下的物流作业流程。

第十二章

供应链物流管理

本章学习目标：

1. 掌握供应链、供应链管理的内涵及供应链特征；
2. 掌握有效性与反应性供应链、推动式与拉动式供应链；
3. 了解供应链管理与物流管理之间的联系与区别；
4. 了解供应链管理下的物流环境及物流管理的特点；
5. 掌握供应链管理下的物流战略；
6. 掌握第三方物流在供应链管理中的运作；
7. 了解基于供应链的第三方物流管理内容。

本章核心概念：

供应链　供应链管理　供应链物流战略

惠普——供应链管理致胜

作为拥有60年卓越制造历史的惠普，在进行深入的研究与实践后认为，制造行业的发展需要三个阶段：第一阶段是企业内部业务的整合，典型的应用如ERP；第二阶段是建立企业社区，企业与供应商之间的供应链将得到全面优化；第三阶段是价值协同网络的最高阶段，企业将全面完成从生产原材料到客户的所有业务流程的价值协同，实现供求关系的完美结合。基于对全球制造行业的深刻理解与把握，惠普提出了"价值协同网链"（value collaboration network，VCN）的发展理念。惠普价值协同网链致力于在供应商、客户、合作伙伴等价值链成员之间建立起协同业务关系，提升产品与服务的效能及企业的核心竞争力，帮助制造业客户建立以客户为导向的扩展型业务系统。VCN通过协作与价值创新全面满足用户需求，将外包服务供应商、业务流程与系统、贸易合作伙伴完美结合在一起，其基础流程包括ERP／供应链优化、用户／合作伙伴关系管理、产品生命周期协作等三个方面，帮助用户建立一个强大、集成、灵敏的供应链，围绕制造设计流程连接所有合作伙伴，在适当的时间开发最适合的产品。

资料来源：（有删减）中国物流与采购网 http://www.chinawuliu.com.cn/cflp/newss/content1/200707/773_24136.html

思考：
案例中惠普致胜的秘诀是什么？

20 世纪 80 年代以来，随着市场竞争环境的变化，任何企业都不可能单独出色地完成企业的所有业务，在合作的基础上进行竞争逐渐为众多企业所认同，将供应商、制造商、分销商、零售商直至最终用户连成一个整体的管理模式——供应链管理模式也随之成为企业经营的重要内容而得到快速发展。

许多学者认为，21 世纪的竞争将不再是企业与企业之间的竞争，而是供应链与供应链之间的竞争。供应链管理作为在物流管理和系统论等相关学科融合基础上发展起来的新的管理理念，正在新的经济环境下发挥出日渐显著的重要作用。供应链管理的本质是一种集成化的管理思想和方法，供应链管理的一个重要领域就是物流管理。

第一节 供应链与供应链管理概述

20 世纪 80 年代，随着物流一体化由企业内部的物流活动的整合转向跨越企业边界的不同企业间的协作，供应链与供应链管理的概念应运而生。

供应链与供应链管理分别译自英文的"supply chain"（SC）和"supply chain management"（SCM）。有的人将其译为"供需链""供给链"，甚至"传送链""物流链"。尽管不是很准确，但鉴于"供应链"一词现在已经广泛被使用，人们已经约定俗成，现在普遍沿用供应链的译法。

由于供应链及供应链管理的提法只有 20 年左右的历史，所以目前关于供应链和供应链管理的定义尚未形成定论，概念还不很统一，界限也不十分明晰。由于研究对象、环境、范围及角度的不同，国内外许多学者对供应链与供应链管理存在着不同的理解与解释，给出了许多不同的供应链与供应链管理的定义。这些定义其实是在一定背景下提出的，而且是在不同发展阶段上的产物。

一、供应链

（一）供应链的定义

供应链的概念最初是由美国专家在 1982 年提出来的。同一切新生事物一样，人们对这一概念的认识也经历了一个由浅到深的发展过程。

80 年代以前，即早期的观点认为供应链是制造企业中的一个内部过程，它是指把从企业外部采购的原材料和零部件，通过生产转换和销售等活动，再传递到零售商和用户的一个过程。传统的供应链概念局限于企业的内部操作层面上，注重企业自身的资源利用，所涉及的主要是物料采购、库存、生产、分销诸部门的职能协调问题，主要目的是通过优化企业内部的业务流程来降低物流成本和提高经营效率。

有些学者把供应链的概念与采购、供应管理相关联，用来表示与供应商之间的关系，这种观点得到了研究合作关系、JIT 关系、精细供应、供应商行为评估和用户满意度等问题的学者的重视。但这样一种关系也仅仅局限在企业与供应商之间，而且供应链中的各企业独立运作，忽略了与外部供应链成员企业的联系，往往造成企业间的目标冲突。

进入 80 年代，随着产业环境的巨大变化和企业间相互协调重要性的上升，人们逐步将对供应环节重要性的认识从企业内部扩展到了企业之间，供应链的概念范围随之扩大到了与其他企业的联系，扩大到了供应链的外部环境，认为它应是一个"通过链中不同企业的制造、组装、分销、零售等过程将原材料转换成产品，再到最终用户的转换过程"，这是更大范围、更为系统的概念。例如，美国的史迪文斯（Stevens）认为："通过增值过程和分销渠道控制从供应商的供应商到用户的用户的流就是供应链，它开始于供应的源点，结束于消费的终点。"伊文斯（Evens）认为"供应链管理是通过前馈的信息流和反馈的物料流及信息流，将供应商、制造商、分销售、零售商，直到最终用户连成一个整体的管理模式。"这些定义都注意了供应链的完整性，考虑了供应链中所有成员操作的一致性（链中成员的关系）。

90 年代初至今，随着信息技术的发展和产业不确定性的增加，企业间关系呈现日益明显的网络化趋势，人们对供应链的认识从线性的"单链"转向非线性的"网链"，供应链的概念更加注重围绕核心企业的网链关系，如核心企业与供应商、供应商的供应商乃至与一切前向的关系，与用户、用户的用户及一切后向的关系。供应链的概念已经不同于传统的销售链，此时人们对供应链的认识形成了一个网链的概念，像丰田（Toyoto）、耐克（Nike）、尼桑（Nissan）、麦当劳（McDonald's）和苹果（Apple）等公司的供应链管理都是从网链的角度来实施的。实际上，这种"网链"正是众多条"单链"纵横交叉的结果。正是在这一意义上，日本学者哈里森（Harrison）才将供应链定义为："供应链是执行采购原材料，将它们转换为中间产品和成品，并且将成品销售到用户的功能网络。"这些概念同时强调供应链的战略伙伴关系问题。菲利普（Phillip）和温德尔（Wendell）认为供应链中战略伙伴关系是很重要的，通过建立战略伙伴关系，可以与重要的供应商和用户更有效地开展工作。

在供应链概念的发展过程中，其他得到较多认可的定义还有以下几种：

英国著名物流专家马丁·克里斯托弗（Martin Christopher）认为："供应链是在给最终顾客提供产品或服务的不同的过程和活动中所涉及的上下游互相联系的组织。"例如，一个衬衣制造厂是一个供应链的一部分，这个供应链上至棉纺厂的纺织者，下至面对最终顾客的分销商和零售商。

美国供应链专家 Robert B. Handfield 和 Ernest L. Nichols 认为，供应链包括从与原材料阶段到最终用户的物质转换和流动，以及与此伴随的信息流有关的一切活动。而供应链管理就是通过改善供应链关系，对上述活动进行整合，以获得持续的竞争优势。此概念与物流一体化管理的概念非常接近。

美国供应链协会认为：供应链，目前国际上广泛使用的一个术语，涉及从供应商的供应商到顾客的顾客的最终产品生产与交付的一切努力。

大卫·辛奇·利维将供应链视为物流网络，包括供应商、制造中心、仓库、配送中心和零售点，以及在各机构间流动的原材料、在制品库存和产成品。在跨越企业边界的整个供应链中，共有物流、信息流、资金流三种流。毫无疑问，物流沿供应链的流动是最主要的流，但对物流的控制必须依赖于及时、可靠的信息流，二者相互作用、不可分割。第三种流资金流的含义不仅是链上各企业之间的款项结算，更主要的是投资资金的流动。

2001年4月17日由国家质量技术监督局发布、2001年8月1日实施的国家标准（GB/T 18354—2001）《物流术语》对供应链给出的定义是：生产及流通过程中，涉及将产品或服务提供给最终用户活动的上游与下游企业所形成的网链结构。2006年完成修订、2007年5月实施的《物流术语》国家标准（GB/T 18354—2006 3.5）对供应链（supply chain）的解释是：生产及流通过程中，为了将产品或服务交付给最终用户，由上游与下游企业共同建立的需求链状网。

在研究分析上述定义的基础上，可以将供应链定义为：供应链是围绕核心企业，通过对信息流、物流、资金流的控制，从采购原材料开始，制成中间产品以及最终产品，最后由销售网络把产品送到消费者手中的将供应商、制造商、分销商、零售商、直到最终用户连成一个整体的功能网链结构模式。它是一个范围更广的企业结构模式，它包含所有加盟的节点企业，从原材料的供应开始，经过链中不同企业的制造加工、组装、分销等过程直到最终用户。它不仅是一条联接供应商到用户的物料链、信息链、资金链，而且是一条增值链。物料在供应链上因加工、包装、运输等过程而增加其价值，给相关企业都带来收益。这个概念强调了供应链的战略伙伴关系。从形式上看，客户是在购买商品，但实质上客户是在购买能带来效益的价值。各种物料在供应链上移动，是一个不断采用高新技术增加其技术含量或附加值的增值过程。

（二）供应链的结构模型

根据供应链的定义，其结构可以简单地归纳为如图12-1所示的模型。

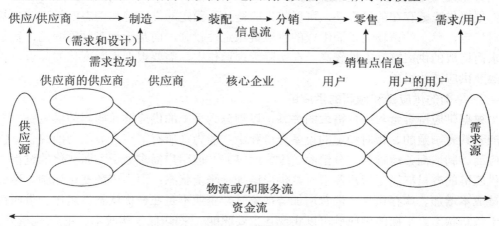

图12-1　供应链的网链结构模型

从图12-1中可以看出，供应链由所有加盟的节点企业组成，其中一般有一个核心企业（可以是产品制造企业，也可以是大型零售企业，如美国的沃尔玛），节点企业在需求信息的驱动下，通过供应链的职能分工与合作（生产、分销、零售等），以资金流、物流或/和服务流为媒介实现整个供应链的不断增值。

从供应链的结构模型可以看出,供应链是一个网链结构,由围绕核心企业的供应商、供应商的供应商和用户、用户的用户组成。一个企业是一个节点,节点企业与节点企业之间是一种需求与供应关系。

(三) 供应链的特征

供应链主要具有以下特征:

1. 复杂性

因为供应链节点企业组成的跨度(层次)不同,供应链往往由多个、多类型甚至多国企业构成,所以供应链结构模式比一般单个企业的结构模式更为复杂。

2. 动态性

供应链管理因企业战略和适应市场需求变化的需要,其中节点企业需要动态地更新,这就使得供应链具有明显的动态性。

3. 交叉性

节点企业可以是这个供应链的成员,同时又是另一个供应链的成员,众多的供应链形成交叉结构,增加了协调管理的难度。

4. 面向用户需求

供应链形成、存在、重构,都是基于一定的市场需求而发生,并且在供应链运作过程中,用户的需求拉动是供应链中信息流、产品/服务流、资金流运作的驱动源。

(四) 供应链的类型

根据不同的划分标准,可以将供应链分为以下几种类型。

1. 稳定的供应链和动态的供应链

根据供应链存在的稳定性,可以将供应链分为稳定的供应链和动态的供应链。基于相对稳定、单一的市场需求而组成的供应链稳定性较强,而基于相对频繁变化、复杂的需求而组成的供应链动态性较高。在实际管理运作中,需要根据不断变化的需求,相应地改变供应链的组成。

2. 平衡的供应链和倾斜的供应链

根据供应链容量与用户需求的关系可以划分为平衡的供应链和倾斜的供应链。一个供应链具有一定的、相对稳定的设备容量和生产能力(所有节点企业能力的综合,包括供应商、制造商、运输商、分销商、零售商等),但用户需求处于不断变化的过程中,当供应链的容量能满足用户需求时,供应链处于平衡状态;而当市场变化加剧,造成供应链成本增加、库存增加、浪费增加等现象时,企业不是在最优状态下运作,供应链则处于倾斜状态。平衡的供应链可以实现各主要职能(采购/低采购成本、生产/规模效益、分销/低运输成本、市场/产品多样化和财务/资金运转快)之间的均衡。

3. 有效性供应链和反应性供应链

(1) 有效性供应链和反应性供应链的含义

根据供应链的功能模式(物理功能和市场中介功能),可以把供应链划分为两种:有效性供应链(efficient supply chain)和反应性供应链(responsive supply chain)。有效性供应链主要体现供应链的物理功能,即以最低的成本将原材料转化成零部件、半成品、产品,以及在供应链中的运输等;反应性供应链主要体现供应链的市场中介的功能,即把产品分配到满足用户需求的市场,对未预知的需求做出快速反应等。

(2) 有效性供应链和反应性供应链的比较

两种类型的供应链的比较见表 12-1。

表 12-1 市场反应性供应链与物理有效性供应链的比较

	市场反应性供应链	物理有效性供应链
基本目标	尽可能快地对不可预测的需求做出反应,使缺货、降价、库存最小化	以最低的成本供应可预测的需求
制造的核心	配置多余的缓冲库存	保持高的平均利用率
库存策略	部署好零部件和成品的缓冲库存	产生高收入而使整个链的库存最小化
提前期	大量投资以缩短提前期	尽可能短的提前期(在不增加成本的前提下)
供应商的标准	以速度、柔性、质量为核心	以成本和质量为核心
产品设计策略	用模块化设计以尽可能延迟产品差别	绩效最大化而成本最小化

(3) 有效性供应链和反应性供应链与产品的匹配

产品有不同的特点,供应链有不同的功能。只有两者相匹配,才能起到事半功倍的效果。企业应当根据产品的不同设计不同的供应链。

功能性产品一般用于满足用户的基本需求,如生活用品(柴米油盐)、家电、粮食等。这类产品具有用户已接受的功能,寿命周期较长,需求具有稳定性,能够根据历史数据对未来需求做出较准确的预测,产品比较容易被模仿,其边际利润较低。与功能性产品相匹配的供应链应当尽可能地降低链中的物理成本,扩大市场占有率。因此,对于功能性产品,应采取有效性供应链。

革新性产品一般是按订单制造,追求创新,不惜一切努力来满足用户的差异化需求,如计算机、时装等。这类产品往往具有某些独特的、能投部分用户所好的功能,其需求一般难以做出准确预测,寿命周期较短,但由于创新而不易被模仿,其边际利润较高。这类产品在产品供货中强调速度、灵活性和质量,甚至主动采取措施,宁可增加成本大量投资以缩短提前期。生产这种产品的企业没接到订单之前不知道干什么,接到订单就要快速制造。革新性产品供应链较少关注成本而更多地关注向客户提供所需属性的产品,重视客户需求并对此做出快速反应。这种情况下,只有反应性供应链才能抓住产品创新机会,以速度、灵活性和质量而获取高边际利润。

当然,产品与供应链之间是否匹配,并非绝对的,匹配与不匹配也会随着情况的变化而发生变化。理论上很容易得出有效性供应链匹配功能性产品、反应性供应链匹配革新性产品的判断,但实践中,由于市场行情、用户需求、企业经营状况等因素的影响,匹配和不匹配也是相对的。一方面原本相匹配的产品和供应链可能变成不相匹配的。例如,对于革新性产品采取反应性供应链,这时二者是匹配的。随着时间的推移,革新性产品的创新功能也会被模仿。一旦革新性产品变成功能性产品,如果仍选用反应性供应链,原来匹配的情形就会相应变成不匹配的情形。另一方面,原本不匹配的产品和供应链随着情况的变化也可能变成匹配的。例如,企业进行产品开发时,由于市场信息不灵,不知对手已推出相同的产品而将自己刚刚开发出的功能性产品误认为是革新性产品,并错误地使用反应性供应链,这时就会产生不匹配的情况。如果企业在原有产品的基础上开发出新的功能,这类功能性产品在一段时间内对某些用户可能表现出革新性的特征。企业选用反应性供应链,这时不匹配的情况就变成匹配的情况。相反,如果在产品表现出革新性特征时,企业没有认清形势,却错误地选用了有效性供应链,就会造成新的不匹配。所以,随着诸多因素的变化,匹配与不匹配也会随时发生变化,关键在于企业能否随即做出调整。

4. 推动式供应链和拉动式供应链

(1) 推动式供应链和拉动式供应链的含义

按照供应链的驱动方式划分,供应链可划分为推动式供应链和拉动式供应链。

推动式供应链是以制造商为核心企业,根据产品的生产和库存情况,有计划地把商品推销给客户,其驱动力源于供应链上游制造商的生产,其模式如图 12-2 所示。在这种运作方式下,供应链上各节点比较松散,追求降低物理功能成本,属卖方市场下供应链的一种表现。由于不了解客户需求变化,这种运作方式的库存成本高,对市场变化反应迟钝。

图 12-2 推动式供应链

拉动式供应链是以客户为中心,关注客户需求的变化,其驱动力产生于最终的顾客,产品生产是受需求驱动的,其模式如图 12-3 所示。生产是根据实际顾客需求而不是预测需求进行协调的。在拉动式供应链模式中,需求不确定性很高,周期较短,主要的生产战略是按订单生产、按订单组装和按订单配置。在这种运作方式下,整个供应链要求整体素质和集成度较高,信息交换迅速,可以根据最终用户的需求实现定制化服务,属买方市场下供应链的一种表现。从发展趋势看,拉动式供应链是供应链运作方式发展的主流。

图 12-3 拉动式供应链

(2) 推动式供应链和拉动式供应链的特点

推动式供应链的特点。推动式供应链中生产和分销的决策都是根据长期预测的结果做出的。准确地说,制造商是利用从零售商处获得的订单进行需求预测。事实上,企业从零售商和仓库那里获取订单的变动性要比顾客实际需求的变动大得多,这就是通常所说的牛鞭效应,这种现象使得企业的计划和管理工作变得很困难。例如,制造商不清楚应当如何确定它的生产能力,如果根据最大需求确定,就意味着大多数时间里制造商必须承担高昂的资源闲置成本;如果根据平均需求确定生产能力,在需求高峰时期需要寻找昂贵的补充资源。同样,对运输能力的确定也面临这样的问题:是以最高需求还是以平均需求为准呢?因此,推动式供应链经常会出现由于紧急的生产转换引起运输成本增加、库存水平变高或生产成本上升等情况。

推动式供应链对市场变化做出反应需要较长的时间,可能会导致一系列不良反应。例如,在需求高峰时期,难以满足顾客需求,导致服务水平下降;当某些产品需求消失时,会使供应链产生大量的过时库存。

拉动式供应链的特点。拉动式供应链中生产和分销的决策是由需求驱动的,能与真正的顾客需求而不是预测需求相协调。在一个真正的拉动式供应链中,企业不需要持有太多库存,只需要对订单做出快速反应。拉动式供应链有以下优点:通过更好地预测零售商订单的到达情况,可以缩短提前期;由于提前期缩短,零售商的库存可以相应减少;由于提前期缩短,系统的变动性减小,尤其是制造商面临的变动性变小了;由于变动性减小,制造商的库存水平将降低;拉动型供应链中系统的库存水平有很大的下降,可以提高资源利用率。当然,拉动供应链也有缺陷,最突出的表现是由于拉动系统不可能提前较长一段时间做计划,因而生产和运输的规模优势也难以体现。

拉动式供应链虽然具有许多优势,但要获得成功并非易事,需要具备相关条件:第一,必须有快速的信息传递机制,能够将顾客的需求信息(如销售点数据)及时传递给不同的供应链参与企业。第二,能够通过各种途径缩短提前期。如果提前期不太可能随着需求信息缩短时,拉动式系统是很难实现的。

(3)推动式供应链和拉动式供应链的选择

对于一个特定的产品而言,企业是应该采用推动式供应链还是拉动式供应链?前面主要从市场需求变化的角度出发,考虑的是供应链如何处理需求不确定的运作问题。在实际的供应链管理过程中,供应链战略不仅要考虑来自需求端的不确定性问题,还要考虑来自企业自身生产和分销规模经济的重要性。

图12-4给出了一个与产品和行业相匹配的供应链战略的选择框架模型。纵轴表示顾客需求不确定性的信息,越往上方表示需求的不确定性越高。横轴表示生产和分销的规模经济的重要性,越往右延伸表示生产和分销的规模经济越明显。

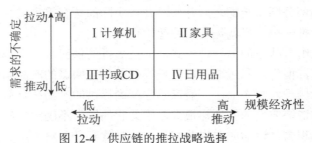

图12-4 供应链的推拉战略选择

在其他条件相同的情况下,需求不确定性越高,就越应当采用根据实际需求管理供应链的模式——拉动战略;相反,需求不确定性越低,就越应该采用根据长期预测管理供应链的模式——推动战略。同样,在其他条件相同的情况下,规模效益对降低成本起着重要作用。如果组合需求的价值越高,就越应当采用推动战略,根据长期需求预测管理供应链。如果规模经济不那么重要,组合需求也不能降低成本,就应当采用拉动战略。

图12-4用两维变量把一个区域划分为四个部分。区域Ⅳ中表示的是需求不确定性较低,但规模经济性较重要的产品,如日用品行业中的啤酒、挂面、食物油等。这类产品的需求相当稳定,企业可以根据长期预测管理库存,也可以通过满载运输降低运输成本,对整个供应链成本控制而言十分重要,宜采用推动式供应链战略。

区域Ⅲ表示的产品具有较低的需求不确定性,这表明它宜采用推动式供应链战略,但同时它的规模经济重要性也低,这又表明它宜采用拉动式供应链战略。许多快速移动的书或CD就属于这一类产品。这类产品究竟是采取推动式供应链战略或是采取拉动式供应链战略,取决于成本与需求是否确定,需要根据具体情况慎重分析。

区域Ⅰ表示具有较高的不确定性,同时生产、安装或分销的规模效益并不十分重要的行业或者产品,如计算机产品。这种产品或行业,理论上讲应当采用拉动式供应链战略。

现实中完全采用推动式供应链战略或是拉动式供应链战略的并不多。这是因为单纯的推动或拉动战略虽然各有优点,但也存在缺陷。这就从战略上提出了推拉结合的综合战略。例如,供应链的下游即面向客户端应尽可能提高响应性,因为消费者或者你的客户并不关心整个供应链是怎样运作的,他最关心的是自己的订单提出后你的响应速度怎样。所以,从供应链运作来讲,应力争做到既提高响应性,同时尽可能降低成本,或者说以合理的成本完成响应速度。这就要求供应链的一端按照低成本、高效率以及规模经济的要求组织生产和分销,另一方面按照客户要求尽量提高反应性,形成一种前推后拉或者是前拉后推的供应链组合战略。

(4)推动式供应链和拉动式供应链的组合

虽然一种产品(如计算机)需求具有较高的不确定性,规模效益也不十分突出,理论上应当采取拉动式供应链战略,但实际上该类产品厂商并不完全采取拉动式供应链战略。以戴尔为例,戴尔计算机的组装,完全是根据最终顾客订单进行的,此时它执行的是典型的拉动式供应链战略。然而,戴尔计算机的零部件是按预测进行生产和分销决策的,此时它执行的却是推动式供应链战略。也就是说,供应链的推动部分是在装配之前,而供应链的拉动部分则从装配之后开始,并按实际的顾客需求进行。这是前推后拉的混合供应链战略,推—拉边界就是装配的起始点。

供应链推拉组合战略的另一种形式是前拉后推的供应链组合战略,主要适用于那些需求不确定性高,但生产和运输过程中规模效益十分明显的产品和行业。家具行业是这种情况的最典型例子。事实上,一般家具生产商提供的产品在材料上差不多,但在家具外形、颜色、构造等方面的差异却很大,因此它的需求不确定性相当高。另一方面,由于家具产品的体积大,运输成本也非常高。此时就有必要对生产、分销策略进行区分。从生产角度看,由于需求不确定性高,企业不可能根据长期的需求预测进行生产计划,所以生产要采用拉动式战略。另一方面,这类产品体积大,运输成本高,所以分销策略又必须充分考虑规模经济的特性,通过大规模运输来降低运输成本。事实上许多家具厂商正是采取这种战略。家具制造商是在接到顾客订单后才开始生产,当产品生产完成后,将此类产品与其他所有需要运输到本地区的产品一起送到零售商的商店里，进而送到顾客手中。因此，家具厂商的供应链战略是：采用拉动式战略按照实际需求进行生产，采用推动式战略根据固定的时间表进行运输，是一种前拉后推的组合供应链战略。

综上所述，企业在设计、选择供应链时不仅要考虑产品特点、市场需求，还要考虑自身生产和分销规模经济的重要性。只有综合考虑，才能选择适合企业的推、拉供应链战略或者推—拉组合的供应链战略。

二、供应链管理

（一）供应链管理的定义

对供应链这一复杂系统，要想取得良好的绩效，必须找到有效的协调管理办法，供应链管理思想就是在这种环境下提出的。它源于这样一种观点，即企业应该从总成本的角度考察企业的经营效果，而不是片面地追求诸如采购、生产、分销等功能的优化。

道格拉斯·兰伯特（Douglas M. Lambert）、玛莎·库珀（Martha C. Cooper）等人的研究表明，"供应链管理"这一名词最早是由一些世界级大企业的管理顾问在 20 世纪 80 年代初期提出的，首次出现在学术文章中是在 1982 年。而学界第一次真正从理论角度来定义供应链管理大约是在 1990 年，并将其与管理物料流动和相关信息流的传统方法区分开来。目前，学者对于什么是真正的供应链管理仍然众说纷纭，莫衷一是。

Giunipero 和 Brand 认为：供应链管理是一个用以增加总体客户满意程度的战略管理工具，以提高企业的竞争力和获利能力为目标。

一家供应链管理杂志的编辑将供应链管理定义为：为持久保持竞争优势，对所有与产品从原料阶段到最终用户的移动有关的活动的成功协调和一体化。它包括的活动有系统管理、筹备与采购、生产计划、订单处理、库存管理、运输、仓储和客户服务。该定义与美国物流管理协会对物流管理的定义非常类似。

伊文斯（Evens）认为"供应链管理是通过前馈的信息流和反馈的物料流及信息流，将供应商、制造商、分销售、零售商，直到最终用户边连成一个整体的模式"。菲利普（Phillip）认为："供应链管理不是供应商管理的别称，而是一种新的管理策略，它把不同企业集成起来以增加整个供应链的效率，注重企业之间的合作。"他们的定义强调了供应链管理是一种集成的管理思想和方法。

从最终目标出发，大卫·辛奇·利维把供应链管理定义为：供应链管理是在满足服务水平需要的同时，为了使得系统成本最小而采用的把供应商、制造商、仓库和商店有机地结合成一体来生产商品，并把正确数量的商品在正确的时间配送到正确地点的一套方法。

美国供应链协会认为：供应链管理包括贯穿于整个渠道来管理供应与需求、原材料与零部件采购、制造与装配、仓储与存货跟踪、订单录入与管理、分销以及向顾客交货。

总部设于美国俄亥俄州州立大学的全球供应链论坛（The Supply Chain Forum）的成员——杰出竞争国际中心（the International Center of Competitive Excellence）在 1994 年对供应链管理的定义为：供应链管理是对从最终用户到最初供应商的所有为客户提供价

值增值的产品、服务和信息的业务流程的一体化；在1998年修订后的定义为：供应链管理是对从最终用户到最初供应商的所有为客户及其他投资人提供价值增值的产品、服务和信息的关键业务流程的一体化。这里的业务流程实际上包括了两个相向的流程组合：一是从最终用户到初始供应商的市场需求信息的逆流而上的传导过程；二是从初始供应商向最终用户的顺流而下且不断增值的产品和服务的传递过程。供应链管理就是对这两个核心业务流程实施一体化运作，包括统筹的安排、协同的运行和统一的协调。

Fred A.Kuglin对供应链管理的描述在当今时代更具有代表性，他的定义是：制造商与它的供应商、分销商以及用户——也即整个"外延企业"中的所有环节——协同合作，为顾客所希望并愿意为之付出的市场提供一个共同的产品和服务。这样一个多企业的组织，作为一个外延的企业（extensive corporate），最大限度地利用共享资源（人员、流程、技术和性能测评）来取得协作运营，其结果是高质量、低成本、迅速地向市场提供产品和服务。该定义突出了供应链管理就是通过不同企业协同合作，实现产品或服务高效率、低成本地递送。

美国生产与库存控制协会（APICS）在其第九版字典中，将供应链管理定义为："供应链管理是计划、组织和控制从最初原材料到最终产品及其消费的整个业务流程，这些流程连接了从供应商到顾客的所有企业。供应链包含了由企业内部和外部为顾客制造产品和提供服务的各职能部门所形成的价值链。"该定义的前半部分说明供应链管理所涉及的理论源于产品的分销和运输管理，供应链涵盖了从原材料供应商、经制造商和分销商到最终用户的整个产品的物流；后半部分说明价值增值是供应链的基本特征，有效的供应链必定是一个增值链，即供应链中的各个实体无论从事什么样的活动，其对产品转换流程的增值必须大于成本。

2001年4月17日由国家质量技术监督局发布、2001年8月1日实施的国家标准《GB/T 18354—2001 物流术语》对供应链管理给出的定义是：供应链管理是利用计算机网络技术全面规划供应链中商流、物流、信息流、资金流等，并进行计划、组织、协调与控制。该定义强调应用先进手段实现过程控制与管理。2006年完成修订、2007年5月实施的《物流术语》国家标准（GB/T 18354—2006 3.6）对供应链管理的解释是：对供应链涉及的全部活动进行计划、组织、协调与控制。

虽然供应链管理存在多种描述与定义，但所有定义或描述都表明供应链管理不同于传统企业管理，它更强调整体效率提高和整体成本下降，以最终用户为中心，进行供应链整体集成与协调，突破传统基于职能部门的管理模式，要求各链节企业围绕物流、信息流、资金流进行信息共享与经营协调，实现全过程的战略管理。这种管理过程通过采用集成思想和方法，实现了柔性和稳定的供需关系。与传统企业管理相比，供应链管理完成了从功能管理向过程管理、利润管理向利润率管理、产品管理向顾客管理、企业间交易性管理向关系性管理、库存管理向信息管理等诸多方面的转变，以适应全球经济一体化和扩张性企业发展的要求。

基于上述分析，可以将供应链管理定义为：供应链管理是用系统的观点通过对供应链中的物流、信息流、资金流进行设计、规划、控制与优化，以寻求建立供、产、销企业以及客户间的战略合作伙伴关系，最大程度地减少内耗与浪费，实现供应链整体效率的最优化并保证供应链中的成员取得相应的绩效和利益,来满足顾客需求的整个管理过程。它覆盖了从供应商的供应商到用户的用户的全部过程,强调的是通过改善企业内部和企业间的关系对供应链上所有活动进行集成管理以获得持续稳定的竞争优势。

(二) 供应链管理的内容

供应链管理的内容主要涉及四个主要领域:供应(supply)、生产计划(schedule plan)、物流(logistics)、需求(demand),如图 12-5 所示。供应链管理是以同步化、集成化生产计划为指导,以各种技术为支持,尤其以 Internet/Intranet 为依托,围绕供应、生产作业、物流(主要指制造过程)、满足需求实施的。供应链管理主要包括计划、合作、控制从供应商到用户的物料(零部件和成品等)和信息。供应链管理的目标在于提高用户服务水平和降低总的交易成本,并且寻求两个目标之间的平衡(这两个目标往往有冲突)。

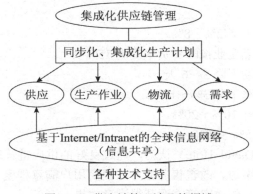

图 12-5 供应链管理涉及的领域

在以上四个领域的基础上,供应链管理可以细分为职能领域和辅助领域。职能领域主要包括产品工程、产品技术保证、采购、生产控制、库存控制、仓储管理、分销管理。辅助领域主要包括顾客服务、制造、设计工程、会计核算、人力资源、市场营销。

由此可见,供应链管理关心的并不仅仅是物料实体在供应链中的流动,除了企业内部与企业之间的运输问题和实物分销以外,供应链管理还包括以下主要内容:

(1) 战略性供应商和用户合作伙伴关系管理。
(2) 供应链产品需求预测和计划。
(3) 供应链的设计(全球节点企业、资源、设备等的评价、选择和定位)。
(4) 企业内部与企业之间物料供应与需求管理。
(5) 基于供应链管理的产品设计与制造管理、生产集成化计划、跟踪和控制。
(6) 基于供应链的用户服务和物流(运输、库存、包装等)管理。
(7) 企业间资金流管理(汇率、成本等问题)。
(8) 基于 Internet/Intranet 的供应链交互信息管理等。

供应链管理注重总的物流成本(从原材料到最终产成品的费用)与顾客服务水平之间的关系,为此要把供应链各个职能部门有机地结合在一起,从而最大限度地发挥出供应链整体的力量,达到供应链企业群体获益的目的。

（三）供应链管理的效益

1997 年美国 PRTM（Pittiglio Rabin Tidd & Mcgrath）公司进行的一项关于集成化供应链管理的调查表明，通过实施供应链管理，企业可达到以下多方面的效益：

（1）总供应链管理成本（占收入的百分比）降低 10%以上。
（2）中型企业的准时交货率提高 15%。
（3）订单满足提前期缩短 25%～35%。
（4）中型企业的增值生产率提高 10%以上。
（5）绩优企业资产运营业绩提高 15%～20%。
（6）中型企业的库存降低 3%，绩优企业的库存降低 15%。
（7）绩优企业在现金流转周期上具有比一般企业少 40～50 天的优势。

另据一项统计资料显示，供应链管理的实施，加上优良的物流服务，可以为企业带来如下好处：

（1）企业物流成本下降 2%～8%。
（2）供应链上的节点企业按时交货率提高 15%以上。
（3）物流库存总周期下降 3～6 天。
（4）流动资金占有率下降 3%～15%。
（5）客户满意度上升 10%～20%。
（6）企业形象上升 5%～20%。

而戴维德·霍尔（David Hole）认为，通过良好的供应链管理可以在进入市场、开发新产品、开发新分销渠道、改善售后服务、提高用户满意程度、降低库存和后勤成本及单位制造成本、提高工作效率等方面获得满意效果。

第二节 供应链管理与物流管理

目前，关于供应链管理和物流管理存在许多理解上的混乱。很多文章、书籍和讨论会在提到供应链管理时，都简单地将它作为物流管理的一个同义词而相互替代使用，一定程度上造成了供应链管理概念的滥用。例如，经常有人认为"供应链是物流的延伸""现代物流发展进入到了供应链管理阶段"，等等。美国俄亥俄州州立大学供应链研究中心的玛莎·库珀等人则提出，供应链管理与物流管理之间存在着本质的区别，不可互换使用。一方面，供应链管理是在物流管理由内部一体化向外部一体化发展过程中产生的一种管理思想，与物流管理之间存在不可割裂的联系；另一方面，供应链管理虽然源于物流管理，但是却高于物流管理，与传统的企业内部的一体化的物流管理是有着根本区别的。

一、供应链管理与物流管理之间的联系

人们最初提出"供应链管理"一词，是用来强调在物流管理过程中，在减少企业内部库存的同时也应该考虑减少企业之间的库存。随着供应链管理思想越来越受到欢迎和

重视，其视角早已拓宽，不仅仅着眼于降低库存，其管理触角伸展到企业内外的各个环节、各个角落。从某些场合下人们对供应链管理的描述看，它类似于穿越不同组织界限的、一体化的物流管理。

实质上，供应链管理战略的成功实施必然以成功的企业内部物流管理为基础。能够真正认识并率先提出供应链管理概念的也是一些具有丰富物流管理经验和先进物流管理水平的世界级顶尖企业，这些企业在研究企业发展战略的过程中发现，面临日益激化的市场竞争，仅靠一个企业和一种产品的力量，已不足以占据优势，企业必须与它的原料供应商、产品分销商、第三方物流服务者等结成持久、紧密的联盟，共同建设高效率、低成本的供应链，才可以从容面对市场竞争，并取得最终胜利。正因为如此，英国著名物流专家马丁·克里斯托弗（Martin Christopher）才感叹："市场上只有供应链没有企业""21世纪的竞争不是企业和企业之间的竞争，而是供应链和供应链之间的竞争"。

二、供应链管理与物流管理之间的区别

一般而言，供应链管理涉及制造问题和物流问题两个方面，物流管理涉及的是企业的非制造领域问题。具体来看，供应链管理与物流管理之间的区别表现在以下几个方面：

（一）范围不同

从范围看，美国物流管理协会（the Council of Logistics Management，CLM）2000年对物流的最新定义指出，物流为供应链管理的一个子集，两者并非同义词。CLM的定义清楚地表明，物流在恰当的实施下，总是以点到点为目的的，20世纪80年代到90年代之间的教课书也持这一观点。而供应链管理将许多物流以外的功能穿越企业之间的界限整合起来，其功能超越了企业物流的范围。关于这一点，一个明显的例子就是企业的新产品开发。众所周知，强大的产品开发能力可以成为企业有别于其对手的竞争优势，乃至于成为促使其长期发展的核心竞争能力。而在产品开发过程中，需要涉及方方面面的业务关系，包括营销理念、研发组织形式、制造能力、物流能力、筹资能力等。这些业务关系不是一个企业内部的，往往还涉及企业的众多供应商或经销商，以便缩短新产品进入市场的周期。而这些都是供应链管理要整合的内容。显然，单从一个企业的物流管理的角度来考虑，很难想象会将这么多的业务关系联系在一起。

（二）与一体化的物流管理不同

从学科发展看，供应链管理也不能简单地理解为一体化的物流管理。一体化的物流管理分为内部一体化和外部一体化两个阶段。目前，即使是在物流管理发展较早的国家，许多企业也仅仅处于内部一体化的阶段，或者刚刚认识到结合企业外部力量的重要性。也正因为这样，一些学者才提出"供应链管理"这一概念，以使那些领导管理方法潮流的企业率先实施的外部一体化战略区别于传统企业内部的物流管理。要真正使得供应链管理能够成熟发展，成为一门内涵丰富的新型独立学科，就有必要将供应链管理与一体化物流管理加以区分，不能将供应链管理简单地视为一体化物流管理的代名词。许多西

方学者认为，在这一点上，学术界的研究往往落后于实践。一些实施供应链管理战略的世界顶级企业的高层管理者对供应链管理的理解和把握比研究者更为准确。正如在供应链管理的定义中指出的那样，供应链管理所包含的内容比传统物流管理要广泛得多。在考察同样的问题时，从供应链管理来看，视角更宽泛，立场更有高度。

（三）研究者范围不同

供应链管理的研究者范围也比物流管理更为广泛。除了物流管理领域的研究者外，还有许多制造与运作管理的研究者也使用和研究供应链管理。他们对供应链管理研究的推进和重视，绝不亚于物流管理的研究者们。

（四）学科体系基础不同

供应链管理思想的形成和发展，是建立在多个学科体系（系统论、企业管理等）基础上的，其理论根基远远超越了传统物流管理的范围。正因为如此，供应链管理还涉及许多制造管理的理论和内容。它的内涵比传统的物流管理更丰富，覆盖面更加宽泛，而对企业内部单个物流环节的注意就不如传统物流管理那么集中、考虑那么细致。

（五）优化的范围不同

供应链管理把对成本有影响和在产品满足顾客需求的过程中起作用的每一方都考虑在内：从供应商的供应商和制造工厂经过仓库和配送中心到零售商和商店及顾客的顾客；而物流管理考虑自己路径范围的业务。物流管理主要涉及组织内部商品流动的最优化，而供应链管理强调光有组织内部的合作和最优化是不够的。

（六）管理角度不同

首先，物流管理主要从一个企业的角度考虑供应、存储和分销，把其他企业当作一种接口关系处理，没有深层次理解其他企业内操作，企业之间只是简单的业务合作关系。而供应链管理的节点企业之间是一种战略合作伙伴关系，要求对供应链所有节点企业的活动进行紧密的协作控制。它们形成了一个动态联盟，具有"双赢"（win-win）关系。其次，物流管理强调一个企业的局部性能优先，并且采用运筹学的方法分别独立研究相关的问题。通常，这些问题被独立地从它们的环境中分离出来，不考虑与其他企业功能的关系。而供应链管理将每个企业当作供应网络中的节点，在信息技术支持下，采用综合的方法研究相关的问题，通过紧密的功能协调追求多个企业的全局性能优化。最后，物流管理经常是面向操作层次的，而供应链管理更关心战略性的问题，侧重于全局模型、信息集成、组织结构和战略联盟等方面的问题。

三、物流管理在供应链管理中的重要作用

物流管理是供应链管理的重要内容，在供应链管理中有着重要作用。这可以通过两方面来印证：

（一）从价值组成看

美国统计协会于 1988 年公布的供应链上各环节的价值分布如表 12-2 所示。从该表可以看出，不同的行业和产品类型，其供应链的价值分布不同，但物流价值（采购和分销之和）在各种类型的产品和行业中都占到了整个供应链价值的一半以上，而制造价值却不到一半。在易耗消费品和耐用消费品中，物流价值的比例更大，达 80%以上。

表 12-2　供应链上的价值分布

产品类型	采购（%）	制造（%）	分销（%）
易耗消费品（如肥皂、香精等）	30～50	5～10	30～50
耐用消费品（如轿车、冰箱等）	50～60	10～15	20～30
重工业品（如工业设备、飞机等）	30～50	30～50	5～10

另据研究，我国目前物流过程造成的浪费现象已十分严重，物流成本已占商品流通成本的 50%～60%左右。无效运输、破损现象极为普遍，如玻璃、陶瓷的破损率达到 20%，每年损失上亿元。商品流通效率也十分低下，物流过程在我国工业企业中所占用的时间几乎占整个生产经营过程的 90%，其中汽车零配件行业大约只有 4%左右的时间用于生产、加工，96%的时间用于原材料的购运和成品包装、储存及装卸。

这充分说明物流价值对整个供应链的价值意义。供应链管理本身就是价值增值链的过程，有效地管理好物流过程，对于提高供应链的价值增值水平，有着举足轻重的作用。

（二）从功能上看

传统观点认为，物流对制造企业生产是一种支持作用，是辅助的功能部门。但现代企业生产方式的转变，即从大批量生产转向精细的准时化生产，需要此时物流包括采购和供应都跟着转变运作方式，实行准时供应和准时采购等。另一方面，顾客需求的瞬时化，要求企业能以最快速度把产品送到用户手中，以提高企业的快速响应市场能力。所有这一切，都要求企业物流系统具有和制造系统协调运作的能力，以提高供应链的敏捷性和适应性。因此，物流管理不再是传统的保证生产过程连续性的问题，而是要在供应链管理中发挥重要作用。

1. 创造用户价值，降低用户成本

过去，许多企业往往把经营重点放在生产和销售环节上，对物流管理比较粗放。在市场竞争白热化的今天，为了寻求更多的效益，目前很多企业不仅重视降低生产成本和销售成本，还千方百计挖掘物流中潜在的利润。国内一些企业已经充分认识到加强物流管理是提高企业效益的有效途径，开始建立现代物流管理体系，并已显现效益。海尔集团通过实施物流重组，使物流能力成为企业的核心竞争力。海尔空调事业部采用先进的计算机系统管理现代物流中心仓库，库管人员从原来的 389 名减少到 49 名，管理费用大大降低，仅此一项每年就可节约费用 1200 万元。

2. 协调制造活动，提高企业敏捷性

快速反应已成为物流发展的动力之一。传统观点和做法将加快反应速度变成单纯对快速运输的一种要求，但在需求方对速度的要求越来越高的情况下，它也变成了一种约

束,因此必须想其他的办法来提高速度。所以第二种办法,也是具有重大推广价值的增值性物流服务方案,应优化配送中心、物流中心网络,重新设计适合企业的流通渠道,以此来减少物流环节,简化物流过程,提高物流系统的快速反应性能。

3. 提供增值物流服务

物流管理可以为企业提供增值物流服务。物流服务向上可以延伸到市场调查与预测、采购及订单处理;向下可以延伸到配送、物流咨询、物流方案的选择与规划、库存控制决策建议、贷款回收与结算、教育与培训、物流系统设计与规划方案的制作等。

4. 提供信息反馈,协调供需矛盾

物流服务商可以根据物流中心商品进货、出货信息来预测未来一段时间内的商品进出库量,进而预测市场对商品的需求,从而指导订货,协调供需之间的矛盾。

也就是说,物流管理要求企业快速响应顾客需求,以提高企业快速响应市场的能力。而这种能力的获得必须建立在物流系统的高效运作上,如快速准确的运输、较低的库存费用、需求信息的及时反馈等。因此,只有建立快捷而高效的供应链物流系统,才能达到提高企业竞争力的要求。供应链管理将成为 21 世纪企业的核心竞争力,而物流管理又将成为供应链管理的核心能力的主要构成部分。

第三节 供应链管理下的物流管理

一、供应链管理下的物流环境

企业竞争环境的变化导致企业管理模式的转变,供应链管理思想就是在新的竞争环境下出现的。新的竞争环境体现了企业竞争优势要素的改变,如图 12-6 所示。

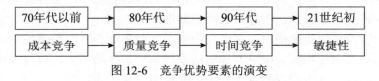

图 12-6 竞争优势要素的演变

20 世纪 70 年代以前,成本是主要的竞争优势,竞争的重点是降低成本、提高劳动生产率;80 年代是质量,竞争的重点是制造更好的产品、提供更好的服务;90 年代是交货时间,即所谓基于时间的竞争,这里所说的时间要素主要是指交货期和响应周期;到了 21 世纪初,成本、质量、时间仍然是重要的竞争手段,但在许多行业中,这种竞争优势已转移到了所谓的敏捷性上来。在这种环境下,企业的竞争优势就表现在如何以最快速度响应市场要求,满足不断变化的多样化需求。即企业必须能在实时的需求信息下,快速组织生产资源,把产品送到用户手中,并提高产品的用户满意度。

在剧烈的市场竞争中,企业都感到一种资源饥渴的无奈,传统的单一企业竞争模式已经很难使企业在市场竞争中保持绝对的竞争优势。信息时代的到来,进一步加深了企业的竞争压力。信息资源的开放性,打破了企业的界限,建立了一种超越企业界限的新的合作关系,为创造新的竞争优势提供了有利的条件。供应链管理的出现迎合了这种趋势,顺应了新的竞争环境的需要,使企业从资源约束中解放出来,创造出新的竞争优势。

供应链管理实质是一个扩展企业概念。扩展企业的基本原理和思想体现在以下几个方面：横向思维（战略联盟）、核心能力、资源扩展/共享、群件与工作流（团队管理）、竞争性合作、同步化运作、用户驱动。这几个方面的特点不可避免地影响到物流环境。

归纳起来，供应链管理下的物流环境的特点如表12-3所示。

表 12-3 供应链管理下的物流环境的特点

竞争的需求	竞争特性	物流策略要素
顾客化产品的开发、制造和交货速度	敏捷性	通过畅通的运输通道快速交货
资源动态重组能力	合作性	通过即插即用的信息网络获得信息共享与知识支持
物流系统对变化的实时响应能力	柔性	多种形式运输网络、多点信息获取途径
用户服务能力的要求	满意度	多样化产品、亲和服务、可靠的质量

二、供应链管理下物流管理的新特点

由于供应链管理下物流环境的改变，使得供应链管理下的物流管理与传统的物流管理相比有许多不同的特点。这些特点反映了供应链管理思想的要求和企业竞争的新策略。

（一）信息传递纵横交错，共享信息增加

在传统的纵向一体化的物流系统中，需求信息与反馈信息（供应信息）都是逐级传递的，如图 12-7 所示。因此上级供应商不能及时掌握市场信息，因而对市场信息反馈速度比较慢，从而导致需求信息的扭曲。而在供应链管理下物流系统模型中，如图 12-8 所示。

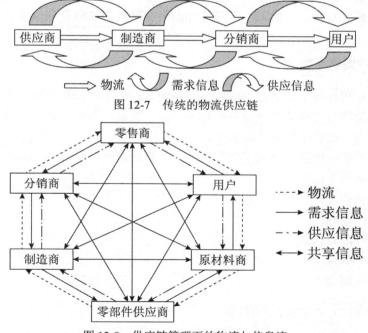

图 12-7 传统的物流供应链

图 12-8 供应链管理下的物流与信息流

需求信息与反馈信息不是逐级传递而是网络式传递的，信息的流量大大增加，企业通过 EDI/Internet 可以很快掌握供应链上不同环节的供求信息和市场信息。因此，供应链管理下的物流系统有三种信息在系统中运行：需求信息、供应信息、共享信息。共享信息的增加对供应链管理是非常重要的。由于可以做到共享信息，供应链上任何节点企业都能及时地掌握到市场的需求信息和整个供应链的运行情况，每个环节的物流信息都能透明地与其他环节进行交流与共享，从而避免了需求信息的失真现象。

（二）物流网络规划能力增强，物流系统的敏捷性提高

供应链管理环境下的物流管理充分利用第三方物流系统、代理运输、联合库存管理等多种形式的管理手段，降低了库存压力和安全库存水平。同时，供应链管理下作业流程的快速重组能力，极大地提高了供应链物流系统的敏捷性。通过消除不增加价值的过程和时间，使供应链的物流系统进一步降低成本，为实现供应链的敏捷性、精细化运作提供了基础。

（三）物流过程的实时控制

供应链管理下信息跟踪能力的提高，使供应链物流过程更加透明化，为实时控制物流过程提供了条件。在传统的物流系统中，许多企业有能力跟踪企业内部的物流过程，但没有能力跟踪企业之外的物流过程，这是因为没有共享的信息系统和信息反馈机制。

（四）物流系统的无缝连接

合作性与协调性是供应链管理的一个重要特点，但若没有物流系统的无缝连接，运输的货物逾期未到，顾客的需要不能得到及时满足，采购的物资常常在途受阻，就会使供应链的合作性大打折扣。因此，无缝连接的供应链物流系统是使供应链获得协调运作的前提条件。

（五）用户满意度提高

在供应链管理环境下，通过供应链节点企业之间的实时信息交换，及时把用户关于包装、运输、装卸等方面的要求反映给相关部门，提高了供应链物流系统对用户个性化需求的响应能力，提高了用户的满意度。

归纳起来，供应链管理环境下的物流管理的新特点可以用以下几个术语简要概括：
（1）信息—共享；
（2）过程—同步；
（3）合作—互利；
（4）交货—准时；
（5）响应—敏捷；
（6）服务—满意。

三、供应链管理下的物流战略

如前所述，物流管理在供应链管理中占有重要地位。事实上，供应链管理非常重视

物流活动，供应链管理的核心就是供应链的物流管理，供应链中的信息流、资金流是为物流服务、保障物流顺利进行创造条件的。这样，如何提高供应链中物流的效率与效果也就成了供应链管理要解决的关键问题之一。

供应链管理下物流环境的改变和物流管理的新特点，要求供应链成员必须采取供应链物流战略（supply chain-wide logistics strategy），即供应链的分销网络、运输方式、承运人选择、库存控制、仓库保管、订单处理以及其他活动应该从整个供应链的角度进行协调，而不是由供应链的各个成员组织独立地进行管理。

供应链管理意味着对从原材料开始，经过供应链的各个环节，直到最终用户的整个活动的管理。这样，供应链管理使成员组织能够在跨组织的水平上优化物流作业，提高物流绩效。这比很多企业分散地进行物流管理的做法极大地进步了。从某种意义上，在供应链中，成员组织结成物流联盟，提高了物流效率和效益，提高了供应链的竞争能力。

四、第三方物流是实现供应链物流一体化战略的有效措施

传统物流系统在实现供应链物流一体化战略上面临种种困难，突出表现在快速准时交货问题、低成本准时的物资采购供应问题、物流信息的准确输送和信息反馈及共享问题、物流系统的敏捷性和灵活性问题、供需协调实现无缝供应链连接问题等。此时，第三方物流成为实现供应链物流一体化战略的有效措施。第三方物流能够使供应链成员利用世界上最好的物流专家和物流能力，提高顾客服务水平；增强供应链成员的竞争反应能力；消除不必要的资产投资，提高企业经营的灵活性。Daugherty 等人经过研究提出，采用第三方物流对于解决可能损害顾客与供应商关系的信息问题非常关键。

第三方物流参与到供应链中后，供应链上的成员企业就能把时间和精力放在自己的核心业务上，从而提高了供应链管理和运作的效率。企业通过第三方物流对自身供应链实施管理，还可以全面提高自己的服务质量。因为一个优秀的第三方物流通过其成功运作，不仅可以很好地实施企业的供应链，而且能够帮助企业进行供应链优化与扩展。当第三方物流参与到供应链管理中并成为供应链的组织者时，供应链的运动发生改变，各供应链节点直接与第三方物流进行信息交换，并由第三方物流组织物流实施，从而完成商流及资金流的传递，如图 12-9 所示。这样，第三方物流将在供应链运动中起主要作用，并对其效果负直接责任。

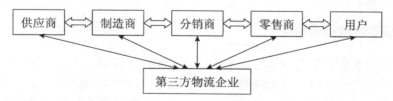

其中：⟺ 商流、资金流　⟷ 物流、信息流

图 12-9　第三方物流参与供应链运动

未来的发展趋势是，越来越多的供应链会采用第三方物流实现其一体化物流战略。1996 年，美国物流管理协会（CLM）对第三方物流的发展情况进行了调查。在全部被调查的公司中，72%的公司采用第三方物流的形式完成产品分销物流，与专业物流公司签

订了服务外包合同。60%的公司将仓储保管委托给第三方物流提供商。表示在不久的将来，在集货配送、仓储保管和输入物流等方面采用第三方物流服务的公司的比率分别为22.1%、18.2%、16.6%。关于采用第三方物流的效果，38%的公司认为非常成功地改善了顾客服务水平，52%的公司认为取得了一定的成效。相关研究资料也显示，物流外包将节省产品成本的10%~20%，如表12-4所示。1999年英国Cranfield大学的调查显示，越来越多的工商企业愿意将供应链管理的全部或一部分外判给第三方物流。

表12-4 物流外包在企业供应链中的费用节省情况

第三方物流服务	预计节约成本（%）
路线重新设计和最优化	10~15
封闭路径的专一服务	15
运输模式转换	10~15
核心运输商管理和通路搭配	5~10
运费谈判和审计	4~5
入货运输货物整合以及运输模式选择	20~25
反向物流	10~15
专门运输商地点整合	10~12
库存及维持库存成本	7~10

五、第三方物流在供应链管理中的运作

第三方物流在企业的供应链管理过程中发挥着重要作用。一般来说，可以把第三方物流在供应链中的运作分为三类：

一是第三方物流向供应链企业提供基本仓储运输服务，帮助供应链企业完成供应链中的物流作业，以资产密集和标准化服务为基本特征；

二是第三方物流向供应链企业提供其他增值服务。就仓储物流而言，可代替客户企业实施库存管理、分拣包装、配套装配等。就货物运输而言，可代替客户企业选择承运人、协议价格、安排货运计划、优选货运路线和进行货物追踪等；

三是第三方物流向供应链企业提供一体化物流和供应链管理服务，可为客户企业提供市场需求预测、自动订单处理、客户关系管理、存货控制和返回物流支持等，以高技术和高素质为基本特征。

（一）基本仓储运输服务

物流系统的要素包括货物运输和配送、仓库保管、装卸、工业包装、库存管理、工厂及仓库选址、订货处理、市场预测、顾客服务等，一般可归纳为运输、仓储保管、配送、装卸搬运、流通加工等作业环节。通过对第三方物流企业提供的服务内容及客户使用第三方物流服务情况的调查可以发现，大多数第三方物流企业都致力于为客户提供全方位、一站式的服务，能够向客户提供运输、仓储、信息管理、物流策略与系统开发、电子数据交换等全方位物流服务，如表12-5所示；而客户最常使用的还是仓储管理(56%)和运输服务（49%），如表12-6所示。这是因为，经过一系列的作业流程后，直接面向

最终用户的是仓储配送环节,而一次配送活动从接受并处理订单开始,通过集货和送货过程,使相对处于静态的物品完成一次短暂的、有目的的流动过程,这当中包含了相关物流功能的参与。因此,从某种意义上,仓储配送功能是物流体系的一个缩影。基于这样的一个理论,第三方物流企业应该从仓储配送环节入手,对供应链物流的各个环节进行有机的整合,从而实现第三方物流信息系统面向客户对象的最佳管理,实现供应链物流一体化战略。

表 12-5　第三方物流企业提供的服务情况表

序号	服务项目	服务提供者的百分比(%)
1	开发物流策略/系统	97.3
2	EDI 能力	91.9
3	管理表现汇报	89.2
4	货物集运	86.5
5	选择承运人、货代、海关代理	86.5
6	信息管理	81.1
7	仓储	81.1
8	咨询	78.7
9	运费支付	75.4
10	运费谈判	75.7

表 12-6　客户使用第三方物流服务的具体情况（1997—2000）　　　　单位:%

物流服务	1997	1998	1999	2000
直接运输服务		63	68	49
仓储管理	40	46	44	56
综合运输	49	43	40	43
货代				44
运输支付				43
报关				40
物流信息系统	40	35	24	27
承运人选择	39	32	33	29
费率谈判	34	26	24	29
产品回收	27	25	16	21
船(车)队管理/经营	24	25	18	21
再贴签/现包装	31	19	27	21
合同生产				16
订单执行	19	17	16	24
组装/安装	19	11	11	8
库存补给	13	6	7	10
订单处理	14	5	9	5
客户备案	9	5	11	2
咨询服务			37	30

资料来源:美国东北大学和安德森咨询公司《美国大型制造商使用 3PL 服务 2000 年度调查》

（二）物流系统计划与设计

物流系统计划与设计是第三方物流服务或咨询中的一项重要内容。好的供应链管理是从供应链物流系统的计划与设计开始的。对于一个新的工商企业而言，其供应链物流系统计划与设计应该是企业创建阶段需要考虑的重要内容。而对于已经处于经营过程的企业而言，定期对现有的供应链物流系统的运行过程进行回顾、分析和研究是非常必要的。在这两种情况中，第三方物流都起着非常重要的作用。第三方物流可以为企业供应链物流系统设计和回顾提供咨询，也可接受工商企业委托为其直接设计供应链物流系统或对其供应链物流系统进行回顾和研究，为其提出改进的建议。

1. 物流系统计划与设计需要考虑的因素

供应链物流系统非常复杂，在计划与设计供应链物流系统时，要考虑到供应链物流的所有环节，尤其要注意各环节连接处的有效性与合理性。基于此，供应链物流系统计划与设计有许多要考虑的因素，如配送中心的数量及位置、每个配送中心的最佳库存与服务水平、运输设备的类型与数量、运输路线、物流管理的技术等。这些问题所涉及的数据以及相互之间的关联都非常复杂，通常情况下，备选方案也很多。因此，必须结合实际情况来设计供应链物流系统。

2. 物流系统计划与设计程序

一般来说，供应链物流系统的计划与设计应针对以下内容展开，如图 12-10 所示。

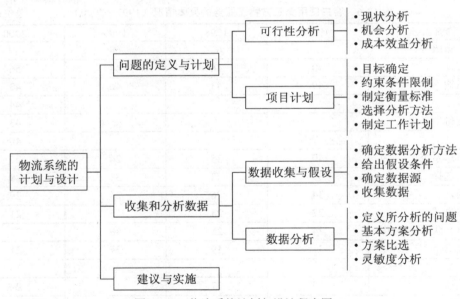

图 12-10　物流系统计划与设计程序图

（1）现状分析

现状分析包括内部、外部、竞争和技术的评估与分析，分析的目的是寻找改进的机会。内部分析要检查供应链所有的物流环节，尤其要注意各环节连接处的合理性与有效性及对现在物流系统存在缺陷做出评价。外部评价与分析是对供应商、客户和消费者的外在关系的分析，分析评价时应考虑市场的趋势、企业现在的能力与竞争对手的能力。技术评价与分析是对物流各个环节的关键技术与能力的评价，需要考虑现行的技术与最先进的技术间的差距、新技术应用的能力。

（2）成本效益分析

效益包括服务的改进与成本的降低。服务的改进包括货物的可得性、服务质量与服务能力的提高。服务的提高有利于增加现有客户忠诚及吸引新客户等内容。

（3）目标的确定

目标包括物流系统改进的成本与服务期望。目标必须以可度量的方式表示，如货物的可得性：A 类产品 99%、B 类产品 95%、C 类产品 90%、收到订单后 98% 的货物 48 小时内发运等。另一方面，目标也可以以总成本为约束条件，然后在物流总成本预算内达到顾客服务水平最高的系统。

（4）建议与实施

第三方物流企业可以向工商企业提交其供应链物流系统计划与设计方案并提出相关建议。这包括：

- 在可行性最大几个方案中向管理层推荐两到三个最佳方案，简要介绍这些方案优于其他方案的地方，并对这几个方案做出一些比较，说明各自侧重点的不同及优劣在什么地方。
- 对推荐的几个方案进行成本评估。这时，要考虑到企业中长期发展。可能某方案要求的前期投资较大，但在对企业发展一定的估计前提下，该方案可以使企业的供应链物流系统在同行中保持较长时间的技术优势。对于一个正在成长中的企业来说，这一点是十分重要的。
- 进行风险分析。判断市场可能产生哪些变动，这些变动对所推荐方案的影响有多大。

（三）其他增值服务

第三方物流的最主要价值就在于提供各种增值服务。增值服务指物流企业与客户共同努力，通过独特或特别的服务活动，支持客户的产品营销战略，提高其经营效率和效益。物流企业提供专门化增值服务作业，能实现规模经济效益，并保持最基本的灵活性，使客户企业可以把精力集中在关键业务需求上。

增值服务包括两大类：基本的增值服务和特定的增值服务。

1. 基本的增值服务

基本的增值服务是指除了承担仓储运输服务以外，物流企业还提供一系列附加的创新服务或独特服务，诸如物流方案设计、存货管理、订货处理、物流加工、报关、售后服务等整个供应链服务项目，以支持客户任何的或所有的物流需求。

例如，罗德威物流服务公司（Roadway Logistics Services）不仅向 LOF 玻璃公司（Libbey-Owens-Ford Glass）提供第三方运输服务，还安排其他承运人处理 LOF 公司的部分运输，并且还利用另外的专业服务提供者——凯司物流公司（Cass Logistics，Inc.）承担必要的行政管理，负责与承运人结算费用。由于利用了外界专业人员来帮助承担物流服务，使 LOF 公司大大减少了在业务中所涉及的承运人总数。历史上，LOF 公司曾经与 530 多位承运人打交道，如今它仅仅通过寥寥无几的几个基本承运人就能控制其有关作业。

2. 特定的增值服务

特定的增值服务是指物流企业为客户企业实现某种营销目的而提供的专项服务。具体可分为以下几类：

（1）以顾客为核心的服务

以顾客为核心的增值服务是向买卖双方提供配送产品的各种可供选择的方式，如快餐食品的专门递送、订货登记配送和按仓库、会员顾客、便利店等要求分别配置的"精选—定价—重新包装"服务。这类服务活动构成是：处理顾客向制造商的订货、直接送货到商店或顾客家及按照零售店货架储备所需的明细货品规格持续提供递送服务。这种增值服务可以有效用来支持新产品引入和基于当地市场的季节性配送。休闲食品的"工厂—仓库—门店"的配送，属于此类服务。家具装饰、乐器校音等，也是以满足顾客定制化装配要求为核心的增值服务。

（2）以促销为核心的服务

以促销为核心的服务涉及独特的销售点展销台的配置，以及旨在刺激销售的其他范围很广的各种服务。销售点展销可以包含来自不同供应商的多种产品，组合成一个多结点的展销单元，以便于适合特定的零售商店。在有选择的情况下，以促销为核心的增值服务还对储备产品的样品提供特别介绍，甚至进行直接邮寄促销。许多以促销为核心的增值服务包括销售点广告宣传和促销材料的物流支持等。许多情况下，促销活动中所包括的礼品和奖励商品由专业服务机构来处理和托运。

（3）以制造为核心的增值服务

以制造为核心的增值服务是通过独特的产品分类和递送来支持制造活动的，如一家仓储公司使用多达 6 种的不同纸箱重新包装一种普通消费者洗碗用的肥皂，以支持各种促销方案和各种等级的贸易要求；有的厂商将外科手术的成套器具按需要进行装配，以满足特定医师的独特要求；还有家仓储公司切割和安装各种长度和尺寸的软管以适合特别顾客所使用的不同规格的水泵等。这种增值服务在物流渠道中都是由专业人员承担的。这些专业人员能够把产品的最后定型一直推迟到接收顾客定制化订单时止。显然，雇佣专业人员承担这种增值服务，与如果将这些活动结合进高速度的制造过程成为其中一个组成部分相比，意味着单位成本将提高。但是，由专业人员提供这种增值服务能够大大减少与生产不正确产品有关的预期风险。因此，以制造为核心的增值服务与其说是在预测基础上生产独特的产品，倒不如说是对基本产品进行了修正，以适应特定的顾客需求，其结果是改善了服务。

（4）以时间为核心的增值服务

以时间为核心的增值服务涉及使用专业人员在递送以前对存货进行分类、组合和排序，其一种流行形式说是准时化（JIT）喂给仓库。在准时化概念下，供应商向位于装配工厂附近的 JIT 喂给仓库进行日常的递送；一旦某时某地产生了需要，喂给仓库就会对多家卖主的零部件进行精确的分类、组合、排序，然后递送到装配线上去，其目的是要在总量上最大限度地减少在装配工厂附近的搬运次数和检验次数。以时间为核心的增值服务的一个主要特征，就是排除不必要的仓库设施和重复劳动，以期最大限度地提高服务速度，提高工作效率和生产柔性化，减少成本，提高竞争力。

本 章 小 结

1. 供应链是围绕核心企业，通过对信息流、物流、资金流的控制，从采购原材料开始，制成中间产品以及最终产品，最后由销售网络把产品送到消费者手中的将供应商、制造商、分销商、零售商、直到最终用户连成一个整体的功能网链结构模式。

2. 供应链主要具有复杂性、动态性、交叉性、面向用户需求的特征，可以分为稳定的供应链和动态的供应链、平衡的供应链和倾斜的供应链、有效性供应链和反应性供应链、推动式供应链和拉动式供应链等类型。

3. 供应链管理是用系统的观点通过对供应链中的物流、信息流、资金流进行设计、规划、控制与优化，以寻求建立供、产、销企业以及客户间的战略合作伙伴关系，最大限度地减少内耗与浪费，实现供应链整体效率的最优化并保证供应链中的成员取得相应的绩效和利益，来满足顾客需求的整个管理过程。

4. 供应链管理的内容主要涉及供应、生产计划、物流、需求四个主要领域。在以上四个领域的基础上，供应链管理可以细分为职能领域和辅助领域。供应链管理的目标在于提高用户服务水平和降低总的交易成本，并且寻求两个目标之间的平衡。

5. 供应链管理与物流管理之间存在着本质的区别，不可互换使用。一方面，供应链管理是在物流管理由内部一体化向外部一体化发展过程中产生的一种管理思想，与物流管理之间存在不可割裂的联系；另一方面，供应链管理虽然源于物流管理，但是却高于物流管理，与传统的企业内部的一体化的物流管理是有着根本区别的。一般而言，供应链管理涉及制造问题和物流问题两个方面，物流管理涉及的是企业的非制造领域问题。

6. 供应链管理下的物流管理与传统的物流管理相比有许多不同特点，体现在：信息传递纵横交错，共享信息增加；物流网络规划能力增强；物流系统的敏捷性提高；物流过程的实时控制；物流系统的无缝连接；用户满意度提高。

7. 供应链物流战略，即供应链的分销网络、运输方式、承运人选择、库存控制、仓库保管、订单处理以及其他活动应该从整个供应链的角度进行协调，而不是由供应链的各个成员组织独立地进行管理。第三方物流是实现供应链物流一体化战略的有效措施。

8. 第三方物流在供应链中的运作分为三类：提供基本仓储运输服务、提供其他增值服务、提供一体化物流和供应链管理服务。

案例分析

海尔：现代物流创造的奇迹

2017 年，海尔集团全球收入达到了 2419 亿元，同比增长了 20%。其中，中国区整体销售同比增幅超过了 25%，海外市场收入占比在 47%以上。海尔已经连续九年蝉联全球大型家用电器第一品牌，其中冰箱连续 10 年占据全球第一的位置。另外，海尔集团的洗衣机、冷柜、酒柜和热水器的市场份额，在 2017 年都位列全球首位。2017 年，海尔的品牌价值为1786.76亿元。这些华丽的数据背后，是海尔在制造、产品、研发、营销等多个维度的再次升级，是海尔发展现代物流、推进供应链管理的结果。

海尔集团首席执行官张瑞敏曾谈起搞物流的原因时说："物流对海尔的发展非常重要，为此我们大约用了两年半时间进行物流的整合和改造。到目前为止，我们认为物流对企业的发展起到了巨大的作用。"

张瑞敏认为："一个现代企业，如果没有现代物流，就意味着没有物可流。为什么这么说呢？因为这是由现代企业运作的驱动力所决定的。现代企业运作的驱动力是什么？就是一个：订单。如果没有订单，现代企业就不可能运作。也就是说，它不可能有物可流。要实现这个订单，就意味着靠订单去采购，为订单去制造，为订单去销售。如果要实现完全以订单销售、采购、制造，那么支持它的最重要的一个流程就是物流。如果没有物流，就不可能有订单的采购；如果没有订单的采购，那就意味着采购回来的就是库存，因为采购回来的这些物料到底给谁不知道；如果没有订单的制造，就等于天天虽然非常忙，但是在制造库存，干出来的产品等于天天增加库存。最后，没有订单的销售，说到家，就是处理库存，因为你不知道卖给谁，唯一的方法、唯一的出路就是降价、削价处理。"

一、重塑了企业的业务流程，真正实现了市场化程度最高的订单经济。

海尔现代物流的起点是订单。企业把订单作为企业运行的驱动力，作为业务流程的源头，完全按订单组织采购、生产、销售等全部经营活动。从接到订单时起，就开始了采购、配送和分拨物流的同步流程，现代物流过程也就同时开始。由于物流技术和计算机管理的支持，海尔物流通过3个JIT，即JIT采购、JIT配送、JIT分拨物流来实现同步流程。这样的运行速度为海尔赢得了源源不断的订单。目前，海尔集团平均每天接到销售订单200多个，每个月平均接到6000多个销售订单，定制产品7000多个规格品种，需要采购的物料品种达15万种。由于所有的采购基于订单，采购周期减到3天；所有的生产基于订单，生产过程降到一周之内；所有的配送基于订单，产品一下线，中心城市在8小时内、辐射区域在24小时内、全国在4天之内即能送达。总起来，海尔完成客户订单的全过程仅为10天时间，资金回笼一年15次（1999年我国工业企业流动资本周转速度年均只为1.2次）。张瑞敏认为，订单是企业建立现代物流的基础。如果没有订单，现代物流就无物可流，现代企业就不可能运作。没有订单的采购，意味着采购回来就是库存；没有订单的生产，就等于制造库存；没有订单的销售，就不外乎是处理库存。抓住了订单，就抓住了满足即期消费需求、开发潜在消费需求、创造崭新消费需求这个牛鼻子。但如果没有现代物流保障流通的速度，有了订单也会失去。

二、从根本上改变了物在企业的流通方式，基本实现了资本效率最大化的零库存。

海尔改变了传统仓库的"蓄水池"功能，使之成为一条流动的"河"。海尔认为，提高物流效率的最大目的就是实现零库存，现在海尔的仓库已经不是传统意义上的仓库，它只是企业的一个配送中心，成了为下道工序配送而暂时存放物资的地方。

建立现代物流系统之前，海尔占用50多万平方米仓库，费用开支很大。目前，海尔建立了2座我国规模最大、自动化水平最高的现代化、智能化立体仓库，仓库使用面积仅有2.54万平方米。其中一座坐落在海尔开发区工业园中的仓库，面积1.92万平方米，设置了 1.8 万个货位，满足了企业全部原材料和制成品配送的需求，其仓储功能相当于一个 30 万平方米的仓库。这个立体仓库与海尔的商流、信息流、资金流、工作流联网，进行同步数据传输，采用世界上最先进的激光导引无人运输车系统、机器人技术、巷道堆垛机、通信传感技术等，整个仓库空无一人。自动堆垛机把原材料和制成品举上 7 层楼高的货位，自动穿梭车则把货位上的货物搬下来，一一放在激光导引无人驾驶运输车上，运输车井然有序地按照指令再把货送到机器人面前，机器人叉起托盘，把货物装上外运的载重运输车上，运输车开向出库大门，仓库中物的流动过程结束。整个仓库实现了对物料的统一编码，使用了条形码技术、自动扫描技术和标准化的包装，没有一道环节会使流动的过程梗塞。

三、从根本上打破了企业自循环的封闭体系，建立了市场快速响应体系。

面对日趋激烈的市场竞争，现代企业要占领市场份额，就必须以最快的速度满足终端消费者多样化的个性需求。因此，海尔建立了一整套对市场的快速响应系统。一是建立网上订单管理平台。全部采购订单均由网上发出，供货商在网上查询库存，根据订单和库存情况及时补货。二是建立网上支付系统。目前网上支付已达到总支付额的 20%，支付准确率和及时率达 100%，并节约近 1000 万元的差旅费。三是建立网上招标竞价平台。供应商与海尔一道共同面对终端消费者，以最快的速度、最好的质量、最低的价格供应原材料，提高了产品的竞争力。四是建立信息交流平台，供应商、销售商共享网上信息，保证了商流、物流、资金流的顺畅。集成化的信息平台，形成了企业内部的信息"高速公路"，架起了海尔与全球用户资源网、全球供应链资源网和计算机网络的桥梁，将用户信息同步转化为企业内部信息，以信息替代库存，强化了整个系统执行订单的能力，海尔物流成功地运用电子商务体系，大大缩短了海尔与终端消费者的距离，为海尔赢得了响应市场的速度，扩大了海尔产品的市场份额。在国内市场份额中，海尔彩电占 10.4%，冰箱占 33.4%，洗衣机占 30.5%，空调占 30.6%，冷柜占 41.8%。在国际市场，海尔产品占领了美国冷柜市场的 12%、200 升以下冰箱市场的 30%、小型酒柜市场 50% 的市场份额，占领了欧洲空调市场的 10%，中东洗衣机市场的 10%。目前海尔的出口量已经占到销售总量的 30%。

四、从根本上扭转了企业以单体参与市场竞争的局面，使通过全球供应链参与国际竞争成为可能。

从 1984 年 12 月到现在，海尔经历了三个发展战略阶段。第一阶段是品牌战略，第二阶段是多元化战略，第三阶段是国际化战略。在第三阶段，其战略创新的核心是从海尔的国际化到国际化的海尔，是建立全球供应链网络，支撑这个网络体系的是海尔的现代物流体系。

海尔在进行流程再造时，围绕建立强有力的全球供应链网络体系，采取了一系列重大举措。一是优化供应商网络。将供应商由原有的 2336 家优化到 978 家，减少了 1358 家。二是扩大国际供应商的比重。目前国际供应商的比例已达 67.5%，世界 500 强企业中已有 44 家成为海尔的供应商。三是就近发展供应商。海尔与已经进入和准备进入青岛海尔开发区工业园的 19 家国际供应商建立了供应链关系。四是请大型国际供应商以其高技术和新技术参与海尔产品的前端设计。目前参与海尔产品设计开发的供应商比例已高达 32.5%。供应商与海尔共同面对终端消费者，通过创造顾客价值使订单增值，形成了双赢的战略伙伴关系。

在抓上游供应商的同时，海尔还完善了面向消费者的配送体系，在全国建立了 42 个配送中心，每天按照订单向 1550 个专卖店、9000 多个网点配送 100 多个品种、5 万多台产品，形成了快速的产品分拨配送体系、备件配送体系和返回物流体系。与此同时，海尔与国家邮政总局、中远集团、和黄天百等企业合作，在国内调配车辆可达 16000 辆。

海尔认为，21 世纪的竞争将不是单个企业之间的竞争，而是供应链与供应链之间的竞争。谁所在的供应链总成本低、对市场响应速度快，谁就能赢得市场。一只手抓住用户的需求，一只手抓住可以满足用户需求的全球供应链，这就是海尔物流创造的核心竞争力。

资料来源：艾肯家电网、百度文库

http://www.abi.com.cn/news/htmfiles/2018-1/196674.shtml

https://wenku.baidu.com/view/e06c2298aa00b52acec7ca06.html?from=search

思考：

1. 结合第一章商流与物流的关系分析"如果没有订单，现代企业就不可能运作，不可能有物可流"。为什么？

2. 在此案例中，从供应链管理视角分析海尔的订单经济、零库存、市场快速响应体系是如何实现的？

练习与思考

一、填空

1. 供应链中，节点企业与节点企业之间是一种_____关系。
2. 供应链管理内容主要涉及_____、_____、_____、需求四个主要领域。
3. 第三方物流为客户提供的增值服务主要包括 _____、_____两大类。
4. 特定的增值服务指物流企业为客户企业实现某种营销目的而提供的专项服务，具体可分为四类，即_____、_____、_____、_____。
5. 根据供应链存在的稳定性，供应链可以分为_____、_____两大类。

二、单项选择

1. 下列哪项不是现代供应链的特征？（　　）。
   A. 复杂性　　　　　　　　　　　　B. 静态性
   C. 交叉性　　　　　　　　　　　　D. 面向用户需求
2. 有效性供应链主要体现供应链的（　　）。
   A. 物理功能　　　　　　　　　　　B. 市场中介功能
   C. 快速反应功能　　　　　　　　　D. 上述都不是

3. 按照（　　　），供应链可以分为平衡的供应链和倾斜的供应链。
   A. 供应链的稳定性　　　　　　　　B. 供应链容量与用户需求的关系
   C. 供应链的功能模式　　　　　　　D. 上述都不是
4. 推动式供应链的驱动力是供应链上游（　　　）的生产。
   A. 供应商　　　　B. 制造商　　　　C. 分销商　　　　D. 最终顾客
5. 拉动式供应链以客户为中心，其驱动力产生于（　　　）。
   A. 供应商　　　　B. 制造商　　　　C. 分销商　　　　D. 最终顾客

三、判断
1. 制造企业、流通企业都可能成为供应链的核心企业。　　　　　　　（　　）
2. 供应链管理来源于物流管理，是物流的延伸，就是物流管理。　　　（　　）
3. 供应链管理就是一体化的物流管理。　　　　　　　　　　　　　　（　　）
4. 若供应链中生产决策是根据顾客预测需求进行的，则属于拉动型供应链。（　　）
5. 家具装饰、乐器校音等是第三方物流提供的以促销为核心的增值服务。（　　）
6. 产品与供应链之间的匹配关系是绝对的。　　　　　　　　　　　　（　　）
7. 推动式供应链中生产和分销的决策都是根据长期预测结果做出的。　（　　）
8. 拉动式供应链中生产和分销的决策是由需求驱动的，能与真正的顾客需求而不是预测需求相协调。　　　　　　　　　　　　　　　　　　　　　　　　（　　）
9. 需求不确定性较低，但规模经济性较重要的产品，如日用品行业中的啤酒、挂面、食物油等宜采用拉动式供应链战略。　　　　　　　　　　　　　（　　）
10. 革新性产品一般强调速度、灵活性和质量，适合采用反应性供应链。（　　）

四、名词解释
供应链　有效性供应链　反应性供应链　推动式供应链　拉动式供应链
供应链管理　供应链物流战略

五、简答
1. 供应链的特征是什么？
2. 论述有效性供应链和反应性供应链与革新性产品、功能性产品之间的匹配关系。
3. 对于特定的产品而言，企业应该如何选择推动式供应链还是拉动式供应链？
4. 供应链管理与物流管理之间有何区别与联系？
5. 供应链管理下的物流管理有哪些新特点？

第十三章

第三方物流

本章学习目标：

1. 掌握第三方物流的内涵及与物流一体化、第四方物流的区别与联系；
2. 掌握现代第三方物流的特征；
3. 了解第三方物流的优越性和风险；
4. 掌握基于"战略—能力"思路的第三方物流综合决策模型；
5. 掌握企业选择第三方物流供应商的步骤；
6. 掌握企业有效管理与第三方物流合作的措施；
7. 掌握企业与第三方物流供应商之间合作终止的原因。

本章核心概念：

第三方物流　物流一体化　第三方物流决策　第三方物流实施

为什么选择第三方物流

随着经济的发展，企业对物流需求越来越旺，是自建物流部门还是依托第三方物流服务商，一直是个争议的问题。第三方物流服务商优步物流（uber56.com）负责人说，企业选择第三方物流服务商，主要基于以下原因：

提高企业核心竞争力：企业核心竞争力是企业获取持续竞争优势的来源和基础，一个好的物流服务商可以让企业专心于自己的核心产业，不必担心物流。

降低经营成本：第三方物流服务商拥有专业的从业人员和丰富的工作经验，可以让企业避免在物流活动中耗费不必要的精力和费用。

提高物流服务水平：第三方物流服务商拥有丰富的专业知识和素养，服务水平很高，所以将物流外包给物流服务商后可以提高物流服务水平。

增强市场应变能力：将物流外包给第三方物流服务商，可以让企业取消大部分本身的物流机构，避免企业本身臃肿，提高反应速度，增强市场应变能力。

加快产品和服务投放市场的进程：物流外包给第三方物流服务商以后，提高了企业响应速度，使企业可以专心开发新产品，全力为顾客服务，不用担心在物流方面出现时间和费用的损耗，加快了产品和服务投放市场的进程。

有能力提供一套完善的服务链解决方案，能有效适应多样化和复杂化的需求，集中所有资源为客户完美地解决问题。

资料来源：搜狐财经 http://www.sohu.com/a/234862256_209828

思考：

从优步物流看，第三方物流带给客户什么利益？

第一节　第三方物流的内涵

90 年代以来，伴随物流理论的飞速发展和业务外包经营理念的风行全球，第三方物流在全球范围内得到了蓬勃发展，成为国际物流理论与实践关注的焦点。由此，国内外物流理论界和实际工作者开始了对第三方物流的探索，从不同角度、不同侧面做了大量的工作，但仁者见仁、智者见智，直至目前，也没有得到一个各方认可的第三方物流概念。

一、第三方物流的定义

"第三方物流"一词是从国外引进的，其英文表达为 Third Party Logistics，简称 TPL 或 3PL 或 3rdPL，是 20 世纪 80 年代中后期才在欧美发达国家出现的概念，源自业务外包（outsourcing）。将业务外包引入物流管理领域，就产生了第三方物流的概念。作为一种新型的物流形态，第三方物流使物流从一般制造业和商业等活动中脱离出来，形成能开辟新的利润源泉的新兴商务活动，受到了产业界和理论界的广泛关注。

（一）关于第三方

第三方不是物流领域的专利，第三方的概念广泛存在于服务贸易领域和商业流通领域，最为典型的就是旅游行业。旅行社提供的业务是全面的第三方服务。作为旅游的六个要素"食、住、行、游、购、娱"，有的旅行社可能拥有部分资源，有的可能根本没有任何一种要素，但任何一个旅行社都可以通过第三方即外包服务向旅客提供全面周到的服务。

从字面上看，第三方物流中的"第三方"（Third Party）来源于物流服务提供者作为与货物有关的"第一方"（发货人或托运人）和"第二方"（收货人）之间的中间人这样一个事实，是相对于"第一方"（发货人或托运人）和"第二方"（收货人）而言的。它既不属于第一方，也不属于第二方，本身不拥有商品，不参与商品的买卖，但与第一方和第二方有关系——通过与第一方或第二方或与这两方合作为他们提供专业化物流服务，这与汉语中的"第三者"或"第三人"的含义相类似。第三方也代表着物流产业日趋独立和专业化的社会角色特征，与客户构成一种不可分割的供应链关系，因为它能够提供专业化的、比客户自己做要好得多的物流解决方案，从而使客户非常愿意把这部分工作从内部事务中分离出去。

在日本的物流书籍中，对于第三方物流中的第三方有两种解释。一种解释是，将供应商和制造商等卖方看作是第一方，批发商和零售商等买方看作是第二方。无论哪一方，都是商品所有权的持有者。传统的物流运作方式是由货主企业构筑物流系统，物流企业在货主构筑的物流系统中提供仓库和运输手段。这种方式现在也大量存在。与此不同的一种方式是，不持有商品所有权的第三方向货主企业提供物流系统，为货主企业全方位代理物流业务，即物流的外部委托。这里的第三方不仅限于物流企业，无论是商社、信息企业还是顾问公司，只要能够提供物流系统、运营物流系统都可以成为所谓第三方物流业者。第二种解释是，货主（制造商、批发商、零售商）为第一方，运输、仓储业者（持运输、仓储手段的物流业者）为第二方，而不持有运输、仓储手段的商社、信息企业为第三方。这里之所以强调不持有运输、仓储手段，是因为第三方的特征体现在为货主企业提供物流系统设计方案上。

国内学者大多以参照系的不同，将第三方物流中的第三方分为广义的第三方和狭义的第三方，这与日本对第三方的理解有相似之处。广义的第三方，是以商品交易为参照，指商品买卖双方之外的物流服务提供者。狭义的第三方，是以物流服务或物流交易为参照，指物流的实际需求方（假定为第一方）和仓储、运输等基础物流服务的供给方（假定为第二方）之外的、向第一方提供部分或全部物流功能的外部服务提供者。也有学者将狭义的第三方描述为物流劳务的供方、需方之外的，提供物流交易双方的全部或部分物流服务的外部服务提供者。

（二）国外对第三方物流的理解

尽管第三方物流的概念来源于国外，并且第三方物流在国外的发展也相当迅速，但国外并未确切定义第三方物流这一术语，只是在假设读者对这一论题有一定理解的基础上对此做出某些尚不成熟的表述。

在美国的有关专业著作中，将第三方物流提供者定义为："通过合同的方式确定回报，承担货主企业全部或一部分物流活动的企业。所提供的服务形态可以分为与运营相关的服务，与管理相关的服务以及两者兼而有之的服务三种类型。无论哪种形态都必须高于过去的公共运输业者（common carrier）和契约运输业者（contract carrier）所提供的服务。"

在日本的物流书籍中，第三方物流有两种解释。一种解释是，第三方物流是指为第一方生产企业和第二方消费企业提供物流服务的中间服务商组织的物流运作。另一种解释是，第一方物流是指生产企业和流通企业自己运作的物流业务，第二方物流是指提供诸如运输、仓储等单一物流功能服务的物流企业运作的物流业务，第三方物流则是指为客户提供包括物流系统设计规划、解决方案以及具体物流业务运作等全部物流服务的专业物流企业运作的物流业务。

欧美研究者一般将第三方物流定义为传统的组织内履行的物流职能现在由外部公司履行。第三方物流公司所履行的物流职能，包含了整个物流过程或整个物流过程中部分活动。例如，Robert C.Lieb（1993）认为，第三方物流指的是用外部公司去完成传统上由组织内部完成的物流功能，这些功能包括全部物流功能或所选择的部分物流功能；Coyle 等（1996）认为，第三方物流是对单一公司提供全部或部分物流功能的外部供应者；David Simchi-Levi（2000）等认为，第三方物流就是利用一家外部的公司完成企业全部或部分物料管理和产品配送职能。第三方物流是真正的战略联盟，明显比传统的物流供应商关系更为复杂。

美国物流管理协会 2002 年 10 月 1 日公布的《物流术语词条 2002 升级版》对第三方

物流的解释是：第三方物流是将企业的全部或部分物流运作任务外包给专业公司管理经营，而这些能为顾客提供多元化物流服务的专业公司称之为第三方物流提供商。它们的存在加速了原材料和零部件从供应商向制造商的顺畅流动，更为产成品从制造商向零售商的转移搭建了良好的平台。它们所提供的集成服务涵盖了包括运输、仓储、码头装卸、库存管理、包装以及货运代理在内的诸多业务。

在国外，对第三方物流的理解还有："第三方物流类似于外包物流或契约物流"；"外协所有或部分公司的物流功能，相对于基本服务，契约物流服务提供复杂、多功能物流服务，以长期互益的关系为特征。"

（三）国内对第三方物流的理解

"第三方物流"这一术语于20世纪90年代中期传到我国，目前对这个概念的理解也是莫衷一是，如"物流社会化，国外又称第三方物流，是指商流与物流实行社会分工，物流业务由第三方的物流业者承接办理"；"第三方物流是指既非商品供给方（生产企业）又非商品需求方（商业企业或生产企业）的第三方企业，通过契约为客户提供的整个商品流通过程的服务，具体内容包括：商品运输、储存配送以及附加值服务等"；"物流活动和配送工作由专业的物流公司或储运公司来完成，由于它们不参与商品的买卖，只提供专门的物流服务，因此是独立于买方和卖方之外的第三方，故称第三方物流"；"第三方物流是第三方物流服务提供者在特定的时间段内按照特定的价格向使用者提供的个性化的系列物流服务，这种物流服务是建立在现代电子信息技术基础上的，企业之间是联盟关系"，等等。

国内学者通常将第三方物流分为广义的第三方物流概念和狭义的第三方物流概念。广义的第三方物流是以商品交易为参照来定义第三方物流，指商品买卖双方之外的第三方提供物流服务的形式。按照这种理解，无论是买方承担的物流还是卖方承担的物流都不是第三方物流，除此之外的任何一方承担的物流都是第三方物流。实际上，广义的第三方物流是相对于自营物流而言的。狭义的第三方物流是以物流服务或物流交易为参照，主要有两种表述：一种是指物流的实际需求方（假定为第一方）和仓储、运输等基础物流服务的供给方（假定为第二方）之外的第三方向第一方提供部分或全部物流服务的物流运作模式；另一种是指由物流劳务的供方、需方之外的第三方去提供物流交易双方的部分或全部物流功能的物流运作模式。虽然不同学者对于狭义的第三方物流的认定标准基本一致，但在概念解释、理论和实际运作方面还存在着一些差异。

国内也有学者从对外委托的角度来分析第三方物流，进而明确第三方物流的概念，认为第三方物流形态与目前我们所了解的物流形态是有区别的，而且区别的关键点不在于由谁去承担物流服务，而是以什么方式提供物流服务，提供什么样的物流服务。否则，就会把专业物流企业（确切地讲是专业运输企业、专业仓储企业）等同于第三方物流企业；将存在已久的社会化运输和仓储服务理解为第三方物流服务。

企业物流对外委托的形态有三种：一是货主企业自己从事物流系统设计以及库存管理、物流信息管理等管理性工作，而将货物运输、保管等具体的物流作业活动委托给外部的物流企业；二是由物流企业将其开发设计的物流系统提供给货主企业并承担物流作业活动；三是由专业企业站在货主企业的角度，代替其从事物流系统的设计并对系统运营承担责任。前两种对外委托形态在发达国家已被企业普遍采用，第三种对外委托形态逐渐受到重视。

第三种对外委托形态才是真正意义上的"第三方物流"，即由货主企业以外的专业企业代替其进行物流系统设计并对系统运营承担责任的物流形态。这种观念认为，第三方物流与传统的对外委托有着重要的不同之处。传统的对外委托形态只是将企业物流活动的一部分，主要是物流作业活动，如货物运输、货物保管交由外部的物流企业去做，而库存管理、物流系统设计等物流管理活动以及一部分企业内物流活动仍然保留在本企业。同时，物流企业是站在自己物流业务经营的角度，接受货主企业的业务委托，以费用加利润的方式定价，收取服务费。那些能够提供系统的物流企业，也是以使用本企业的物流设施、推销本企业的经营业务为前提，而并非是以货主企业物流合理化为目的设计的物流系统。而第三方物流则是站在货主的立场上，以货主企业的物流合理化为设计物流系统和系统运营管理的目标。而且，第三方物流企业不一定要保有物流作业能力，也就是说可以没有物流设施和运输工具，不直接从事运输、保管等物流作业活动，只是负责物流系统设计并对物流系统运营承担责任。具体的物流作业活动可以采取对外委托的方式由专业的运输、仓储企业等去完成。从美国的情况看，即使第三方物流企业保有物流设施，也将使用本企业物流设施的比例控制在二成左右，以保证向货主提供最适宜的物流服务。第三方物流企业的经营效益是直接同货主企业的物流效率、物流服务水平以及物流系统效果紧密联系在一起的。

2001年4月17日由国家质量技术监督局发布、2001年8月1日实施的国家标准《GB/T 18354—2001 物流术语》对第三方物流给出的定义是：第三方物流是由供方与需方以外的物流企业提供物流服务的业务模式，指在物流渠道中，由中间商以合同的形式在一定期限内向供需企业提供所需要的全部或部分物流服务。第三方物流企业在货物的实际供应链中并不是一个独立的参与者，而是代表发货人或收货人，通过提供一整套物流活动来服务于供应链。第三方物流企业本身不拥有货物，而是为其外部客户的物流作业提供管理、控制和专业化服务的企业。由此可见，国家标准《GB/T 18354—2001 物流术语》给出的是广义的第三方物流定义，是以商品交易为参照的。2006年完成修订、2007年5月实施的《物流术语》国家标准（GB/T 18354—2006 3.11）对第三方物流的解释是：接受客户委托为其提供专项或全面的物流系统设计以及系统运营的物流服务模式。这一概念，总体上也是广义的第三方物流概念。

（四）第三方物流的其他称谓

第三方物流概念像许多流行的术语一样，其表达运用常因人、因地的不同而使其含义有所区别。在物流实践中，人们根据第三方物流的不同特点，对其还有不同的称谓。这些称谓都从某个侧面反映了第三方物流的实质，也基本能表达与第三方物流相同的概念。

由于第三方物流的服务方式一般是与企业签订一定期限的物流服务合同，所以第三方物流又被称为"合同物流"（constract logistics）或"契约物流"（constract logistics）。

为了区别企业自身提供的物流作业（private logistics）与外界提供的物流服务，第三方物流又被称为"外协物流"（outsourcing logistics）、"外包物流"或"外部物流"。

由于第三方物流公司一般是比较专业化的物流企业，能够承担客户全部的物流服务，所以第三方物流又被称为"全方位物流服务公司"（full-service distribution company，FS-DC）或整合服务提供商（integrated service providers）。

由于第三方物流公司对物流各环节如仓储、运输等的严格管理，再加之拥有一大批具有专业知识的物流人才，使得他们可以有效地运转整个物流系统。当客户不再拥有自己的车队和仓储、库存，而是全部依赖于第三方物流为他和他的客户提供部分或全部的物流服务时，客户和第三方物流便形成了"一荣俱荣，一损俱损"的利害关系，因此第三方物流又被称为"物流联盟"（logistics alliance）或"物流伙伴"。

（五）本书的观点

国内外第三方物流概念的差异，实际上也是对现实中第三方物流形态多样性的一种反映。综合国内外第三方物流概念，争议的焦点主要集中在两个方面，即第三方物流中第三方的认定和第三方物流提供物流服务的范围和深度。

关于第三方物流中第三方的认定，本书认为应以商品交易为参照，即第一方是指商品的卖方、供应方或发货人；第二方是指商品的买方、需求方或收货人；第三方是指第一方和第二方之外的、为双方提供物流服务的物流服务提供者。以物流服务或物流交易为参照来认定第三方物流中的第三方，将其定义为物流的实际需求方（假定为第一方）和仓储、运输等基础物流服务的供给方（假定为第二方，也有学者将第二方描述为物流的实际供给方）之外的、向第一方提供部分或全部物流功能的外部服务提供者，或者是物流劳务的供方、需方之外的、提供物流交易双方的全部或部分物流服务的外部服务提供者，存在着论述上的矛盾。在这两个定义中，要么第二方本身就涵盖在第三方之内，如仓储、运输等基础物流服务的供给方事实上也是提供部分物流功能的外部服务提供者；要么第三方本身就属于第二方，如提供物流交易双方的全部或部分物流服务的外部服务提供者事实上也是物流劳务的供方。

关于第三方物流提供物流服务的范围和深度，本书认为不是定义第三方物流的关键所在。第三方物流是与第一方物流、第二方物流相对应的概念，它们之间的区别在于物流运作主体的不同，而运作的业务是相同的。按此理解，凡是由商品交易双方之外的第三方为商品交易双方提供物流服务的模式，都可以包含在第三方物流的范围之内。至于第三方物流企业提供的是哪一个阶段的物流服务和物流服务的范围和深度，这与货主的要求和第三方物流企业自身条件有密切关系。认为提供从物流系统设计到系统运营的一体化物流服务或多功能、系列化物流服务的物流运作才是第三方物流的观点有点偏颇。第三方物流提供的物流服务既可以是某一环节的物流活动，也可以是几个环节或综合性的物流服务，既可以是物流系统设计、信息管理等高层次物流服务，也可以是运输、仓储等基础性物流服务。例如，就中国来说，一方面，生产经营企业目前对第三方物流服务的需求层次还不高，仍集中在传统仓储、运输等基本物流服务上；另一方面，第三方物流企业目前提供的物流服务也局限在传统仓储、运输等方面，其收益的85%来自这些基础性服务，物流系统设计、物流总代理等高增值、综合性物流服务尚未成为主流服务项目，而且未来计划提供的服务项目也主要集中在单纯仓储、干线运输等方面。其实，即使在发达国家，货主企业物流对外委托内容大多也只是停留在物流作业活动上，物流系统设计可以委托物流业者来搞，但系统的运营、管理仍由货主企业自己承担。标榜自己是第三方物流企业的也有各种各样的经营方式，能够站在货主角度提供从系统设计、计划、管理到实施全面个性化物流服务的第三方物流企业并不多。

综上所述，就概念而言，第三方物流是指商品交易双方之外的第三方为商品交易双方提供部分或全部物流服务的物流运作模式。按照这个概念，运输、仓储、报关等单一环节物流服务和一体化综合性物流服务或多功能系列化物流服务，都属于第三方物流的范畴。它们之间是传统第三方物流服务与现代第三方物流服务的区别，是功能性第三方物流服务与综合性第三方物流服务的区别，是第三方物流企业规模和经营范围上的区别。但从理论研究和实践运作看，后者是第三方物流发展的方向和重点，是第三方物流企业追求的目标和其客户渴望得到的物流服务，同时也是第三方物流研究与实践中的薄弱环节。基于此，本书认为，第三方物流的概念应是广义的，但研究和实践主要应以后者——现代第三方物流作为重点。

一些学者认为，第三方物流的出现是物流复杂性进一步增强后又一次专业化分工的结果，与传统的运输、仓储等单一环节的物流服务是有着明显区别的。而上述第三方物流概念过于宽泛，没有将运输、仓储、报关经纪等单一环节的传统物流服务同现代物流服务进行区分，不利于研究和认识现代物流。其实，这些学者所说的就是传统第三方物流与现代第三方物流的区别，如表 13-1 所示，是第三方物流内部的分工问题。随着社会的发展和市场环境的变化，传统第三方物流开始向现代第三方物流过渡。一方面，第三方物流内部出现了提供一体化综合性物流服务的企业，出现了物流管理公司、物流技术公司、物流咨询公司。另一方面，提供运输、仓储、报关经纪等单一环节物流服务的企业，为了求得生存与发展，也在努力通过拓宽物流服务领域、采用先进物流技术、积极与客户建立紧密关系等向现代第三方物流企业转型，而且许多企业已经开始了转型的实践并取得了初步效果。

表 13-1　现代第三方物流与传统第三方物流的区别

项目	传统第三方物流	现代第三方物流
与对象企业关系及稳定性	单纯的承托关系，合约期短，不稳定，易被取代	注重双方或多方的长期互惠合作关系，具有较强的稳定性。IT 的应用有助于巩固这种关系，成为不易取代的战略合作伙伴
为对象企业提供服务的态度	按照用户的要求，被动地提供服务	积极、主动地服务，既努力做好已有的各服务项目，还积极主动地为客户企业提供物流系统设计与优化等相关服务
建立的技术基础	传统的物流技术	现代物流管理技术，尤其离不开 IT 的支持
所具备的物流功能及提供的服务	往往只具备特定的单一功能，提供的服务有限，各项物流功能相对独立	广泛的物流服务项目，通常具备多种功能，可为客户提供增值服务、"量身定做"的特殊服务或采用过程管理的方式参与供应链
对供应链物流过程的参与程度	低	高
与对象企业间的利益关系	相互矛盾	一致（其利润来源于对象企业在物流领域共同创造的新价值）

二、现代第三方物流的特征

现代第三方物流通常具有以下特征：

（一）它是合同导向的一系列服务

传统的物流业务外包只限于一项或一系列分散的物流功能，这时的第三方物流也多是提供单项物流功能服务，如运输公司提供运输服务、仓储公司提供仓储服务等。现代第三方物流虽然也包括单项服务，但更多的是提供系列化、多功能甚至全方位的物流服务，注重的是客户物流体系的整体运作效率和效益。而且，现代第三方物流是完全根据双方共同指定的承包合同条款的要求来提供规定的物流服务，而不是客户的临时需求。承包合同规定了服务内容、服务时间、服务价格等，规定了承包和被承包双方的责任和义务。现代第三方物流企业提供的服务，也不严格限于物流方面，可以根据用户需要，包含一些商流、信息流方面的服务，只不过物流是其核心能力。

根据西方管理界的调查研究，被调查的欧美企业几乎都与第三方物流企业签订专门的合同，而且合同都包括惩罚措施，43%的西欧企业和25%的美国企业还制定一系列的激励条约。欧美企业在利用第三方物流服务中，除了最常见的仓储、运输和车辆管理等服务，还利用其他服务，如产品回收、订单履行、运价谈判、物流信息系统等，如表13-2所示。

表13-2　最常使用的第三方物流服务

物流功能	西欧（%）	美国（%）
仓库管理	74	54
共同配送	56	49
车辆管理	51	30
订单履行3	51	24
产品回收5	39	3
搬运选择	26	19
物流信息系统	26	30
运价谈判	13	16
产品安装装配	10	8
订单处理	10	3
库存补充	8	5
客户零配件	3	3

从第三方物流服务提供者角度看，现代第三方物流公司可以管理整个物流过程或选择的几项活动，如在报关、运价谈判、库存管理、承运人选择等近30种第三方物流服务项目中，仅15%的公司服务项目低于10种，2/3以上的公司服务项目多于20种，中位数是18种，这都证实了现代第三方物流公司能提供一系列服务。

（二）它是个性化的物流服务

现代第三方物流企业一般是站在货主的立场上，以货主企业的物流合理化为目标来设计物流系统的运营。因此，它必须熟悉货主企业以及与其生产经营活动相适应的物流活动的发展规律。现代第三方物流企业服务的对象一般都较少，只有一家或数家客户，但服务时间却较长，往往长达数年，异于公共物流服务——"来往都是客"。如食品业著名的第三方物流服务商夏晖集团，其主要面向全球麦当劳食品连锁集团提供物流服务。这是因为各个行业与各个企业物流服务需求方的业务流程各不一样，而物流、信息流是随价值流流动的，因而要求第三方物流服务应按照客户的业务流程来定制，从而体现出物流服务的个性化特征。即使服务于多家企业的大型第三方物流服务商，其服务的营业范围也是有限的，因为第三方物流服务市场需求是复杂的，任何一家第三方物流服务商都难以做到对各个行业的物流。

从第三方物流服务提供者角度看，决定第三方物流服务提供者与其客户之间的成功关系的因素有 25 个。按照以下等级评价 25 个因素的重要性：0=无重要性；1=次重要；3=中等重要；4=最重要，等级最高的成功因素是为顾客着想，如表 13-3 所示。在单项最重要的因素中，有 17.1%的公司认为为顾客着想是排在首位的，节约成本排在第三位，如表 13-4 所示。可见第三方物流正从过去面向社会提供服务的传统外协型服务进化到面向个别企业的个性化服务阶段，物流企业的经营理念已从"我能提供什么服务就提供什么服务"的"产品推销"阶段发展到了"客户需要什么服务，我就提供什么服务"的"市场营销"阶段。也就是说，现代第三方物流企业提供物流服务是从客户的角度考虑，是用"一企一策"的方式为客户提供特殊的、个性化的专属服务。这种特殊性与个性化既体现在物流方案内容与使用者的特定化方面，也体现在双方共同制定物流解决方案并动态执行等方面。而传统的运输、仓储等物流企业由于服务对象众多而只能提供单一的、标准化的物流服务，无法满足用户的个性化需求。

表 13-3 成功的决定因素

因素	平均等级
为顾客着想	3.57
可依赖性	3.54
柔性	3.38
准时	3.32
方便	3.30
改进服务	3.27
相互信任	3.27
集中主业	3.24
节约成本	3.24
顾客业务知识	3.22
整个公司的投入	3.19
长期关系	3.14
管理专业知识	3.11
共享相关信息	3.11

表 13-4　单项最重要因素

因素	%
为顾客着想	17.1
整个公司的投入	11.4
节约成本	11.4

（三）它是以现代信息技术为基础的物流服务

现代第三方物流的一个最大特点是依托信息化网络技术，对国内外物流资源进行优化组合，以最少的投入取得最佳的经济效益。现代信息技术的发展是现代第三方物流出现和发展的必要条件。现代信息技术实现了数据处理的实时化和数据传递的高速化，提高了仓库管理、装卸运输、采购订货、配送发运、订单处理等物流作业的自动化水平，使进货、储存、流通加工、包装、运输实现一体化，客户可以方便地利用信息技术与物流企业进行交流和沟通，使企业间的合作和协调有可能在短时间内迅速完成。同时，人们利用信息技术还能准确地计算出混杂在其他业务中的物流活动的成本，并能有效管理物流渠道中的商流，从而促使非物流企业在比较利益的基础上把原来由内部完成的物流作业交给第三方物流企业运作。

目前，用于支撑第三方物流的信息技术主要有：实现信息快速交换的 EDI 技术、实现资金快速支付的 EFT（electronic funds transfer）技术、实现信息快速输入的条形码技术和实现网上交易的电子商务技术等。

（四）它与客户之间是战略合作伙伴关系

第三方物流是企业致力于发展核心能力、避免非核心业务分散精力和资源而寻求战略合作伙伴而产生的。第三方物流企业扮演了这种战略合作伙伴的角色。因此，现代第三方物流不像公共物流服务，客户是不固定的、临时的，甚至是一次性的，而是通过签订较长时期的物流服务合同建立的稳定联盟。依靠现代电子信息技术的支撑，现代第三方物流企业与客户企业之间充分共享信息，这就要求双方信任、合作双赢，以达到比单独从事物流活动所能取得的更好效果。而且，从物流服务提供者的收费原则来看，他们之间是共担风险、共享收益的关系。再者，现代第三方物流与客户企业之间所发生的关系既非一两次的市场交易，但又在交易维持一定时期之后，可以相互更换交易对象；在行为上，各自既非采用追求自身利益最大化的行为，也不完全采取追求共同利益最大化的行为，而是在物流方面通过契约形成优势互补、风险共担、要素双向或多向流动的中间组织。因此，现代第三方物流企业与客户企业之间是战略合作伙伴关系。

这种战略合作伙伴关系，从对欧美企业的调查中也可以得到验证。例如，根据 Melvyn J.Peters 等人 1996 年对 157 家欧洲企业的调查，西欧 76%的被调查企业表明他们正在使用第三方物流服务，其中 77%的使用者最少也有了 3 年的使用时间，这当中 60%的使用者甚至还在 5 年以上。而根据 Robert C.Lieb 对美国 500 家最大制造企业的追踪调查，1995 年美国 60%的企业表明他们采用第三方物流服务，其中 55%的企业使用第三方物流服务的时间在 3 年以上。调查揭示的欧美企业使用第三方物流服务已经经历的时间，如表 13-5 所示。

表 13-5　欧美企业使用第三方物流服务已经经历的时间（1995 年）

使用第三方物流服务时间	西欧企业（%）	美国企业（%）
少于 1 年	5	9
1—3 年	18	36
3 年以上	77	55
其中：5 年以上	60	

这表明第三方物流不同于传统外协的市场交易关系，企业寻找的是长期稳定的合作关系。但欧美企业既不愿将物流业务内部化而采用合并或垂直一体化的组织形式，也很少采用全部委托的方式，而普遍认为内外结合的方式更便于控制、更有柔性，也更能相互提高业务水平，这又表明企业采用的是一种中间组织形式——战略合作伙伴关系。

三、第三方物流与物流一体化

20 世纪 80 年代，西方发达国家如美国、法国、德国等提出了物流一体化的现代理论，应用和指导其物流发展取得了明显的效果，使它们的生产商、供应商和销售商获得了显著的效益。亚太物流联盟主席、澳大利亚著名的物流专家指出，物流一体化就是利用物流管理，使产品在有效的供应链上迅速移动，从而使供应链各成员企业都能获益，并使整个社会获得明显的经济效益。具体讲，物流一体化就是以物流系统为核心，经由生产企业、物流企业、销售企业，直至供应链终端的客户（消费者）而形成的整体化和系统化的物流过程。它是物流业发展的高级和成熟的阶段，即物流业高度发达，物流系统完善，物流业成为社会生产链条的领导者和协调者，能够为社会提供全方位的物流服务。

物流一体化的发展可进一步分为三个层次：物流自身一体化、微观物流一体化和宏观物流一体化。物流自身一体化是指物流系统的观念逐渐确立，运输、仓储和其他物流要素趋向完备、子系统协调运作、系统化发展。微观物流一体化是指市场主体企业将物流提高到企业战略的地位，并且出现了以物流战略作为纽带的企业联盟。宏观物流一体化是指物流业发展到这样的水平：物流业占到国家国民生产总值的一定比例，处于社会经济生活的主导地位，使跨国公司能从中获得专业化和提高国际分工程度，并获得规模经济效益。

一方面，第三方物流是物流一体化的基础。物流一体化是物流产业化的发展形式，是物流发展的高级形式，必须以第三方物流充分发育和完善为基础。物流一体化的实质是一个物流管理的问题，它要求第三方物流的实践培养专业化物流管理人员和技术人员，充分利用专业化物流设备、设施，发挥专业化运作的管理经验，以求取得整体最优的效果。

另一方面，物流一体化的趋势为第三方物流的发展提供了良好的发展环境和巨大的市场需求。从物流业的发展看，第三方物流是在物流一体化的第一个层次时出现萌芽的，但这时只有数量有限的功能性物流企业和物流代理企业。第三方物流在物流一体化的第二个层次得到迅速发展，这时专业化的功能性物流企业和综合性物流企业以及相应的物流代理公司出现，并快速发展。这些企业发展到一定水平，物流一体化就进入了第三个层次——宏观物流一体化。

第三方物流和物流一体化都是物流专业化的表现形式。西方发达国家在发展第三方物流、实现物流一体化方面积累了较为丰富的经验。德国、美国、日本等物流先进国家认为，实现物流一体化，发展第三方物流，关键是具备一支优秀的物流管理队伍，要求管理者必须具备较高的经济学和物流学专业知识和技能，精通物流供应链中的每一门学科，整体规划水平和现代管理能力都很强。

四、第三方物流与第四方物流

第三方物流为客户提供所有的或一部分供应链物流服务，以获取一定的利润。第三方物流公司提供的服务范围很广，可以简单到只是帮助客户安排一批货物的运输，也可以复杂到设计、实施和运作一个公司的整个分销和物流系统。在最复杂的层次上，第三方物流公司可以与整个客户的供应链完全整合在一起，通过提供增值信息服务来帮助客户更好地管理其核心能力。这种第三方物流服务对客户来说无疑是较为理想的，但是它对客户和第三方物流企业双方的实力与合作程度有很高要求，目前还无法普及。第三方物流公司和典型的运输或其他供应链服务公司的关键区别在于：第三方物流的最大附加值是基于知识和信息，它以一定程度上的信息整合为契机，提供物流供应链上的一条龙服务，而不是靠提供最低价格的一般性的无差异的服务。例如，一个纯粹的运输企业通常不被称为第三方物流公司。

而安盛咨询公司——第四方物流（Fourth Party Logistics，简称 FPL 或 4PL）的首要倡议者提出的第四方物流的定义是：第四方物流是一个供应链的集成商，它对公司内部和具有互补性的服务供应商所拥有的不同资源、能力和技术进行整合管理，提供一整套供应链解决方案。通俗地讲，所谓第四方物流是指集成商们利用分包商来控制与管理客户公司的点到点式供应链运作，不仅控制和管理特定的物流服务，而且对整个物流过程提出策划方案，并通过电子商务将这个过程集成起来。从概念上来看，第四方物流是有领导力量的物流提供商，可称之为"总承包商"或"领衔物流服务商"。它可以通过其影响整个供应链的能力来为客户提供更为复杂的供应链解决方案和价值，使迅速、高质量、低成本的产品运送服务得以实现，从而也为其顾客带来更大的价值。从宏观角度来看，第四方物流发展满足了整个社会物流系统的要求，最大整合了社会物流资源，减少了货物物流时间，提高了物流效率。

从上述比较中可以看出，就职能而言，第三方物流侧重于实际的物流运作以及面对客户需求的一系列信息化服务，它通过将供应链上每一环节的信息进行比较和整合，力求达到跟踪满足客户需求的目的。而第四方物流则侧重于从宏观上对供应链进行优化管理，其优势在于管理理念的创新和变革管理能力，它的目标在于将一定区域内甚至全球范围内的物流资源根据客户的需要进行优化配置，以形成最优方案。

需要指出的是，国内外物流业界目前对第四方物流的认识并不统一，还有不少异议。

现有的大多数第三方物流公司认为,没有理由在客户与第三方物流提供商之间插入一个实体,这样未必能够优化供应链反而有可能增加不必要的成本。第三方物流的管理模式是建立在发展与更多客户联系的基础上,不需要任何机构插足。他们的客户想保持直接的关系,他们认为自己就是集成物流服务提供商,而他们的客户也这样看。

本书认为,所谓的第一方物流是指销售方的物流,第二方物流是指采购方的物流,第三方物流是针对第一方物流和第二方物流而言、不在贸易链中占有任何地位、自始至终对货物没有所有权的第三方而言的,因此对货主而言不存在第四方物流,只有第三方物流。所谓的第四方物流是在第三方物流基础上的一种演绎,是对第三方物流更为细致的分类,就像美国摩根·斯坦利公司所认为的那样——第四方物流就是将"供应链中附加值较低的服务通过合同外包出去后剩余的物流服务部分"。同时在第四方物流当中引入了"物流业务的管理咨询"服务。华中科技大学管理学院教授徐天亮认为,第四方物流本质上是第三方物流的特例,是指物流服务提供者作为一个供应链的集成商,对公司内部和具有互补性的服务提供者所拥有的不同资源、能力和技术进行整合、管理,提供一整套供应链解决方案。它依靠业内最优秀的第三方物流供应商、技术供应商、管理咨询顾问和其他增值服务商,为客户提供独特的、广泛的供应链解决方案。

不过,尽管关于第四方物流的概念、作用及其发展方向还存在诸多争论,第四方物流的发展前景如何及其究竟应该以什么为市场切入点和主要利润增长点,尚待理论完善与实践检验,本书也将第四方物流看成是第三方物流基础上的一种演绎和对第三方物流更为细致的分类,但第四方物流所倡导的物流运作新思路、新理念,即通过对客户综合物流链的重新设计、整合重组和跟踪管理以提高客户物流全环节运营效率、降低物流总体费用、提高客户整体经营能力来获得其自身的利润来源和发展动力的经营方针是正确的,是物流公司特别是大的综合性物流公司今后的发展方向。

第二节 第三方物流的优势与风险

一、第三方物流的优势

"第三方物流"一词于20世纪80年代中后期开始在欧、美、日等发达国家盛行,当时它是对物流环节的要素进行外包的一个主要考虑方面。探讨第三方物流的优越性,其实就是解决一个第三方物流存在合理性的问题。第三方物流概念的提出,可以说是物流业的一次革命,因为它有着很多传统物流所无法比拟的优势。除了宏观上有助于缓解交通压力、保护环境和促进产业结构调整等外,第三方物流在微观上也给使用其服务的企业带来诸多好处,具体表现在以下几个方面:

(一)有利于集中主业

由于任何企业的资源都是有限的,很难成为一个业务上面面俱到的专家。因此,现代竞争理论认为,企业要取得竞争优势,必须充分利用现有资源集中精力于核心业务,巩固和扩展自身的核心业务,致力于核心业务的发展,将不擅长或条件不足的功能弱化或外包。因而,越来越多的企业将其非核心业务外包给专业化的其他公司。

第三方物流为企业提供了集中于擅长领域的机会,而把不擅长的物流留给物流公司,从而能够实现企业资源的优化配置,将有限的资源集于核心业务,进行重点研究,发展基本技术,努力开发出新产品参与世界竞争。有些企业甚至只有产品研发和市场两个功能,通过外包的形式获得物流和制造资源,如著名的耐克公司。实际上,物流外包使得生产经营企业和第三方物流企业各自的优势都得到强化,既能促使生产经营企业专注于提高自身核心能力,又有利于带动包括第三方物流在内的物流行业整体的发展。

例如,美国通用汽车的萨顿工厂通过与赖德专业物流公司的合作取得良好的效益。萨顿集中于汽车制造,而赖德管理萨顿的物流事务。赖德接洽供应商,将零部件运到位于田纳西州的萨顿工厂,同时将成品汽车运到经销商那里。萨顿使用电子数据交换(EDI)进行订购,并将信息发送给赖德。赖德从分布在美国、加拿大和墨西哥的 300 个不同的供应商那里进行所有必要的小批量采购,并使用特殊的决策支持系统软件来有效地规划路线,使运输成本最小化。

(二)有利于减少库存

企业不能承担多种原料和产品库存的无限增长,尤其是高价值的配件要及时被送往装配点才能保证库存最小。在保证生产经营正常进行的前提下实现零库存,是所有企业的理想目标。但由于自身配送能力、管理水平有限,为了及时对顾客订货做出反应,防止缺货和快速交货,企业往往需要采取高水平库存的策略,即在总部和各分散的订货点处维持大量的存货。而且,一般说来,企业防止缺货的期望越大,所需的安全储备越多,平均存货数量也越多。在市场需求高度变化的情况下,安全库存量会占到企业平均库存的一半以上。

第三方物流企业借助精心策划的物流计划和适时运送手段及强大的信息系统,既可以实现以信息换库存,即通过上下游各个环节信息的及时、快速、准确交换,实现精益生产和 JIT 交货,减少无效库存数量,缩短库存时间,又能加快存货流动速度,从而最大限度地盘活库存、减少库存,改善企业的现金流量,实现成本优势。

(三)有利于减少投资和加快资本周转

企业自营物流,往往要进行物流设施设备的投资,如建设仓库、购买车辆、构建信息网络等,这样的投入往往是相当大的,对于缺乏资金的企业特别是中小企业是个沉重的负担。据一家正筹划着进入中国物流行业的著名外资公司透露,为铺设一个覆盖全中国的物流网络,它准备投入 98 亿美元,而其中仅用来铺设配送网络的投入就达 10 亿美元。姑且不论这家公司对在中国铺设网络所需成本的估算是否准确,至少可以看出建造一个全国性配送网络的高昂成本。而且,"铺网"之后的"养"网费用也是相当大的。以深圳市邮政投递网为例,仅仅"养活"深圳一个市的邮政投递网络,每年就要花去 3000 多万元人民币。又如一项调查表明,第三方物流企业需投入大量资金用于购买物流技术设备,包括软件、通信和自动识别系统。74%的第三方物流企业购买物流技术、条码系统的平均支出达 108 万美元,另外在软件上平均花费 61 万美元,在通信和追踪设备上平均花费 40 万美元。另外，60%的第三方物流企业为其顾客购置了物料搬运设备。在货架方面开支达 41 万美元，在储存和提取系统方面开支 45 万美元，在码头设备上开支 30 万美元，在起重机及附件方面开支 43 万美元。

采用第三方物流，企业可以减少在此领域的巨额投资，使得固定成本转化为可变成本——通常，企业仅需向第三方物流企业支付服务费用，不需要自己内部维持物流基础设施来满足物流需求。这样，企业不仅可以减少在物流设施上的投资，对物流信息系统的投资也可转嫁给第三方物流企业承担，而且解放了仓库、车队等方面的资金占用，加快了资金周转。

（四）有利于灵活运用新技术

随着物流业务的发展和科技进步的加速，物流领域的新技术、新设备层出不穷，表现在运输工具的多样化和专业化、保管装卸技术的自动化和机械化、包装技术的新材料和流水线、物流配送活动的高速度和信息管理的网络化等。物流技术和设备的日新月异变化，代表着现代物流发展的需要。

第三方物流企业为了提高自己的竞争能力和专业化水平，会不断追寻物流技术的发展，及时更新物流设备，这也是他们生存的需要。而普通的单个非物流企业，通常没有时间、资源或技能来跟上物流技术和设备变化的潮流。采用第三方物流，企业可以在自己不增加投入的情况下，不断获取最新的技术。

（五）有利于提高顾客服务水平

顾客服务水平的提高会提高顾客满意度，增强企业信誉，促进销售，提高市场占有率，进而提高利润率。在市场竞争日益激烈的今天，高水平的顾客服务对企业来说是至关重要的，它是企业优于其同行的一种竞争优势。

物流能力是企业顾客服务的一大内容之一，会制约企业的顾客服务水平。例如，生产时由于物流问题使采购的材料不能如期到达，也许会迫使企业停工、不能如期交纳顾客订货而承担巨额违约金，更重要的是会使企业自身信誉受损，销量减少，甚至失去良好合作的顾客。而第三方物流在帮助企业提高自身顾客服务水平上有其独到之处，并且帮助企业提高顾客服务水平和质量也正是第三方物流所追求的根本目标。

利用第三方物流信息网络和结点网络，有助于提高市场响应速度，加快对顾客订货的反应能力，加快订单处理，缩短从订货到交货的时间，进行门对门运输，实现货物的快速交付，提高顾客满意度。通过第三方物流先进的信息和通信技术，可加强对在途货物的监控，及时发现和处理运输过程中的意外事故，保证订货及时、安全送达目的地，尽可能实现对顾客的安全、准点送货等承诺。产品的售后服务、送货上门、退货处理、废品回收等也可由第三方物流来完成，保证企业为顾客提供稳定、可靠的高水平服务。

（六）有利于降低物流成本

物流成本通常被认为是企业经营中较高的成本之一。控制了物流成本，就等于控制了总成本。第三方物流企业是提供物流服务的专业机构,拥有高素质的专业物流管理人员和技术人员,能充分利用专业化物流设备、设施和先进的物流信息系统,发挥专业化物流运作的管理经验,提高各环节能力的利用率,最大程度地取得整体最优的效果,从而为客户企业降低物流成本。如采用第三方物流后,企业可以减少直接从事物流业务的人员,削减工资支出;提高单证处理效率,减少单证处理费用;提高库存管理能力,降低存货水平,削减存货成本;提高运输效率,减少运输费用等。

在这方面,已有不少实证研究成果,如美国田纳西大学、英国 EXEL 公司和美国 EMST&YOUNG 咨询公司共同组织的一项调查显示,很多货主表示使用第三方物流使它们的物流成本平均下降了 1.18%,货物周转期平均从 7.1 天缩短到 3.9 天,库存降低了 8.2%;Lieb 等(1993)也指出,使用第三方物流大约可使经常性物流成本降低 30%~40%;Boyson(1999)等对 27 个产业使用第三方物流的情况所做的调查研究发现,物流外包可帮助企业快速降低成本,提高竞争力,增加效益,改善顾客服务水平;在德国,使用第三方物流,物流成本可以下降到商品总成本的 10%。对企业而言,应建立一套完整的物流成本核算体系,以便真实地反映企业采用第三方物流后所带来的效益,促使企业物流活动日趋合理化。

(七)有利于建立本地关系而进入新的市场

通过专业化的发展,第三方物流企业通常已经开发了信息网络并积累了针对不同物流市场的专业知识,包括运输、仓储和其他增值服务,在国内外有良好的运输和分销网络。希望拓展国际市场或其他地区市场以求发展的企业,可以借助这些网络,以较为经济的方式进行市场渗透。特别是对于某些物流还处于管制状态的地区,利用第三方物流,企业可以开展自身无法开展的物流业务。例如,大多数城市对市区配送业务都有限制,但有些第三方物流企业却可以利用同政府的良好关系得到营运资质,企业通过使用第三方物流就可以绕开这些业务的政策限制而进入市场。随着全球经济一体化的加速,不少没有国际营销渠道的公司希望进入国外市场,而国际第三方物流企业恰恰可以帮助这些公司实现其拓展国际业务的目的。

(八)有利于提升企业形象

如前所述,第三方物流企业与客户企业之间是相互依赖的市场共生关系,两者是战略合作伙伴,不是竞争对手。第三方物流企业为客户企业着想,通过全球性的信息网络使客户企业的供应链管理完全透明化,客户企业可以随时通过 Internet 了解供应链的情况;第三方物流企业是物流专家,他们利用完备的设施和训练有素的员工对整个供应链实现完全的控制,减少物流的复杂性;他们通过遍布全球的运输网络和服务提供者(分承包方)大大缩短了交货期,从而也帮助客户企业改进服务,树立自己的品牌形象。第三方物流企业通过"量体裁衣"式的设计,制定出以客户为导向、低成本、高效率的物流方案,为客户企业在竞争中取胜创造了条件,使顾客在同行中脱颖而出。

二、第三方物流的风险

与自营物流相比较,第三方物流在给使用企业带来诸多好处的同时,也会给使用企业带来一些风险,主要有:

(一)对物流的控制能力降低甚至丧失的风险

物流对于大多数企业来说虽属非核心业务,但企业采用第三方物流后,第三方物流企业介入客户企业的采购、生产、销售及顾客服务的各个环节,成为客户企业的物流管理者,必然使客户企业对物流的控制能力降低,而这将导致第三方物流企业具有与客户企业讨价还价的能力。随着第三方物流企业在客户企业的物流业务上介入程度的加深,这种能力也会加强,对客户企业形成潜在的威胁。在协调出现的问题时,甚至可能出现物流失控的现象,即第三方物流企业不能完全理解并按客户企业的要求来完成物流业务,或者第三方物流企业不是以客户企业为中心来处理每一个环节,而是站在自己的立场事不关己或消极对待,从而降低企业顾客服务的质量。凯玛特(K-mart)公司最后败于与沃尔玛(Mal-mart)公司的竞争,重要原因之一就是大部分物流外包虽然在短期降低了公司的营运成本,但却丧失了对物流的控制,从而使公司总成本上升。

另外,采用第三方物流也使原来由企业内部沟通来解决的问题,变成两个企业——第三方物流企业与客户企业之间的沟通,在沟通不充分的情况下,容易产生相互推诿的局面,影响物流的效率。

(二)顾客关系管理上的风险

在顾客关系管理上,企业采用第三方物流后的风险有两种。

一是削弱企业同顾客关系的风险。采用第三方物流后,订单集成、产品的递送甚至售后服务一般是由第三方物流完成的,最直接接触顾客的往往是第三方物流企业,基本上是由第三方物流企业与顾客打交道,从而大大减少了客户企业同顾客直接接触的机会,减少了直接倾听顾客意见和密切顾客关系的机会,这对建立稳定的顾客关系无疑是非常不利的。第三方物流割裂企业同最终顾客的联系,可能导致企业顾客快速反应体系失灵,甚至对企业形象造成伤害。例如,由于第三方物流企业经常与企业的顾客发生交往,第三方物流企业会通过在运输工具上喷涂自己的标志或让员工穿着统一服饰等方式来提升第三方物流企业在顾客心目中的整体形象而取代客户企业的地位。

二是顾客资料被泄密的风险。在激烈的市场竞争中,顾客就是上帝,顾客资料对企业而言是最重要的资源之一。如果顾客资料被泄露,其后果是难以想象的。在企业与第三方物流的合作中,由于物流与信息流的密不可分,物流环节中包含企业大量的顾客资料,如订货数据、顾客分布和渠道、顾客折扣和产品价格等。尽管相互共享信息和对对方的信息保密是双方合作的重要基础,但信息在更多的企业间共享,其被泄露的可能性无疑增大。

（三）企业战略被泄密的风险

对企业来说，为了保持其竞争优势，特别需要将诸如原材料供应、生产流程、技术工艺、销售网络等战略运营要素保持一定的隐秘性。

物流既是企业战略的重要组成部分，又承担着战略执行的重任。企业采用第三方物流后，由于双方合作的紧密性以及提高物流效率的需要，通常要求双方的信息平台对接，实现有关信息共享，其中不乏企业的大量机密的战略信息，如销售策略、产品更新等。这样，从渠道调整到市场策略，从经营现状到未来预期，从产品转型到顾客服务策略，第三方物流企业都可能得到客户企业相关的信息，从而对客户企业的企业战略也就通常有很深的认识。对于信息处理能力比较强的第三方物流企业，其通过数据加工和挖掘技术得到的信息甚至连客户企业自身都不知道。

在市场竞争日益激烈的情况下，企业的核心能力是其生存与发展的最重要保障，而采用第三方物流势必大大增加企业战略被泄密的风险。最令企业担心的是，在某一行业专业化程度高、占有较高市场份额的第三方物流企业往往会拥有该行业诸多企业的客户，而它们正是企业的竞争对手，第三方物流企业与客户企业的信息共享可能会导致企业的运营情况通过第三方物流企业而泄露给竞争对手。

（四）连带经营风险

企业采用第三方物流后，同第三方物流企业的合作一般是长期的战略伙伴关系。双方一旦合作成功，要解除合作关系对双方来说成本都很高。但如果因第三方物流自身经营不善导致服务暂停或合同终止，将可能直接影响客户企业的经营，尤其会影响那些交货期紧迫、责任重大的业务项目，给企业造成无法估量的当期和潜在损失。特别是在合约解除过程中，企业要选择新的物流服务提供商并建立稳定的合作关系，往往需要很长的磨合期，有的甚至超过半年。在磨合期内，企业将不得不面对新物流服务商因产品不熟悉、信息系统衔接不好等造成的服务失败。这种连带经营风险，其实也是企业对第三方物流服务提供商的选择风险。

（五）机会主义风险

企业采用第三方物流后，其物流业务交由第三方物流企业负责，双方的力量对比因此发生变化。就第三方物流企业来说，他们对双方合作关系的依赖性不如客户企业强烈，因为这笔交易充其量是其众多交易中的一单。但就客户企业而言，他们对双方合作关系的依赖性要比第三方物流企业强烈，因为他们通常选择一个第三方物流企业负责其物流运作，即使选择几个第三方物流企业承担其物流业务，也是各自负责不同部分的物流功能，相互之间替代性不强，第三方物流企业的服务质量与效率直接影响企业的生产经营活动。

双方对合作关系依赖性的不同，导致第三方物流企业在出现合作纠纷时往往处于有利地位，有时甚至欺诈客户企业而提高价格或提出其他很苛刻的要求，并转向那些能满足他们利益的客户，产生种种机会主义行为，如不按合同规定的时间配送、装卸搬运过程中故意要挟等。尽管双方建立的长期合作的战略伙伴关系有助于削弱第三方物流企业的机会主义倾向，但不能完全消除其给客户企业带来的机会主义风险。

第三节 第三方物流决策

一、第三方物流决策的必要性

诚如前文分析，采用第三方物流服务能给使用企业带来诸多好处，但同时也伴随着一些风险，第三方物流的优越性不是绝对的。第三方物流的优越性是在同自营物流的比较中体现出来的相对优越性，不是在任何情况下都能体现出其优越性。

事实上，现实中企业的物流运作有很多形式，并不是任何企业都需要采用第三方物流服务。在物流业务外包盛行的今天，自营物流同样有存在的必要。对于有些企业而言，如果物流活动不是很复杂，物流活动波动不是很大，企业可以选择自营物流。有些企业的产品有特殊性，如药品、冷藏品等，对物流设施、设备有特殊要求，企业也可以选择自营物流。有些企业的物流本身就是其经营中的核心能力，完全可以选择也应该选择自营物流，如世界 500 强企业美国沃尔玛集团，其成功的一个决定性因素就是拥有一个强大的物流配送和供应链支持系统。

由此可见，第三方物流只是企业物流管理和运作的一种可能形式而已，并不是企业物流管理和运作的唯一形式，其使用不是绝对的，从而导致了第三方物流决策问题的存在及其必要性。

二、第三方物流决策的含义

所谓决策，就是泛指做出决定，即人们在采取一项行动之前，反复比较和权衡各种方案的优劣，然后做出决定。在现代管理科学中，对决策常有两种理解：狭义理解与广义理解。狭义理解，认为决策就是做出决定，仅限于对不同的方案做出最佳选择。广义理解，把决策看成是一个过程，即为了实现某一特定系统的预定目标，在占有信息和经验的基础上，根据客观条件，提出各种备选方案，应用科学的理论和方法，进行必要的判断、分析和计算，按照某种准则，从中选出最满意方案，并对方案的实施进行检查，直到目标实现的全过程。后一种广义理解的代表人物，就是美国的 H.A.Simon，他提出了"管理就是决策"的著名论断，把决策行为贯穿于管理的全过程。

这里所说的第三方物流决策，是企业考虑使用第三方物流服务时的决策问题，引用的是决策的狭义理解，泛指企业在选择自营物流和外包物流活动时做出的是否使用第三方物流服务以及在多大程度上使用第三方物流服务的决定。

三、第三方物流决策模型的演进

自从第三方物流诞生以来，第三方物流决策模型一直是一个研究重点，不少学者从不同角度对这一问题进行了探讨。

具体来看，第三方物流决策模型大体经历了三个阶段，即传统决策模型、现代二维决策模型和基于"战略—能力"思路的综合决策模型。其中，后一个决策模型都是对前一个决策模型的修正或改良。

（一）传统决策模型

传统决策模型依据的是企业是否有能力自营物流。如果企业有设施、有技术就自营，以方便控制；如果某项物流功能自营有一定困难就外购，如图 13-1 所示。

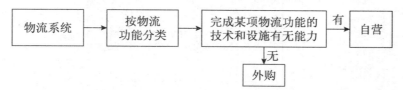

图 13-1　传统第三方物流决策示意图

企业在进行这种外购与自营的决策时，自身的能力是主要的考虑因素，物流总成本与顾客服务水平的考虑是放在其次的。而且，通常的物流外购是企业向运输公司购买运输服务或向仓储企业购买仓储服务。这些服务都只限于一次或一系列分散的物流功能，需求是随机的、临时性的。物流公司没有按照企业独特的业务流程提供独特的物流服务，即物流服务与企业价值链是松散的联系。

之所以采用这种决策模型，除了出于对物流外包可能给企业带来的丧失物流控制能力、物流公司产生机会主义等考虑外，原因在于：

1. 企业各职能部门的本位作风

企业各部门从局部利益出发，从本位出发，不希望物流外包给自身带来不必要的麻烦，如库存管理部门为避免缺货、方便管理希望拥有自己的仓库；采购运输部门为方便提货、配送倾向于拥有运输设备；财务部门认为物流业务外部化带来的频繁的财务手续是令人讨厌的而偏向于企业自营物流；人事部门从员工稳定与和谐关系出发，更愿意企业不要把物流业务外部化；生产部门为方便生产、安排调度计划，不愿仓库地理位置不固定等。由于求人不自由，企业总是尽量采用自营物流的方式，然而这却削弱了企业的竞争力：自营物流使企业把有限的资源浪费在与核心业务关系不大的物流上，制约了企业核心能力的培养和巩固。

2. 企业缺乏对物流战略意义的认识

企业总是倾向于物流业务内部化，是因为管理人员在对外购物流的理解上，缺乏对物流战略意义的认识，不清楚哪些物流功能的自营会对本企业的发展有战略影响，哪些则没有，导致"闭关自守"。管理人员面对的是未知的技术、不可控的经济环境、服务提供方的易变性等一系列未能确定的因素，对决策的偏见主要来自这些不确定因素。管理人员不清楚哪些是核心物流功能，缺乏对物流作战略分析的打算和信心。

（二）现代二维决策模型

随着信息技术的飞速发展，非物流企业与物流公司之间的关系也在发生变化。物流公司从提供传统的公共物流服务转向提供第三方物流服务，非物流企业则强调核心能力、供应链管理、各职能部门的高度集成,非物流企业与物流公司更倾向于优势互补、结成战略合作伙伴关系,企业间的欺诈背叛行为将会受到制约。因此,与这种服务关系转变相适应的决策模型也要随之改变。

美国物流专家 Ballow 注意到传统决策模型的局限性,提出了二维决策模型,如图 13-2 所示。

图 13-2 现代二维第三方物流决策图

他认为,自营还是外购物流服务主要取决于两个基本因素——物流对企业成功的影响程度和企业对物流的管理能力。具体地讲,当物流对企业成功的重要度较高,企业处理物流的能力相对较低时,则采用第三方物流;物流对企业成功的重要度较低,同时企业处理物流的能力也低时,则外购公共物流服务;物流对企业成功的重要度很高,且企业处理物流的能力也高时,则采用自营的方式。围绕企业战略目标,寻求物流子系统自身的战略平衡是 Ballow 建立的决策模型的最大特点。但 Ballow 建立的决策模型有一个致命的缺陷,即没有考虑成本的影响。

一般来说,每一个特定的物流系统都包括仓库数目、区位、规模、运输政策、存货政策及顾客服务水平构成的一组政策。因此,每一个可能的物流方案都隐含着一套总成本,可用数学公式表示如下:$D=T+S+L+F+V+P+C$。其中,D 为物流系统总成本;T 为该系统的总运输成本;S 为库存维持费用,包括库存管理费用、包装费用以及返工费用;L 为批量成本,包括物料加工费和采购费;F 为该系统的总固定仓储费用;V 为该系统的总变动仓储费用;P 为订单处理和信息费用;C 为顾客服务费用,包括缺货损失费用、降价损失费用和丧失潜在顾客的机会成本。这些成本之间存在着"效益背反"的现象,如在考虑减少仓库数量时,虽然是为了降低保管费用,但是在减少仓库数量的同时,就会带来运输距离变长、运输次数增加等后果,从而导致运输费用增大;如果运输费用的增加部分超过了保管费用的减少部分,总的物流成本反而增大了,这样减少仓库数量的措施就没有了意义。

根据唐纳德·J.鲍尔索克斯的物流战略原则,在设计和选择物流系统时,要对系统的总成本加以检验,最后选择成本最小的物流系统。因此,不考虑成本的决策模型是不完全的。在实际运作中,仅仅靠二维决策模型进行决策是有风险的,如何能找到最佳平衡点,就成了企业如何搞好物流管理的重要考虑对象。

(三)基于"战略—能力"思路的综合决策模型

针对 Ballow 建立的决策模型没有考虑成本的缺陷,国内学者提出了基于"战略—能力"思路的综合决策模型。这一模型采用的是较为规范的递推过程,是一个多因素、多准则的定性推理决策过程,即在进行第三方物流决策时,应从物流在企业的战略地位出发,在考虑企业物流能力的基础上,进行综合评价。具体分为以下几点:考虑物流子系统的战略重要性,考虑物流各功能的战略意义,考虑设施和资金等有无能力,考虑成本有无竞争力。具体实施时,可遵循以下决策程序,如图 13-3 所示。

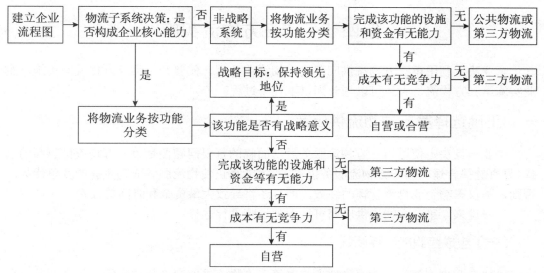

图 13-3　第三方物流综合决策过程

对第三方物流进行决策时,首先要考虑物流子系统的战略重要性。决定物流子系统是否构成企业的核心能力,一般可从以下几方面进行判断:它们是否高度影响企业业务流程?它们是否需要相对先进的技术,采用此种技术能使企业在行业中领先?它们在短期内是否不能为其他企业所模仿?如能得到肯定回答,那么就可断定物流子系统在战略上处于重要地位。

由于物流系统是多功能的集合,各功能的重要性和相对能力水平在系统中是不平衡的,因此还要对各功能进行分析。某项功能是否具有战略意义,关键是要看它的替代性。如其替代性很弱,很少有物流公司或物流公司很难完成,几乎只有本企业才具备此项能力,企业就应保护好、发展好该项功能,使其保持旺盛的竞争力。反之,若物流企业也能完成该项功能或物流子系统对企业而言并非很重要,那就需要从企业物流能力的角度决定是自营还是外购了。企业物流能力在这里指的是顾客服务水平。顾客是个泛指的概念,既可以是消费者,也可以是下道工序。如企业不具备满足一定顾客服务水平的能力,就要进行外购。在外购时采用何种服务,是租赁公共物流服务还是组建物流战略伙伴关系,这就要由物流子系统对企业成功的重要性来决定。在物流子系统构成企业战略子系统的情况下,为保证物流的连续性,就应该与物流公司签订长期合同,由物流公司根据企业流程提供定制(tailored)服务,即实施第三方物流。如果物流子系统不构成企业战略子系统,那么采用何种服务方式就要在顾客服务水平与成本之间寻找平衡点了。

具备了物流能力,并不意味着企业一定要自营物流,还要与物流公司比较在满足一定的顾客服务水平下,谁的成本最低,只有在企业的相对成本较低的情况下,选择自营的方式才有利。如不然,企业应把该项功能分化出去,实行物流外包。如果物流子系统是企业的非战略系统,企业还应寻找合作伙伴,向其出售物流服务,以免资源浪费。当然,这种物流服务收入不是企业的主营收入。

第四节　第三方物流实施

企业决定利用第三方物流供应商进行物流业务后,便要开始第三方物流的实施。企业实施第三方物流,大致可以划分为以下几个过程。

一、正确选择第三方物流供应商

企业一旦决定使用第三方物流服务后,面临的首要问题便是第三方物流供应商的选择。只有选择合适的第三方物流服务提供者,才能真正使物流服务成为企业的竞争优势。否则,不仅影响企业物流管理的绩效,而且还将导致大量资金和时间的浪费。

一般说来,第三方物流供应商可按下列步骤进行选择:

(一)组成跨职能选择团队

虽然企业物流部门一般明显地参与对第三方物流供应商选择的决策,但企业其他部门如财务、制造、营销、信息系统、人力资源等也常常参与其中,如表13-6所示。另外,公司总裁参与选择决策也是常见的。美国田纳西大学对谁是外协的主要支持者或促进者的调查结果表明,物流与运输经理占64%,财务占58%,总裁占50%,制造部占24%,营销部占20%。所以,企业要从其财务、营销、制造、质量控制、信息系统以及物流等部门抽调人员组成选择团队,并使每一个人参与整个选择过程。

表13-6　其他参与决策的部门

职能部门	西欧(%)	美国(%)
财务	64	70
管理信息系统	32	35
人力资源	28	22
生产	24	48
营销	34	39

(二)设定外包目标

一旦选择团队成立,团队应设定外包的目标,究竟是降低成本还是改善运作质量、提升客户服务水平。对外包目标的透彻理解是选择第三方物流供应商的指南,并为后来的第三方物流供应商的绩效考评提供依据。

（三）确定物流需求

选择团队应对企业内部和外部顾客进行调查以确定当前物流的优势和缺点，从而明确自己的物流需求，并把它们明确地表达出来，成为对潜在第三方物流供应商的服务需求。由于大多数第三方物流决策对企业目标的实现关系重大，所以开始时对物流需求理解花费的时间通常较长。

（四）制定选择准则

选择准则应与企业的外包目标和物流需求相联系，如准时交付、可靠性、顾客服务以及价格往往是企业优先考虑的准则。McGinnis 和 Kohn（1993）认为，在选择第三方物流公司时，除了受到企业竞争敏感度、环境对立及环境变动的影响外，还需要考虑价格、配送能力、错误率、问题反应力、管理能力、多样附加值活动、任务达成能力、良好的计算机系统、发货中心个数等九个因素。

（五）列出候选名单

候选者应具有与企业相似的业务方向并能提供所必须的地理覆盖范围的服务。为选定潜在的合作伙伴，团队可以与专业组织联系，与供应商和顾客交流，甚至在因特网上查找。从欧美 500 家最大的工业企业的经验来看，主要通过两种渠道：与其他物流同行的交流和第三方物流供应商的销售拜访，如表 13-7 所示。一个值得注意的趋势是，企业开始更注重专业刊物上的广告和其他途径如专业刊物上的文章、咨询项目和私下的人际交往等方式。

表 13-7　信 息 渠 道

信息源	西欧（%）	美国（%）
与其他物流同行交流	77	46
第三方物流公司的销售拜访	69	54
国内物流会议	19	19
专业广告	19	11
当地物流会议	15	14
直邮广告	15	11

（六）候选者征询

选择团队向候选者发出征询信，询问对方有无兴趣投标。信中应包含企业的信息和外包项目的实质和范围，同时要求候选者提供其公司及服务能力的基本信息。

（七）发出招标书及收回投标书

企业向有资格的且对该项目感兴趣的第三方物流供应商发出招标书。招标书应对企业的外包目标及物流需求作详细说明，详细到假设潜在卖方对本企业情况（如产品线、运送量、销售量预测、所处行业等）一无所知，且对各个潜在卖方一视同仁。当然，为便于竞标者编制预算，一些基本的专业信息是要作出说明的：工作范围、产品流程、交易信息、专案描述、服务成本、最终客户需求、信息技术需求、附加价值服务需求、场所和专门设备需求。应选者的投标书中应包括一些特定信息，如组织结构、能力和现有顾客及报价模式和选择。

（八）初评及现场考察

在初步评审投标书的基础上，将候选者范围缩至 4~5 家，现场考察其作业情况。通过考察让团队了解候选者的管理设施、程序和职员情况。在考察时应依据标准的检查表，并安排相同的团队成员对候选者的能力进行一对一的比较。

（九）候选者资格评审

选择团队应研究有关资料和投标书细节，使用检查单和现场考察完成的调查表，评审候选者的财务状况、信息技术能力、服务柔性和战略符合程度及经营理念。

（十）利用分析工具选择第三方物流供应商

利用层次分析法（Analytic Hierarchy Process，AHP），根据选择准则，确定最佳的第三方物流供应商，关键项目是其与公司有相似的价值观和目标，有符合要求的先进信息技术，管理值得信赖、互相尊重并有发展共同合作关系的愿望。

值得注意的是，选择并不是像一次交易那样挑选要价最低者。因为合同一经签订，与物流伙伴的关系就要维持相当一段时间，因此应选择那种最适合企业需求和文化互补的第三方物流供应商。同时，最终选择决策也应在团队成员之间进行一定程度的协调，以保证他们中的每一位对做出的决策有一致理解，并了解对被选中物流公司的期望。

二、与第三方物流供应商有效合作

企业选定了第三方物流供应商并通过合同的形式达成协议后，便进入了与第三方物流供应商的合作阶段。只有长期、密切的合作关系，才能使企业专心致志地从事自己所熟悉的业务，才能实现企业物流活动的合理化、效率化，使物流服务作为企业竞争优势得以保持。

（一）合作中的关键因素

根据 KPMG 咨询公司的"物流外包"调查，对于与第三方物流公司建立了合作关系的货主企业来说，他们认为服务水平的提高、最高管理层的承诺和投入、在合同中细化成本和各自的责任、对业务运行的关键因素看法一致、对合作关系有共同的看法和目标等 13 项因素在合作中起关键作用。

各因素及其重要性，如图 13-4 所示。

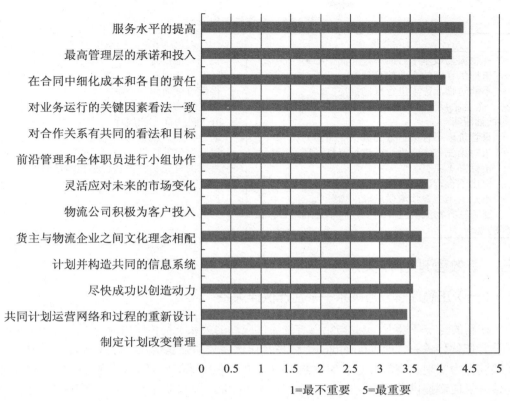

图 13-4　物流合作中的关键因素

（二）合作失败的原因

企业与第三方物流供应商之间长期、密切的合作关系的建立是艰难的。有学者统计，企业与第三方物流供应商之间合作关系的失败率与婚姻的失败率相近。大多数企业与第三方物流供应商的合作关系并不融洽，他们往往以高期望开始，又以诉讼公堂结束。美国纽约外购服务研究机构进行的一项调查表明，在 5 年内有 55%的企业与第三方物流供应商的合作关系破裂。美国摩西管理咨询公司（Mercer Management Consulting）通过调查也发现，受调查的 25%的货主企业在某些方面取消了与第三方物流供应商的合作。欧洲第三方物流合作实践也表明，第三方物流合作关系的更新速度很快。

导致双方合作失败的原因有许多，但总的来看是两方面的，即企业与第三方物流供应商，如表 13-8 所示。以双方合作中缺乏供应链创新为例，在外包协议中缺乏创新的责任一般应由企业承担，因为他们认为物流是一个成本中心，把大多数的努力放在成本缩减上，而不是改善服务和提高竞争力。但第三方物流供应商对外包协议缺乏创新也须承担一定的责任，因为他们很少意识到自己应在创新中起重要作用，一般只有当顾客提出要求才参与，而此时顾客已提出了战略。因而，第三方物流供应商只能在作业层次改善服务，如关闭一家仓库、压缩车队规模等，而这样只能为顾客节省 10%左右的费用。而顾客则希望第三方物流供应商能够每年为其节省更多的费用。这样总有一天，双方的合作关系会由于第三方物流供应商无法满足顾客的期望而破裂。

表 13-8　合作失败的原因

企业	第三方物流供应商
• 视物流为成本中心而不是利润中心 • 未提供详细的企业信息资料 • 不能对物流需求进行准确描述 • 企业中反对外购服务者对第三方物流供应商的抵触情绪 • 只管价格不管第三方物流供应商能力 • 未对第三方物流供应商进行资格预评 • 招标书不完整 • 提出不合理的提前期 • 不知道第三方物流供应商能做什么 • 视第三方物流供应商为卖方而不是战略合作伙伴的观念	• 过分突出自身优势 • 回避战略问题 • 推销过度而倾听不足 • 缺乏对物流需求的准确把握 • 夸大能力而不能履行 • 缺乏在某一领域的专业知识 • 过分突出低价格 • 考虑的首先是费率和边际利润，而不是为顾客创造价值

三、有效管理合作关系

（一）正确理解双方关系——合作伙伴关系

在新的竞争环境下，企业与第三方物流供应商的关系不是传统供应商关系（adversarial），而是合作伙伴关系（collaborative）。这种合作伙伴关系强调信任、直接、稳定、长期，强调共同努力实现共有的计划和解决共同的问题。所以，第三方物流供应商提供的物流服务与传统供应商提供的标准化服务不同，它是以企业的要求变化而变化，遇到问题时要共同寻找解决的方案。因此，双方关系的理解要跳出传统供应商关系——仅把第三方物流供应商视为外部的供应者而不视为合作者。企业要视第三方物流合作为追求长远发展的战略合作伙伴关系而非注重短期利益的交易关系，视物流合作为价值中心、利润中心而非成本中心，双方是一个互惠互利、风险共担的合作联盟。所以，企业与第三方物流供应商应建立双赢（Win-Win）的合作关系，努力将第三方物流供应商融入自己的物流战略规划，共享包括企业任务、业务目标、物流任务和物流目标等战略要素在内的信息。

（二）加强交流沟通

有效的交流沟通，对于双方的合作关系走向成功是非常必要和重要的。缺乏交流沟通或交流沟通的程度不够，往往是双方合作失败的根源。有的情况下，一方不了解对方希望从合作关系中得到的利益和目标，从而破坏了整个第三方安排。如一家第三方物流供应商可能不明白其客户企业选择配送作为外包首选对象的目标——实现产品快速交付，虽然通过满载发运降低了运费，但企业并不满意，因为运费降低是以牺牲准时交付为代价的，企业外包配送的目标并没有实现。之所以出现这种合作不满意，关键就在于双方沟通交流不够，不知道对方希望从合作中获得何种利益和目标。

加强企业与第三方物流供应商合作过程中的交流沟通，主要包括两方面内容：

一是加强企业内部各个部门的管理者之间、管理者与员工之间的交流沟通，既要使他们充分认识到他物流业务外包以及期望从外包中得到什么，并力求取得一致意见。这样，企业内部所有相关部门才能与第三方物流供应商密切配合，员工也不会产生抵触心理。

二是加强企业与第三方物流供应商之间的交流沟通。这可通过建立开放式交流机制，使合作双方在一种制度化而又比较轻松的环境下坦诚交流，即使第三方物流供应商明白客户企业期望什么和不期望什么，又使企业明了第三方物流供应商能做什么和不能做什么，还能及时发现并有效解决合作中出现的问题。

（三）进行组织管理

企业与第三方物流供应商之间的物流服务合同签订后，另一个重要的任务就是在企业内部建立一个什么样的组织结构负责此管理工作，以便企业的外包物流服务策略能得以顺利实现，同时也可正确、有效地进行合作中的危机处理。由于第三方物流合作牵涉企业许多部门，影响企业业务的很多方面，包括终端客户，所以企业里负责管理与第三方物流供应商合作的人既要有物流经验，又要对企业的整体目标和客户需求有着全面理解。根据美国马里兰大学供应链管理中心1997年进行的物流外包调查，比较受欢迎的选择是将第三方物流管理委托给一个首席物流官（CLO），此人有专门技能和权威，了解和熟悉企业其他相关部门的情况，并且在建立和保持战略性集中和监督上非常有效。

（四）选择监督方法

企业将各种物流作业转交给第三方物流供应商后，发展一个监督外包合作伙伴的方法是极为重要的。签订外包合同后甩手不管、只是期望坐收节省费用的企业，注定是会失望的。

在监督第三方物流供应商上，美国马里兰大学供应链管理中心1997年进行的物流外包调查表明，绩效管理被认为是最受欢迎的方法，超过65%的回答者将它定为监督第三方物流供应商性能是最有效的。使用绩效管理评价企业使用第三方物流服务的满足程度比客户满意度调查要有用得多，绩效管理使企业能够获得对分散的操作地点和供应/销售合作伙伴的战略控制。第二个最重要的方法是联合审查会议，几乎60%的回答者将它定为非常有效一级。外部顾问审计是所有监督方法中定级最低的，只有10.8%的回答者认为它在监督第三方物流供应商性能上是非常有效的。

调查表明的各种监督方法的效力，如表13-9所示。

表13-9 监督方法的效力

监督方法	占回答者的百分比							
	非常有效	略微有效	无关紧要	略微不有效	非常不有效	等级1	等级2	等级3
性能绩效管理	65.4	31.3	3.3	0.0	0.0	54.9	17.4	16.8
进入第三方供应商信息系统	28.8	46.9	20.5	2.7	1.1	9.1	16.6	22.4
联系回顾会议	59.7	33.5	5.7	1.1	0.0	24.1	38.2	24.1
客户满足调查	35.5	42.2	17.4	3.8	1.1	8.4	21.6	25.2
外部顾问审计	10.8	32.6	33.6	12.1	5.8	2.2	4.7	10.4

资料来源：马里兰大学供应链管理中心，物流外包调查，1997年。

(五)加强绩效考评

在与第三方物流供应商的合作中,企业必须根据合作目标建立起对第三方物流供应商的服务绩效评价指标和标准,由外包涉及的各部门经理组成评审组或聘请独立的外部人员定期或不定期地对第三方物流供应商的服务绩效进行监控,每月或每季度一次,发现问题及时协商解决,并可根据合同中的激励和惩罚条款进行适当的处理,以便直接和适时控制物流服务质量,确保物流服务能满足最终客户需求。

这方面,Memon 等(1998)运用相关矩阵提出与物流服务绩效相关的因素,这包括价格、是否符合契约要求、是否具有创造力、财务稳定性、是否达到品质要求与绩效水准、是否准确送达、高级主管的承诺、较少的失误率和对突发问题的反应能力等九项因素,其中后四项因素具有高度的相关性。

一般来说,常见的服务绩效评价指标有准时发货率、准时交付率、提货准确率、订货完成率、产品线完成率、库存准确率、缺货损失、每公里成本、货物进库时间和仓储运营成本等。服务绩效评价标准一般应以同行业先进的其他企业或者有相同特征的其他行业中的领先企业为基础,这是因为企业应该深刻了解自身在竞争中的地位。同时,服务评价标准不应使用如"削减成本"之类泛泛的词语,而应包含具体的商业目标,如"库存量减半""履单错误率减少 30%""客户的满意率提高 25%"等。

值得注意的是,企业衡量第三方物流供应商绩效的目标是改善作业而不是惩罚,是为了当合作出现问题时能及时协商改进而避免事态恶化及造成严重损失。

四、第三方物流合作终止

(一)第三方物流合作终止的一般分析

企业与第三方物流供应商在最初谈判中,最关心的不外乎是技术、资本、柔性等方面。如果双方在这些方面能向对方提供对方不具有或不充分拥有的资源,联盟就有了稳定基础。联盟建立时,双方初始的资源投入基于双方当时投入与收益的分析,即投入与利益在当时是平衡的或可以被接受的。但随着联盟的发展,双方投入资源的重要性和相对收益会发生变化,或随着合作时间的推移,双方的战略目标也可能会发生变化,导致一方对另一方资源需求的变化。如果不再需要对方的资源,继续合作便没有意义。

总之,由于环境变化、管理变动等种种原因,联盟结构不是稳定的结构,联盟中存在固有的不稳定因素,这种不稳定因素是联盟终止的主要原因。

(二)第三方物流合作终止的具体分析

具体来说,第三方物流合作终止的主要原因有:

1. 战略目标和中心的变化

某种情况下,一方的业务发生了过大的变化,现有的联盟在经济上已经没有意义,联盟便失去了存在的必要。

2. 所有者或管理者发生了变化

在第三方物流合作过程中,双方公司的所有权或管理权会因各种原因的发生而变化,如果新老所有者或管理层的决策不一致,联盟运行的连续性就会受到影响。

3. 对合作伙伴能力的期望不能实现

不管是有意还是无意,当期望中的合作伙伴的实力不能带来预想的结果时,许多联盟便会解体。

4. 缺乏协调

联盟中双方的目标冲突,经常导致关系中断。最典型的是 TNT 与 P&G 的合作中,TNT 不顾中国国情,固执坚持用自己的大货车柜进行长途运输而带来高昂成本,致使两年的合同期一满,P&G 便终止了合同。

5. 财务困难

因为经费出现困境或有意经常拖欠款项等,都可能导致双方合作失败。

6. 文化差异

在使用第三方物流服务的企业中,有很多是跨国公司。由于公司文化和民族文化不同,可能在职业道德、劳动生产和决策风格上产生碰撞而引发争端,久而久之就会不欢而散。

7. 合同期满

双方签订的合同到期,双方或一方又不愿意续签合同,双方的合作自然结束。

本 章 小 结

1. 就概念而言,第三方物流是指商品交易双方之外的第三方为商品交易双方提供部分或全部物流服务的物流运作模式。但从理论研究和实践运作看,一体化综合性物流服务或多功能系列化物流服务是第三方物流发展的方向和重点。现代第三方物流通常具有以下特征:合同导向的一系列服务、个性化的物流服务、以现代信息技术为基础的物流服务、与客户之间是战略合作伙伴关系。

2. 与自营物流相比较,第三方物流的优势体现在:有利于集中主业;有利于减少库存;有利于减少投资和加快资本周转;有利于灵活运用新技术;有利于提高顾客服务水平;有利于降低物流成本;有利于建立本地关系而进入新的市场;有利于提升企业形象。

3. 第三方物流给使用企业带来的风险主要有:对物流的控制能力降低甚至丧失的风险;顾客关系管理上的风险;削弱企业同顾客关系的风险;顾客资料被泄密的风险;企业战略被泄密的风险;连带经营风险;机会主义风险。

4. 第三方物流决策泛指企业在选择自营物流和外包物流活动时做出的是否使用第三方物流服务以及在多大程度上使用第三方物流服务的决定。具体来看,第三方物流决策模型大体经历了三个阶段,即传统决策模型、现代二维决策模型和基于"战略—能力"思路的综合决策模型。其中,后一个决策模型都是对前一个决策模型的修正或改良。

5. 企业实施第三方物流可划分为以下几个过程:正确选择第三方物流供应商;与第三方物流供应商有效合作;有效管理合作关系;第三方物流合作终止。

案例分析
冠生园集团第三方物流

冠生园集团是国内唯一一家拥有"冠生园""大白兔"两个驰名商标的老字号食品集团。近几年大白兔奶糖、蜂制品系列和酒、冷冻微波食品、面制品、互易鲜等新产品市场需求逐步增加,集团生产的食品总计达到了2000多个品种,其中糖果销售近4亿元。市场需求增大了,但运输配送跟不上。集团拥有的货运车辆近100辆,要承担上海市3000多家大小超市和门店的配送,还有北京、太原、深圳等地的新货运输。由于长期计划经济体制造成运输配送效率低下,出现淡季运力空放、旺季忙不过来的现象,加上车辆的维修更新,每年维持车队运行的成本费用要上百万元。为此集团专门召开会议,研究如何改革运输体制,降低企业成本。

冠生园集团作为在上海市拥有3000多家网点并经营市外运输的大型生产企业,物流管理工作是十分重要的一项。他们通过使用第三方物流,克服了自己搞运输配送带来的弊端,加快了产品流通速度,增强了企业效益,使冠生园集团产品更多更快地进入了千家万户。

2002年初,冠生园集团下属合资企业达能饼干公司率先做出探索,将公司产品配送运输全部交给第三方物流。物流外包后,不仅配送准时准点,而且费用要比自己搞节省许多。达能公司把节约下来的资金投入到开发新品与改进包装上,使企业又上了一个新台阶。为此,集团销售部门专门组织各企业到达能公司去学习,决定在集团系统推广他们的做法。经过选择比较,集团委托上海虹鑫物流有限公司作为第三方物流机构。

虹鑫物流与冠生园签约后,通过集约化配送,极大地提高了效率。每天一早,他们在电脑上输入冠生园相关的配送数据,制定出货最佳搭配装车作业图,安排准时、合理的车流路线,绝不让车辆走回头路。货物不管多少,就是两三箱也送。此外按照签约要求,遇到货物损坏,按规定赔偿。一次,整整一车糖果在运往河北途中翻入河中,司机掏出5万元,将掉入河中损耗的糖果全部"买下"做赔。

据统计,冠生园集团自去年8月起委托第三方物流以来,产品的流通速度加快。原来铁路运输发往北京的货途中需7天,现在虹鑫物流运输只需2~3天,而且实行的是门对门的配送服务。由于第三方物流配送及时周到、保质保量,使商品的流通速度加快,使集团销售额有了较大增长。此外,更重要的是能使企业的领导从非生产性的后道工序包装、运输中解脱出来,集中精力抓好生产,更好地开发新品、提高质量、改进包装。

第三方物流机构能为企业节约物流成本,提高物流效率,这已被越来越多的企业所认识。据悉,美国波士顿东北大学供应链管理系统调查,去年《财富500强》中的企业有六成半都使用了第三方物流服务。在欧洲,很多仓储和运输业务也都是由第三方物流来完成。

作为老字号企业的冠生园集团,产品规格品种多、市场辐射面大,自己配送运输成本高、浪费大。为此,他们实行物流外包战略,签约虹鑫公司,搞门对门物流配送。结果五个月就节约40万元费用,产品流通速度加快,销售额和利润有了较大增长。

按照供应链理论,当今企业之间的竞争实际上是供应链之间的竞争。谁的成本低、流通速度快,谁就能更快赢得市场。因此,物流外包充分利用外部资源,也是当今增强企业核心竞争力的一个有效的举措。

资料来源：百度文库 https://wenku.baidu.com/view/297013b0a8956bec0875e37e.html

思考：

1. 结合冠生园集团从物流外包中得到的好处，分析工商企业物流外包的意义。
2. 分析第三方物流需求的来源和决策。

练习与思考

一、填空

1. 物流一体化发展进一步可分为_____、_____、_____三个层次。
2. 现代第三方物流是以_____为基础的物流服务，与客户间是_____关系。
3. 美国物流专家 Ballow 建立的现代二维第三方物流决策模型中，企业自营还是外包物流主要取决于_____、_____两个基本因素。
4. 企业与第三方物流供应商之间合作失败的原因有许多，但总的来说主要是两方面，即_____和_____。
5. 第三方物流的决策模型的发展大体经历了三个阶段，即_____、_____和基于"战略—能力"思路的_____。

二、单项选择

1. 美国物流专家 Ballow 建立的现代二维第三方物流决策模型有一个致命缺陷，即没有考虑（　　　）的影响。
   A. 物流运作能力　　　　　　　　B. 企业对物流的管理能力
   C. 物流成本　　　　　　　　　　D. 物流对企业成功的影响程度
2. 当物流对企业成功的重要度较高，企业处理物流的能力相对较低时，企业应采用（　　　）。
   A. 自营物流　　　　　　　　　　B. 第三方物流
   C. 可以自营，也可以外包　　　　D. 上述都不对
3. 当物流对企业成功的重要度较低，企业处理物流的能力也较低时，企业应采用（　　　）。
   A. 自营物流　　　　　　　　　　B. 第三方物流
   C. 可自营，也可外包　　　　　　D. 外购公共物流服务
4. 第三方物流与客户之间是（　　　）。
   A. 竞争关系　　　　　　　　　　B. 战略合作伙伴关系
   C. 简单的交易关系　　　　　　　D. 一般的买卖对象
5. 物流社会化最明显的趋势是（　　　）。
   A. 第一方物流　　B. 第二方物流　　C. 第三方物流　　D. 自营物流
6. 传统第三方物流决策模型进行外包与自营的决策时，主要考虑因素是（　　　）。
   A. 自身物流运作能力　　　　　　B. 物流对企业的重要性
   C. 物流成本　　　　　　　　　　D. 物流服务水平

三、判断

1. 对客户而言,第三方物流的优越性是绝对的。（   ）
2. 传统决策模型中企业自营与外包决策时,物流总成本是主要的考虑因素。（   ）
3. 具备了物流能力,不一定意味着企业一定要自营物流。（   ）
4. 物流一体化是第三方物流的基础。（   ）
5. 第三方物流不同于传统外协的市场交易关系,企业寻求的是长期稳定的合作关系。
（   ）

四、名词解释

第三方物流　物流一体化　第四方物流

五、简答

1. 就概念而言,什么是第三方物流？现代第三方物流有哪些特征？
2. 第三方物流与第四方物流有何区别与联系？
3. 与自营物流相比较,第三方物流服务有哪些优势与风险？
4. 简述企业选择第三方物流供应商的步骤。
5. 企业如何有效管理与第三方物流供应商之间的合作？

第十四章

物流产业

本章学习目标：

1. 掌握和理解物流产业的内涵及组成；
2. 了解发展物流产业的意义；
3. 了解我国物流产业的发展现状；
4. 掌握我国物流产业的发展趋势；
5. 掌握制造业与物流业联动发展的内涵；
6. 了解制造业与物流业联动发展的必然性；
7. 掌握制造业与物流业联动发展的演化过程。

本章核心概念：

物流产业　物流产业发展　制造业与物流业联动发展

美国物流产业的发展现状

物流产业是现代社会化大生产和专业化分工不断加深的产物，是促进经济发展的"加速器"和"第三利润源泉"，其发展程度是衡量一国现代化程度和国际竞争力的重要标志。

美国的全国物流体系的各组成部分均居世界领先地位，以配送中心、速递、企业物流等最为突出。美国物流业发展大致经历了四个阶段：20世纪初至40年代，物流观念的产生和萌芽阶段；50—70年代，物流管理的实践与推广阶段；70—80年代，物流管理逐步走向现代化阶段；80年代中期至今，物流国际化、信息化及迅速发展的阶段。

美国没有集中统一管理物流的专职政府部门，政府依旧按照原职能对物流各基本环节分块管理。美国政府制定一系列法规，放宽对公路、铁路、航空等运输市场的管制，取消了运输公司在进入市场、经营线路、联合承运、合同运输、运输代理等多方面的审批与限制，通过激烈的市场竞争促进物流发展。同时企业打破部门界限，实现内部一体化物流管理，结成一体化供应链伙伴，使企业之间的竞争变成供应链之间的竞争，涌现出Dell、CISCO等成功的企业物流与供应链管理模式。

美国物流模式强调"整体化的物流管理系统"，是一种以整体利益为重，冲破按部门分管的体制，从整体进行统一规划管理的方式。美国物流信息化的发展走在世界前列，注重企业物流信息化、物流企业信息化、物流信息服务业等方面的建设与研究。比如，美国企业纷纷将物流信息化作为物流合理化的重要途径，主要做法有：普遍采用条形码技术和射频识别技术、广泛应用仓库管理系统和运输管理系统来提高运输和仓储的效率等。

资料来源：中国报告大厅 http://www.chinabgao.com/k/wuliu/29875.html6.html

思考：

美国的物流产业发展对我国有何启示？

物流业是支撑国民经济发展的基础性、战略性产业，具有巨大的市场需求和发展空间。有学者认为，21世纪是"物流挂帅"的世纪，谁掌握了物流，谁就掌握了市场。从物流业的发展历程看，物流产业已成为发达国家与地区经济发展的重要组成部分。物流产业的发展程度，反映了一个国家和地区经济的综合配套能力与社会化服务程度，是其经济发展水平高低的重要标志之一。随着经济全球化、信息技术的快速发展，物流已经打破了地域界限，呈现全球化、网络化和标准化的特征，在国民经济中起着越来越重要的基础性作用。

第一节　物流产业概述

一、物流产业的辨析

物流产业虽然被国内外普遍重视，但大家对物流产业内涵仍有诸多争议。争议主要集中在两个方面，一是物流产业是否是一个独立性产业；二是如果物流产业是一个独立产业，其产业边界如何界定。有的人认为，物流不能算作一个独立的产业，运输、仓储、货代、船代等早就作为独立的产业或行业而存在。即使物流是一个独立的产业，那么它的边界在哪里？目前也未有定论。

物流业是不是一个独立产业呢？产业是一个相当模糊的概念。在英文中，"产业""工业""行业"等都可以称为industry。我国学者在产业经济学中对产业的定义通常为：产业是国民经济中，以社会分工为基础，在产品和劳务的生产和经营上具有某些相同特征的企业或单位及其活动的集合。从产业的概念看，物流产业显然符合这样一个概念的范围。因此，可以认为物流产业是一个独立性产业。

物流产业是一个独立产业，但其产业边界如何界定呢？从物流功能看，物流主要解决了生产与消费的时空差异所产生的问题。因此，物流作为一个产业比较一致的观点是，物流产业是指与商品在时间和空间上的位移所涉及的货物运输、包装、仓储、加工配送等相关企业的集合。从产业形成规律看，物流产业作为一个产业而独立发展起来是商品经济发展到第一方和第二方都处于物流服务外包的收益减去成本大于自营物流服务的收益减去成本的阶段的必然产物。从这个意义上讲，"第三方物流"企业的集合才是真正意义上的物流产业。然而，目前各国国民经济产业分类体系中都没有"物流产业"，即便在目前最先进的北美产业分类体系（NAICS）中也没有设立物流产业的产业分类。因此，真正意义上的"物流产业"的数据是难以获得的。

物流产业是一种新兴的产业，是一种复合性或聚合型的产业。说它是新兴的产业，主要是因为物流产业本身是从制造业中分离出来的。原来物流只是制造业的一部分，随着社会分工的越来越细，物流业逐渐形成具有自身特色的产业，但是现在物流业的大部分业务依旧是为制造业服务的。说它是复合性的产业，主要是因为物流业囊括交通运输业、仓储业、包装业、快递业、邮政业、货代业、物流信息业等多种行业，是把这些物流资源整合到一起，但并不是简单的叠加，而是进行了整合和集成优化，从而达到"1+1>2"的效果。

物流产业不等同于物流活动或者物流业务。物流产业是专业化与社会化的物流活动或物流业务，物流产业的内容是组织与组织之间的有关物流或者各种物流支援活动的交易活动，而不是组织内部的物流活动或物流业务。例如，不论生产企业还是流通企业，都存在大量的物流活动或物流业务，但这些物流活动或物流业务本身不是物流产业，只有将这些物流活动或物流业务独立化、社会化为一种经营业务，才能称其为物流产业。物流企业是以物流活动或物流支援活动为事业内容的经营个体，也是物流产业的主体，而物流产业是物流企业的集合，即一组物流企业群。物流企业是微观概念，物流产业是宏观概念。

现代物流产业的主要特点：一是提高了物流的反应速度，可以更快地满足客户的物流需求，从而很好地串联起上下游企业；二是物流服务过程的系列化和一体化，不再是简单的单项服务，而是能提供整套的物流服务，在保证服务质量的同时提高了物流效率，可以满足客户的特色化需求；三是具有国际化特点，物流是连接世界各地的纽带，它可以把世界各地资源整合到一起，完成加工后再把产品输送到世界的各个角落。

我国物流产业经过最近十多年的快速发展，已经取得瞩目的成就。但由于我国物流产业起步较晚，发展基础较薄弱，依然处于劣势，距离国际物流水平的差距还是比较大的。发展我国的物流产业，要不断探索符合我国市场经济特征的物流发展渠道，同时积极吸收国外的高水平物流技术，不断完善我们的物流管理体系，加大对物流专业人才的培养。

二、物流产业的构成

尽管目前各国国民经济产业分类体系中都没有"物流产业"，真正意义上的"物流产业"的数据难以获得。然而，通过国内外对于物流业产业构成的描述，可以大致知道基于现有产业分类体系的物流产业的构成。

国际仓储物流业协会对物流产业的界定是：物流产业包括包装公司、产业供应商、运输代理、铁路运输、咨询企业、海运、空运、远洋运输、小包装发货、站点管理、操作公司、仓储、港口、运输商、合同公司、联合运输公司。

北伊利诺伊州大学区域发展研究所对物流产业的论述为：物流产业包括运输和仓储两个部分，包括能提供旅客和货物运输、货物的存储以及对运输方式提供支持的公司。物流产业与其他产业如制造业的不同主要在于物流企业利用运输设施或者设备作为生产型的资产。

国家发改委、商务部、公安部、铁道部、交通部、海关总署、税务总局、民航总局、工商总局联合制定的《关于促进我国现代物流业发展的意见》中对物流业的解释是："现代物流是一个新兴的复合性产业，涉及运输、仓储、货代、联运、制造、贸易、信息等行业，政策上关联许多部门。"

北京交通大学的万云虹、刘燕、王耀球在《物流产业辨析》中提出，物流产业是集物流服务与物流设备生产于一体的综合产业。广义的物流产业既包括物流服务活动，也包括物流设备生产制造活动，而狭义的物流产业只包括物流服务活动。

李英、张晓萍、缪立新（2009）运用定量分析的方法，提出我国物流产业六个方面的产业增长特征以及四个方面的产业结构特征。

长安大学的张圣忠（2006）在《物流产业组织理论研究》中对国内外关于物流产业界定方面的文献做了比较全面的综述。在分析其他学者对于物流是否属于产业范畴，以及其他学者关于物流产业概念、内涵、形态及业务构成的界定方面的文献后，他提出了以下的观点：物流产业是依托于"物"流动过程建立起来的并为"物"的流动过程服务的、以整体优化理念为指导的、系统化的概念产业，应该用动态的观点界定产业的构成内容。

国家计委综合运输研究所的汪鸣提出，物流产业是复合产业，是专门从事物流活动的企业集成。

骆温平（2015）把物流产业划分为"传统"物流与"高端"物流两个层次："传统"物流以物流环节服务为主，通过规模经济获得物流环节运作效率与成本降低，如国内运输、仓储、货运代理等；"高端物流"主要对制造业物流与供应链过程进行整合，降低制造业物流与供应链总成本，如可持续与绿色供应链服务、信息技术服务、供应链咨询、车队管理等。骆温平还指出，在我国产业层面的定量研究中，一般都采用"交通运输、仓储与邮政业"的统计数据来代表"物流产业"的规模，未能体现现代物流中既重要然而传统统计中又无法体现的"高端"物流服务部分，如供应链咨询与整合、基于 IT 的服务、客户服务等，而这些高端服务恰恰对制造业提升有重大作用。因此，当前的国内研究具有局限性。

根据上述分析，可以认为当前我国物流产业的构成是综合性第三方物流业、交通运输业、仓储业、装卸搬运业、流通加工业、配送业。物流产业提供的是一种以运输、储存为主的，多种功能相结合的服务活动。因此，物流产业属于广义的服务业范畴。根据三次产业分类法，可以将物流产业归为第三产业范围。这一划分方式得到了广泛认同。根据这个定义，物流机械设备制造业看作制造业，但不看作物流产业。

三、发展物流产业的意义

随着市场经济的发展，物流业已由过去的末端行业，上升为引导生产、促进消费的先导行业，对优化产业结构、增强企业发展后劲、提高经济运行质量起到巨大的促进作用。物流产业正极大地改变着目前的商务模式和生产模式，也越来越凸显出其在经济发展中的重要作用和不可或缺的战略地位，具有普遍影响力。企业之间的竞争已不仅仅是产品性能和质量的竞争，也包含物流能力的竞争。

（一）优化区域产业结构、振兴第三产业的必然选择

加快发展现代物流业是优化区域产业结构，振兴第三产业的必然选择。根据产业结构发展演进规律，产业结构发展方向是一次产业向二、三次产业演进升级的过程。现代物流业的本质是第三产业，属于技术密集型和高附加值产业，是现代社会分工和专业化高度发展的产物。它具有资产结构高度化、技术结构高度化、劳动力高度化的特征，能够促进传统的运输、仓储企业的转型，整合传统经营业务，延伸服务范围。

（二）企业降低成本、提高经济运行质量和效益的有效途径

加快发展现代物流业是企业降低成本，提高经济运行质量和效益的有效途径。现代物流是流通方式的一场革命，是企业降低物资消耗、提高劳动生产率以外的"第三利润源泉"。计划经济时代是以生产为中心，生产企业、流通企业库存大，占用资金多，而运输和仓储企业有效货源不足，设施利用率低，导致企业资金周转不灵，经济运行质量不高。在市场经济条件下，生产要素、资金的流动是以获取利润为前提条件，"唯利是图"是其根本特征。通过运用现代物流业，可以提高工作效率、降低生产成本，从而使企业获得更多利润。

（三）提供就业岗位、缓解就业压力的重要手段

加快发展现代物流业，是提供就业岗位、缓解就业压力的重要手段。同任何新兴产业的诞生和发展一样，现代物流业在促进国民经济产业结构调整的同时，也带动了劳动就业的扩张。而第三产业属劳动密集型产业，同样的投入能创造出比第二产业多得多的就业岗位。

（四）改善投资环境、扩大对外开放的迫切需要

加快发展现代物流业，是改善投资环境，扩大对外开放的迫切需要。现代物流产业作为服务性产业，对交通、通信等基础设施条件有较高要求，是一个地方十分重要的投资环境，关系到一个地方的对外开放水平和形象。

第二节　我国物流产业发展现状

物流产业作为国民经济的动脉系统，连接经济各部门并使之成为一个有机整体，其发展程度成为衡量一个国家现代化程度和综合国力的重要标志之一。在经济全球化和电子商务的双重推动下，物流业正从传统物流向现代物流迅速转型并成为当前物流业发展的必然趋势。

一、我国物流产业的发展现状

（一）社会物流总额和总费用不断增长

我国近年来虽然社会物流总额的增速减缓，但经济稳定增长拉动着物流产业的刚性

需求。2017 年，全国社会物流总额 252.8 万亿元，按可比价格计算，比上年增长 6.7%，增幅比上年提高 0.6 个百分点。整体中国社会物流总额虽然在增速上呈现减缓趋势，但整体物流行业还是处于一个上升阶段。

伴随社会物流总额的增加，我国社会物流总费用（包括运输费用、保管费用和管理费用）也保持增长趋势，反映我国物流产业需求旺盛，费用规模不断扩大。2017 年，全国社会物流总费用 12.1 万亿元，同比增长 9.2%，增速低于社会物流总额、GDP 现价增长。其中，运输费用 6.6 万亿元，增长 10.9%，增速比上年同期提高 7.6 个百分点；保管费用 3.9 万亿元，增长 6.7%，提高 5.4 个百分点；管理费用 1.6 万亿元，增长 8.3%，提高 2.7 个百分点。

（二）物流产业效率逐步提高

一般以全社会物流总费用占 GDP 的比例来衡量整个经济体的物流效率，社会物流总费用占 GDP 的比例越低，表示该经济体物流效率越高、物流发展越好。近年来，我国物流总费用占 GDP 的比例总体呈缓慢下降趋势，从 2010 年 17.8%逐渐下降至 2017 年 14.6%，反映随着我国物流技术进步和管理水平提升，我国物流单位成本费用逐渐降低，物流效率逐渐提高，物流产业对国民经济的保障和支撑作用进一步增强。

（三）物流产业竞争格局形成

物流产业目前参与者较多，行业集中度较低，市场化程度较高，竞争较激烈。按目前我国物流产业的竞争特点，主要有三种类型的参与竞争者：一是大型国有物流企业；二是国外大型物流企业；三是民营物流企业。具体情况如表 14-1 所示。

表 14-1 我国物流产业竞争格局

类别	代表企业	优势	劣势
国有物流企业	中外运、中远、中邮物流、中国储运	规模大，业务全面；资本雄厚，品牌知名度高	国际网络薄弱；服务竞争力不强
国外大型物流企业	DHL、SCHENKER、PANALPINA、KUEHNE&NAGEL	规模大，业务全面；有先进管理和技术；有覆盖全球主要国家和地区的网络	本土客户关注度较低
民营物流企业	怡亚通、飞马国际、华鹏飞、欧浦钢网	机制灵活，市场反应速度快；在细分市场竞争力较强	大多规模小，区域性特点明显；国际网络较薄弱

（四）物流产业发展政策规划相继出台

2001 年以来，物流业受到我国各级政府的高度重视，相关政策规划陆续出台，有力促进了我国物流产业的大发展。

2001 年 3 月 1 日，国家经贸委、铁道部、交通部、信息产业部、外经贸部、民航总局联合出台了《关于加快我国现代物流发展的若干意见》。

2004 年 8 月 5 日，国家发展改革委、商务部、公安部、铁道部、交通部、海关总署、国家税务总局、民航总局、国家工商行政管理局联合出台了《关于促进我国现代物流业发展的意见》。

2009年3月10日，国务院出台了《物流业调整和振兴规划》。

2011年8月2日，国务院办公厅出台了《关于促进物流业健康发展政策措施的意见》。

2012年6月21日，商务部出台了《关于推进现代物流技术应用和共同配送工作的指导意见》。

2014年9月12日，国务院出台了《物流业发展中长期规划（2014—2020年）》。

2014年12月12日，国家发展改革委出台了《促进物流业发展三年行动计划（2014—2016年）》。

2014年12月12日，国家发展改革委经贸司出台了《关于加强物流短板建设促进有效投资和居民消费的若干意见》。

2015年8月3日，国家发展改革委出台了《关于加快实施现代物流重大工程的通知》。

2017年1月19日，商务部、发展改革委、国土资源部、交通运输部、国家邮政局出台了《商贸物流发展"十三五"规划》。

2017年2月3日，国务院出台了《"十三五"现代综合交通运输体系发展规划》。

2018年5月11日，中国民用航空局出台了《民航局关于促进航空物流业发展的指导意见》。

一系列政府政策规划的出台，极大地改善了现代物流产业的发展环境，为我国物流产业提供了较宽松的政策环境，全国上下从政府到企业以及高校形成了"物流热"，物流公司、物流园区不断涌现，迎来了物流产业大发展的良好氛围。1999年10月，我国第一家物流公司——宝供物流诞生，同年便有9000多家物流公司注册。到2002年底，中国注册的物流公司已达73万家。2017年，我国物流业总收入8.8万亿元，比上年增长11.5%，增速比上年同期提高6.9个百分点。

二、我国物流产业的发展趋势

目前，我国物流产业的发展主要呈现以下趋势。

（一）物流产业需求呈扩张趋势

我国经济已由高速增长阶段转向高质量发展阶段，正处在转变发展方式、优化经济结构、转换增长动力的攻关期，建设现代化经济体系是跨越关口的迫切要求和我国发展的战略目标。要加快发展现代服务业，国家经济增长由主要依靠第二产业带动向依靠第一、第二、第三产业协同带动转变。国家经济增长重心的转变，必然带来物流需求"量"的扩张和"质"的提升。2017年，我国社会物流总额252.8万亿元，按可比价格计算，同比增长6.7%；社会物流总费用12.1万亿元，同比增长9.2%；物流业总收入8.8万亿元，比上年增长11.5%点。同时，社会物流总费用与GDP的比率为14.6%，比上年下降0.3个百分点，即每万元GDP所消耗的社会物流总费用为1460元，社会物流总费用占GDP的比率进入连续回落阶段。

（二）企业物流社会化与专业化趋势

在市场激烈竞争压力下，越来越多的制造企业开始从战略高度重视物流功能整合和物流业务分离外包。外包环节由销售物流向供应物流、生产物流、回收物流延伸，由简单的仓储、运输业务外包向供应链一体化物流服务延伸。企业物流的专业化趋势也相当明显，几乎所有大型连锁企业都在力图优化自己的专业供应链。制造企业对第三方物流提出了面向高端的物流服务需求，要求物流企业能够提供个性化、专业化的物流解决方案和运作模式，专业化物流的发展会更加深入。

（三）物流企业加大并购力度、产业整合提速趋势

我国物流产业集中度低，市场竞争激烈，降低服务价格为主要竞争手段，产业整体缺乏差异化的产品和服务。进入门槛低，是导致物流产业集中度低、价格竞争激烈的重要原因之一。然而，客户对物流服务的要求越来越高，越来越趋向综合性、实时性、敏捷化、整体化的物流服务。简单运输、仓储等低端物流服务利润会越来越薄，而创新型服务、增值型服务和适合客户需要的特色服务将获得更大发展空间。大的物流企业，可利用规模经济优势，在物流网络覆盖、运力配置等方面发挥及时、安全、低成本等优势。小的物流企业服务功能少，综合化程度低，管理、竞争、信息化能力弱，无法满足现代物流追求动态运作、快速响应的要求。因此，近年来大物流企业利用自身优势，不断兼并重组小物流企业，整合优化物流运营资源，为客户提供全方位、现代化物流服务，物流产业集中度不断提升，但仍缺乏具有定价权的龙头型物流企业。

（四）服务范围不断向供应链两端延伸趋势

目前我国物流产业与制造产业的联动深入发展，不断拓展双方深度合作关系，物流服务范围不断向供应链两端延伸。制造、商贸企业对供应链管理的重视，将会推动物流企业向专业领域渗透，加速与供应链上下游的联动。物流企业从只承担少量简单物流功能外包的第三方物流，开始拓展到全面介入制造企业供应链的上下游服务。在供应链上游，物流企业为制造企业提供原材料与零部件采购服务、原材料入场物流服务、原材料库存管理服务等。在供应链下游，物流企业为制造企业提供生产线后端物流加工服务、产成品销售物流服务、零部件售后物流服务等，物流专业化服务水平和综合效益显著提高。物流产业内已经形成一批具有一定规模、富有国际竞争力的领先供应链管理企业。与此同时，国家政策也大力支持、鼓励和引导更多物流企业向供应链两端延伸服务范围。例如，2014年9月12日，国务院发布的我国《物流业发展中长期规划（2014—2020年）》（国发〔2014〕42号）指出，支持建设与制造业企业紧密配套、有效衔接的仓储配送设施和物流信息平台，鼓励传统运输、仓储企业向供应链上下游延伸服务，建设第三方供应链管理平台，为制造业企业提供供应链计划、采购物流、入厂物流、交付物流、回收物流、供应链金融以及信息追溯等集成服务。

（五）通用物流与专业物流分化日益明显趋势

近年来，物流产业内的通用物流与专业物流分化趋势日益明显，专业化物流逐渐成

为物流企业的发展方向。物流向专业化发展的趋势是由需求决定的。企业对降低物流成本的需求越来越大，通过优化内部物流管理、节约成本可增加企业利润，但通过优化供应链管理来降低成本对专业能力要求很高，要求物流服务的专业化。通用物流与专业物流相比，对于客户依赖度较小，市场规模更大，但竞争相对更激烈。一些企业的物流服务需求中特殊要求较少，通用物流相比专业物流，对自身资源要求较少，更具成本优势的特点。通用物流与专业物流的分化，有利于为不同物流需求的企业提供更适合的自身发展服务。

（六）区域物流呈现的集聚与扩散趋势

区域物流集聚的"亮点"有：围绕沿海港口形成的"物流区"；围绕城市群崛起的"物流带"，如成、渝地区的综改试验区，"两型社会"试点的武汉城市群和湖南长株潭地区；围绕产业链形成的物流圈，如青岛的家电，长春的汽车，上海的钢铁、汽车和化工等。区域物流扩散的"热点"有：东部沿海地区物流服务向中西部地区渗透和转移；农产品进城和日用工业品及农用生产资料下乡推动的城乡"双向物流"，带来现代物流方式由城入乡的扩散；大量依靠国外进口的资源型企业由内地向沿海外迁，以优化产业布局。

（七）物流基础设施的建设与整合趋势

交通运输设施建设将得到加强，中转联运设施和综合运输网络布局逐步完善；多式联运将得到发展，物流设施的系统性、兼容性将大大提高；市场机制在资源的整合、功能的拓展和服务的提升上将发展作用；各地加快物流聚集区建设，在大中城市周边和制造业基地附近和交通枢纽将合理规划、改造和建设一批物流园区和配送中心。

（八）物流市场的细分化与国际化趋势

各行业物流的规模、结构和要求不同，其物流需求的速度、成本和服务也有很大差别，这就加速了物流市场的细分化。中国的物流市场正成为国外企业关注的重点和投资的热点。一些国际化物流企业将加快并购国内物流企业，完善在中国的物流网络布局，国内物流网络逐步成为全球供应链网络的一部分。面临国际化竞争，国内大型物流企业将随着中国产品和服务走出国门。

第三节　制造业与物流业的联动发展

近年来，我国政府高度重视制造业与物流业的联动发展。国家发改委已举办多届"全国制造业与物流业联动发展大会"，全国现代物流工作部际联席会议办公室2010年也制定了《关于促进制造业与物流业联动发展的意见》，国务院2009年出台的"物流业调整和振兴规划"（国发〔2009〕8号）也把制造业与物流业联动发展工程列为九项重点工程之一。目前，我国制造业与物流业的融合渗透、联动发展已成为社会共识，受到各级政府、制造企业和物流企业的高度重视。

一、制造业与物流业联动发展的必然性

制造业和服务业融合发展已成为全球产业发展的主流和趋势。物流产业作为服务业的重要组成部分,其与制造业联动发展也是必然趋势。

制造业是我国国民经济的支柱产业,也是物流社会化的需求基础。物流业是重要的生产性服务业,对于促进制造业结构调整和产业升级具有重要作用。没有物流业的发展,传统制造业很难向现代制造业升级。而没有现代制造业的物流需求释放,物流业就无法实现规模化、全球化经营。只有联动发展,互为补充,才能提高各自的竞争实力。在生产性服务业重要性日益凸显的今天,降低制造业与物流业的交易成本、增强制造业与物流业的产业协同的呼声日渐高涨,制造业与物流业联动发展成为业界的普遍共识。推进制造业与物流业联动发展,不仅是促进制造业转型升级、提高竞争力的重要手段,也是促进物流业发展的基本途径,在我国从制造大国向制造强国转变过程中具有重要而关键的作用。

在制造业转型升级过程中,作为第三利润源的物流业的重要性日益显现。从现代制造业变革看,实施精益制造、柔性制造、按单制造、供应商管理库存等每一次重大的变革都与物流业紧密相关。这些变革不是对制造业的物流系统进行变革,就是以物流系统变革为前提而进行的制造变革。制造业采用的许多新的制造技术或制造过程的组织与管理技术也都主要是物流技术,甚至把物流专家请进来共同参与产品研发。物流已经不能简单理解为制造业降低成本的源泉,而是成为制造业管理供应链的战略部门。而且,在制造业竞争已经相当激烈的情况下,贯穿于产前、产中、产后的物流服务成为制造业产品差异和增值的主要源泉,也是制造业非价格竞争的决定性因素。当然,物流业发展也离不开制造业。制造业的迅速发展能为物流业提供先进的技术支持和市场需求基础,为物流业提供更加广阔的发展空间。

我国经济发展长期以来主要依靠制造业。在制造业面临结构调整和产业升级的阶段,我国可以依靠物流业和制造业的联动发展来实现制造业的转型升级和物流业的快速发展。面对全球产业结构由工业经济向服务经济的转型趋势和物流服务对制造业生产流程的主导作用和对制造业产品链的渗透作用日益增强以及企业边界日益模糊、供应链管理愈加重要的全球经济环境,必须重视制造业与物流业的联动发展。这是现代产业演进的客观规律并已成为全球经济发展的趋势,也是新型工业化背景下我国制造业转型升级、提高竞争力的重要手段和降低成本、挖掘利润的重要源泉以及物流业发展壮大的重要途径。

二、制造业与物流业联动发展的内涵

"联动"包含"联系"和"互动"两方面意思,通常指相互联系的若干事物,当其中一个事物运动或变化时,其他事物随之运动或变化,它们之间具有联系和互动的作用。在经济学研究中,它常被用于描述企业、产业和区域之间相互作用、共同变化的现象,由此形成企业联动、产业联动和区域联动等概念。具体到产业来讲,产业间的联系是产业间联动的基础,产业间的联动是产业间联系的反映。

制造业与物流业的联动发展是指制造业和物流业以产业关联为基础,将制造业物流

业务和物流企业的物流运作联合起来，进行产业协作活动，共同促进双方发展。对这个概念，可以从以下四个方面来理解。

（一）联动发展的基础是产业关联和产业分工

制造业存在企业物流活动，物流企业运作物流业务，他们之间相互依存，存在大量的物资、信息、资金等方面的交换关系，形成一个价值增值过程。制造业与物流业之间的经济联系是两业联动发展的条件和基础，产业分工和产业联系是两业联动发展的理论基础和经济基础。联动发展能够在两个产业之间产生较好的协同效应，促进产业分工的快速发展，提高产业联动的运作效率。

（二）联动发展的动力是产业协作——供应链运作方式

联动发展不同于传统模式下的制造业与物流业简单地运输、仓储业务合作，供应链运作方式是促进联动发展的主要动力。供应链运作是围绕核心企业，在满足服务水平的同时，为了使系统成本最小而采用的从供应商开始到最终用户的对整个物流、信息流以及服务流进行系统的管理。它强调系统集成，因为只有集成才能做到成本节约。

（三）联动发展的本质是互利行为

这里的"互利"有两层含义：一方面，联动发展打破了企业界限、产业界限和区域界限，能够提高经济效益；另一方面，联动发展行为不是单向的，而是一种双向的互利行为。任何利益不对称的联动发展都是不稳定的，只有保证制造业和物流业都实现互利，才能促进联动发展的进一步深化。而且，在企业层面上，通过联动可以实现企业联盟，企业之间进行长期合作，获得更高的利润，实现双赢。而且联盟的建立，使得企业之间的相互交流更加高效，在供应链中有利于信息的共享，信息更好的可获性，这就意味着企业在相互交易过程中风险的降低。

（四）联动发展的主体是企业

产业联动可以指产业之间的联动，也可以指企业或区域间的联动发展。产业联动涉及的利益主体主要为企业、产业部门、地方政府等。政府出台的一些相关政策也会对联动过程中的很多行为有推进或者阻碍的影响，但在具体落实的微观层面，产业联动终归是企业与企业间的合作与博弈，或大型企业集团中内部的不同产业部门相互间的合作。企业是市场活动的主体，两业联动发展最终还是表现在企业主体之间的合作。只有企业自主的产业联动才是深入、稳定和长久的合作关系。制造业与物流业联动发展最终要实现制造企业愿意外包、物流企业能够承接的局面。

三、制造业与物流业联动发展的演化过程

制造业与物流业的联动发展是一个动态过程，大致可以划分为萌芽阶段、起步阶段、成长阶段、成熟阶段四个阶段。不同的阶段，两业联动的内容、模式、关系、成本及收益都有所不同，如表 14-2 所示。

表 14-2　两业联动阶段与特征

阶段	联动内容	信任与合作关系	联动模式	联动程度
萌芽阶段	单环节，临时性物流服务	无信任，合作临时而松散	无固定模式，临时性合作	几乎没有
起步阶段	单功能、一次性、短期性物流服务	严重不信任，联动松散而不稳定	一次性、单功能及短期合同合作	低
成长阶段	多功能、综合化物流服务	一定信任，亲密，开始稳定	中长期合同合作和多功能合作	较高
成熟阶段	全方位物流服务	完全信任，亲密稳定	战略联盟合作	高

（一）萌芽阶段

20 世纪 70 年代以来，发达国家的工业结构进入调整阶段。企业活动也开始集中于生产经营，与生产经营活动关联不大的服务活动开始逐渐外包出去，成为社会化的专业服务，进而慢慢形成了社会化的专业服务业。物流服务作为制造企业的非核心业务，也开始外包出来，社会上慢慢出现了社会化的专业物流服务业。在这个阶段里，物流服务业往往是松散的组织，服务对象与服务功能比较单一，大多是为单一的企业提供单一的服务，不少物流服务企业和被服务的制造业企业还存在"嫡系"关系，往往是原来制造企业的物流部门独立化的结果。在此阶段，两业之间开始尝试着进行合作，该合作可能是为了完成某一物流环节而临时形成，联动发展没有固定的模式，比较低级。

（二）起步阶段

在此阶段，物流服务业已经有一定的发展，在社会分工和区位因素带来规模效益和静态比较优势的作用下开始受到重视，出现众多独立的物流服务企业。为了满足制造业日益增加的物流服务中间需求，物流服务企业的服务功能开始多样化，出现单一企业为多家制造业企业服务，同时制造业企业寻求更多的物流服务。然而，物流服务企业与制造企业之间的联系还不够强，联动活动还比较少，没有形成稳定的合作关系，联动模式多是一次性合作、短期合作或单功能合作模式。二者之间由于存在着严重的不信任和信息不对称，双方也可能存在着投机行为，联动的合作成本较高，由联动产生的协同效应还未形成，联动收益也较低，未能显示两业出联动发展的优势。二者之间的联动模式还只是单个制造企业与单个物流服务企业的联系与互动，二者整体的联动还是松散结构。

（三）成长阶段

在此阶段，随着物流服务业与制造业联动网络的发展，加入到物流服务业与制造业联动网络中的企业越来越多。联动网络中的分工进一步深化，使得物流服务业与制造业的规模效益进一步增加。物流服务业稳步发展并开始出现物流服务业集群现象，出现大型的综合性物流服务企业或是企业群。处于联动网络中的物流服务业企业与制造业企业之间，随着交易次数的增加，双方基于声誉和信任的社会资本逐渐积累，从而降低了各个企业寻找合作对象的时间和成本,降低了交易费用。制造业与物流业之间经过多次交易的相互磨合,开始相对比较信任,关系也比较亲密,联动合作关系开始稳定下来,联动模式开始从一次性合作、单一功能合作及短期合同合作转向中长期合同合作和多功能合作模式。这时,开始出现物流服务业与制造业两个产业之间产业集群对单个企业以及产业集群对产业集群的联动模式,二者相互依赖、相互促进,出现双向互动的现象,联动合作优势开始显现。当然,这时制造业与物流业联动合作仍处于不断尝试和探索的状态,彼此虽有一定信任,但双方仍然存在着顾虑,联动的波动性较大。

(四)成熟阶段

在此阶段,一方面,物流服务业已经成为国民经济的主导力量,出现大量物流服务园区、物流服务中心等形式的物流服务产业集群。更重要的是,这些物流服务产业集群内部已经建立起良性的资源共享机制,形成了制造业产业链上一体化的物流服务体系,为制造业提供产前、产中、产后全方位的物流服务。随着物流服务业在制造业中间投入中的比重日益加大和双方的不断博弈和学习调整,两者可以选择到适合自身发展情况的合作伙伴,双方之间彼此完全信任,对联动发展达成了共识,合作关系亲密和稳定,联动模式转变为战略联盟合作模式,联动融合成密不可分的新型产业体系。这种联动合作成本低,收益大,优势比较显著。这种联动融合要么赋予了制造业新的附加功能,要么提升了制造业的整体效益。物流服务业与制造业的界线再次模糊,是一种联动融合双赢的状态。

本 章 小 结

1. 物流产业是一个独立性产业。物流产业指与商品在时间和空间上的位移所涉及的货物运输、包装、仓储、加工配送等相关企业的集合。第三方物流企业的集合是真正意义上的物流产业。物流产业是一种新兴的产业,是一种复合性或聚合型的产业,属于广义的服务业范畴,但不等同于企业物流活动或者物流业务。

2. 我国物流产业的构成是综合性第三方物流业、交通运输业、仓储业、装卸搬运业、流通加工业、配送业。物流产业提供的是以运输、储存为主,多种功能相结合的服务活动。

3. 发展物流产业,是优化区域产业结构、振兴第三产业的必然选择,是企业降低成本、提高经济运行质量和效益的有效途径,是提供就业岗位、缓解就业压力的重要手段,是改善投资环境、扩大对外开放的迫切需要。

4. 我国物流产业的发展现状表现在:社会物流总额和总费用不断增长、物流产业效率逐步提高、物流产业基础设施不断完善、物流产业竞争格局形成、物流产业发展政策规划相继出台。

5. 我国物流产业的发展主要呈现以下趋势:物流产业需求呈扩张趋势、企业物流社会化与专业化趋势、物流企业加大并购力度产业整合提速趋势、服务范围不断向供应链两端延伸趋势、通用物流与专业物流分化日益明显趋势、区域物流呈现的集聚与扩散趋势、物流基础设施的建设与整合趋势、物流市场的细分化与国际化趋势。

6. 制造业与物流业联动发展不仅是促进制造业转型升级、提高竞争力的重要手段，也是促进物流业发展的基本途径，在我国从制造大国向制造强国转变过程中具有重要而关键的作用。

7. 制造业与物流业的联动发展指制造业和物流业以产业关联为基础，将制造业物流业务和物流企业的物流运作联合起来，进行产业协作活动，共同促进双方发展。两业联动发展的基础是产业关联和产业分工，动力是产业协作——供应链运作方式，本质是互利行为，主体是企业。

8. 制造业与物流业的联动发展是一个动态过程，大致可以划分为萌芽阶段、起步阶段、成长阶段、成熟阶段四个阶段。不同的阶段，两业联动的内容、模式、关系、成本及收益都有所不同。

案例分析

德国物流产业的进程

一、产业化

产业化指产业规模不断扩大、效率不断提高、效益不断发掘和对国民经济的影响不断加强的产业向高级、纵深发展的过程。物流产业化就是以社会化物流成本最低化为目的，以形成产品供应链竞争能力为原则，以市场为导向，以物流企业为基础，以物流港站、枢纽、基地、物流中心、配送中心及物流中介组织为纽带，通过将仓储、装卸搬运、包装、运输、流通加工、信息、配送、通关等物流各环节联结为一个完整的产业系统，运用现代物流思想，实现物流过程的合理化、最优化、效益化的物流经济运行过程。

众所周知，德国的汽车、电气和电子、机械制造、化工等行业具有相当规模，其实德国的汽车物流、电器物流、化工物流等也是做得相当出色。物流在德国推已有二十多年，几乎渗透各行各业，无处不存，无时不在。德国的物流产业特征表现为在高度的规范化、有序化的前提下高度的社会化、规模化、网络化、信息化、集装单元化、托盘化、机械化、专业化、多功能化与绿色化等。

二、产业社会化

德国的物流产业社会化的驱动力来自于企业非核心竞争业务的外包。例如，Kieserling 物流公司通过从汽车业、化工业、啤酒业等获得外包的运输、仓储配送等物流业务，和上述行业的相关企业建立长期的合同物流关系，为数不多的合同即可获得稳定饱满的业务。例如，Kieserling 的五个配送中心及若干运输车辆，为 Beck's 啤酒厂提供运输仓储配送等业务，年运输量不低于一百万吨，仓储配送业务也相当可观。这种外包效应相得益彰，物流供需双方致力于与各自的核心竞争业务，形成供应链上的合作伙伴关系，其供应链具有相当的竞争力，实现双赢。鉴于此，政府、企业、研究院所与媒体等推动和促进企业非核心竞争业务的外包工作十分必要和具有意义。

三、产业网络化与规模化

物流业是一个高度分散、零散与随机的行业。物流业的效益化离不开规模化，规模化离不开网络化。网络化包括了物流基础设施的网络化、物流业务的网络化、物流信息的网络化。同时，物流的社会化是物流业规模化的前提。

德国政府在物流基础设施的网络化上做了大量工作,如加强公路、铁路、港口的基础建设,所有的运输基础设施均由政府投资建设。政府的资金一方面通过税收转为投入,另一方面通过土地的置换来获得。德国的高速公路成网,又与欧洲的高速公路连通,水运资源整治合理,利用充分,如莱茵河运量胜过十条高速公路或十条铁路。天然河流通过人工运河形成网络,通达各个城市港口,又与国际大港相联;铁路网密集,通达欧洲各大城市。各港站、枢纽与水陆空干支线形成了优越的交通运输环境,能做到宜水则水,宜路则路,多式联运,这正是物流发展的先决条件。同时,德国政府注重物流的发展规划、建设和协调工作,在全国规划了 70 个物流中心及货运中心。目前已有 40 个投入运营,20 个在建,10 个悬而未决。合理的规划使物流中心形成网络。各州政府和地方政府围绕着规划中的物流中心,积极做好选址、征地工作,并负责物流中心地面以下的基础设施建设以及连通物流中心的道路、铁路的建设。同时,通过政策调整,引导企业从事专业物流业务,为物流企业提供一个良好的经营环境,同时也创造了可观的经济与社会效益。例如,不莱梅物流园区投入产出比为 1∶6,就业岗位约 5000 人,引导城市货运由无序变有序,缓解了城市交通,减低了排放与污染。

德国企业讲究信誉,与客户能形成长期合作关系,形成良好的业务横向网络;到各地开分支机构,或与同行联手,形成纵向网络。例如,德国邮政的网络伸向家喻户晓,而其先后花巨资购并了做快递、包裹、运输等业务的同行物流企业——Euro Express,Danzas 与 DHL。德国邮政网络的急剧扩张也使得其规模急剧扩张,形成垄断效应。

德国的物流信息网络化表现为供应链上的上下游之间的信息共享。例如,Beck's 啤酒厂的信息网络将客户、啤酒厂物流部、生产部、物流服务商 Kieserling 等连接起来,客户的需求信息通过信息网络到达物流部,物流部给生产部、物流服务商下达生产调度和运输调度,电脑代替了人脑,有条不紊,效率高,差错少。

物流产业化规模化离不开企业的兼并,这是企业迅速做大做强、降低风险的有效途径。物流业合并的驱动力源于外包企业寻求优秀的物流提供商、不断变化的新技术以及资本雄厚的物流服务商的出现。例如,奔驰、宝马等汽车制造商寻找的整车、零配件物流服务商要求有:提供包括卡车运输、空运、海运、多式联运,仓储等方面服务的各种技能;具有全球范围内跨越所有与客户供应链相关的区域的能力;具有强大的处理大量数据的技术系统,并将数据应用于分析报告中,推荐实施等。这些要求推动了第三方物流的发展,促进了第三方物流的壮大。不断变化的新技术,如:Internet/Intranet、Barcode、DBMS 等有效地改变了信息的采集、传输、储存与处理技术,使得供应链上的客户信息能更快更准地传给供应商与制造商,以市场为导向、以最低库存生产和销售产品。资本雄厚的物流提供商的出现则是世界现象,如 Kuehne&Nagel 以 4 亿美元收购了 USCO 物流公司;UPS 以 5 亿美元收购了 Fritz;Deutsche Post 以 12 亿美元收购了 AEI;Deutsche Post 以 12 亿美元收购了 Danzas;TPG 以 6.5 亿美元收购了 CTI;API 以 2.1 亿美元收购了 GATX。

四、产业的标准化

物流的又一个定义是按照客户的需求提供物品的时间与场所转移。由于物品的物理和化学的多样性、零散性、不规则性等,只有建立在化零为整、集装单元化、依靠托盘化和各种物流机械基础之上转移才是效率化、省力化、低货损的转移。在德国，物品无论是进入工厂、商店、建筑工地，还是仓库、码头、配送中心等，都是通过集装单元化、托盘化、各种装卸搬运、输送机械、专用车辆等实现的。托盘已如同钱币般进入流通，可见其用量之多；装卸搬运过程中使用叉车数目多，如Beck's啤酒厂用于厂区内的叉车数量竟高达135台。根据货物选择专用车辆，如厢式车辆、罐式车辆、挂车、半挂车，尤其以集装箱运输车为多。

五、物流产业的专业化与多功能化

德国的物流业市场已经成熟，反映为第一、二、三、四方物流业已各自在市场中定好位。第一方物流是需求方，第二方物流是供应方，第三方物流为客户提供所有的或一部分供应链物流服务，以获取一定的利润。第三方物流公司提供的服务范围很广：它可以简单到只是帮助客户安排一批货物的运输，也可以复杂到设计、实施和运作一个公司的整个分销和物流系统。理论上，以上三方是具有一体化利益目标的战略同盟，是长期性的伙伴合作关系。第四方物流供应商是一个供应链的集成商，它对公司内部和具有互补性的服务供应商所拥有的不同资源、能力和技术能进行整合和管理，并提供一整套供应链解决方案。德国的第一方物流对象——政府、工商企业与大众消费者参与社会分工合作做得比较好，很大程度上将物流业务社会化。第二方物流一般为专业化物流公司，如运输业、仓储业等。德国著名民营物流企业Hellmann现有员工7000人，产值22亿欧元，主营运输。第三方物流多为多功能物流方，但其子公司多做专业物流。例如，不莱梅物流集团公司（BLG）是一个典型的第三方物流企业，集运输、仓储、装卸搬运、代理、转运、配送等于一体，它斥巨资为著名咖啡公司Tchibo构建了高达40米的全自动化的立体仓库，这也是欧洲最大的立体仓库，其用意是充当Tchibo公司完全的第三方物流服务方。而其子公司汽车物流公司专做汽车物流的转运，在不莱梅海港拥有大片的场地与滚装码头设施，年转运量达1200000辆，几乎囊括了德国汽车整车物流转运的90%业务。德国的物流研究咨询机构发达，充当了第四方物流，为政府、企业做决策、规划和物流解决方案。例如，德国著名的运输与物流研究所（ISL）规划的不莱梅物流园区和纽伦堡城市配送中心多年来运作很好，在国际、国内都产生了很大影响。

六、产业的绿色化

绿色物流，顾名思义是融入了环境可持续发展理念的物流活动。通过改革运输、储存、包装、装卸、流通加工、管理等物流环节，绿色物流可以达到降低环境污染、减少资源消耗的目的。德国的物流绿色化表现在宏观与微观物流中方方面面的文明规划、设计、生产、使用与绿色消费。例如，注重资源利用，莱茵河内河运输航道经济效应和生态效益是有口皆碑的。注重到达消费者手中的绿色运输、仓储、包装等的同时，也注重从消费者手中的逆向物流，如垃圾分类回收、饮料瓶回收、旧电器、轮胎、汽车等的回收。大量采用厢式车辆，从而保证在运输途中不出现撒落，污染公共设施。物流园区内的洗车污水处理后循环使用，不排入江河，园区内绿色面积不少于20%，不出现裸土等。注重绿色物流为德国带来了蓝天白云和青山绿水。

七、传统产业转型物流业

德国的物流产业化还包括了传统产业向物流业的转变。例如，鲁尔工业区是传统工业区，1998年在政府的指令下，其内的Duisburg-Rheinhausen钢铁集团公司被迫停产关闭，一夜之间6000名职工失业，成为震惊世界的失业案。在政府的帮助下，就在这个钢铁厂的土地上组建了以物流为大产业宗旨的Duisport Logport，这是一个物流园区，占地两百万平方米。钢厂原有的交通区位与设施都很不错，改建后得到了利用。目前70%~80%的土地已被物流客户所使用，水路、公路、铁路直达客户的仓库，实实在在做到门到门的服务。物流业的活力带来了经济效益也带来了就业机会。

另外，德国的物流产业化进程还体现了有效的行业法规和约束机制。例如，排放标准、工作休息标准、垃圾分类准则；购买饮料、啤酒包括瓶装费，瓶子退回时方可退钱；企业、从业人员必须遵纪守法，否则上黑名单等。

资料来源：第一管理资源网 http://guanli.1kejian.com/hangye/wuliu/106768.html

思考：
1. 德国物流产业的特征表现在哪些方面？
2. 德国物流市场中第一、二、三、四方物流是如何划分的？他们之间有何联系和区别？举例说明。
3. 德国物流产业的绿色化是如何实现的？
4. 德国物流产业的发展对我国发展物流产业有何启示。

练习与思考

一、填空

1. 当前我国物流产业的构成是综合性第三方物流业、_____、_____、装卸搬运业、_____、_____。
2. 物流业随市场经济发展已由过去的_____，上升为引导生产促进消费的_____。
3. 按竞争特点，我国目前主要有三种类型的物流产业参与竞争者：一是大型国有物流企业；二是国外大型物流企业；三是民营物流企业。_____、_____两大类。
4. 制造业与物流业的联动发展的基础是_____和_____。
5. 制造业与物流业联动发展大致可划分为_____、起步阶段、_____、成熟阶段四个阶段。

二、单项选择

1. 真正意义上的物流产业是（　　）企业的集合。
   A. 第一方物流　　　　　　　　B. 第二方物流
   C. 第三方物流　　　　　　　　D. 上述都不是
2. 物流服务范围不断向_____两端延伸趋势。
   A. 物流　　　　　　　　　　　B. 供应链
   C. 物流企业　　　　　　　　　D. 上述都不是
3. 制造业与物流业的联动发展的本质是（　　）。
   A. 产业分工　　　　　　　　　B. 互利行为
   C. 产业关联　　　　　　　　　D. 供应链运作方式

4. 制造业与物流业的联动发展的动力是（   ）。
   A. 产业分工　　　　　　　　B. 互利行为
   C. 产业关联　　　　　　　　D. 供应链运作方式
5. 制造业与物流业的联动发展的主体是（   ）。
   A. 企业　　　　B. 政府　　　　C. 顾客　　　　D. 中介机构

三、判断

1. 可以认为物流产业是一个独立产业。　　　　　　　　　　　　　　　（   ）
2. 我国统计年鉴中"交通运输、仓储与邮政业"产值代表"物流产业"规模。（   ）
3. 从一定意义上讲，第三方物流企业的集合才是真正意义上的物流产业。（   ）
4. 加快发展现代物流业，是改善投资环境，扩大对外开放的迫切需要。　（   ）
5. 在制造业与物流业联动发展的成长阶段，物流服务业已成为国民经济的主导力量，出现大量物流服务产业集群。　　　　　　　　　　　　　　　　　　　　　（   ）

四、名词解释

物流产业　制造业与物流业联动发展

五、简答

1. 如何理解物流产业是一个独立产业、复合性或聚合型产业？
2. 简述发展物流产业的意义。
3. 我国物流产业的发展主要呈现哪些趋势？
4. 制造业与物流业的联动发展的内涵是什么？如何理解？
5. 简述制造业与物流业的联动发展的四个阶段的特征。

第十五章

物流发展新理念

本章学习目标：

1. 了解精益生产和精益思想的背景；
2. 掌握精益物流的内涵及其基本框架；
3. 了解物流活动对环境的负面影响和欧美国家绿色物流实践；
4. 掌握绿色物流的内涵及其理论基础；
5. 掌握逆向物流的内涵及其组成、特点；
6. 了解逆向物流的成因、原则、方法；
7. 掌握物流金融的内涵和分类；
8. 了解物流金融的发展背景、现状、作用及实施风险；
9. 掌握智慧物流的内涵、基本功能和实施步骤；
10. 了解智慧物流的实施基础和实施模式。

本章核心概念：

精益物流　绿色物流　逆向物流　物流金融　智慧物流

京东与菜鸟的智慧物流

"新一代物流正在到来，它将呈现出短链、智慧与共生三大核心要素。"在12月11日的2017全球新一代物流峰会上，京东物流CEO王振辉信心十足地表示。在王振辉看来，通过减少搬运次数、缩短搬运距离、提速交付时间、提升智能技术应用等，京东能够进一步强化物流服务能力。

菜鸟总裁万霖则在12月10日"2017中国企业领袖年会"的演讲中称，菜鸟在加速进行数据协同的全局智能化，超级机器人仓、末端配送机器人、全自动流水线等全链路自动化，并在此基础上向消费者、商家提供新零售解决方案。

"新一代物流的驱动因素，除了人货场重构所导致的物流角色再定义之外，还有以机器人、云服务、大数据和人工智能等技术突破所触动的物流行业大飞跃。""随着仓库的无人化设施大面积替代人工设施，京东物流的成本将有所下降。"京东集团副总裁、京东商城物流规划发展部负责人傅兵向记者强调。数据显示,京东配送人员规模高达7万人,快递人员构成京东物流的一大成本。

"菜鸟已经成立三年多,但只有2000多个员工,其中一半以上都是技术人员,"菜鸟方面告诉记者,"我们并没有一个快递员。"事实上,菜鸟自成立以来的定位便是平台化,将电商物流各环节的企业拉入其搭建的物流仓储平台及物流信息平台,然后以大数据作为支撑,调控仓储、配送等环节,多方提升物流效率。"我们会向快递公司提供包括电子签单、智能分单等数据产品,帮助他们提升效率,也提供仓储运营管理技术,并提供配送线路方面的数据支持等。"菜鸟方面指出。

在业内人士看来,无论京东还是菜鸟模式,在大数据方面都会积极建立超级蓄水池,形成中心化的超级大脑,影响生态圈的企业。

资料来源:(有删改)http://epaper.21jingji.com/html/2017-12/12/content_76253.htm

思考:
智慧物流有什么特点和优势?京东与菜鸟的智慧物流发展之路有何不同?

第一节 精益物流

随着产品生命周期越来越短和顾客需求日益个性化,市场需求多变已成为必然趋势。在这样的背景下,制造商和分销商承受着各种压力,如产品订单更小及更频繁、产品需求不断变动且更加用户化和服务价值升高等。在物流管理领域引入精益原则,既使传统的以预测和批量为基础的"推动系统"转变为"拉动系统",也使企业的生产流程、生产效率、组织结构乃至企业理念发生巨大变化,从而使企业能适应未来物流管理发展的需要。

一、精益物流的历史背景

精益物流是起源于日本丰田汽车公司的一种物流管理思想,其核心是追求消灭包括库存在内的一切浪费,并围绕此目标发展的一系列具体方法。它是从精益生产的理念中蜕变而来的,是精益思想在物流管理中的应用。

(一)精益生产的背景

"二战"结束不久,汽车工业中统治世界的生产模式是以美国福特制为代表的大量生产方式。这种生产方式以流水线形式少品种、大批量生产产品。在当时,大批量生产方式即代表了先进的管理思想与方法,大量的专用设备、专业化的大批量生产是降低成本、提高生产率的主要方式。与处于绝对优势的美国汽车工业相比,日本的汽车工业则处于相对幼稚的阶段。丰田汽车公司从成立到1950年的十几年间,总产量甚至不及福特公司1950年一天的产量。汽车工业作为日本经济倍增计划的重点发展产业,日本派出了大量人员前往美国考察。丰田汽车公司在参观美国的几大汽车厂之后发现,采用大批量生产方式降低成本仍有进一步改进的余地,而且日本企业还面临需求不足与技术落后等严重困难。加上战后日本国内的资金严重不足,也难有大量的资金投入以保证日本国内的汽车生产达到有竞争力的规模。因此，他们认为在日本进行大批量少品种的生产方式是不可取的，而应考虑一种更能适应日本市场需求的生产组织策略。

以丰田的大野耐一等人为代表的精益生产的创始者们，在不断探索之后，终于找到了一套适合日本国情的汽车生产方式：准时制生产、全面质量管理、并行工程、充分协作的团队工作方式和集成的供应链关系管理，逐步创立了独特的多品种、小批量、高质量和低消耗的精益生产方法。1973 年的石油危机，使日本的汽车工业闪亮登场。由于市场环境发生变化，大批量生产所具有的弱点日趋明显，而丰田公司的业绩却开始上升，与其他汽车制造企业的距离越来越大，精益生产（lean manufacturing）方式开始为世人所瞩目。

（二）精益思想的背景

在市场竞争中遭受失败的美国汽车工业，在经历了曲折的认识过程后，终于意识到致使其竞争失败的关键是美国汽车制造业的大批量生产方式输给丰田的精益生产方式。1985 年，美国麻省理工学院的 Daniel T.Jones 教授等筹资 500 万美元，用了近 5 年的时间对 90 多家汽车厂进行对比分析，于 1992 年出版了《改造世界的机器》一书，把丰田生产方式定名为精益生产，并对其管理思想的特点与内涵进行了详细的描述。四年之后，该书的作者出版了它的续篇《精益思想》，进一步从理论的高度归纳了精益生产中所包含的新的管理思维，并将精益方式扩大到制造业以外的所有领域，尤其是第三产业，把精益生产方法外延到企业活动的各个方面，不再局限于生产领域，从而促使管理人员重新思考企业流程，消灭浪费，创造价值。

精益思想是运用多种现代管理方法和手段，以社会需求为依据，以充分发挥人的作用为根本，有效配置和合理使用企业资源，最大限度地为企业谋求经济效益的一种新型的经营管理理念。

精益思想的核心就是以越来越少的投入——较少的人力、较少的设备、较短的时间和较小的场地创造出尽可能多的价值；同时也越来越接近用户，提供他们确实想要的东西。

精确地定义价值是精益思想关键性的第一步；确定每个产品（或在某些情况下确定每一产品系列）的全部价值流是精益思想的第二步；紧接着就是要使保留下来的、创造价值的各个步骤流动起来，使需要若干天才能办完的订货手续在几小时内办完，使传统的物资生产完成时间由几个月或几周减少到几天或几分钟；随后就要及时跟上不断变化着的顾客需求，因为一旦具备了在用户真正需要的时候就能设计、安排生产和制造出用户真正需要的产品的能力，就意味着可以抛开销售，直接按用户告知的实际要求进行生产。这就是说，可以按用户需要拉动产品，而不是把用户不想要的产品硬推给用户。

精益思想的理论诞生后，物流管理学家则从物流管理的角度对此进行了大量的借鉴工作，并与供应链管理的思想密切融合起来，提出了精益物流的新概念。精益物流是精益思想在物流管理中的应用，是物流发展中的必然反映。

二、精益物流的内涵

精益物流（lean logistics）是运用精益思想对企业物流活动进行管理。《中华人民共和国国家标准物流术语》（GB/T 18354—2006 3.36）对精益物流的定义是：精益物流是"在物流系统优化的基础上，剔除物流过程中的无效和不增值作业，用尽量少的投入满足客户需求，实现客户的最大价值，并获得高效率、高效益的物流。"

精益物流的基本原则是：

（1）从顾客的角度而不是从企业或职能部门的角度来研究什么可以产生价值；

（2）按整个价值流确定供应、生产和配送产品中所有必须的步骤和活动；

（3）创造无中断、无绕道、无等待、无回流的增值活动流；

（4）及时创造仅由顾客拉动的价值；

（5）不断消除浪费，追求完善。

精益物流的目标可概括为：企业在提供满意的顾客服务水平的同时，把浪费降到最低程度。企业物流活动中的浪费现象很多，常见的有不满意的顾客服务、无需求造成的积压和多余的库存、实际不需要的流通加工程序、不必要的物料移动、因供应链上游不能按时交货或提供服务而等候、提供顾客不需要的服务等。努力消除这些浪费现象是精益物流最重要的内容。

实现精益物流必须正确认识以下几个问题：

1. 精益物流前提：正确认识价值流

价值流是企业产生价值的所有活动过程，这些活动主要体现在三项关键的流向上：从概念设想、产品设计、工艺设计到投产的产品流；从顾客订单到制定详细进度到送货的全过程信息流；从原材料到制成最终产品、送到用户手中的物流。因此，认识价值流必须超出企业这个世界上公认的划分单位的标准，去查看创造和生产一个特定产品所必须的全部活动，搞清每一步骤和环节，并对它们进行描述和分析。

2. 精益物流的保证：价值流的顺畅流动

消除浪费的关键是让完成某一项工作所需步骤以最优的方式联接起来，形成无中断、无绕流和排除等候的连续流动，让价值流顺畅流动起来。具体实施时，首先要明确流动过程的目标，使价值流动朝向明确。其次，把沿价值流的所有参与企业集成起来，摒弃传统的各自追求利润极大化而相互对立的观点，以最终顾客的需求为共同目标，共同探讨最优物流路径，消除一切不产生价值的行为。

3. 精益物流的关键：顾客需求作为价值流动力

在精益物流模式中，顾客需求是驱动生产的原动力，是价值流的出发点。价值流的流动要靠下游顾客的拉动，而不是靠上游来推动。当顾客没有发出需求指令时，上游的任何部分都不要去生产产品。而当顾客的需求指令发出后，则快速生产产品，提供服务。当然，这不是绝对的现象。在实际操作中，要区分是哪一种类型的产品：如需求稳定、可预测性较强的功能型产品，可以根据准确预测进行生产；而需求波动较大、可预测性不强的创新型产品，则要采用精确反应、延迟技术，缩短反应时间，提高顾客服务水平。

4. 精益物流的生命：不断改进，追求完善

不断改进、追求完善是精益物流的生命。精益物流是动态管理，对物流活动的改进和完善是不断循环的。每一次改进，消除一批浪费，形成新的价值流的流动，同时又存在新的浪费而需要不断改进。这种改进使物流总成本不断降低、提前期不断缩短而使浪费不断减少。实现这种不断改进需要全员理解并接受精益思想的精髓，领导者制定能够使系统实现"精益"效益的决策，全体员工贯彻执行，上下一心，各司其职、各尽其责，达到全面物流管理的境界，保证整个系统持续改进、不断完善。

使系统实现"精益"效益的决策规则包括使领导者和全体员工共同理解并接受精益思想，即消除浪费和连续改善，用这种思想方法思考问题，分析问题，制定和执行能够使系统实现"精益"效益的决策。

三、精益物流系统的基本框架

作为一种新型的物流组织方式，精益物流的基本框架包括以下几个方面：

（一）以客户需求为中心

在精益物流系统中，顾客需求是驱动生产的原动力，是价值流的出发点。价值流的流动要靠下游顾客来拉动，而不是依靠上游的推动。当顾客没有发出需求指令时，上游的任何部分不提供服务。而当顾客需求指令发出后，则快速提供服务。系统的生产是通过顾客需求拉动的。

（二）准时

在精益物流系统中，电子化的信息流保证了信息流动的迅速、准确无误，还可有效减少冗余信息传递，减少作业环节，消除操作延迟，这使得物流服务准时、准确、快速，具备高质量的特性。

货品在流通中能够顺畅、有节奏的流动是物流系统的目标。而保证货品的顺畅流动最关键的是准时。准时的概念包括物品在流动中的各个环节按计划按时完成，包括交货、运输、中转、分拣、配送等各个环节。物流服务的准时概念是与快速同样重要的方面，也是保证货品在流动中的各个环节以最低成本完成的必要条件，同时也是满足客户要求的重要方面之一。准时也是保证物流系统整体优化方案能得以实现的必要条件。

（三）准确

准确包括：准确的信息传递、准确的库存、准确的客户需求预测、准确的送货数量，等等。准确是保证物流精益化的重要条件之一。

（四）快速

精益物流系统的快速包括两方面含义：一是物流系统对客户需求反应速度；二是货品在流通过程中的速度。

物流系统对客户个性需求的反应速度取决于系统的功能和流程。当客户提出需求时，系统应能对客户的需求进行快速识别、分类并制定出与客户要求相适应的物流方案。客户历史信息的统计、积累会帮助制定快速的物流服务方案。

货品在物流链中的快速性包括货物停留的节点最少、流通所经路径最短、仓储时间最合理并达到整体物流的快速。速度体现在产品和服务上是影响成本和价值重要因素，特别是市场竞争日趋激烈的今天，速度也是竞争的强有力手段。快速的物流系统是实现货品在流通中增加价值的重要保证。

（五）降低成本、提高效率

精益物流系统通过合理配置基本资源，以需定产，充分合理地运用优势和实力；通过电子化的信息流，进行快速反应、准时化生产，从而消除诸如设施设备空耗、人员冗余、操作延迟和资源等浪费，保证其物流服务的低成本。

（六）系统集成

精益系统是由资源、信息流和能够使企业实现"精益"效益的决策规则组成的系统。精益物流系统则是由提供物流服务的基本资源、电子化信息流和使物流系统实现"精益"效益的决策规则所组成的系统。

具有能够提供物流服务的基本资源是建立精益物流系统的基本前提。在此基础上，需要对这些资源进行最佳配置。资源配置的范围包括：设施设备共享、信息共享、利益共享等。只有这样才可以最充分地调动优势和实力，合理运用这些资源，消除浪费，最经济合理地提供满足客户要求的优质服务。

（七）信息化

高质量的物流服务有赖于信息的电子化。物流服务是一个复杂的系统项目，涉及大量繁杂的信息。电子化的信息便于传递，这使得信息流动迅速、准确无误，保证物流服务的准时和高效；电子化信息便于存贮和统计，可以有效减少冗余信息传递，减少作业环节，降低人力浪费。此外，传统的物流运作方式已不适应全球化、知识化的物流业市场竞争，必须实现信息的电子化，不断改进传统业务项目，寻找传统物流产业与新经济的结合点，提供增值物流服务。

四、对我国的启示

（一）应走精益物流的道路

当今时代是一个知识化特征最显著的新经济时代，信息、网络技术等知识含量的比重在产品和服务所创造的价值之中占有主要的位置。这一时代是以智力为导向，崇尚客户至上的高智能、多样化和微观服务，顺应以消费者为主导的买方市场。企业生存和发展的关键是对市场的变化做出快速反应，生产和提供客户拥护满意的产品和服务。面对新经济的巨大影响，我国的物流企业在新经济的巨大浪潮中应当运用现代管理思想对自身进行重新定位，用信息技术来满足客户最大的需求和利益，提供压缩时间和空间的增值物流服务，以在竞争中孕育生机。

精益物流理论的产生，为我国的传统物流企业提供了一种新的发展思路，为这些企业在新经济中生存和发展提供了机会。精益物流理论符合现代物流的发展趋势。该理论所强调的消除浪费、连续改善是传统物流企业继续生存和发展必须具备的根本思想。它使得传统物流企业的经营观念转变为：以顾客需求为中心，通过准时化、自动化生产不断谋求成本节约、谋求物流服务价值增值的现代经营管理理念。可以说，基于成本和时间的精益物流服务将成为中国物流业发展的驱动力，中国的物流企业应该走精益物流的道路。

（二）精益物流的切入方式

作为中国企业发展精益物流，应当分步骤实施，一般应分为两步：

1. 企业系统的精益化

（1）组织结构的精益化

由于我国的大多数企业在计划经济中所形成的组织结构制约着企业的变革，企业要发展精益物流，应当利用精益化思想减少中间组织结构，实施扁平化管理。

（2）系统资源的精益化

我国的传统企业存在着众多计划经济下遗留的资源，但如果不进行整合、资源重组，则很难与其他大型物流企业进行竞争，将有可能把自己的优势变为劣势。

（3）信息网络的精益化

信息网络系统是实现精益物流的关键。因此，建立精益化的网络系统是先决条件。

（4）业务系统的精益化

实现精益物流，首先要对当前企业的业务流程进行重组与改造，删除不合理的因素，使之适应精益物流的要求。

（5）服务内容及对象的精益化

由于物流本身的特征，即不直接创造利润，所以在进行精益物流服务时应选择适合本企业体系及设施的对象及商品。这样，才能使企业产生核心竞争力。

（6）不断的完善与鼓励创新

不断完善就是不断发现问题，不断改进，寻找原因，提出改进措施，改变工作方法，使工作质量不断提高。鼓励创新是建立一种鼓励创新的机制，形成一种鼓励创新的氛围，在不断完善的基础上有一个跨越式的提高。在物流的实现过程中，人的因素发挥着决定性的作用。任何先进的物流设施、物流系统都要人来完成。而且，物流形式的差别、客户个性化的趋势和对物流期望越来越高的要求，也必然需要物流各具体岗位的人员具有不断创新精神。

2. 提供精益物流服务

（1）以客户需求为中心

（2）提供准时化服务

（3）提供快速服务

(4) 提供低成本高效率服务

(5) 提供使顾客增值的服务

总之,精益物流作为一种全新的管理思想,势必会对我国的物流企业产生深远的影响。它的出现将改变企业粗放式的管理观念,使企业尽快适应加入 WTO 后的竞争影响,保持企业的核心竞争力。

第二节 绿色物流

随着世界生产力的突飞猛进,地球环境的不断恶化和资源的过度消耗给人类的生存环境和经济运行提出了严峻挑战。越来越多的人意识到自己生存的环境正遭到破坏和污染,环境保护问题摆在了全世界各国的面前。在人们的心中,绿色代表希望,绿色象征生命。人们渴望回复到天蓝地绿、水清宁静的美好生活中去。于是,人们发动了一系列追求"天人合一"的绿色化运动,全球兴起了一股"绿色浪潮":"绿色食品""绿色标志""绿色产业""绿色营销""绿色消费"等,并正在向各方面渗透。现代绿色物流管理正是其中之一。作为经济活动的一部分,物流活动同样面临环境问题,需要从环境的角度对物流体系进行改进,形成绿色物流管理系统。

一、物流活动对环境的负面影响

物流活动是由实现物品空间移动的运输、时间移动的保管、流通加工、包装、装卸等功能构成。物流活动中的各个功能都在不同程度上因存在非绿色因素而对环境造成污染。

(一) 运输对环境的负面影响

运输是物流活动中最重要、最基本的活动。运输活动离不开交通工具的使用,交通网的新建和交通工具的大量使用无疑大大增强了企业的物流能力,提高了全社会的物流速度,但运输活动也产生了较为严重的环境污染。

运输对环境的负面影响,主要表现在两个方面:

1. 运输工具本身带来的负面影响

运输车辆的燃油消耗和燃油污染,是物流作业造成环境污染的主要原因。不合理的货运网点及配送中心布局,会导致货物迂回运输。集中库存虽能有效降低物流费用,但会产生较多的一次运输。即时配送(JIT)虽能增强敏捷性,实现无库存经营,但实施 JIT 必然会大量利用公路网,以实现"门到门"运输,从而使货运从铁路转到公路。以上这些都增加了车辆燃油消耗,加剧了废气污染、噪声污染和交通阻塞。

例如,公路运输网络的发达所产生的噪声污染几乎影响到了社会的每个角落;铁路及水运线作为一种移动点污染源,随着运输工具频率的增加,已经逐步转化为线状噪声源;飞机起降时的噪声对机场附近的居民更是有害至深。又如,汽车尾气对大气环境的毒害众所皆知,尤其是在汽车数量不断增加的城市区域,汽车尾气经太阳照射后形成的光合烟雾,使城市空气长期处于污染状态。而汽车的废旧轮胎大量堆积也是环境污染的潜在隐患;废弃的机油、柴油经常渗入土壤和水体中，也不可避免地造成环境污染；物流空中运输，特别是货物的装载和卸载、航空器的运行、设备维修、燃料加注、解冻和清洗等，都会造成环境污染。同时，过多的在途车辆增加了对道路面积的需求，加剧了交通阻塞。

2. 运输的物品带来的负面影响

运输的物品尤其是如酸液、有毒类药品、油类、放射性物品等危险品、化工原料等在运输活动中发生爆炸、泄漏可能对环境造成严重的损害和污染。尽管国际组织和各国政府为此制定了严格的规章制度，并准备了完善的预防措施，但泄漏的事故总还是经常出现，且泄漏后即使有最完善的补救措施，对环境的影响仍将无法挽回。例如，石油在海运过程中发生泄漏而造成大片海域污染，这样的污染常常是致命的，并且在很长时期内都无法恢复常态。据统计，由于油轮频繁泄漏，欧洲海域污染严重，如表15-1所示。

表15-1　欧洲海域油轮泄漏污染情况

事故发生时间	1967.3.18	1992.12.3	1993.6.5	1996.2.16	1999.12.12	2002.11.14
船名	大峡谷号	爱琴海号	布雷尔号	海洋女王号	埃里卡号	威望号
油轮泄漏混入海水的原油量	120000吨	74000吨	85000吨	60000吨	13000吨	77000吨

（二）储存对环境的负面影响

储存是物流的一项重要功能，它解决了商品生产与消费在时间上的差异，创造了商品的时间效用。但若储存方法不当，储存货物腐败变质或泄漏，尤其是易燃、易爆、化学危险品，就会对人和周围环境造成污染和破坏。同时，储存过程中必须用一些化学方法对储存物品进行养护，如喷洒杀虫、菌剂，这对周边生态环境也会造成污染和破坏。

（三）装卸搬运对环境的负面影响

装卸搬运是伴随运输和储存而附带产生的物流活动，贯穿物流的始终。但在装卸搬运时方法不当、野蛮操作，发生货损，造成资源浪费和废弃，而废弃物如化学液体商品还有可能对水源和土壤造成污染。

（四）包装对环境的负面影响

包装具有保护商品品质、美化商品和便利销售及运输等作用。但现在大部分商品的包装材料和包装方式，不仅造成了资源的极大浪费，不利于可持续发展，而且严重污染了环境，也无益于生态经济效益。例如，市场上流行的塑料袋、玻璃瓶、易拉罐等包装品种，使用后给自然界留下了长久的污染物，对自然环境造成了严重影响。又如大量使用的一次性包装，不仅消耗了有限的资源，废弃的包装材料还是垃圾的重要组成部分，处理这些废弃物又要花费大量的人力、物力和财力。

（五）流通加工对环境的负面影响

流通加工是流通过程中为适应用户需要而进行必要的加工，以完善商品的使用价值及便利销售。但不合理的流通加工方式，会对环境造成负面影响。例如，流通加工中心选址不合理，会造成费用增加和有效资源的浪费，还会因为增加了运输量而产生新的污染；过分分散进行的流通加，其产生的边角废料、废气、废水难以集中处理和有效再利用，会造成废弃物污染，对环境和人体构成危害。

二、绿色物流的产生

1972 年，在斯德哥尔摩召开的人类环境会议，提出了"我们只有一个地球"的报告，发出了人类资源和环境已陷入危机和困境的报告。《世界自然资源保护大纲》也响亮提出："地球并不只是祖先遗留给我们的，而应属于我们的后代"，从而把环境保护问题郑重提到了全世界各国的面前。面对人类面临的人口膨胀、环境恶化、资源短缺三大危机，为了实现人口、资源与环境相协调的可持续发展，在联合国的倡议和引导下，许多国际组织和国家相继制定出台了一系列与环境保护和资源保护相关的协议及法律，如《蒙特利尔协定书》(1987)、《里约环境和发展宣言》(1992)、《工业企业自愿参与生态管理和审核规则》(1993)、《贸易与环境协定》(1994)、《京都协定书》(1997) 以及美国的《空气洁净法案》(The Clean Air Act, 1990)、中国的《环境保护法》等。这些协议及法律的宗旨就是保护地球环境，保护自然资源，减少对环境的负面影响，改善全球环境，造福人类。这种可持续发展战略及有关协议、法律同样适用于物流活动，因为物流在促进经济发展的同时，也会给环境带来负面影响。

日益严峻的环境问题和日趋严厉的环保法规，要求从环境保护的角度对物流体系进行改造，形成一种环境共生型的物流管理系统，改变原来经济发展与物流、消费生活与物流之间的单向作用关系。在抑制物流对环境造成污染、浪费资源及引起危害等的同时，实现对物流环境的净化，使物流资源得到最充分利用，形成一种能促进经济和消费生活健康发展的现代物流系统，即向绿色物流（green logistics/environmental logistics，台湾称之为"善待地球环境的物流"）、循环型物流转变。物流与环境之间日益形成了一种相辅相成的推动和制约关系，即物流的发展必须建立在与环境共生的基础上，必须考虑环境问题，需要从环境角度对物流体系进行改进。因此，绿色物流管理强调了全局和长远的利益，强调全方位对环境的关注，是一种新的物流管理趋势。

物流与经济发展、消费生活以及环境共生的关系演变，如图 15-1 所示，即在高速经济成长时期，经济发展最受重视，因而物流与经济发展具有密切的关系；近年来，物流逐渐从产业物流向产业与消费双方向物流发展，因此物流的关联领域得到了扩大；21 世纪，除了从经济发展和消费生活发展的角度推动物流的深化外，还必须放在有效利用资源和维护地球环境、与环境共生的立场来不断推进物流的全方位发展。

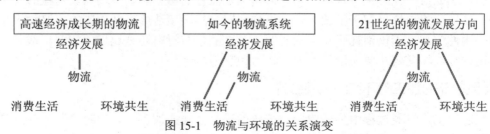

图 15-1 物流与环境的关系演变

三、绿色物流的内涵

绿色物流虽然得到世界各国政府和物流企业的重视,但目前其还没有一个成熟的定义。

《中华人民共和国国家标准物流术语》(GB/T 18354—2001)对绿色物流的定义是:"绿色物流(environmental logistics)指在物流过程中抑制物流对环境造成危害的同时,实现对物流环境的净化,使物流资源得到最充分利用。"

本书认为,绿色物流(green logistics/ environmental logistics)指利用先进技术规划和实施的物流操作和管理全程的绿色化,既实现物流服务顾客满意,又减少物流活动对资源的消耗和对环境的污染。

"绿色物流"里的绿色,是一个特定的形象用语,它泛指保护地球生态环境的活动、行为、计划、思想和观念在物流及其管理活动中的体现。绿色物流的核心思想在于实现物流活动与社会和生态效益的协调,进而实现可持续发展,其目标不同于一般的物流活动。一般的物流活动主要是为了实现物流企业的盈利、满足顾客要求、扩大市场占有率等,这些目标最终都是为了实现某一主体的经济利益。而绿色物流的目标在上述经济利益目标之外,还追求节约资源、保护环境这一既具经济属性、又具社会属性的目标。尽管从宏观角度和长远利益看,节约资源、保护环境与经济利益的目标是一致的,但对某一特定的物流企业却是矛盾的。

此外,绿色物流又是一个多层次的概念,既包括企业的绿色物流活动,又包括社会对绿色物流活动的管理、规范和控制。从绿色物流活动的范围看,它既包括各个单项的绿色物流作业(如绿色运输、绿色包装、绿色流通加工等),还包括为实现资源再利用而进行的废弃物循环物流。

绿色物流是可持续发展的一个重要环节。它与绿色制造、绿色消费共同构成了一个节约资源、保护环境的绿色经济循环系统。绿色制造(亦称清洁制造)是制造领域的研究热点,指以节约资源和减少污染的方式制造绿色产品,是一种生产行为。绿色消费是以消费者为主体的消费行为。绿色物流与绿色制造和绿色消费之间是相互渗透、相互作用的。绿色制造是实现绿色物流和绿色消费的前提,绿色物流通过流通对生产的反作用促进绿色制造,通过绿色物流管理满足和促进绿色消费。

四、绿色物流的理论基础

(一)可持续发展理论

在社会文明程度日益提高的今天,经济的发展必须建立在维护地球环境的基础上。当代对资源的开发和利用必须有利于下一代环境的维护以及资源的持续利用。因此,为了实现长期、持续的发展,就必须采取各种措施来维护自然环境,可持续型发展就成为社会经济发展的必然选择。可持续发展指既满足当代人的需要,又不对后代人满足其需要的能力过程构成威胁。可持续发展的基本内容包括以下五点:

(1)发展是重点;

（2）发展经济与环保，使之构成一个有机整体；

（3）应建立一个合理有效的经济和政治运行机制；

（4）人们的自身发展需要与资源、环境的发展相适应，人们应放弃传统的生产方式与生活方式；

（5）树立全新的现代文化观念。

这种经济上的可持续发展政策同样适用于物流活动，要求从环境保护的角度对现代物流体系进行研究。由于物流过程中不可避免地要消耗能源和资源，产生环境污染，因而为了实现长期、持续发展，必须采取各种措施来维护自然环境。绿色物流管理正是依据可持续发展理论，形成了物流与环境之间相辅相成的推动和制约关系，进而促进了现代物流的发展，达到环境与物流的共生。这就产生了"绿色物流"这一全新的概念。

（二）生态经济学理论

生态经济学是研究再生产过程中经济系统与生态系统之间的物质循环、能量转化和价值增值规律及其应用的科学。物流是社会再生产过程的重要环节，它既包括物质循环利用、能量转化，又有价值转化与价值实现。因此，物流涉及经济与生态环境两大系统，理所当然地架起了经济效益与生态效益之间联系的桥梁。而传统的物流管理没有处理好二者的关系，过多地强调了经济效益，而忽视了环境效益，导致了社会整体效益的下降。经济效益主要涉及目前和局部利益，而环境效益则关系到宏观与长远利益。绿色物流的出现，较好地解决了这一问题。绿色物流以经济学的一般原理为指导，以生态学为基础，对物流的经济行为、经济关系和规律与生态系统之间的相互关系进行研究，以谋求在生态平衡、经济合理、技术先进条件下的生态与环境的最佳结合以及协调发展。

（三）生态伦理学理论

人类所面临的生态危机，迫使人们不得不反思自己的行为，不得不忍受人类对于生态环境的道德责任。这就促使了生态伦理学的产生和发展。生态论理学是从道德角度研究人与自然关系的交叉学科。它根据生态学提示的自然与人相互作用的规律性，以道德为手段，从整体上协调人与自然环境的关系。生态伦理学迫使人们对物流过程中造成的环境问题进行深刻的反思，从而产生一种强烈的社会责任感与义务感。为了人类自身更健康和安全地生存与发展，为了千秋万代的切身利益，人类应自觉维护生态平衡。这是时代赋予的不可推卸的责任，也是人类对自然应尽的权利与义务。绿色物流正是从生态伦理学中得到了道义上的支持。

五、欧美国家的绿色物流实践

目前，世界各国政府和物流企业非常重视 4R 原则：reduce（减量化）、reuse（再使用）、reclaim（可回收）、recycle（再循环），重视物流服务的绿色化，都在尽力把绿色物流的推广作为物流发展的重点，积极开展绿色环保物流的专项技术研究和出台相应的绿色物流政策和法规。通过倡导采用替代燃料及排污量小的货车车型、近距离配送、夜间运货等方式，各国正在积极解决物流活动中的环境问题，努力建立绿色物流体系。

美国在其到 2025 年的《国家运输科技发展战略》中，规定交通产业结构或交通科技进步的总目标是："建立安全、高效、充足和可靠的运输系统，其范围是国际性的，其形式是综合性的，其特点是智能性的，其性质是环境友善的。"

欧洲提出的监控船舶状态的整体运输安全计划的目的，就是为了尽量避免或减少海洋运输对环境的污染。通过测量船舶的运动、船体的变形情况和海水的状况，就可以提供足够的信息，避免发生事故，或在事故发生之后能及时采取应急措施。欧盟国家 2001 年又通过一项协议，从 2002 年 4 月 1 日起，禁止某些噪音大的喷射机在欧盟国家起飞和降落。

德国制定交通政策是以铁道运送货物在 2015 年将成长 1 倍，把公路负荷降低作为目标。仅仅在 2000 年，德国由于整合性交通就降低卡车出车量约 300 万次。德国政府还与多个重要车辆及能源公司合作，共同推动交通经济能源策略，以寻求未来推动燃料。目前氢燃料已被看好为柴油和汽油的替代品，据估计 2020 年氢将占有整个推进燃料的 15%。隔音墙投资也是德国政府针对铁路和公路噪声的降低措施，1990 年德国的隔音墙有 550 公里，2000 年已增加到 856 公里。

六、我国绿色物流的发展策略

绿色物流管理作为当今经济可持续发展的重要组成部分，对经济发展和人民生活质量改善有重要意义，我国政府有关部门及企业界应强化绿色物流管理。

（一）加强绿色物流教育

绿色物流刚刚兴起，人们对它的认识还非常有限。我国物流与发达国家尚有较大差距，绿色物流更知之甚少，政府、企业、消费者基本上还处于仅有物流的思想而没有绿色化概念的阶段，甚至存在着"环保不经济，绿色等于花费""对环境的污染主要是生产企业的事，与流通企业关系不大"的思想。当前也有观点认为，物流只要能适应生产和消费的要求，为其提供相应的服务便尽职尽责。其实，这只是物流运行的最基本要求，仅仅如此是不能满足当代社会可持续发展需要的。

当代物流不仅要树立服务观念，更应自始至终贯彻绿色理念。因为物流的良好服务，离不开高效节能和安全优质。没有绿色物流的建立和发展，生产和消费就难以有效衔接，"绿色革命"和"绿色经济"就是一句空话。因此，在发展现代物流的同时，我国要积极培育"绿色消费""绿色产品"和珍爱人类生存环境的意识，使"环保、生态、绿色"的理念深入人心，进而推进绿色物流教育，在全社会树立绿色物流观念，把绿色物流作为全方位绿色革命的重要组成部分，确认和面向绿色物流的未来。

（二）倡导绿色物流运作

1. 开展绿色运输

有效利用车辆，消除交错运输、迂回运输，降低车辆运行，提高配送效率，如合理规划物流网点及配送中心、优化配送路线、提倡共同配送（joint distribution）、提高往返载货率等。改变运输方式，由公路运输转向铁路运输或海上运输，以及实行复合一贯制运输方式（combined transportation），克服单个运输方式固有的缺陷，从而在整体上保证运输过程的最优化和效率化。使用"绿色"运输工具，主要是采用节约资源、减少污染和环境的原料作动力，如使用液化气、天然气、太阳能、酒精与汽油掺和作为城市运输工具的动力，或响应政府的号召，加快运输工具的更新换代。通过以上诸运输策略，有效降低物流运输环节对资源的消耗和对环境的污染。

2. 开展绿色包装

绿色包装指采用节约资源、保护环境的包装。绿色包装的途径主要有：促进采用尽量简化的简易包装、采用由可降解材料制成的包装、减少一次性包装、提高包装废弃物的回收再生利用率、实现包装的合理化与现代化等。

具体来说，采用通用包装，不用专门安排回返使用；采用周转包装，可多次反复使用，如饮料、啤酒瓶等；梯级利用，一次使用后的包装物，用毕转作它用或简单处理后转作他用；对废弃包装物经再生处理，转化为其他用途或制作新材料；促进包装的大型化和集装化，减少单位包装，节约包装材料和包装费用；开发新的包装材料和包装器具，发展趋势是包装物的高功能化，用较少的材料实现多种包装功能。

3. 开展绿色流通加工

流通加工具有较强的生产性，也是流通部门对环境保护可以大有作为的领域。

绿色流通加工主要包括两方面措施：一是变消费者分散加工为专业集中加工，以规模作业方式提高资源利用效率，减少环境污染。例如，饮食服务业对食品进行集中加工，以减少家庭分散烹调所带来的能源和空气污染；二是集中处理消费品加工中产生的边角废料，以减少消费者分散加工所造成的废弃物的污染，如流通部门对蔬菜集中加工，可减少居民分散加工垃圾丢放及相应的环境治理问题。

4. 提高物流运作技术

加强物流运作各环节的技术创新、技术引进和技术改造，提高物流运作技术水平，最大限度地降低物流的能耗和货损，增强环保能力，防止二次污染。采用先进的保质保鲜技术，保障存货的数量和质量，在无货损的同时消除污染。

需要指出的是，物流运作的绿色化，离不开经济运行各环节的配合和协调。没有绿色环保的生产和消费，绿色物流就将成为无源之水、无本之木。

（三）申请绿色标准认证

随着全球经济一体化的发展，一些传统的关税和非关税壁垒逐渐淡化，环境壁垒逐渐兴起。为此，ISO 14000 成为众多企业进入国际市场的通行证。ISO 1400 是国际标准化组织 1993 成立的 ISO/TC 207 环境管理委员会制定的国际环境管理系列标准，其基本思想就是预防污染和持续改进。它侧重于组织的活动、产品和服务对环境的影响，要求用产品生命周期方法，从产品的设计、加工、包装、储藏、运输、销售、消费乃至废弃后的回收、再资源化，都应符合环境标准。现在，环境管理在欧美日等许多国家和地区已经规范化和法制化。仅从与物流有关的环境管理看，其管理范围不仅限于对包装材料和容器的选用、设计、消费、废弃、回收再利用等做出节约资源、无害化的规制，而且对伴随产品运输产生的 NO_2 和 CO_2 也做出严格要求。

我国自 1998 年导入 ISO 1400 环境管理标准认证制度后，只有近百家企业通过了环境管理体系认证，而物流经营者还没有认识到它的重要性。面对全世界的"绿色革命"浪潮和基于环境标准竞争而形成的绿色壁垒制约，我国的物流经营者应创造条件积极申请国际环境系列 ISO 1400 标准认证，用国际标准来规范自身的物流行为，塑造绿色物流形象，进而增强在国际市场的竞争能力。

（四）发挥绿色导向作用

推进绿色物流，需要政府的高度重视、积极支持和全面引导。借鉴发达国家的实践经验，政府可以从三个方面制定政策法规，从宏观上对物流体制进行规制，促进绿色物流的建立和发展。

1. 污染发生源规制

物流活动引起环境污染的原因主要在于货车的普及，即由于物流量的扩大及配送服务的发展，引起在途运输的货车增加，而在途货车增加势必造成大气污染加重。政府通过制定废气排出规制、限制城区货车行驶路线、收取车辆排污费、强制淘汰排污标准较低的货车、对车辆产生的噪音进行限制、促进符合限制条件的低公害车辆和清洁能源车的使用等措施，从源头上控制物流活动造成的环境污染。我国自 90 年代末开始不断强化对污染源的控制，如北京市为治理大气污染发布两阶段治理目标，不仅对新生产的车辆制定了严格的排污标准，而且对在用车辆进行治理改造。在鼓励提高更新车辆的同时，采取限制行驶路线、增加车辆检测频次、按排污量收取排污费等措施。经过治理的车辆，污染物排放量大为降低。

2. 交通量规制

发挥政府的指导作用，推动企业从自用车运输向营业用货车运输转化；促进企业选择合理的运输方式，发展共同配送；统筹物流中心的建设，建设现代化的物流管理信息网络等，从而最终实现物流效益化，特别是提高中小企业的物流效率。通过这些措施来减少货流，有效地消除交错运输，缓解交通拥挤状况，提高货物运输效率。

3. 交通流规制

政府投入相应的资金，通过发展立体交叉交通、建立都市中心部环状道路、制定有关道路停车管理规定、实现交通管制系统的现代化等措施，减少交通堵塞，提高配送效率，达到环保的目的。

（五）建立废弃物循环物流

废弃物物流指将经济活动中失去原有的使用价值的物品，根据实际需要进行收集、分类、加工、包装、搬运、储存，并分送到专门处理场所时形成的物品实体流动。废弃物物流的作用是，无视对象物的价值或对象物没有再利用价值，仅从环境保护出发，将其焚化、化学处理或运到特定地点堆放、掩埋。

大量生产→大量流通→大量消费的结果，必然导致大量废弃物的产生。尽管已经采取了许多措施加速废弃物的处理并控制废弃物物流，但总体上看大量废弃物的出现仍然对社会产生了严重的消极影响，不仅带来废弃物处理的困难，还引发社会资源的枯竭和自然环境的恶化。所以，21 世纪的物流运作必须有利于有效利用资源和维护地球环境。

从系统构筑的角度看，这就需要建立废弃物的回收再利用系统。物流经营者不仅要考虑自身的物流效率化，还必须与其他关联者协同起来，从现代物流管理的角度和整个供应链的视野来组织物流，最终在全社会建立起包括生产商、批发商、零售商和消费者在内的循环物流系统，追求从生产到废弃物全过程效率化。

（六）加强绿色物流研究和人才培养

我国物流的滞后，尤其与绿色相悖，与理论滞后和相关人才缺乏有很大关系。

绿色物流作为新生事物，目前迫切需要对其内涵、范畴、原则、要求及如何发展绿色物流进行深入研究，以便给绿色物流运作提供理论依据和指导。同时，绿色物流对营运筹划人员和各专业人员的素质要求较高。因此，要实现绿色物流的目标，培养和造就一批熟悉绿色理论和实务的物流人才是当务之急。各有关科研院所、大专院校只有针对性地开展绿色物流人才的培养和训练，才能为绿色物流业输送更多合格人才，进而促进现代物流在绿色的轨道上健康发展。另外，还可以通过调动企业、大学以及科研机构相互合作的积极性，促进产学研的结合，使大学与科研机构的研究成果能转化为指导实践的基础，提升企业物流从业人员的理论业务水平。

第三节 逆向物流

在物流过程中，运输和仓储服务备受青睐，退回物品和产品使用后废弃物品的处理却鲜为人知，长期被排除在企业经营战略之外。对这些物品沿供应链逆向渠道的收集、运输和分拨——逆向物流活动，一直是供应链中令人忽视的角落，几乎没有引起人们的重视。对大多数企业来讲，在正向物流系统中创造并持续应用最佳业务实践已经是非常艰巨的挑战了。因此毫不奇怪，没有几家企业愿意全心全意地应对逆向物流的挑战。

但是，随着市场竞争的加剧、消费者地位的上升、用过产品数量的激增、全球环境保护意识的兴起与环保法规的健全以及企业减少浪费、挖掘新利润源泉的驱动，这个相对较新的物流领域——逆向物流领域的机会和潜在意义开始受到越来越多物流学者和企业管理者的重视。美国在内华达州成立了美国逆向物流执行委员会（Reverse Logistics Executive Council），逆向物流战略已成为通用汽车、IBM、西尔斯、强生、雅诗兰黛等国外许多知名企业管理战略的重要组成部分。

一、逆向物流的内涵

"逆向物流"（reverse logistics）这个名词最早由 Stock 在 1992 年给美国物流管理协会（The Council of Logistics Management，CLM）的一份研究报告中提出，其定义现有多种表述。

Carter 和 Ellram（1998）认为，逆向物流是物品在渠道成员间的反向传递过程，即从产品消费地（包括最终用户和供应链上的客户）到产品来源地的物理性流动。企业通过这一过程中的物理性再循环、再利用，使其在环境管理方面更有成效。

美国逆向物流执行委员会主任 Rogers 博士和 Tibben Lembke 博士在 1999 年出版的一本逆向物流著作（*Going Backwards: Reverse Logistics Trends and Practices*）中，对逆向物流的定义是：为重新获取产品的价值或使其得到正确处置，产品从其消费地到来源地的移动过程。他们认为，逆向物流的配送系统是由人、过程、计算机软件和硬件以及承运商组成的集合。它们相互作用，共同实现物品从终结地到来源地的流动。

美国物流管理协会（CLM）对逆向物流的定义是：逆向物流是对原材料、在制品库存、制成品和相关信息从消费点到来源点的高效率、高效益的流动进行的计划、实施与控制过程，从而达到回收价值和适当处置的目的。

这些表述虽各有不同，但关于逆向物流的内涵是基本相同的。简单地说，逆向物流就是物品及相关信息自消费端向供应端的反向流动过程，目的是为了回收价值或适当处置物品。逆向物流与顺向物流无缝对接，构成一个完整的供应链物流系统。《中华人民共和国国家标准物流术语》（GB/T 18354—2006 3.37）对逆向物流的定义也是如此，即"反向物流（reverse logistics）指物品从供应链下游向上游的运动所引发的物流活动，也称逆向物流。"

《中华人民共和国国家标准物流术语》（GB/T 18354—2006 3.38）对回收物流的定义是"回收物流（return logistics）指退货、返修物品和周转使用的包装容器等从需方返回供方或专门处理企业所引发的物流活动。"

《中华人民共和国国家标准物流术语》（GB/T 18354—2006 3.39）对废弃物物流的定义是"废弃物物流（waste material logistics）指将经济活动或人民生活中失去原有使用价值的物品，根据实际需要进行收集、分类、加工、包装、搬运、储存等，并分送到专门处理场所的物流活动。"

综上所述，逆向物流就是物品从供应链下游向上游的运动所引发的物流活动。它主要包括回收物流和废弃物物流两部分。

从广义角度而言，在其他参考书目及文献中与逆向物流相等同的相关概念还有："回收物流""逆物流""反向物流""返回物流""静脉物流"等专业术语。

二、逆向物流的成因

（一）主要驱动因素

1. 政府立法

在工业化社会中，政府的环境立法有效地推动了企业对他们所制造的产品的整个生命周期负责，即便产品的所有权已经转移。顾客对全球气候变暖、温室效应和环境污染的关注加深了这种趋势。这是驱动逆向物流发展的主要原因。

在美国，议会在过去的几年中引入了超过 2000 个固体废品的处理法案。1997 年，日本国会通过了强制回收某些物资的法案。

在欧洲，这种信息更加强大。为了减少垃圾掩埋法的废品处理方式，欧盟制定了包装和包装废品的指导性意见，并在欧盟成员中形成法律。意见中规定了减少、再利用和回收包装材料的方法，并根据供应链环节中不同成员的地位和相应的年营业额，提出了企业每年进行垃圾回收和产品再生的数量要求。法规的目的是使生产者共同承担产品责任。

对于年产包装材料 50 吨、每年营业额 500 万英镑的企业，政府强制要求它们登记并证实在 1998 年以前完成了物资的再生和回收工作。需要进行再生的物资有铝、玻璃、纸张、木料、塑料和钢铁。原材料制造商负 6%的责任，包装商为 11%，包装食品生产厂如罐头食品制造厂和备件生产厂为 36%，销售给最终使用者的组织负 47%的责任。1998 年，再生物资比例为 38%，2001 年上升到 52%。为了让垃圾制造者为污染问题付费，英国政府开征了垃圾掩埋税，迫使企业改变处理废品的方法。

积极的立法工作仅仅处于开始阶段，因为政府强令企业改变它们研究并管理从产品生产到最终废品处理的方法。

聪明的企业并没有消极地应对强制性法规的实行。它们正在为下一代的环境法案做准备，积极思考它们在产品管理上的地位、责任和机会。实际上，它们正在为必将到来的一天做准备，那就是它们必须在产品使用寿命终结之时，对它的处理负全部责任。当政府正式推行该项法律时，以往产品的归属权与责任权的转移问题将不复存在。买者和卖者的关系将发生永久性的转变。

2. 日益缩短的产品生命周期

产品生命周期正在变得越来越短，这种现象在许多行业都变得非常明显，尤其是计算机行业。新品和升级换代产品以前所未有的速度推向市场，推动消费者更加频繁地购买。当消费者从更多的选择和功能中受益时，这种趋势也不可避免地导致了消费者使用更多的不被需要的产品，同时也带来了更多的包装、更多的退货和更多的浪费问题。缩短的产品生命周期，增加了进入逆向物流的浪费物资以及管理成本。

3. 新的分销渠道

消费者可以更加便捷地通过新的分销渠道购买商品。顾客直销电视购物网络和互联网的出现，使商品直销成为可能，但直销产品也增加了退货的可能性。要么是因为产品在运输过程中被损坏，要么是由于实际物品与在电视或网上看到的商品不同。直销渠道给逆向物流带来了压力。一般零售商的退货率是 5%～10%，而通过产品目录和销售网络销售的产品的退货比例则高达 35%。由于直销渠道面对的顾客是全球范围的，而不仅仅局限于本地、国内或者某一区域，退货物品管理的复杂性就会增加，管理成本也将上升。

4. 供应链中的力量转移

竞争的加剧和产品供应量的增加意味着买家在供应链中的地位提升。零售商可以而且的确在拒绝承担未售出商品和过度包装品的处理责任。在美国，大多数返还给最上层供应商的商品（要么来源于消费者，要么是因为未售出）都被最初的供应商收回，由他们对这些产品进行再加工和处理。这种趋势在所有行业都有所发生，即便是航空业，航空公司会要求供应商收回并处理不需要的包装物品。

（二）具体原因

具体而言，企业引入逆向物流系统的原因如下表 15-2 所示：

表 15-2　企业引入逆向物流系统的原因

引入逆物流系统的主要原因	使用逆物流系统的典型例子
为获得补偿或退款而退还产品	不能满足客户期望的产品被退回，以得到退款
归还短期或长期租赁物	当天租赁的场地装备的返还
返回制造商以便修理、再制造或返还产品的核心部分	返还用过的汽车发电机给制造商以期被再制造和再销售
保修期返回	电视机在保修期内功能失灵而被退还
可再利用的包装容器	返回的汽水瓶、酸奶瓶、饮料瓶被清洗和再使用
寄卖物返还	寄存在商店的音箱没有变卖又返还给物主
卖给顾客新东西时折价回收旧货	出售新车时代理商回收旧车准备再卖
产品发往特定组织进行升级	旧电脑被送往制造商以安装光盘驱动器
送还	不必要的产品包装或托盘在不需要时被送还
普遍的产品召回	由于安全带失效汽车被返还给代理商
产品返还给制造商进行检查或校准	医学设备被返还以检查和调校仪表
产品没有实现制造商对客户的承诺	如果电视性能与承诺的不一致则可以退还它

资料来源：[美]David J. Bloomberg，Stephen Le May，Joe B，Hanna.综合物流管理入门[M].雷震甲，杨纳让译. 北京：机械工业出版社，2003 年版，第 211 页。

三、逆向物流的组成及特点

（一）逆向物流的组成

逆向物流由退货逆向物流和回收逆向物流两部分组成。退货逆向物流指下游顾客将不符合订单要求的产品退回给上游供应商，其流程与常规产品流向正好相反。回收逆向物流指将最终顾客所持有的废旧物品回收到供应链上各节点企业。

具体分析，逆向物流主要由以下几方面组成：

一是退货，包括最终顾客退货和零售商、分销中心等供应链其他成员退货两方面。据调查，就产业来说，杂志出版、书籍出版、书籍分销、贺卡、打印机、汽车业（零部件）、电子消费品、家用化学产品等产业的退货比例分别为 50%、20%～30%、10%～20%、20%～30%、4%～8%、4%～6%、4%～5%、2%～3%；就商店来说，汽车零部件店、家具店、女用服饰店、日用品店、电器店、综合性零售店、超市/杂货店、药店、贺卡礼品店等不同类型零售商店的退货比例分别为 13.4%、13.4%、11.5%、11.2%、10.9%、6.3%、<1%、<1%、<1%。

退货原因多种多样，如产品过季、过期或已到达产品生命周期末端；产品有缺陷或不符合要求；产品有危害导致客户不满意；产品在质量保证期或维修期内退回修理；运输过程中造成产品被盗、缺件、功能受损或包装受损；订单处理疏忽造成产品重复运输、错误运输；客户无理由的退货（这类退货被称为"无缺陷的缺陷品"）；分销商平衡各方库存退货，如将货架让给更畅销的产品等。

二是产品召回（product recalls），指有缺陷的产品进入供应链后导致该产品的退回。产品召回制度源于 20 世纪 60 年代的美国汽车行业。据统计，美国实行汽车召回制度以来已召回了 1.6 亿辆汽车。近年来，随着消费者地位上升和消费者权益增加，产品召回制度从最初的汽车、电脑行业迅速蔓延到手机、家电、日用品等各行业，产品召回的次数和数量呈快速增长趋势。产品召回的过程亦是逆向物流产生形成的过程。

三是报废产品回收及生产过程中报废零部件、边角余料回收。

四是产品载体和包装材料回收，如对软饮料的包装瓶、纯净水桶、液化器瓶、运输蔬菜及水果的托盘等的回收。

（二）逆向物流的特点

逆向物流作为企业价值链中特殊的一环，与正向物流相比，既有共同点，也有各自不同的特点。二者的共同点在于都具有包装、装卸、运输、储存、加工等物流功能。但是，逆向物流与正向物流相比又具有其鲜明的特殊性。

逆向物流的形成原因决定了其具有以下几个特点：

1. 逆反性

即逆向物流中物品是从消费者流向经销商或生产商，与顺向物流方向完全相反。

2. 价值递减性

即对退货产品和召回产品而言，在产品退回或召回过程中产生的一系列运输、仓储、处理等费用都会冲减回流产品的价值。

3. 价值递增性

即对于报废产品及报废零部件、边角余料而言，它们本没有什么价值，但随着逆向回流，它们在生产商终端可以实现价值再生。

4. 信息传递失真性递增

即在逆向物流过程中，物品回流原因的多级传递会造成信息扭曲失真，产生"牛鞭效应"。

四、逆向物流的原则

（一）"事前防范重于事后处理"原则

逆向物流实施过程中的基本原则是"事前防范重于事后处理"，即"预防为主、防治结合"的原则。因为对回收的各种物料进行处理往往给企业带来许多额外的经济损失，这势必增加供应链的总物流成本，与物流管理的总目标相违背。因而，要做好逆向物流，生产企业一定要注意遵循"事前防范重于事后处理"的基本原则。循环经济、清洁生产都是实践这一原则的生动例证。

（二）绿色原则

绿色原则即将环境保护的思想观念融入企业物流管理过程中。

（三）效益原则

生态经济学认为，在现代经济、社会条件下，现代企业是一个由生态系统与经济系统复合组成的生态经济系统。物流是社会再生产过程中的重要一环，物流过程中不仅有物质循环利用、能源转化，而且有价值的转移和价值的实现。因此，现代物流涉及了经济与生态环境两大系统，理所当然地架起了经济效益与生态环境效益之间彼此联系的桥梁。经济效益涉及目前和局部的更密切相关的利益，而环境效益则关系更宏观和长远的利益。经济效益与环境效益是对立统一的。后者是前者的自然基础和物质源泉，而前者是后者的经济表现形式。

（四）信息化原则

尽管逆向物流有极大的不确定性，但通过信息技术的应用（如使用条形码技术、GPS技术、EDI 技术等）可以帮助企业大大提高逆向物流系统的效率和效益。因为使用条形码可以储存更多的商品信息，这样有关商品的结构、生产时间、材料组成、销售状况、处理建议等信息就可以通过条形码加注在商品上，也便于对进入回收流通的商品进行有效及时的追踪。

（五）法制化原则

尽管逆向物流作为产业而言还只是一个新兴产业，但是逆向物流活动从其来源可以看出，它就如同环境问题一样并非新生事物，它是伴随着人类的社会实践活动而生，只不过在工业化迅猛发展的过程中使这一"暗礁"浮出水面而已。然而，正是由于人们以往对这一问题的关注较少，所以市场自发产生的逆向物流活动难免带有盲目性和无序化的特点。例如，近年来我国废旧家电业异常火爆，据分析调查往往是通过对旧家电"穿"新衣来牟取利润的。这是以侵犯广大农户和城市低收入家庭等低收入消费群体的合法权益为基础的，这亟须政府制定相应的法律法规来引导和约束。而具有暴利的"礼品回收"则会助长腐败，是违法的逆向物流，应坚决予以取缔。还有废旧轮胎的回收利用，我国各大城市街区垃圾箱受损、井盖丢失、盗割铜缆等现象就与城市窃钩者长期地逍遥法外不无关系，固体废物走私犯罪活动蔓延势头，如废旧机电、衣物及车辆的流通、汽车黑市等违法的逆向物流活动都亟需相关的法规来约束。

（六）社会化原则

从本质上讲，社会物流的发展是由社会生产的发展带动的。当企业物流管理达到一定水平，对社会物流服务就会提出更高的数量和质量要求。企业逆向物流的有效实施离不开社会物流的发展，更离不开公众的积极参与。在国外，企业与公众参与逆向物流的积极性较高，在许多民间环保组织如绿色和平组织（Green Peace）的巨大影响力下，已有不少企业参与了绿色联盟。

五、逆向物流的方法

收到返回的物资和产品之后,企业可以按照下面可能的六种方法之一对其进行处理——整修、维修、再利用、再销售或者进行回收(将产品拆散再进行销售)。

(一)重新整修和再次制造

对产品进行重新整修和再次制造已经不是一个新的概念,但是却越来越引起人们的注意。缺乏最新功能,但是仍处于可用状态并且可以实现功能恢复的设备,可以重新制造并放到仓库中以备再次使用。设备功能再生的生产制造成本低于制造新品的制造成本。企业运用有效的整修过程,可以在最大程度上降低整修成本,并且将整修后的成品返回仓库。

在诸如航空、铁路等资产密集型的行业中,这种方法正在被广泛使用。再生制造成本远远低于重建成本。目前,越来越多的公司开始应用这种方法。这些公司拥有大量机械设备而且频繁使用。其中的设备包括自动售货机和复印机等。例如,施乐公司按照严格的性能标准,制造再生设备。公司估计,每年可由此节省 2 亿美元。这些利益最终将带给客户。施乐把它视为领先于对手的关键优势。

(二)维修

如果产品无法按照设计要求工作,企业就需要对其回收并维修。返回的物品有两种类型,保修的和非保修的。客户需要自行付费解决非保修产品维修问题,所以对企业来说,真正的问题在于保修期物品的回收。维修的目标是减少维修成本,节约产品维修时间和延长产品使用寿命。

企业需要认真考虑和平衡维修成本和新建成本。布莱克和戴克公司(Black and Decker)———一家电动工具制造商,他们的保修期产品决策就是在此基础上做出。如果某产品的制造成本低于 12.5 美元,公司就会直接收回和分解保修期内损坏的产品。其他保修期产品则被送回仓库维修。

对于计算机软硬件厂商和分销商来讲,保修期物品的维修是一个大麻烦。他们售出的产品具有较高的故障率,而且很容易过时。但是该行业许多公司缺乏用于准确处理保修要求的精密系统。因此,产品的返还到分销中心就会中止,这会产生许多问题。缺乏记录意味着企业无法获得用于更正和防止再次发生类似问题的分析信息。更重要的是,他们无法准确计算出返厂保修期产品所带来的业务成本。如果没有追踪信息的工具和方法,企业就不可能实现未来产品设计和生产的改进。

(三)再利用

产品的再利用主要针对零部件。到达使用寿命的设备可以分解为部件和最终的零件。其中的部分零部件状态良好,无须重新制造和维修就可以再次使用。它们会被放置在零件仓库中供维修使用。

（四）再销售

有些返还产品状态良好，可以进行再次销售。它们很可能是那些没有售出的商品，有些顾客买了之后就把它退回（如通过邮购目录购买后退回），有些则是使用后退回。一些在逆向物流方面领先的高科技企业，正在积极地再次利用自己的售出返还产品。

美国一些用户正在使用的租用期为两年的设备，实际上早就卖给了像南非和中国这样的发展中国家。这给设备带来了更多的剩余价值。这些公司利用技术应用的不同步性，把同样的产品卖给不同阶段的客户，沿技术曲线满足客户群体的需要。

（五）回收

无法进行整修、修理或者再销售的返还商品将被分解成零件，然后再进行回收。直到现在，人们仍把回收认作是一件费时费力、不值得做的事情。然而，当企业面对越来越多的废品管理账单时，他们就开始重新研究替代废品处理的方法。一些企业由于在物资回收方面的努力，带来了可观的经济效益。以布莱克和戴克公司为例，他们通过回收活动，减少了 50 万美元的垃圾掩埋处理费用，并且从回收物资销售中获得了 46.3 万元的收益。公司宣布，他们的最终目标是实现零垃圾掩埋，对所有产品进行回收。

为了从回收活动中获得最大效益，企业必须对逆向物流系统进行良好的管理，其中包括减少运输、流程和处理成本，使废弃物价值最大化。

（六）废弃

如果企业没有找到合适的替代方法对回收产品进行处理，这些回收物品要么在垃圾场进行掩埋处理，要么进行焚化。即便如此，这也不再是一个简单的处理方法。在大多数工业化国家里，被认作危险品的产品必须与其他物品区别开来，并进行负责任的处理。如果不这样做会导致高额的成本，因为处置者仍然要对这些废品负责，即便是经过了处理。

领先的企业已经开始研究处理计划，确保他们的产品能够被负责任地处理掉。例如，巴斯夫（BASF）毛毯事业部有一套处理程序，可以自动地对用过的地毯进行负责任地处理。公司免费回收任何经过化学处理的毛毯，这样巴斯夫公司就可以知道这些毛毯已经被正确地处理，从而避免承担责任的风险。由于法律越来越仔细关注产品的最终责任问题，像巴夫斯这样的公司开始主动承担废品处理的责任，以避免立法者采取更进一步的行动。

六、逆向物流管理的意义

（一）降低物料成本，稳定物料供应

减少物料耗费、提高物料利用率是企业成本管理的重点，也是企业增效的重要手段。然而，传统管理模式下的物料管理仅仅局限于企业内部物料，不重视企业外部废旧产品及其物料的有效利用，造成大量可再用性资源的闲置和浪费。由于废旧产品回收价格低、

来源充足，这些产品经拆卸、拼装、翻新、改制等逆向物流活动重新获得使用价值而进入产品生产过程后，可以大幅度降低企业的物料成本。

例如，美国宇航局利用改制与翻新的零部件，使飞机制造费用节省了 40%～60%（L.S.Beltran，2002）。美国地毯行业的大公司积极开展地毯回收计划，其目的也是为了用低成本的回收尼龙代替昂贵的原材料，因为地毯中的 1/3～1/2 是纤维，而纤维中有 60%是尼龙。随着资源供求矛盾的突出，逆向物流的这一优越性将越来越显著。

（二）改善顾客服务，增强竞争优势

在当今顾客驱动的市场中，顾客服务是决定企业生存与发展的关键因素。企业通过实施逆向物流，可以改善产品销售或售后服务，提高客户满意度，赢得客户信任，进而增强其竞争优势。

对于最终顾客来说，快速、方便的逆向物流能够确保不满意、不符合要求的产品及时退回，有利于消除顾客的后顾之忧，使顾客在整个交易过程中都心情舒畅，增加其对企业的信任感和回头率，扩大企业的市场份额。例如，1999 年的一项调查发现，89%的网上顾客说是商品的退货政策而不是商品本身或价格决定了他们的购买选择。

对于供应链上的企业客户来说，上游企业采取宽松的退货策略，通过自己的逆向物流系统承担更多的产品回收处理责任，可以减轻下游客户的回收处理责任和经营风险，改善供需关系，促进企业间战略合作，强化整个供应链的竞争优势。特别是对于过时性风险比较大的产品，逆向物流策略所带来的竞争优势更加明显。

（三）提高潜在事故透明度，促进产品开发与改良

ISO 90012000 版将企业的品质管理活动概括为一个闭环式活动，即计划、实施、检查、改进。逆向物流恰好处于检查和改进两个环节上，承上启下，作用于两端，在促使企业不断改善品质管理体系上具有重要地位。企业在退货中暴露出的产品质量问题，透过逆向物流资讯系统不断传递到管理阶层，提高潜在事故透明度，使得厂商更快地发现和解决问题，在事前不断改进产品设计和改进产品质量管理，根除产品的不良隐患。

（四）改善环境行为，提升企业形象

由于不可再生资源的稀缺以及全球环境污染的加剧，社会对绿色产品、绿色服务的呼声越来越高，许多国家都制定了环境保护法规，为企业的环境行为规定了约束标准。企业的环境业绩已成为评价企业运营绩效的重要指标。例如，荷兰政府规定，汽车制造商必须将汽车使用的可回收材料比例提高到 86%；欧盟规定生产商必须将至少 45%的包装材料回收利用。这使得企业用于回收处理的费用逐年增加。企业实施逆向物流战略，既可以因减少最终废弃物的排放量而相应降低回收处理费用，也可以因减少产品对环境的污染和资源的消耗而向社会展示企业对环境负责的形象。据专家预测，随着废弃物处置费用的增加和全球环境法规约束力度的加大，逆向物流将在企业战略规划中发挥日益重要的作用。

七、我国实施逆向物流管理的策略

基于人口、资源、环境和谐发展的要求和提升企业竞争优势的目标，逆向物流正在被世界各国越来越多的人士所认识和重视。正如零售巨头西尔斯公司的物流副总裁所言："逆向物流也许是企业在降低成本中的最后一块处女地了。"一些国际知名企业，如通用汽车、IBM、惠普、西门子、飞利浦、西尔斯等已先行一步进入逆向物流领域，产生了良好的经济效益和社会影响。开展逆向物流对资源相对贫乏、遭遇巨大的资源和环境制约的中国而言，同样前景诱人。然而在我国，真正尝到逆向物流之甘甜的中国企业却不多见。众多企业还在为挤干正向物流中的水分而费尽心机，逆向物流仍然未能引起企业界的普遍重视，绝大多数企业也都对逆向物流退避三舍。在此情况下，如何发展我国的逆向物流成为一个现实课题。

由于逆向物流趋向于反应性的行为与活动，其实物流和信息流基本都是由供应链尾端的成员或最终消费者所引起，加之退回和回收的物品有各种不同的原因，逆向物流的产生时间、地点和数量较为分散无序、难以预见，还有逆向物流的处理系统与方式复杂多样，不同处理手段对恢复资源价值的贡献差异显著，使得逆向物流过程一般总是杂乱无章，是一个充满例外情况的没有标准答案的过程，这也使得逆向物流管理比较复杂且可控性差。然而，逆向物流若不顺畅，会导致回流物品的堆积、消耗、贬值，既影响企业利润，也削弱企业竞争优势。因此，逆向物流需要像顺向物流一样从战略高度进行精心计划、实施与控制，采取有效的管理策略。

（一）管理层对逆向物流要有足够的重视

据美国逆向物流执行委员会对311名供应链及物流经理的调查，影响逆向物流成功的主要因素是"相对不重要"，其次是"公司政策缺乏"和"缺乏相关系统"，再次是"管理上不重视"和"缺乏人力资源"。显然，逆向物流来自企业内部的挑战首先是业务优先权和政策重视程度，来自外部的挑战主要是基于高度客户满意和保持竞争地位的退货政策所带来的退货增长率和巨额数量。因此，企业应制定出有利于逆向物流实施的政策和赋予物流部门足够的权力来实施逆向物流。

（二）从供应链的范围构建逆向物流系统

逆向物流并不等于废品回收，它涉及企业的原材料供应、生产、销售和售后服务各个环节，既与企业内部其他部门有联系，也与企业外部的配送中心、零售商等各级运营商有联系。可以说，供应链上的各个节点都涉及逆向物流业务。因此，企业实施逆向物流，必须与供应链上其他企业建立战略合作伙伴关系，在一个公共信息平台上用一个统一的标准进行数据通信和信息共享，以协调供应链各节点的逆向物流业务，减少与供应链常规业务的冲突。也就是说，企业必须从供应链的范围来构建其逆向物流系统。

（三）将逆向物流与顺向物流一体化考虑

逆向物流也需要经过运输、储存、加工、配送等环节，这可能会在一定程度上与企业的顺向物流业务相冲突。大多数企业很关心顺向物流管理，对逆向物流管理的投入则很有限。两者发生冲突时，企业常常会放弃逆向物流。例如，人们虽然非常清楚物流中速度的重要性，但却经常看到顺向物流以极快的速度运行，而同一系统中的逆向物流却以蜗牛般的速度在爬行。有效管理逆向物流，就必须统一规划顺向物流和逆向物流，考虑货物的双向流动，实现两者的实时、交互沟通，减少冲突业务和冲突环节。例如，在瓶装乳制品、瓶装啤酒、鸡蛋、蔬菜配送等逆向物流业务量大的行业，可以采取同时送货与回收的方法（the vehicle routing problem with simultaneous delivery and pick-up，VRPSDP）。配送车辆不仅在合适的时间把合适的商品送达合适的地点，而且同时实现物流回收。这样，车辆在每个顾客处只停留一次，既为顾客节省了时间，也减少了车辆停留次数，提高了车辆的平均速度，使回流的商品在逆向过程中能够快速流动。

（四）尽量减少商品的回流量

逆向物流管理的一个重要环节，就是阻止回流的发生。虽然产品回流是不可避免的，但许多产品回流是由于企业工作存在问题造成的。只要工作做细、做好，商品回流还是可以尽量减少的。如某网上电脑耗材店在接受顾客订货时，会额外地问清楚顾客的打印机型号，防止顾客选错墨盒而造成逆向物流。又如一家计算机产品销售商为了防止顾客安装产品时有困难而认为产品有缺陷要求退回，组成了技术服务小组，随时为顾客提供技术支持。目前国外有一种"最后一分钟销售预测"，就是在发运前的最后一分钟还要作一次预报，看看目标市场是否已经变化，根据具体情况适当做出调整，从而最大限度地减少不必要的商业退回类逆向物流。

此外，通过集中需求信息减少整个供应链的不确定性，即为供应链各阶段提供实际的顾客需求的全部信息，通过利用"天天低价"（EDLP）等策略减少顾客需求的变动性，通过与供应链中其他企业建立战略合作伙伴关系，进而改变供应链中信息共享和库存管理的方式，如采取供应商决定恰当库存水平以及维持这些库存水平的恰当策略的供应商管理库存（vendor managed inventory，VMI）系统，消除供应链中的"牛鞭效应"（bullwhip effect）——供应链中企业对信息的曲解沿着下游向上游逐级放大的现象，从而减少整个供应链上的库存，也是降低逆向物流商品量的有效方法。

（五）改进产品的设计

既然产品回流是不可避免的，企业就应该为处理回流产品作好预案。如在产品设计时，就考虑如何使回流产品的后续处理更容易，以便于产品的翻新、再制造或原料的回收，这就是面向拆卸的设计（design for disassembly，DFD）理念。这种理念已经逐渐被广泛接受，如施乐公司就对打印机的墨盒进行了重新设计，大大降低了翻新成本，缩短了翻新周期。

（六）处理好回流物品

逆向物流中物品经各级物流节点分类后，先由自身节点处理。自身节点不能处理的物品向下一级节点转移，直至生产商终端。零售商对逆向物流中的可再销售产品继续转销，对无法再销售产品交由配送中心处理。配送中心对可再分销产品继续分销，无法再销售产品转至生产商处理。生产商对可维修产品进行维修后继续销售，对不可维修产品、回收的报废产品及零部件、生产过程中报废零部件及边角余料以及产品包装物，通过分拆、整理，使有价值的材料继续进入原料供应系统，重新进入生产过程。对没有任何经济价值或严重危害环境的回流物品和分解为不可再用的物品，要采取机械处理、地下掩埋、焚烧等环保方式处理。

逆向物流是物流领域的新视野，是企业供应链中十分重要的一部分。对于正在寻找机会降低废品处理成本以及增加产品生命周期收入的企业来说，逆向物流系统正带来新的冲击。对企业而言，逆向物流应被视为机遇而不是负担。它不仅强调对废弃物的回收作用，更强调通过产品再用、翻新、改制和再生循环等方式，实现对资源的最有效利用和对生态系统的最少量输入，从而达到节约资源、保护环境和增强竞争力等目的。在市场竞争日益激烈的今天，它已成为企业竞争的重要环节，是企业管理战略的重要组成部分。将来，拥有完善的逆向物流系统将是企业生存的条件。

第四节 物流金融

物流金融是为物流产业提供资金融通、结算、保险等服务的金融业务，是一种创新型的第三方物流服务产品。它为金融机构、供应链企业以及第三方物流服务提供商之间的紧密合作提供了良好平台，使合作能达到"共赢"的效果。随着物流产业的高速发展，物流增值服务中的金融服务也表现突出，物流与金融融合发展已成为广大货主企业和物流公司的共识。物流企业开展物流金融服务，不仅可以减少客户交易成本，对金融机构而言则降低了信息不对称产生的风险，成为客户与金融机构的"黏结剂"，而且成为物流企业的重要业务模式。

未来的物流企业，谁能够提供金融产品和金融服务，谁就能成为市场主导者。物流金融将上下游企业和银行紧密地联系在一起，银行能够在一定程度上规避风险，企业也能够做到信息流、物流、资金流的整合，加速了物流和资金流的高速运转，成为获得客户资源以及垄断资源的重要手段。目前，物流金融已经成为国际物流巨头的第一利润来源。

一、物流金融的内涵

物流金融（logistics finance）是物流与金融相结合的复合业务概念，指在面向物流业的运营过程中应用和开发各种金融产品，有效组织和调剂物流领域中货币资金运动，包括发生在物流过程中的各种存款、贷款、投资、信托、租赁、抵押、贴现、保险、有价证券发行与交易，以及金融机构办理的各类涉及物流业的中间业务等。物流金融是为物流产业提供资金融通、结算、保险等服务的金融业务。在物流金融中涉及三个主体：物流企业、客户和金融机构，物流企业与金融机构联合起来为资金需求方企业提供融资，开展物流金融对这三方都有非常迫切的现实需要。物流和金融的紧密融合能有力支持社会商品的流通，而且物流金融也正成为国内银行一项重要的金融业务。

物流金融不仅能提升第三方物流企业的业务能力及效益，还可为企业融资及提升资本运用的效率。对于金融业务来说，物流金融的功能是帮助金融机构扩大贷款规模降低信贷风险，在业务扩展服务上能协助金融机构处置部分不良资产、有效管理CRM客户，提升质押物评估、企业理财等顾问服务项目。从企业行为研究出发，可以看到物流金融发展起源于"以物融资"业务活动。现代第三方物流企业除了要提供现代物流服务外，还要与金融机构合作一起提供部分金融服务。

二、物流金融的发展背景

供应链"共赢"目标。对于现代第三方物流企业而言，物流金融可以提高企业一体化服务水平，提高企业竞争能力和业务规模，增加高附加值服务功能，扩大企业经营利润。对于供应链企业而言，物流金融可以降低企业融资成本，拓宽企业融资渠道；可以降低企业原材料、半成品和产品的资本占用率，提高企业资本利用率，实现资本优化配置；可以降低采购成本或扩大销售规模，提高企业销售利润。对于金融机构而言，物流金融服务可以帮助金融机构扩大贷款规模，降低信贷风险，甚至可以协助金融机构处置部分不良资产。

金融机构创新意识增强。当前，金融机构面临的竞争越来越激烈。为在竞争中获得优势，金融机构不断地进行业务创新，这就促使了物流金融的诞生。物流金融可以帮助银行吸引和稳定客户，扩大银行经营规模，增强银行竞争能力；可以协助银行解决质押贷款业务中银行面临的物流"瓶颈"——质押物仓储与监管；可以协助银行解决质押贷款业务中银行面临的质押物评估、资产处理等服务。

三、物流金融的发展现状

物流金融发展起源于物资融资业务。物流和金融的结合可以追溯到公元前2400年，当时美索布达米亚地区就出现了谷物仓单。英国最早出现的流通纸币就是可兑付的银矿仓单。

（一）发达国家的物流金融服务

国际上，最全面的物流金融规范体系在北美（美国和加拿大）以及菲律宾等地。以美国为例，其物流金融的主要业务模式之一是面向农产品的仓单质押。仓单既可以作为向银行贷款的抵押，也可以在贸易中作为支付手段进行流通。美国的物流金融体系是以政府为基础的。美国早在1916年就颁布了美国仓库存储法案（US Warehousing Act of 1916），并以此建立起一整套关于仓单质押的系统规则。这一体系的诞生，不仅成为家庭式农场融资的主要手段之一，同时也提高了整个农业营销系统的效率，降低了运作成本。

（二）发展中国家的物流金融服务

相对于发达国家，发展中国家的物流金融业务开始较晚，业务制度也不够完善。非洲贸易的自由化很早就吸引了众多外国企业作为审查公司进入当地。这些公司以银行、借款人和质押经理为主体，设立三方质押管理协议（CMA），审查公司往往作为仓储运营商兼任质押经理的职位。通过该协议，存货人即借款人在银行方面获得一定信用而得到融资机会。此类仓单直接开具给提供资金的银行而非借款人，并且这种仓单不能流通转移。

在非洲各国中较为成功的例子是赞比亚的物流金融体系。赞比亚没有采用北美以政府为基础的体系模式，而是在自然资源协会（Natural Resource Institute）的帮助下，创立了与政府保持一定距离、不受政府监管的自营机构——赞比亚农业产品代理公司（The Zambian Agricultural Commodity Agency Ltd）。该公司参照发达国家的体系担负物流金融系统的开发和管理，同时避免了政府干预，从而更能适应非洲国家的政治经济环境。

（三）中国的物流金融服务

国外物流金融服务的推动者更多是金融机构，而国内物流金融服务的推动者主要是第三方物流公司。物流金融服务是伴随着现代第三方物流企业而产生。在物流金融服务中，现代第三方物流企业业务更加复杂。国内学者关于物流金融相关领域的研究主要是物资银行、融通仓等方面的探讨，然而这些研究主要是基于传统物流金融服务展开的，未能从供应链、物流发展的角度探讨相应的金融服务问题。例如，罗齐和朱道立等（2002年）探讨了物流企业融通仓服务的概念和运作模式；任文超（1998年）探讨了引用物资银行概念解决企业三角债的问题。在国内实践中，中国储运集团从1999年开始从事物流金融部分业务，物流金融给中国储运集团带来了新的发展机遇。

四、物流金融的分类

随着现代金融和现代物流的不断发展，物流金融的形式越来越多。按照金融在现代物流中的业务内容，物流金融分为物流结算金融、物流仓单金融、物流授信金融。

（一）物流结算金融

物流结算金融指利用各种结算方式为物流企业及其客户融资的金融活动，目前主要有代收货款、垫付货款、承兑汇票等业务形式。

代收货款业务是物流公司为企业（大多为各类邮购公司、电子商务公司、商贸企业、金融机构等）提供传递实物的同时，帮助供方向买方收取现款，然后将货款转交投递企业并从中收取一定比例的费用。代收货款模式是物流金融的初级阶段，从盈利看，它直接带来的利益属于物流公司，同时厂家和消费者获得的是方便快捷的服务。

垫付货款业务指当物流公司为发货人承运一批货物时，物流公司首先代提货人预付一半货款；当提货人取货时则交付给物流公司全部货款。为消除垫付货款对物流公司的资金占用，垫付货款还有另一种模式：发货人将货权转移给银行，银行根据市场情况按一定比例提供融资，当提货人向银行偿还货款后，银行向第三方物流企业发出放货指示，将货权还给提货人。此种模式下物流公司角色发生变化，由原来商业信用主体变成了为银行提供货物信息、承担货物运送、协助控制风险的配角。从盈利看，厂商获得融资，银行获得利息收入,而物流企业也因为提供物流信息、物流监管等服务而获得利润。

承兑汇票业务也称保兑仓业务,其业务模式为:开始实施前,买方企业、卖方企业、物流企业、银行要先签订《保兑仓协议书》,物流公司提供承兑担保,买方企业以货物对物流公司进行反担保,并且承诺回购货物;需要采购材料的借款企业,向银行申请开出承兑汇票并缴纳一定比率的保证金;银行先开出银行承兑汇票;借款企业凭银行承兑汇票向供应商采购货品,并交由物流公司评估入库作为质押物;金融机构在承兑汇票到期时兑现,将款项划拨到供应商账户;物流公司根据金融机构的要求,在借款企业履行了还款义务后释放质押物。如果借款企业违约,则质押物可由供应商或物流公司回购。从盈利看,买方企业通过向银行申请承兑汇票,实际上是获得了间接融资,缓解了企业流动资金的紧张状况。供方企业在承兑汇票到期兑现即可获得银行支付,不必等买方是否向银行付款。银行通过为买方企业开出承兑汇票而获取业务收入。物流企业收益来自两个方面:第一,存放与管理货物向买方企业收取费用;第二,为银行提供价值评估与质押监管中介服务收取一定比例费用。

(二)物流仓单金融

物流仓单金融主要指融通仓融资,基本原理是:生产经营企业先以其采购的原材料或产成品作为质押物或反担保品存入融通仓并据此获得协作银行的贷款,然后在其后续生产经营过程中或质押产品销售过程中分阶段还款。第三方物流企业提供质押物品的保管、价值评估、去向监管、信用担保等服务,从而架起银企间资金融通的桥梁。其实质就是将银行不太愿意接受的动产(主要是原材料、产成品)转变成其乐意接受的动产质押产品,以此作为质押担保品或反担保品进行信贷融资。从盈利看,供方企业可以通过原材料、产成品等流动资产实现融资。银行可以拓展流动资产贷款业务,既减少了存贷差产生的费用,也增加了贷款的利息收入。物流企业的收益来自两个方面:第一,存放与管理货物向供方企业收取费用;第二,为供方企业和银行提供价值评估与质押监管中介服务收取一定比例的费用。

另外,随着现代物流和金融的发展,物流仓单金融也在不断创新,出现了多物流中心仓单模式和反向担保模式等新仓单金融模式。多物流中心仓单模式是在仓单模式的基础上,对地理位置的一种拓展:第三方物流企业根据客户不同,整合社会仓库资源甚至是客户自身的仓库,就近进行质押监管,极大降低客户质押成本。反向担保模式对质押主体进行了拓展:不是直接以流动资产交付银行作抵押物而是由物流企业控制质押物,这样极大地简化了程序,提高了灵活性,降低了交易成本。

(三)物流授信金融

物流授信金融指金融机构根据物流企业的规模、经营业绩、运营现状、资产负债比例以及信用程度,授予物流企业一定的信贷额度;物流企业直接利用这些信贷额度向相关企业提供灵活的质押贷款业务,由物流企业直接监控质押贷款业务的全过程,金融机构则基本上不参与该质押贷款项目的具体运作。该模式有利于企业更加便捷地获得融资,减少原先质押贷款中一些烦琐环节;也有利于银行提高对质押贷款的全过程监控能力,更加灵活地开展质押贷款服务,优化其质押贷款的业务流程和工作环节,降低贷款风险。从盈利看,授信金融模式和仓单金融模式的各方收益基本相似,但由于银行不参与质押贷款项目的具体运作,质押贷款由物流公司发放,因此程序更加简单,形式更加灵活。同时,也大大节省了银行与供方企业的相关交易费用。

五、物流金融的实施风险

发展物流金融业务虽能给物流金融提供商、供应链节点企业和金融机构带来"共赢"效果,但提供商却面对各种各样的风险。有效分析和控制这些风险是物流金融能否成功的关键。物流金融提供商主要的风险可以归纳如下:

(一)内部管理风险

内部管理风险是企业中普遍存在的风险之一,包括组织机构陈旧松散、管理体制和监督机制不健全、工作人员素质不高、管理层决策错误等等。我国企业内部管理风险往往较大。

(二)运营风险

物流企业都会面临运营方面的风险。但从事金融业务的物流公司,由于要深入客户产销供应链中提供多元化服务,相对地扩大了运营范围,也就增加了风险。从仓储、运输到与银企之间的往来以及和客户供销商的接触,运营风险无处不在。中国的物流运输业还处在粗放型发展阶段,运营风险不容忽视。

(三)技术风险

技术风险指物流金融提供商因缺乏足够的技术支持而引起的风险。比如,价值评估系统不完善或评估技术不高、网络信息技术落后造成信息不完整、业务不畅等风险。

(四)市场风险

市场风险主要指针对库存质物的保值能力,包括质物市场价格的波动、金融汇率造成的变现能力改变等。

(五)安全风险

安全风险指质物在库期间物流金融提供商必须对其发生的各种损失负责。因此,仓库安全、员工诚信、提单可信度、保存设施能否有效防止质物损坏变质等问题都要加以考虑。

(六)环境风险

环境风险指政策制度和经济环境的改变带来的风险,包括相关政策的适用性、新政策的出台、国内外经济的稳定性等。一般情况下,中国的政治和经济环境对物流金融造成的风险不大,但国际环境的变化会通过贸易、汇率等方面产生作用。

（七）法律风险

法律风险主要是合同的条款规定和对质物的所有权问题。因为业务涉及多方主体，质物的所有权在各主体间进行流动，很可能产生所有权纠纷。另一方面，中国的《担保法》和《合同法》中与物流金融相关的条款并不完善，又没有其他指导性文件可以依据，因此业务合同出现法律问题的概率也不低。

（八）信用风险

信用风险包括货物合法性、客户诚信度等，同时还与上述财务风险、运营风险、安全风险和法律风险等联系密切。在具体实施物流金融业务时，应结合上述主要风险问题进行相应的风险管理。

第五节 智 慧 物 流

物流是连接生产者、销售者、消费者之间的网络体系，在现代经济中扮演着越来越重要的角色。借助互联网、物联网、大数据、云计算、人工智能等技术，物流行业正发生着翻天覆地的变化，突出表现就是智慧物流的建设。智慧物流将通过对物流资源要素的重新组合、高效结接，消除信息不对称性，完善物流体系，实现物流业服务水平的跃升，加速中国物流业的现代化进程，推动中国的物流业革命。

一、智慧物流的内涵

IBM 公司 2008 年提出"智慧的地球"概念，2009 年提出建立一个面向未来的具有先进、互联和智能三大特征的供应链，通过感应器、RFID 标签、制动器、GPS 和其他设备及系统生成实时信息的"智慧供应链"。2009 年，奥巴马提出将"智慧的地球"作为美国国家战略，认为 IT 产业下一阶段任务是把新一代 IT 技术充分运用在各行各业之中，达到"智慧"状态。同年 8 月 7 日，温家宝总理在无锡提出"感知中国"理念，表示中国要大力发展物联网技术。2010 年，"积极推进'三网'融合，加快物联网的研发应用"首次写入"政府工作报告"，物联网被正式列为国家五大新兴战略性产业之一。在此背景下，结合物流行业信息化发展现状，考虑到物流业是最早接触物联网的行业，也是最早应用物联网技术，实现物流作业智能化、网络化和自动化的行业。2009 年，中国物流技术协会信息中心、华夏物联网、《物流技术与应用》编辑部率先在行业提出"智慧物流"（intelligent logistics）概念。

智慧物流概念的提出，顺应历史潮流，也符合现代物流业自动化、网络化、可视化、实时化、跟踪与智能控制的发展新趋势，符合物联网发展的趋势，有利于降低物流成本，提高效率，控制风险，节能环保，改善服务。智慧物流概念提出后，受到了专家和学者的高度关注，智慧物流入选 2010 年物流十大关键词。然而，目前对智慧物流的研究还处在起步阶段，对智慧物流的认识还不成熟，关于智慧物流没有一个统一的、广泛认可的概念。

中国物联网校企联盟认为，智慧物流是利用集成智能化技术，使物流系统能模仿人的智能，具有思维、感知、学习、推理判断和自行解决物流中某些问题的能力，即在流通过程中获取信息从而分析信息做出决策，使商品从源头开始被实施跟踪与管理，实现信息流快于实物流，通过 RFID、传感器、移动通讯技术等让配送货物自动化、信息化和网络化。

我国有学者认为，智慧物流是一种以信息技术为支撑，在物流的运输、仓储、包装、装卸搬运、流通加工、配送、信息服务等各个环节实现系统感知、全面分析、及时处理及自我调整功能，实现物流规整智慧、发现智慧、创新智慧和系统智慧的现代综合性物流系统。

智慧物流的重点在物流过程的智慧化，关键是将现代信息技术、网络通讯技术、自动感知与分析决策技术以及物联网、传感网、互联网整合起来广泛应用于物流过程，能够对物流过程中涉及的人员、机器设备、基础设施、信息、作业实施实时的管理和控制，实现物流过程的数字化、信息化、自动化、网络化、集成化、可视化、可控化、智能化、柔性化、敏捷化，最终达到提高物流效率和实现物流与人、自然间的和谐关系。

二、智慧物流的基本功能

智慧物流通常具有以下基本功能：

（一）感知功能

运用红外、激光、无线、编码、认址、自动识别、定位、无接触供电、光纤、数据库、传感器、RFID、卫星定位等各种集光、机、电、信息等技术于一体的各种先进技术获取运输、仓储等物流各个环节的大量信息，实现实时数据收集，使各方能准确掌握货物、车辆和仓库等信息，初步实现感知智慧。

（二）规整功能

感知之后，把采集的信息通过网络传输到数据中心，用于数据归档。建立强大的数据库，分门别类后加入新数据，使各类数据按要求规整，实现数据的联系性、开放性及动态性。通过对数据和流程的标准化，推进跨网络的系统整合，实现规整智慧。

（三）智能分析功能

运用智能的模拟器模型等手段分析物流问题。根据问题提出假设，并在实践过程中不断验证问题，发现新问题，做到理论实践相结合。系统在运行中会自行调用原有经验数据，随时发现物流作业活动中的漏洞或薄弱环节，从而实现发现智慧。

（四）优化决策功能

结合特定需要，根据不同情况评估成本、时间、质量、服务、碳排放和其他标准，评估基于概率的风险，进行预测分析，协同制定决策，提出最合理有效的解决方案，使做出的决策更加准确、科学,从而实现创新智慧。

(五)系统支持功能

系统智慧集中体现在智慧物流并不是各个环节各自独立、毫不相关的物流系统,而是每个环节都能相互联系、互通有无、共享数据、优化资源配置的系统,从而为物流各个环节提供最强大的系统支持,使得各环节协作、协调、协同。

(六)自动修正功能

在前面各个功能基础上,按照最有效解决方案,系统自动遵循最快捷有效的路线运行,并在发现问题后自动修正,并且备用在案,方便日后查询。

(七)及时反馈功能

物流系统是一个实时更新的系统。反馈是实现系统修正、系统完善必不可少的环节。反馈贯穿于智慧物流系统的每一个环节,为物流相关作业者了解物流运行情况、及时解决系统问题提供强大保障。

三、智慧物流的实施基础

(一)信息网络

信息网络是智慧物流系统的基础。智慧物流系统的信息收集、交换共享、指令下达都要依靠一个发达的信息网络。没有准确的、实时的需求信息、供应信息、控制信息做基础,智慧物流系统无法对信息进行筛选、规整、分析,也就无法发现物流作业中有待优化的问题,更无法创造性地作出优化决策,整个智慧系统也就无从谈起。

(二)网络数据挖掘和商业智能技术

网络数据挖掘和商业智能技术是实现智慧系统的关键。如何对海量信息进行筛选规整、分析处理,提取其中的有价值信息,实现规整智慧、发现智慧,从而为系统的智慧决策提供支持,必须依靠网络数据挖掘和商业智能技术。并在此基础上,自动生成解决方案,供决策者参考,实现技术智慧与人的智慧的结合。

(三)良好的物流运作和管理水平

良好的物流运作和管理水平是实现智慧物流系统的保障。智慧物流的实现需要配套的良好的物流运作和管理水平。实践证明,没有良好的物流运作和管理水平,盲目发展信息系统,不仅不能改善业绩,反而会适得其反。只有将智慧物流系统与良好的物流运作和管理水平相结合,才能实现智慧物流的系统智慧,发挥协同、协作、协调效应。

(四)专业的IT人才

智慧物流的实现需要专业的IT人才的努力。物流业是一个专业密集型和技术密集型的行业，没有人才，大量信息的筛选、分析乃至应用将无从入手。智慧技术的应用与技术之间的结合也无从进行。

（五）传统物流向现代物流转变

智慧物流的建成必须实现从传统物流向现代物流的转换。智慧物流所要实现的产品的智能可追溯网络系统、物流过程的可视化、智能管理网络体系、智能化的企业物流配送中心和企业的智慧供应链必须建立在"综合物流"之上。如果传统物流业不向现代物流业转变，智慧物流只能是局部智能而不是系统的智慧。

（六）物流技术、智慧技术和相关技术的有机结合

物流系统只有在物流技术、智慧技术与相关技术有机结合的支持下才能得以实现，两者相辅相成。只有应用这些技术，才能实现智慧物流的感知智慧、规整智慧、发现智慧、创新智慧、系统智慧。这些技术主要包括新的传感技术、EDI、GPS、RFID、条形码技术、视频监控技术、移动计算技术、无线网络传输技术、基础通信网络技术和互联网技术等。

四、智慧物流的实施步骤

（一）完善基础功能

完善基础功能，关键在于提高既有资源的整合和设施的综合利用水平。加强物流基础设施规划上的宏观协调和功能整合，使物流基础设施的空间布局更合理、功能更完善，逐步提高各种运输服务方式对物流基础设施的支持能力、物流基础设施的经营与网络化服务能力以及物流基础设施的信息化水平。

（二）开发物流模块智慧

智慧物流系统设计可以采取模块设计方法，即先将系统分解成多个部分，逐一设计，最后再根据最优化原则组合成为一个满意的系统。在智慧物流的感知记忆功能方面，包括基本信息维护模块、订单接收模块、运输跟踪模块、库存管理模块。在智慧物流的规整发现功能方面，主要是调度模块，这是业务流程的核心模块。通过向用户提供订单按关键项排序、归类和汇总、详细的运输工具状态查询等智能支持，帮助完成订单的分类和调度单的制作。智慧物流的创新智慧主要表现在分析决策模块。系统提供了强大的报表分析功能，各级决策者可以看到他们各自关心的分析结果。智慧物流的系统智慧体现在技术工具层次上的集成、物流管理层次上的集成、在供应链管理层次上的集成。物流系统同其他系统集成，共同构成供应链级的管理信息平台。

（三）确立目标和方案

智慧物流的建设目标包括构建多层次的智慧物流网络体系，建设若干个智慧物流示范园区、示范工程、产业基地，引进一批智慧物流企业。智慧物流系统的建设步骤：搭

建物流基础设施平台,加强物流基础功能建设,开发一些最主要的物流信息管理软件,完成服务共享的管理功能和辅助决策的增殖服务功能,进一步完善物流信息平台的网上交易功能。

(四)发现与规整智慧的实施创新和系统实现

首先,利用传感器、RFID 和智能设备自动处理货物信息,实现实时数据收集和透明。其次,在各方能准确掌握货物、车辆和仓库等信息的基础上,通过数据挖掘和商业智能对信息进行筛选,提取有价值的信息,找出其中存在的问题、机会和风险,从而实现系统的规整发现智慧。最后,利用智能的模拟器模型等手段,评估成本、时间、质量、服务、碳排放和其他标准,评估基于概率的风险,进行预测分析,并实现具有优化预测及决策支持的网络化规划、执行,从而实现系统的创新智慧和系统智慧。

五、智慧物流的实施模式

(一)第三方物流企业模式

第三方智慧物流不同于传统第三方物流系统。顾客可以在网上直接下单,然后系统对订单进行标准化,并通过 EDI、互联网传给第三方物流企业。第三方企业利用传感器、RFID 和智能设备自动处理货物信息,实现实时数据收集和透明,准确掌握货物、天气、车辆和仓库等信息。利用智能的模拟器模型等手段,评估成本、时间、碳排放和其他标准,将商品安全、及时、准确无误地送达客户。

(二)物流园区模式

在智慧物流园区建设中,要考虑信息平台的先进性、供应链管理的完整性、电子商务的安全性,以确保物流园区商流、信息流、资金流的快速安全运转。智慧园区要有良好的通信基础设施,共用信息平台系统,提供行业管理的信息支撑手段来提高行业管理水平。建立智慧配送中心,使用户订货适时、准确,尽可能不使用户所需的订货断档,保证订货、出货、配送信息畅通无阻。

(三)大型制造企业模式

大型制造企业模式要求制造企业里的每个物件都能提供关于自身或与其相关联的对象的数据,并能够将这些数据进行通信。这样一来,每一物件都具备了数据获取、数据处理及数据通信能力,从而构建起由大量智慧物件组成的网络。在智慧物件网络基础上,所有物品信息均可连通,组成物联网。这样,企业就有了感知智慧,能够及时、准确、详细地获取关于库存、生产、市场等所有相关信息。然后,通过规整智慧、发现智慧,找出其中的问题、机会和风险,再由创新智慧及时做出正确决策,尽快生产出满足市场需求的产品,从而实现企业的最大效益。

本 章 小 结

1. 精益物流（lean logistics）是起源于日本丰田汽车公司的一种物流管理思想，是运用精益思想对企业物流活动进行管理。精益物流的目标可概括为：企业在提供满意的顾客服务水平的同时，把浪费降到最低程度。精益物流的基本框架包括六个方面：以客户需求为中心、准时、准确、快速、降低成本、提高效率、系统集成、信息化。

2. 绿色物流（green logistics/environmental logistics）指利用先进技术规划和实施的物流操作和管理全程的绿色化，既实现物流服务顾客满意，又减少物流活动对资源的消耗和对环境的污染。绿色物流的理论基础是：可持续发展理论、生态经济学理论、生态伦理学理论。

3. 逆向物流就是物品及相关信息自消费端向供应端的反向流动过程，目的是为了回收价值或适当处置物品。逆向物流与顺向物流无缝对接，构成一个完整的供应链物流系统。逆向物流的主要驱动因素是：政府立法、日益缩短的产品生命周期、新的分销渠道、供应链中的力量转移。逆向物流主要由以下几方面组成：退货、产品召回、报废产品回收及生产过程中报废零部件、边角余料回收、产品载体和包装材料回收。逆向物流具有逆反性、价值递减性、价值递增性、信息传递失真性递增的特点。逆向物流的原则是："事前防范重于事后处理"原则、绿色原则、效益原则、信息化原则、法制化原则、社会化原则。

4. 物流金融是物流与金融相结合的复合业务概念，指在面向物流业的运营过程中应用和开发各种金融产品，有效组织和调剂物流领域中货币资金运动，包括发生在物流过程中的各种存款、贷款、投资、信托、租赁、抵押、贴现、保险、有价证券发行与交易，以及金融机构办理的各类涉及物流业的中间业务等。按照金融在现代物流中的业务内容，物流金融分为物流结算金融、物流仓单金融、物流授信金融。物流金融提供商主要面临的风险有内部管理风险、运营风险、技术风险、市场风险、安全风险、法律风险、环境风险、信用风险等。

5. 智慧物流的重点在物流过程的智慧化，关键是将现代信息技术、网络通信技术、自动感知与分析决策技术以及物联网、传感网、互联网整合起来广泛应用于物流过程，能够对物流过程中涉及的人员、机器设备、基础设施、信息、作业实施实时的管理和控制，实现物流过程的数字化、信息化、自动化、网络化、集成化、可视化、可控化、智能化、柔性化、敏捷化，最终达到提高物流效率和实现物流与人、自然间的和谐关系。

6. 智慧物流通常具有感知、规整、智能分析、优化决策、系统支持、自动修正和及时反馈功能，其实施基础包括信息网络、网络数据挖掘和商业智能技术、良好的物流运作和管理水平、专业的 IT 人才、传统物流向现代物流转变、物流技术和智慧技术与相关技术的有机结合，实施模式有第三方物流企业模式、物流园区模式和大型制造企业模式。

案例分析

美国零售业的逆向物流管理之路

2002年，美国零售商业的返品货价值约占商品零售总额的6.3%左右。从比例上看，返品占总体的比率虽不是太大，但其所拥有的价值量绝不是小数目。美国2000年商业零售总额约为10060亿美元，按此推算，零售商业返品的价值每年至少高达数百亿美元之巨。不菲的返品数量不但占压巨额的流动资金，增加商家和厂家的营销成本，而且牵扯了各个营销环节管理者的时间和精力。返品的处理实际上也造成一定的社会生产力浪费。对返品的物流管理，即是通常所说的逆向物流管理。

美国是较早将逆向物流管理科学化、系统化的国家。20世纪90年代以前，美国零售业界通常也采取由商家自行向生产厂家退货的较原始的返品处理方式。这种方式不但效率低、浪费大，而且返品处理的费用也相当高。据统计，美国零售业原来每年返品处理费用约占销售总成本的4%左右。

一、逆向物流管理的开端——返品中心

由于美国部分生产厂家不堪返品处理的烦恼，宁可在商品购销合同中预先约定扣除一定的返品比例，而不再接受返品。这也就是日后人们所熟知的"零返品"购销方式。世界最大的日化用品生产商宝洁公司就是"零返品"购销方式的积极倡导者。

1990年开始，美国的一些大型连锁零售商为了提高返品处理效率，按照专门化和集约化的原则，仿照正向物流管理中的商品调配中心的形式，采用逆向思维，分区域设立"返品中心"以集中处理返品业务。这成为逆向物流管理的开始。

二、返品中心的四个功能

许多美国大型零售公司累计在全美各地设立了近百个规模不等的返品中心。其中，沃尔玛公司就设立了10家，凯玛特公司拥有4家，Universal公司拥有2家，其他如宜家、Target公司等较大的连锁零售商也都有自己的返品中心。此外，一些规模较小的连锁商业公司则采取几家合伙的形式，设立返品处理中心。目前，美国通过返品中心处理的返品已占总数的6成以上，集约化处理已成为逆向物流管理的主导方式。

返品中心的主要功能是：

（1）接收系统内各零售店的所有返品。

（2）对返品进行甄别。按照返品的实际状况把它们分为：可整修后重新销售；可降价批发销售；可向生产厂家退货；可作慈善捐赠用（在美国慈善捐赠可抵减税收）；可作废品利用及无利用价值等几类，并作相关处理。返品处理中心内设有相当规模的再生工厂，把可整修后重新销售的返品进行整修、包装后重新融入正向物流销售。

（3）对返品涉及的资金往来进行统一结算。

（4）对各厂家、各销售店、各类商品的返品状况及产生原因、返品的变动趋势等信息进行综合统计分析，并及时向总部提交相关报告。

三、返品中心对美国零售商的两大贡献

（1）提高了返品的流通效率，降低了逆向物流耗费的成本，加速返品资金的回收。据分析，由于采用了返品的集中配送、返品票据的统一处理、发掘废弃商品残值等方式，逆向物流管理每年可为商家降低销售总成本的0.1%~0.3%。以沃尔玛公司为例，通过逆

向物流管理每年平均就可节约资金 7.3 亿多美元。

（2）集中处理返品还可以大大减轻零售店和生产厂家的工作量，充分利用零售店卖场空间，同时也有利于收集掌握与返品相关的商业动态。

四、逆向物流管理的新发展——专业化逆向物流管理公司出现

由于大型零售公司的脚步逐渐向边缘地区延伸，有些零售店的布局相对分散，不利于设立自己的返品中心对逆向物流实行集中管理。出于经济效益的考虑，一些大型零售公司委托从事第三方物流的公司承担逆向物流管理业务。这些公司也由此逐步发展成为以逆向物流管理为主的专业化公司。专门从事逆向物流管理的公司在美国产生于 20 世纪 90 年代中期，如 Genco 公司就是逐步发展起来的一个专业化公司。目前，Genco 公司已成为美国逆向物流管理业界的最大型企业。

进入 21 世纪以后，专业化的逆向物流管理公司的业务得到更加迅猛的发展。到 2002 年，仅 Genco 公司就已在美国各地拥有 104 个返品处理分中心，年处理返品约达 400 万件。委托该公司处理返品业务的签约商业伙伴超过 1500 家。

五、专业化逆向物流管理公司的三大特点

专业化逆向物流管理企业的出现，使逆向物流管理的科学化、集约化程度上升到一个新的高度。这些新型逆向物流管理企业的特点是：

（1）同时为多个商家和厂家提供返品处理服务，使得逆向物流管理的规模化效应更加突出。例如，Genco 公司同时为在某一地区内处于竞争关系的沃尔玛、凯玛特等多家零售商提供服务，甚至有些其他商家自己设立的返品中心也成 Genco 公司的服务对象。

（2）专业分工更细，集约化与效率化程度更高。这些专业逆向物流管理公司下又派生出许多专门充当逆向物流经纪人的公司、专门的返品运输公司、专门的返品仓储公司、返品整修公司、残次品销售公司和填埋无价值返品的公司等，分别承担返品处理业务的不同环节。

（3）采用更完善的专业管理技术，最大限度地回收返品的经济价值。例如，Genco 公司把客户购货合同中从涉及的返品合同条件到返品收发、储运、结算、统计等各个环节都纳入统一的计算机系统管理。该公司仅专门从事逆向物流管理软件开发的工程师就有 70 名，他们开发的逆向物流管理软件 "R-log" 已成为逆向物流管理业界中使用最普遍的计算机软件。

这些专业化的逆向物流管理公司无疑代表着逆向物流管理的未来和方向。它们的出现也引起了日本、欧洲等零售商业发达国家的重视。日本的一些商业零售商已经着手学习、引进美国的逆向物流管理方法，取得了较好的效果。对于我国零售业界来说，学习借鉴美国先进的逆向物流管理理念和技术，提高我们的逆向物流管理水平，同样也有着一定的积极意义。

资料来源：http://www.i18.cn/article/html/2005/3/7/6171.html

思考：

1. 美国大型零售公司设立的返品中心的功能是什么？
2. 专业化逆向物流管理企业在处理返品回收上有什么优势？
3. 美国零售业的逆向物流管理对我国有何启示？

练习与思考

一、填空

1. 精益物流系统的快速包括两个方面的含义，一是_____；二是_____。
2. 精益物流的目标为企业提供满意的_____的同时，把_____降到最低限度。
3. 绿色物流的理论基础有_____、_____、_____。
4. 绿色物流实践中的 4R 原则指_____、_____、_____和_____。
5. 政府可以从三个方面制定政策法规，发挥绿色物流的导向作用，即_____、_____、_____。
6. 逆向物流由_____和_____的两部分组成。
7. 物流金融按照在现代物流中业务内容分为_____、_____、_____。
8. 智慧物流的实施模式有_____、_____、_____。
9. 智慧物流的基本功能包括感知、规整、_____、_____、自动修正和及时反馈功能。

二、单项选择

1. 逆向物流也称作（   ）。
   A. 动脉物流　　　　B. 静脉物流　　　　C. 正向物流　　　　D. 顺向物流
2. 精益物流的思想起源于（   ）。
   A. 日本　　　　　　B. 美国　　　　　　C. 欧洲　　　　　　D. 中国
3. 下面哪项不是实施逆向物流的原则（   ）。
   A. 绿色原则　　　　　　　　　　　　　B. 社会化原则
   C. 效益原则　　　　　　　　　　　　　D. 事后处理重于事前防范
4. 从广义角度看，与逆向物流相等同的概念还有（   ）。
   A. 动脉物流　　　　B. 反向物流　　　　C. 正向物流　　　　D. 精益物流
5. 精益物流的关键是（   ）。
   A. 正确认识价值流　　　　　　　　　　B. 价值流的顺畅流动
   C. 将顾客需求作为价值流动力　　　　　D. 不断改进，追求完善
6. 实现智慧物流系统的关键是（   ）。
   A. 信息网络　　　　　　　　　　　　　B. 网络数据挖掘和商业智能技术
   C. 专业的 IT 人才　　　　　　　　　　 D. 良好的物流运作和管理水平

三、判断

1. 物流活动中各个功能都在不同程度上存在非绿色因素而破坏环境。（   ）
2. 精益物流是从企业职能部门的角度研究什么可以产生价值。（   ）
3. 逆向物流存在着价值递增性的特点，不存在着价值递减性。（   ）
4. 产品召回属于逆向物流的一种形式。（   ）
5. 逆向物流不包含废弃物物流。（   ）
6. 智慧物流是一个技术问题，与物流运作和管理水平关系不大。（   ）

四、名词解释

精益物流　绿色物流　逆向物流　物流金融　智慧物流

五、简答

1. 精益物流的基本原则是什么？
2. 精益物流的基本框架包括哪些部分？
3. 简述我国发展绿色物流的策略。
4. 简述物流活动对环境的负面影响。
5. 逆向物流的组成及特点是什么？
6. 我国应如何实施逆向物流管理？
7. 简述物流金融的实施风险有哪些？
8. 简述智慧物流的实施步骤。

参 考 文 献

[1] 王之泰. 现代物流学. 北京：中国物资出版社，1995.
[2] 崔介何. 物流学概论. 北京：北京大学出版社，2004.
[3] 丁俊发. 中国物流. 北京：中国物资出版社，2002.
[4] 马龙龙，祝合良，物流学. 北京：中国人民大学出版社，2007.
[5] 何明珂. 物流系统论. 北京：中国审计出版社，2001.
[6] 马士华，等. 供应链管理. 北京：机械工业出版社，2000.
[7] 叶怀珍. 现代物流学. 北京：高等教育出版社，2003.
[8] 周启蕾. 物流学概论. 北京：清华大学出版社，2005.
[9] 黄中鼎. 现代物流管理. 上海：复旦大学出版社，2006.
[10] 汝宜红. 现代物流. 北京：清华大学出版社，2005.
[11] 朱道立，等. 物流和供应链管理. 上海：复旦大学出版社，2001.
[12] 夏春玉. 物流与供应链管理. 大连：东北财经大学出版社，2007.
[13] 刘志学. 现代物流手册. 北京：中国物资出版社，2001.
[14] 吴彬，孙会良. 物流学基础. 北京：首都经济贸易大学出版社，2006.
[15] 吴健. 现代物流学. 北京：北京大学出版社，2010.
[16] 翁心刚. 物流管理基础. 北京：中国物资出版社，2006.
[17] 王斌义. 现代物流实务. 北京：对外经济贸易大学出版社，2003.
[18] 陈子侠. 现代物流学理论与实践. 杭州：浙江大学出版社，2003.
[19] 郑全成. 运输与包装. 北京：清华大学出版社、北京交通大学出版社，2004.
[20] 邹辉霞. 供应链物流管理. 北京：清华大学出版社，2004.
[21] 宋华，胡左浩. 现代物流与供应链管理. 北京：经济管理出版社，2000.
[22] 李松庆. 第三方物流论：理论、比较与实证分析. 北京：中国物资出版社，2005.
[23] 现代物流管理课题组. 物流服务管理. 广州：广东经济出版社，2002.
[24] 金若楠，张文杰. 现代综合物流管理. 北京：中国铁道出版社，1994.
[25] 李京文，等. 物流学及其应用. 北京：经济科学出版社，1987.
[26] 吴清一. 物流学. 北京：中国建材工业出版社，1996.
[27] 张声书. 中国现代物流研究. 北京：中国物资出版社，1998.
[28] 胡思继. 交通运输学. 北京：人民交通出版社，2001.
[29] 骆温平. 第三方物流：理论、操作与案例. 上海：上海社会科学院出版社，2001.
[30] 杜文，任民. 第三方物流. 北京：机械工业出版社，2004.
[31] 徐章一. 顾客服务——供应链一体化的营销管理. 北京：中国物资出版社，2002.

[32] 彭志忠. 现代物流与供应链管理. 济南：山东大学出版社，2002.
[33] 王槐林，刘明菲. 物流管理学. 武汉：武汉大学出版社，2002.
[34] 赵启兰. 企业物流管理. 北京：机械工业出版社，2005.
[35] 现代物流管理课题组编. 物流成本管理. 广州：广东经济出版社，2002.
[36] 鲍新中. 物流成本管理与控制. 北京：电子工业出版社，2006.
[37] 傅桂林. 物流成本管理. 北京：中国物资出版社，2004.
[38] 易华. 物流成本管理. 北京：清华大学出版社、北京交通大学出版社，2005.
[39] 李岩. 运输与配送管理. 北京：科学出版社，2010.
[40] 邹龙. 物流运输管理. 重庆：重庆大学出版社，2008.
[41] 吴理门. 物流案例与分析. 天津：天津大学出版社，2011.
[42] 苏东水. 产业经济学. 北京：高等教育出版社，2000.
[43] [日]菊池康也著. 物流管理，丁立言译. 北京：清华大学出版社，1999.
[44] [美]迈克尔·A.希特，R.杜安·爱尔兰，等.战略管理.北京：机械工业出版社，2002.
[45] [美]唐纳德·J.鲍尔索克斯，戴维·J.克劳斯著. 物流管理——供应链过程的一体化，林国龙译. 北京：机械工业出版社，1999.
[46] 万云虹，刘燕，王耀球. 物流产业辨析. 物流技术. 2005（8）：4-7.
[47] 李英，张晓萍，缪立新. 我国物流产业特征及实证模型框架. 商业研究. 2009（5）：103-106.
[48] 张圣忠. 物流产业组织理论研究. 西安：长安大学，2006.
[49] 骆温平. 基于制造业与物流业联动分析的物流产业划分. 企业经济，2015，(5)：5-10.
[50] 刘钊，马海军. 产业联动网络及其形成演进机制研究. 国家行政学院学报，2008(2)：104-107.
[51] 吕政，刘勇，王钦. 中国生产性服务业发展的战略选择——基于产业互动的研究视角. 中国工业经济，2006,（8）：5-12.

教师服务

感谢您选用清华大学出版社的教材！为了更好地服务教学，我们为授课教师提供本书的教学辅助资源，以及本学科重点教材信息。请您扫码获取。

▶▶ 教辅获取

本书教辅资源，授课教师扫码获取

▶▶ 样书赠送

物流与供应链管理类重点教材，教师扫码获取样书

 清华大学出版社

E-mail: tupfuwu@163.com
电话: 010-83470332 / 83470142
地址: 北京市海淀区双清路学研大厦 B 座 509

网址: http://www.tup.com.cn/
传真: 8610-83470107
邮编: 100084